高等学校"十三五"应用型　教材

国际货运代理实务

（第2版）

GUOJI HUOYUN DAILI SHIWU

陈言国 ◎编著

電子工業出版社
Publishing House of Electronics Industry
北京 · BEIJING

图书在版编目（CIP）数据

国际货运代理实务 / 陈言国编著. —2 版. —北京：电子工业出版社，2017.7
高等学校“十三五”应用型经管规划教材
ISBN 978-7-121-31667-8

Ⅰ. ①国… Ⅱ. ①陈… Ⅲ. ①国际货运－货运代理－高等学校－教材 Ⅳ. ①F511.41

中国版本图书馆 CIP 数据核字(2017)第 120861 号

策划编辑：刘露明
责任编辑：刘淑敏
印　　刷：北京盛通印刷股份有限公司
装　　订：北京盛通印刷股份有限公司
出版发行：电子工业出版社
　　　　　北京市海淀区万寿路 173 信箱　邮编 100036
开　　本：787×1092　1/16　印张：19.75　字数：470 千字
版　　次：2014 年 2 月第 1 版
　　　　　2017 年 7 月第 2 版
印　　次：2019 年 2 月第 6 次印刷
定　　价：46.00 元

凡所购买电子工业出版社图书有缺损问题，请向购买书店调换。若书店售缺，请与本社发行部联系，联系及邮购电话：（010）88254888，88258888。
质量投诉请发邮件至 zlts@phei.com.cn，盗版侵权举报请发邮件至 dbqq@phei.com.cn。
本书咨询联系方式：（010）88254199，sjb@phei.com.cn。

序

如果说在20世纪90年代以前，我国高等教育还处在马丁·特罗式的“精英化教育”阶段，那么，随着高校逐年扩招及入学率不断上升，我国高等教育已经走向大众化。在这一时期，尽管精英教育仍然以其不同的形式与内涵存在，但整个社会对人才的需求也是呈金字塔形分布的，对理论研究人才的需求毕竟是少数，社会急需的是大量能够解决生产一线实际问题的应用型人才。

近年来，我国高等教育界开始关注和研究应用型人才的培养，发展应用型教育、培养应用型人才成为许多高等院校的办学定位和培养目标。与此相应，几乎所有的高校在教学改革的探索中都越来越注重实践性内容的教学，突出专业理论与技术的实际应用能力的培养，以增强学生的创新创业力和就业竞争力。

要实现培养应用型人才的教学目标，教材的改革与建设就是其中至关重要的一个环节。培养面向生产、管理、服务一线的高级应用型人才，急需适用性强的配套教材作为学习的知识载体，不少高等院校在教学中苦于缺少一些理论深度适中、针对性强的应用型教材。陈言国老师主编的《国际货运代理实务》是一本优秀的高校应用型教材。陈言国老师曾任职于世界500强大型国有物流企业及港资物流企业，担任过中高层管理职务，具有丰富的国际物流行业实践经验，同时又在高校任职多年，担任过物流系主任、物流管理专业指导委员会委员等职务，负责物流管理专业应用型人才培养模式改革等，熟谙高校教学规律，颇具高校教学经验。本书联合了国际货运代理行业的企业经理等参与编写，是校企合作编撰应用型教材的典型成果。

本书具有以下几个特点。

（1）创新性。本书的编排体系具有较强的创新性，以国际货运代理企业的主要岗位作为章节单元进行编写，同时将这些岗位以工作流程为线索串联起来，每章内容都按照基础理论知识、实务技能知识、实践岗位训练的思路展开各部分内容。全书框架清晰，条理分明、逻辑通顺。

（2）实践性。本书在理论知识够用的基础上，突出实际工作中的情境任务，让学生在工作情境的背景下来理解和掌握所学理论知识，让教师的知识讲授更有的放矢，更有针对性。另外，本书的一大特点是加入了大量的岗位技能实践模拟训练，贴近工作岗位实际，教学可操作性强。

（3）前瞻性。本书的内容贴近行业前沿，书中介绍的工作流程，以及引用的数据、表格与单证等，均源于企业日常使用的新资料，同时加入了保税物流园、保税港等国际物流领域新内容的介绍，具有比较强的知识时效性与前瞻性。

陈言国老师主编的《国际货运代理实务》融入了新的应用型教学理念，集基础理论、技能实务、实践训练于一体，内容与体例等具有创新性，同时具有语言简练、案例丰富、结构严谨、贴近行业实践等特点，是一本可读性强、特色鲜明的高校应用型教材。

袁勇麟

福建师范大学社科处处长、博士生导师、教授

前 言

20 世纪 70 年代初，德国开始创办有别于传统综合性本科院校的高等教育应用科学大学，其办学定位是培养“应用型人才”而非“学术型人才”。实践证明，德国培养的应用型人才为经济和社会发展做出了巨大贡献，也为国际高等教育界所关注。20 世纪 80 年代以后，国际高等教育界逐渐形成了一股新的潮流，重视实践教学，强化应用型人才培养；近年来，我国高等教育界也开始关注和研究应用型人才的培养。

国际货运代理是一门实践性很强的学科。国际货运代理业务涵盖了国际贸易、国际运输、国际商务、法律等诸多方面的知识，对从业人员的基本素质、知识水平、实践经验具有较高的要求。但多数国际货运代理的教材是国际货物运输教材的改头换面，在内容及编排体例上偏重于理论体系，与工作实践联系不紧密；2014 年陈言国老师与行业资深经理共同编写了本书，本书是校企合作编写高校应用型教材的有益尝试。本书第 1 版于 2014 年 2 月出版后，获得业界广泛好评并被多所高等院校选用为教材，连续印刷并多次售罄，截至 2016 年 12 月总共印刷了 8 次。

本书在第 1 版的基础上主要做了如下修订及完善：结合国际货运代理证书考试及国际货运代理行业国家标准修改了部分内容；添加了多个图文并茂的图表，增强内容的互动性与启发性，使学生更容易理解、记忆与掌握；结合相关院校教师的使用反馈，增加了实例题的解题示范等，同时在原来基础上增加多个实践型案例及模拟练习；进行了重点章节内容的优化或部分重新编排，让教师教学的使用更加便利。另外，随着国家“一带一路”战略的实施与推进，我国与“一带一路”沿线国家的铁路运输有所增长，未来也存在较大的发展空间与市场需求，因此专门添加了新的一章内容——第 7 章：其他岗（一）——国际铁路联运代理，让学生可以更好地学习掌握这方面的业务知识。

本书共 9 章，包括认识国际货运代理；销售岗——国际货代营销与报价；操作岗——国际货代的托运订舱及排载；单证岗——国际货代海运提单与航空货运单；报关岗——国际货代报关与报检；客服岗——国际货代的客户服务；其他岗（一）——国际铁路联运代理；其他岗（二）——国际多式联运及保税物流；综合岗——国际货代的风险控制及事故处理。这 9 章总结了国际货运代理企业的工作流程与工作岗位，涵盖了国际货运代理企业的核心岗位，如销售岗位、操作岗位、单证岗位、报关岗位、客服岗位及综合岗位等。

本书的编排是一大创新。这 9 章的编排是以国际货运代理企业的工作流程为顺序的，从销售员的揽货报价到操作员的托运订舱、单证员的制单、报关员的报关、客服专员的售后客服工作，一直到综合的风险防范与控制等，岗位全面，流程清晰。本书的另一大创新是加入了大量的情境式岗位技能实践模拟，这些实践模拟具有内容翔实、贴近实践、教学可操作性强等鲜明特点，有利于进一步提高学生的实践操作能力。

全书由陈言国老师负责总体构思、结构安排及最后的统稿，编写的具体分工如下：第 1、5、8、9 章由陈言国编写；第 2～4、6 章由陈言国、黄君编写；第 7 章由陈言国、郝鹭捷编写。另外，陈言国老师的学生赵佳欣、吴艳芳、林晓梅等承担了资料整理、图表制作等部分工作，在此表示感谢！

福建师范大学博士生导师袁勇麟教授欣然为本书作序，万全现代物流股份有限公司董事总经理黄浩杰先生、环发讯通（天津）国际货运代理有限公司福建区常务副总经理侯德伟先生、中海集装箱运输股份有限公司福州公司副总经理林静女士为本书写了宣传语，在此表示衷心的感谢！

本书的出版得到电子工业出版社编辑的大力支持，并提出不少很好的修改意见，在此表示衷心的感谢！

本书在编写过程中参阅了不少同行出版的著作、教材和论文，以及网络上和部分企业的最新资料，在此对这些专家学者及企业经理表示衷心的感谢！

本书提供电子课件、习题参考答案、视频等教学资料，教师可从出版社网站免费下载，或通过电子邮件向作者索取。

由于水平所限，本书难免存在疏漏与不足之处，敬请各位同行及读者批评指正。作者的邮箱是：759888471@qq.com。

陈言国

2017 年 6 月

目 录

第 1 章

认识国际货运代理

学习目标

1. 了解国际货运代理的概念；
2. 熟悉国际货代企业的设立、备案等手续；
3. 熟悉国际货代企业的组织结构及主要岗位；
4. 了解国内外知名的国际货代企业；
5. 掌握国际货代业务的基本流程。

引导案例

中国外运股份有限公司（以下简称中国外运股份）成立于 2002 年 11 月 20 日，并于 2003 年 2 月 13 日在香港成功上市，是中国外运长航集团有限公司（以下简称中国外运长航）控股的 H 股公司。它注入了中国外运长航在香港、广东、福建、上海、浙江、江苏、湖北、重庆、江西、安徽、山东、天津、辽宁等国内发展迅速的沿海、沿江地区和其他战略性地区的核心业务、优良资产和专业化的员工队伍，承继了中国外运长航 50 余年从事物流运输服务所积累的丰富经验、强大稳固的客户基础和享誉全球物流运输界的品牌，成为中国外运长航发展综合物流的旗舰。截止到 2015 年 12 月，公司拥有员工 27 150 名，总资产 350.8 亿元人民币，净资产 184.6 亿元人民币。

中国外运股份集海、陆、空货运、仓储码头服务，快递，船务代理及货运代理业务为一体，其业务主要由所属子公司（含控股）实行专业经营。在营运实践中，中国外运股份培育和形成了综合物流所必需的全程方案设计、组织、协调、管理等综合服务能力。中国外运股份拥有齐全、结构均衡的战略资产。其中，船舶 120 艘，总运载量达 61 万吨；集装箱堆场 89 个，面积 1 872 650 平方米；仓库 374 座，仓储面积 1 677 618 平方米，在北京、广州、成都、上海、沈阳及南京设有货物分拨中心；营运车辆 2 949 辆，35 569 载重吨；铁路专用线 8 条。中国外运股份注重一体化营销体系和标准化业务操作平台的建设，建立起分工协作的一体化经营模式，打造了以海、陆、空货运体系为支撑，以战略资产为依托的一体化综合物流服务平台。

中国外运的服务网络覆盖中国，遍及全球主要经济区域。中国外运股份除自身拥有一个覆盖中国重要战略地区和沿海地区的服务网络外，还通过控股的子公司中外运空运发展股份有限公司设立的分支机构，拥有覆盖国内主要城市和经济活跃地区的航空货运和快递服务网络；通过与母公司中国外运长航订立的多项服务协议，得以利用其所拥有的中国最庞大的服务网络；同时，通过与国际战略合作伙伴结成的同盟关系，在世界主要经济区域建立起强大的海外代理网络。

思考题：

1. 什么是国际货运代理企业？国际货运代理企业的主营业务是什么？
2. 你所在的省都有哪些国际货运代理企业？

1.1 国际货运代理基础知识

1.1.1 国际货运代理的概念

“国际货运代理”一词源于英文的“Freight Forwarder”和“Forwarding Agent”两个词组。因各国国际货运代理业的历史发展、管理体制和法律文化等各不相同，对于货运代理的定义也有所不同。

据国际货运代理协会联合会（International Federation of Freight Forwarders Associations，FIATA）对货运代理的定义，“货运代理”是“根据客户的指示，为客户的利益而揽取货物的人，其本人并非承运人”。货运代理也可以从事与运送合同有关的活动，如储货、报关、验收和收款。

在我国，“货运代理”一词具有两种含义：一是指货运代理业；二是指货运代理人。

据 1995 年 6 月 29 日国务院批准的《中华人民共和国国际货物运输代理业管理规定》，国际货运代理业（以下简称国际货代业）是指接受进出口货物收货人、发货人的委托，以委托人的名义或者以自己的名义，为委托人办理国际货物运输及相关业务并收取服务报酬的行业。而“国际货运代理人”是指从事上述行业业务的国际货运代理企业（以下简称国际货代企业）。

1.1.2 国际货运代理人的作用

国际货运代理人精通各种运输业务，熟悉有关法律、法规，业务关系广泛，信息来源准确，与各种承运人、仓储经营人、港口、机场、银行等相关企业，以及海关、检验检疫局、外汇管理局等政府部门有着良好的业务联系，是进出口货物的收、发货人与承运人，以及港口、机场、车站、仓库经营人之间重要的桥梁和纽带。国际货运代理人促进了国际贸易和国际运输业的发展，对于本国国民经济发展和世界经济的全球化都有重要的作用。国际货运代理人的重要作用可以归纳为以下几点。

1．组织协调作用

国际货运代理人被称为“国际运输的设计师”，凭借其拥有的运输知识及相关知识，组织运输活动，设计运输路线，选择运输方式和承运人，帮助货主及承运人协调好与港口、机场、车站、堆场、海关、检验检疫局、外汇管理局等有关单位的关系。

2．专业服务作用

国际货运代理人的本职工作是利用自身专业的知识和经验，为委托人提供货物的承揽、交运、拼装、集运、交付等服务，接受委托人的委托，办理货物的保险、报关、报检等手续。国际货运代理人通过向委托人提供各种专业服务，可以使委托人不必在自己不熟悉的业务领域花费更多的精力，使自己不擅长办理的事得到恰当、高效的处理，有助于提高委托人的工作效率。

3．沟通控制作用

国际货运代理人拥有广泛的业务关系、发达的服务网络和先进的信息技术手段，可以随时保持货物运输关系人之间，以及货物运输关系人与其他有关企业、部门的有效沟通；对货物运输的全过程进行准确跟踪和控制，保证货物安全、及时运抵目的地；顺利办理相关手续、准确送达收货人；应委托人的要求提供全过程的信息服务及其他相关服务。

4．咨询顾问作用

国际货运代理人通晓国际贸易环节，精通各种运输业务，熟悉有关法律、法规，信息来源准确、及时，可以就货物的包装、储存、装卸和保管，货物的运输方式、运输路线和运输费用，货物的进出口单证的办理，保险、价款的结算，海关、检验检疫、进出口管制等方面向委托人提出明确、具体的咨询意见，协助委托人设计、选择适当的处理方案，避免与减少不必要的风险和浪费。

5．降低成本作用

国际货运代理人掌握货物的运输、仓储、装卸、保险市场行情，与货物的托运人、承运人、港口、机场、车站、堆场经营人、保险人等有着长期、密切的友好合作关系，拥有专业的知识和业务经验，以及娴熟的谈判技巧。通过国际货运代理人，委托人可以选择货物的最佳运输路线、运输方式，最佳仓储保管人、装卸作业人和保险人，并争取公平、合理的费率，从而降低货物运输相关关系人的业务成本。

1.1.3　国际货运代理的行业协会

1．国际货运代理协会联合会（FIATA）

国际货运代理协会联合会，法文为“Federation International dfs Associations de Transitires et Assimiles”，其缩写“FIATA”作为国际货运代理协会联合会的标识，读作“菲亚塔”，并被用作该组织的标识（见图 1-1）。

FIATA 根据《瑞士民法典》（ZGB）第 60 条的规定，由 16 个国家的国际货运代理协会于 1926 年 5 月 31 日在奥地利维也纳成立，首任主席是哥本哈根的 P. Lehman 先生，总部设在瑞士苏黎世。

图 1-1　FIATA 标志

FIATA 是一个非营利性的国际货运代理行业组织，其目的是保障和提高国际货代企业在全球的利益。被称为国际货运代理业“建筑师”的 FIATA 在联合国经济与社会理事会、联合国贸易与发展会议、联合国欧洲经济委员会及联合国亚洲及太平洋经济社会委员会中均扮演了顾问咨询的角色，同时也被许多政府组织、权威机构和非政府的国际组织，如国际商会、国际航空运输协会、国际铁路联盟、国际公路运输联合会、世界海关组织等一致确认为国际货代企业的代表。FIATA 的影响遍及世界各个地区，出版的刊物有《FIATA 新闻》和《FIATA 通讯》。

FIATA 取得的令人瞩目的成就有 FIATA 推荐的国际货运代理标准交易条件范本、FIATA 国际货运代理业示范规则及制定的各种单证。标准交易条件通常是为了事先明确委托人与国际货代企业双方的权利义务关系制定的，作为委托人与国际货代企业的契约附件，具有约束双方当事人的法律效力。FIATA 国际货运代理标准交易条件范本，是由 FIATA 制定的关于国际货代企业与客户之间订立的合同的标准条款，并向至今尚无标准交易条件的各国国际货代企业推荐，供其在制定本国的标准交易条件时作为准则参考。依各国的特别要求，该范本需补充诸如下列条款，使其完备：发票支付及因预支资金和逾期支付而产生的支付利益的条件；有关的保险范围；外汇兑换率的变化；仓储业务等。FIATA 特别强调，该范本对已有本国标准交易条件的国家不具任何影响。FIATA 建议所有拟起草本国标准交易条件的国家参阅其他国家已有的标准交易条件，并向所有求助的国家提供帮助。

2. 国际航空运输协会

国际航空运输协会（International Air Transport Association，IATA），标志如图 1-2 所示，是一个由世界各国航空公司所组成的大型国际组织，其前身是 1919 年在海牙成立并在第二次世界大战时解体的国际航空业务协会，总部设在加拿大的蒙特利尔，执行机构设在日内瓦。

图 1-2　IATA 标志

协会的基本职能包括：国际航空运输规则的统一，业务代理，空运企业间的财务结算，技术上合作，参与机场活动，协调国际航空客货运价，航空法律工作，帮助发展中国家航空公司培训高级和专门人员。

IATA 在全世界近 100 个国家设有办事处，280 家会员航空公司遍及全世界 180 多个国家和地区。在中国有 13 家会员航空公司（除香港、澳门和台湾）。凡国际民航组织成员国的任一经营定期航班的空运企业，经其政府许可都可成为该协会的会员。经营国际航班的航空运输企业为正式会员，只经营国内航班的航空运输企业为准会员。

3. 中国国际货运代理协会

中国国际货运代理协会（China International Freight Forwarders Association，CIFA）是国际货代企业行业的全国性中介组织，其标志如图 1-3 所示。

图 1-3　中国国际货代协会标志

其于 2000 年 9 月 6 日在北京成立，是我国各省（市、自治区）国际货代企业行业组织、国际货代企业、与货代物流相关的企事业单位自愿参加的社会团体，亦吸纳在中国货运、运输、物流行业有较高威望和影响的个人。目前，CIFA 拥有会员近 700 家，其中理事会成员 89 家，各省市团体会员 27 家。CIFA 在国内各省市开设分会，各省市分会的会员有 6 000 多家。

CIFA 的业务指导部门是中华人民共和国商务部（以下简称商务部）。作为政府与会员之间的纽带和桥梁，CIFA 的宗旨是：协助政府部门加强对我国国际货代行业的管理；维护国际货代业的经营秩序；推动会员企业间的横向交流与合作；依法维护本行业利益；保护会员企业的合法权益；促进对外贸易和国际货代业的发展；为行业培训现代货代人才，提升行业人员素质，增强行业企业的国际竞争力；以民间形式代表中国货代业参与国际经贸运输事务并开展国际商务往来，参加各种国际行业会议。

相关链接

中国国际货运代理协会（CIFA）成立以来，在发挥政府和企业之间的纽带和桥梁作用方面，在倾听、反映国际货代企业呼声，坚决维护其合法权益方面做了大量的工作，得到了政府部门、国际货代企业及社会各界的肯定和认同，为促进国际货代物流行业发展做出了开创性的贡献。其承办的 FIATA 2006 上海年会取得圆满成功，受到了国内外与会代表的盛赞；连续十届举办“中外货代物流企业洽谈会”，该洽谈会已形成国际行业品牌，为中外国际货代企业搭建了交流与合作的平台；参与修订商务部国际货代法律法规及行业标准，进一步规范了行业管理，实现 了与国际接轨；申请并取得 FIATA 有关使用、印制、分发其运输单证的授权，在全国推广 FIATA 单证，提高了我国国际货代物流行业的国际竞争力；开展国际货代物流企业百强排名及信用评价，促进了行业建设与发展；组织实施国际货代企业业务备案，能够及时向政府主管部门反映行业信息与动态；组织国际货代物流从业人员的国际、国内资格证书培训考试，提高了行业整体素质。

1.2 国际货代企业基础知识

商务部于 2004 年 1 月 1 日颁布并实施《中华人民共和国国际货物运输代理业管理规定实施细则》（以下简称《实施细则》）。《实施细则》第 2 条对国际货代企业做出界定：“国际货代企业可以作为进出口货物收货人、发货人的代理人，也可以作为独立经营人，从事国际货代业务。”

《实施细则》还规定，国际货运代理企业必须依法取得中华人民共和国企业法人资格，其名称、标志应当符合国家有关法律、法规和规章，与业务性质、范围相符合，并能体现行业特点。其中，名称应当含有“货运代理”、“运输服务”、“集运”或“物流”等相关字样。

1.2.1 国际货代企业的设立

1．申请人资格

2004 年 5 月 19 日，国务院发布《关于第三批取消和调整行政审批项目的决定》，取消国际货代企业经营资格审批以后，我国境内的投资者申请设立国际货代企业、从事国际货代业务，不再受原先规定的资格条件限制。但是，向工商行政管理机关申请登记注册国际货代企业、请求工商行政管理机关核准国际货代业务经营项目的境内投资者，仍然应当遵守《中华人民共和国公司法》及有关法律、法规规定的资格条件限制。

根据现行有关法律法规和政策，下列单位或个人不得投资设立国际货代企业：① 各级党、政、军、审判、检察机关。② 法律、法规禁止从事营利性活动的自然人。③ 会计师事务所、审计事务所、律师事务所和资产评估机构。④ 尚未取得投资资格证明的外商投资企业。⑤ 尚未缴清全部注册资本的非投资类内资企业。⑥ 尚未完成财产转移手续的以非货币出资登记注册的企业。⑦ 不具备投资主体资格的法人分支机构。⑧ 基金会不得投资举办有限责任公司。⑨ 有限责任公司不得对非公司制企业投资。⑩ 法律、法规禁止投资举办企业的其他单位和个人。

2．设立的条件

（1）国际货代企业注册资本的要求（见表 1-1）

表 1-1 国际货代企业注册资本的最低限额

注册资本最低限额	海上国际货物运输代理业务	500 万元人民币	每设立一个从事国际货代业务的分支机构，应增加注册资本 50 万元人民币
	航空国际货物运输代理业务	300 万元人民币	
	陆路或国际快递业务	200 万元人民币	
	经营两项以上业务	按最高一项的限额	

（2）申请设立国际货代企业应该具备的营业条件

《实施细则》规定，申请设立的国际货代企业可由企业法人、自然人或其他经济组织组成。与进出口贸易或国际货物运输有关，并拥有稳定货源的企业法人应当为大股东，且应在国际货代企业中控股。企业法人以外的股东不得在国际货代企业中控股。国际货代企业应当取得中华人民共和国企业法人资格。企业组织形式为有限责任公司或股份有限公司。禁止具有行政垄断职能的单位申请投资经营国际货代业务。承运人以及其他可能对国际货代行业构成不公平竞争的企业不得申请经营国际货代业务。

申请设立国际货代企业应该具备的营业条件包括以下四条（见表 1-2）。

表 1-2 国际货代企业设立的营业条件

人员要求	至少 5 名从事国际货代业务 3 年以上的业务人员（业务人员资格由业务人员原所在企业证明，或者取得商务部颁发的资格证书）
营业场所要求	有固定的营业场所（自有房屋、场地，须提供产权证明；租赁房屋、场地，须提供租赁合同）
营业设施要求	有必要的营业设施（包括一定数量的电话、传真机、计算机、短途运输工具、装卸搬运设备、包装设备等）
货源市场要求	有稳定的进出口货源市场（本地区进出口货物运量较大，货代行业具备进一步发展的条件和潜力，并且申报企业能够揽收到足够的货源）

企业申请的国际货代业务经营范围中如包括国际多式联运业务，除应当具备上述规定的条件外，还应当具备下列条件：① 从事《实施细则》第 32 条中的有关业务 3 年以上。② 具有相应的国内外代理网络。③ 拥有在商务部登记备案的国际货运代理提单。

（3）设立国际货代企业时的备案程序

为加强对国际货代业的管理，根据《中华人民共和国对外贸易法》（以下简称《外贸法》）和《规定》的有关规定，商务部制定了《国际货运代理企业备案（暂行）办法》，于 2005 年 4 月 1 日起施行。该办法规定，凡经国家工商行政管理部门依法注册登记的国际货代企业及其分支机构，应当向商务部或商务部委托的机构办理备案。商务部是全国国际货代企业备案工作的主管部门。国际货代企业备案工作实行全国联网和属地化管理。

国际货代企业备案程序如下。

1）领取《国际货运代理企业备案表》（以下简称《备案表》）。国际货代企业可以通过商务部政府网站（http://www.mofcom.gov.cn）下载，或到所在地备案机关领取《备案表》。

2）填写《备案表》。国际货代企业应按《备案表》要求认真填写所有事项的信息，并确保所填写内容完整、准确和真实；同时认真阅读《备案表》背面的条款，并由法定代表人签字、盖章。

3）向备案机关提交备案材料。材料包括《备案表》、营业执照复印件、组织机构代码证书复印件等。

备案机关应自收到国际货代企业提交的上述材料之日起 5 日内办理备案手续，在《备案表》上加盖备案印章。备案机关在完成备案手续的同时，应当完整准确地记录和保存国际货代企业的备案信息材料，依法建立备案档案。国际货代企业应凭加盖备案印章的《备案表》在 30 日内到有关部门办理开展国际货代业务所需要的有关手续。从事有关业务，依照有关法律、行政法规的规定，需经有关主管机关注册的，还应当向有关主管机关注册。

《备案表》上的任何信息发生变更时，国际货代企业应在 30 日内办理《备案表》的变更手续，逾期未办理变更手续的，其《备案表》自动失效。备案机关收到国际货代企业提交的书面材料后，应当即时予以办理变更手续。

1.2.2 国际货代企业的主要部门及岗位

1. 国际货代企业的部门及组织结构

国际货代企业常见的部门及组织结构如图 1-4 所示。

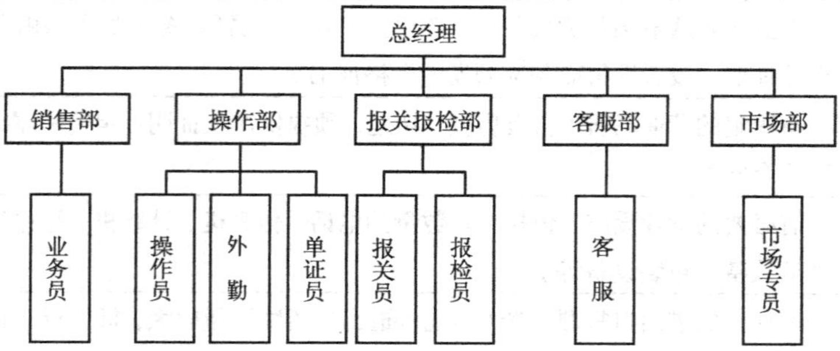

图 1-4 国际货代企业常见的部门及组织结构

2. 国际货代企业的主要岗位及其工作职责

1）业务员。主要职责是了解市场货源信息，拓展新客户等。

2）操作员。主要职责是处理托运、订舱、排载等相关业务，联系拖车、报关，以及审核单证等，可以理解为国际货代业务的总调度。

3）单证员。主要职责是根据客户的托运单等资料制作提单、海运关单、空运入仓单等相关单证。

4）外勤。主要职责是取送单证、上门提货、办理机场货运站货物入库手续等。

5）客服。主要职责是负责查询运输信息、跟踪反馈、处理运输过程异常状况、处理业务费用对账、催收业务费用及单证核退等。

6）报关员。主要职责是办理代理报关相关手续。

7）报检员。主要职责是办理代理报检相关手续。

8）市场专员。主要职责是收集市场运价信息，负责管理运价及 VIP 客户等。

小型国际货代企业多数没有设立市场专员和客服两个岗位，而将其职能合并到操作员等岗位。

1.2.3 国外著名国际货代企业

1. 辛克物流

辛克物流（Schenker，也称全球国际货运代理有限公司）是世界知名的国际货代企业和第三方物流公司，隶属于德国铁路旗下的物流与货运分支机构 DB 集团，提供优秀的海、陆、空运输服务、综合化的物流解决方案，进行全球连锁化管理。

辛克物流业务范围涵盖货代、物流整合服务、供应链管理方案，以及奥运、展会等特殊的物流服务。辛克物流总部设在德国，1979 年进入我国，目前在广州、北京、上海、南京、杭州、成都等大城市设立了 21 个办事处，专业技术人员有 330 多人，是在中国注册的第一批外资国际货代企业。

今天，辛克物流通过与美国伯灵顿全球货运物流有限公司（BAX Global）携手，已成为国际货运行业中的领军力量，在全世界拥有超过 5 万名员工，营业额超过 110 亿欧元。在全球范围内，辛克物流已在 150 个国家设立了超过 1 500 个分支机构，并在行业市场中取得了骄人的成绩：辛克物流在欧洲陆运排名首位，全球空运排名第二位，全球海运排名第三位，物流服务排名第六位。

2．德迅公司

德迅公司（K&N）创立于 1890 年，本部设在瑞士，是全球最大的国际货代企业之一，也是世界上最大的无船经营的公共承运人。德迅（中国）货运代理有限公司总部设在上海，在全国各大中城市和港口城市拥有分支机构，如大连、天津、北京、青岛、宁波、厦门、广州、深圳等。

如今，该公司向全世界提供高价值的综合物流服务，主要从事海运、空运、第三方物流，在全球 100 多个国家和地区拥有 900 个分支机构，超过 5.5 万名员工。德讯公司进入中国市场从事运输业务已有 20 多年的历史，业务种类齐全，网点遍布全国。

3．丹莎货运集团

丹莎货运集团（Danzas）成立于 1815 年，总部位于瑞士巴塞尔，现全球拥有员工 42 300 多人，在全球 150 个国家设有 800 个办事处及分公司。丹莎货运集团是一个有着强大计算机网络支持、拥有多种不同运输工具、能够提供全方位货物运输服务的全球知名运输集团公司，主要业务为空运、海运及物流，是全球最大规模的运输集团之一。丹莎货运（中国）有限公司于 1995 年经中国原对外贸易经济合作部批准在上海成立，并在天津、北京、青岛、宁波、厦门、深圳等全国 14 个城市分别设有分公司及办事处。

丹莎货运集团与世界上几乎所有主要的航运公司、运输集团都保有非常良好的业务关系，公司信誉卓著、历史悠久，是许多专业海运公司优先选择的合作伙伴。丹莎货运集团亦可利用其全球网络，提供覆盖全球 140 个国家与地区的“门到门”的运输服务，包括内陆运输、上门取货、进出口报关等。

4．泛亚班拿公司

泛亚班拿公司（Panalpina）成立于 1935 年，总部设在瑞士巴塞尔。泛亚班拿公司是世界上最大的货运和物流集团之一，在全球 80 多个国家拥有约 500 家分公司，与其选择的伙伴密切合作。

泛亚班拿公司的核心业务是综合运输业务，所提供的服务是一体化、客户化的解决方案；通过一体化货运服务，将自身定位于标准化运输解决方案和传统货代公司之间。除了处理传统货运以外，泛亚班拿公司还为跨国公司提供物流服务，尤其是汽车、电子、电信、石油及能源、化学制品等领域的公司。

5．康捷空公司

康捷空公司（Expeditors）是一家提供全球物流服务的公司，该公司注册地为美国，总部设在西雅图。公司的服务内容包括空运、海运及货代业务。该公司在美国的每个办事处及许多海外办事处都提供进出口报关服务。另外，还提供配送管理、拼货、货物保险、订单管理及以客户为中心的物流信息服务。

康捷空公司在中国大陆注册的公司名称是北京康捷空国际货运代理有限公司，目前在北京、天津、青岛、上海、宁波、福州、厦门、深圳等地都有分公司或办事处。

康捷空公司的业务范围主要集中在空运、海运和国际货代方面，从地区分布来看，业务主要集中在远东地区，其收入占56 %；在美国、欧洲和中东地区、南美洲及澳大利亚的收入分别占25%、15%、2%、1%。主要客户有沃尔玛、三星、思科、IBM、Apple等公司。

1.2.4 国内著名国际货代企业

1．中远国际货运有限公司

中远国际货运有限公司（以下简称中远国际货运）成立于1995年12月，是中远集装箱运输有限公司直属的大型国际货代企业。公司经营范围包括国际、国内集装箱货运代理，国际、国内集装箱船舶代理，以及沿海货物运输、拼箱、项目运输、多式联运、报关、供应链融资、货运保险等业务。

中远国际货运在中国各地设立了200多家网点分公司及子公司,形成了以北京为中心，以大连、天津、青岛、武汉、上海、厦门等城市为龙头，以全国主要城镇货运网点为依托的货运综合服务网络体系。中远国际货运在国际货运、集装箱船代、多式联运、拼箱、项目开发等方面，业务规模和综合实力均位居国内同业前列。

中远国际货运被中国银行审定为AAA级资信企业；1997年，通过挪威船级社和中国进出口商品质量认证中心ISO 9002质量保证体系认证。在全国货运行业各类大型评选活动中，中远国际货运连续多年获得多个奖项的桂冠，多次荣获“全国最佳物流企业”、“最佳货代公司”、“最佳船代企业”等荣誉称号。

2．锦程国际物流集团股份有限公司

锦程国际物流集团股份有限公司（以下简称锦程物流）创立于1990年6月，注册资金3亿元人民币，是中国最大的国际货代企业之一。本着“先做资源整合，再做产业整合”的发展战略，锦程物流以独特的经营理念和不懈的创新精神，在国内主要口岸城市、内陆城市及海外设有200多家分支机构及集团成员企业，与数十家国内外大型船公司和航空公司建立了战略合作关系，与海外300余家国际物流企业保持着长期稳定的业务合作关系，形成了覆盖全球的服务网络。

锦程物流是CIFA副会长单位、FIATA联系会员。凭借多年物流行业经验、丰富的行业资源和全球的实体物流服务网络，锦程物流在行业内率先推出了资源整合、电子商务和集中采购的商业模式，降低了客户的物流成本，提升了锦程的优质服务，促进了集团的快速发展。为更好实现这一商业模式，锦程物流设立了锦程国际物流服务有限公司、锦程物流在线服务有限公司和大连锦程物流网络技术有限公司等下属企业，提升了锦程物流的核心竞争力。

锦程物流投资建设了全球领先的网上物流交易市场——“锦程物流网”（www. jctrans. com），搭建了中国物流行业名列前茅的电子商务平台，是中国物流行业最大的网络传媒。目前，锦程物流网已经成为汇聚全球物流提供商资源、贸易商资源及行业相关资源的最大行业资源集中地，拥有近千万企业用户，在全世界拥有来自 200 个国家的数百万物流提供商和行业相关者，每天都有几十万家物流供需企业发布供应、运价、招标、代理等重要信息。锦程物流网已经发展为集信息查询、物流交易、金融结算于一体的物流行业综合服务平台。

3. 中国外运长航集团有限公司

中国外运长航集团有限公司由中国对外贸易运输（集团）总公司与中国长江航运（集团）总公司于 2009 年 3 月重组成立，总部设在北京。中国外运长航是国务院国有资产监督管理委员会直属管理的大型国际化现代企业集团，是以物流为核心主业、以航运为重要支柱业务、以船舶重工为相关配套业务的中国最大的综合物流服务供应商之一。

中国外运长航的物流业务包括海、陆、空货运代理、船务代理、供应链物流、快递、仓码、汽车运输等；在物流领域，中国外运长航是中国最大的国际货运代理公司、最大的航空货运和国际快件代理公司、第二大船务代理公司。中国外运长航的航运业务包括干散货运输、石油运输、集装箱运输、滚装船运输、燃油贸易等；在航运领域，中国外运长航是中国三大船公司之一，是中国内河最大的骨干航运企业集团，也是中国唯一能实现远洋、沿海、长江、运河全程物流服务的航运企业。中国外运长航的船舶工业形成以船舶建造和修理、港口机械、电机产品为核心的工业体系，在国内外享有知名声誉，年造船能力超过 400 万载重吨。

2012 年，中国外运长航的营业收入为 1 066.78 亿元，截至 2012 年年底，资产总额为 1 229.33 亿元，企业员工总数 7 万余人。中国外运长航控股三家 A 股上市公司、两家香港上市公司，下属境内外企业 730 余家，网络范围覆盖了全国 30 个省、自治区、直辖市，以及香港、台湾地区，韩国、日本、加拿大、美国、德国等 50 余个国家，与 400 多家知名的境外运输与物流服务商建立了业务代理和战略合作伙伴关系。

4. 嘉里大通

嘉里大通始建于 1985 年，是中国大陆最早成立的国际货运代理企业。其母公司嘉里物流联网总部设于香港，是亚太地区最具领导地位的第三方物流供应商之一。

嘉里大通物流联网乃嘉里物流于中国大陆的品牌，为客户提供优质、高效的泛华物流服务，包括货代、快件及合约物流（包括仓储及配送）、供应链解决方案、综合物流。嘉里大通拥有约 7 300 名员工，140 个分公司/办事处，超过 700 个营运牌照，经营 2 000 辆车辆及逾 170 万平方米物流中心，服务逾 1 600 个城市。

嘉里物流联网投巨资建设庞大的服务网络，分公司结合策略联盟及海外代理，网络遍及全球。欧洲、东南亚等重点区域都设有全资子公司。

中国范围内，嘉里大通得天独厚的优势更为凸显。我们以分布在 32 个省份的 130 个分、子公司、办事处及劳动中心，辐射全国 1 100 个城市，员工超过 4 500 人，共有 2 000 辆运输车辆和 386 000 平方米的仓储和物流中心。

凭借丰富的专业经验、完善的国内外网络、先进的信息系统、良好的政府关系，嘉里大通物流率先为众多知名跨国企业提供定制化的综合物流解决方案。

5. 港中旅华贸国际物流股份有限公司

港中旅华贸国际物流股份有限公司（以下简称华贸）的大股东是中国港中旅集团公司

暨香港中旅（集团）有限公司（以下简称港中旅集团）。港中旅集团植根香港已逾 80 年，是国务院国有资产监督管理委员会管辖的中央骨干企业。

华贸总部设在国际航运中心上海，主业是现代跨境综合物流和供应链贸易服务。华贸于 1984 年在上海注册成立，是中国改革开放后最早经原外经贸部、民航总局、海关总署批准成立的一级货运代理企业之一，在行业内具有悠久的经营历史和市场品牌。

华贸已形成网络化、集约化相结合的经营和发展格局，30 余个分支机构遍布中国主要港口和内陆经济发达城市及纽约、洛杉矶、亚特兰大、法兰克福，长期合作的海外网络遍布世界 150 多个国家和地区，主营业务服务网络遍布中国和世界各大货物集散中心城市。华贸是轻资产型物流企业，在包括大型重资产型物流企业、跨国货代物流企业在内的中国同业百强企业评比中名列第七位，在多个重要港口城市行业内排名长期位列第一或前三名。

6. 厦门速传物流发展股份有限公司

厦门速传物流发展股份有限公司是上市公司厦门象屿股份有限公司的控股子公司，国家 AAAA 级综合物流企业，位列中国物流百强。公司总部位于厦门，在国内七个核心城市拥有分支机构。公司主要从事国际采购与分拨、国际多式联运和国内门到门物流等专业服务，并依托公司综合物流服务能力、网络平台及母公司强大的采购与分销能力，为客户提供一体化物流服务、供应链服务方案。公司注册资本 8 197 万元，总资产 5 亿元；旗下 13 家控股子公司、4 家全资子公司、4 家分公司，遍布全国各大沿海港口；自有堆场 30 万平方米，保税及非保税仓库 16 万平方米，在厦门、福州、上海、天津、广州、深圳自营及包租仓库面积超过 50 万平方米；自有 2 家专业报关行及报关员队伍；自有拖车 147 部。

1.3 国际货代业务的基本流程

1.3.1 国际货代海运集装箱业务的基本流程

从国际货代的角度来看，集装箱货物出口流程可以简化为如下步骤：① 揽货接单（货主询价、业务员报价、签订代理合同等）。② 委托运输（客户接受运价及航线，传真托运书，货代操作接收托运单）。③ 订舱（货代向船公司订舱、申请预留舱位，船公司安排配载和舱位，并发配舱回单和空箱提取通知单）。④ 安排货物装箱进港（根据客户需要安排拖车或场装将货物装箱并进港）。⑤ 报检报关（整理客户资料、报关资料，传给报关行）。⑥制作与确认提单（同客户核对确认提单，传确认后的提单资料给船公司，船公司制作正本提单。⑦货物装船（装船前必须确保报关放行）。⑧ 对账结算、签发提单（各项费用对账无误后开具发票并收款，通常收款后才签发提单给客户）。⑨ 动态通知（提供航班跟踪等信息服务）。⑩ 单据核退返还客户、文件归档。

下面结合某国际货代企业制定的操作流程（见实例 1-1）来进一步介绍国际货代海运集装箱业务的基本流程。

【实例 1-1】某国际货代企业福州分公司海运出口操作流程

1. 目的

规范福州分公司海运出口业务操作，对海运出口的全过程及操作过程中的关键环节进行有效指导。

2. 适用范围

1）福州分公司海运出口操作。

2）提供装箱、订舱、制单、商检、清关等操作及门到门服务。

3）提供服务全过程的货物、单证、信息的交接传递。

3. 海运出口操作流程图

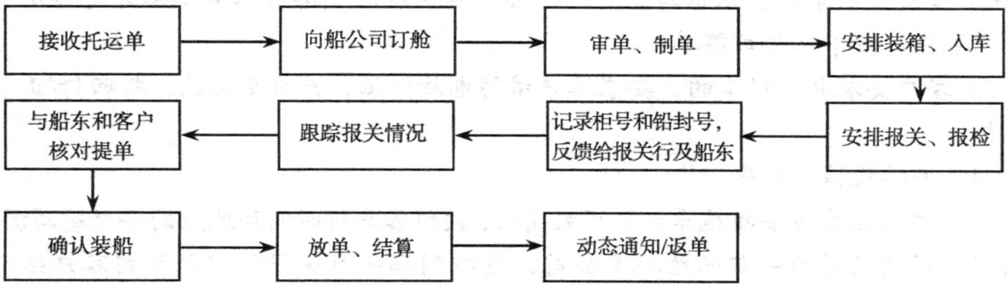

4. 具体流程

（1）业务评审，接收托运单

1）国内客户的自揽货。销售员负责与客户沟通代理海运出口运输委托事宜。如果我司可以满足客户的需求，如订舱、报关、转关、报验、出口运输、转运等，则根据海运市场运输价格与客户确认报价，并要求客户回传或提供已签字或盖章的《海运货物托运书》，或客户自行提供托运书。审核《海运货物托运书》上客户应填项目是否齐全，包括发货人、收货人、通知人、起运港、卸货港、目的地、运输条款、品名、件数、重量、尺码、唛头、箱种、箱量、装箱/提货要求、费用（或另附报价确认单）及有无特殊要求等，完成业务评审。

2）接到国外代理指定运输的货物，接收代理预告及操作指令，明确各项费用并做记录。

3）销售员将客户资料、货物情况、运价等项目记录在《海运出口业务交接单》上，签字确认后连同《海运货物托运书》交予操作员订舱。

（2）订舱

操作员按《海运出口业务交接单》、《海运货物托运书》上的订舱要求，与船公司/拼箱公司（或订舱代理）联系订舱事宜，按船公司/拼箱公司（或订舱代理）的要求缮制订舱单，以传真方式或电子数据方式向船公司/拼箱公司（或订舱代理）进行订舱，订舱单上通常需要注明和船公司/拼箱公司（或订舱代理）确认过的运费、起运港、卸货港、箱型、货物进港方式（场装、自送货内装）、提单签发方式（货代提单、船东单、电放）等；船公司/拼箱公司（或订舱代理）回传放箱单确认接受订舱后，以《订舱通知单》形式通知客户货物进仓，并编制业务单号，建立台账。

（3）审单、制单

1）接收客户的单证，对单证的正确性、完整性进行审核。

2）如客户委托我司代报关或报检，操作员将正确、齐全的报关或报检单及《单据交接单》转交给报关行。

3）操作员制作下货纸（又称关单、装货单、大副联、场站收据），由外勤操作员将制好的下货纸到船代处盖章。

4）操作员将《海运货物托运书》、《海运出口业务交接单》交予单证员，单证员根据以上基本资料进行提单样本制作，并传真给客户进行校对确认。

5）签发货代提单的，确认货物已装船后，依据客户确认过的提单样本制作正本货代提单，交客服部放单结算员签单。

6）签发船东单的，依据与客户、船公司确认过的提单样本通知船公司签发正本船东单，交客服部放单结算员签单。

7）客户要求电放提单的，要求客户填写电放保函，并盖章确认，将回传/正本电放保函存档。

（4）安排装箱、入库

1）客户要求我方安排拖车到工厂装箱的，按照客户对时间和地点的要求填写调箱单后，连同船公司的放箱单一起传给拖车公司，安排到码头堆场提取空箱并到客户指定地点装货；要求拖车公司装箱完成进港后，将正确集装箱号、铅封号传真通知操作员，操作员通知报关行进行报检、报关；操作员需主动随时与客户及拖车公司保持联系，确保货物装箱按时完成；如车辆在运输过程中发生货损事故，应立即报告公司上级，马上采取应急措施。

2）客户自行安排拖车装箱进港的，向船公司索要放箱单后，传真请派单和放箱单给客户自行拖箱；集装箱进港后，要求客户将正确柜号、铅封号传真通知操作员，操作员通知报关行进行报关。

3）客户自送货进集装箱堆场或货运站（港口或分供方堆场）的，传真《订舱通知单》给客户，指示客户送货地址、时间、入仓单号等，同时传真请派单及船公司放箱单给集装箱货运站（港口或分供方堆场），要求集装箱货运站及时提空箱及货到后安排入仓和装箱；货物装箱后，向集装箱货运站索要书面柜号和铅封号，并通知分供方报关行进行报检或报关。如出现货损货差，应停止装箱，并书面通报客户，在得到客户进一步书面确认后，方可进行下一步操作。

（5）安排报关、报检

1）客户自报关、报检的，通知报关行到我司或供方处取下货纸作报关用，并要求客户在船公司规定截单的时间内，将通关后盖有海关验讫章的放行条交予船公司港口办事处作为配载装船的依据，之后电话通知操作员；操作员接到通知后应再次与船公司确认，确保货物顺利装船。

2）客户委托我方报关、报检的，操作员将已审核的整套有效报关/报检单证及下货纸，以《单据交接单》的形式和分供方报关行进行交接。

（6）记录柜号和铅封号，反馈给报关行及船东

1）客户委托我方拖车的，操作员向拖车公司要柜号和铅封号，同时反馈给报关行和船东。

2）客户自理拖车的，操作员向客户要柜号和铅封号，同时反馈给报关行和船东。

（7）跟踪报关情况

随时联系报关行了解报关进展情况。

（8）与船东和客户核对提单

按照客户的要求制作分单，收到客人注明同意的分单后制作主单，争取在船开之前把分单和主单都核对好。

（9）确认装船

1）操作员在操作过程中随时与报关行、港口、船公司保持联系，了解货物装箱、入库、通关、装船情况。

2）以电话、传真或 E-mail 形式通知客户货物已装船。

3）操作员将操作过程中产生的所有费用记录在《海运出口业务交接单》上，交客服部核算员。

（10）放单、结算

1）签发我司正本提单。

2）依据《海运出口业务交接单》上的报价明细，开具工作单，打印发票。

3）《海运出口业务交接单》上放单方式为见款放单的，及时与客户结清所有费用后，再交接已签发的货代正本提单或船东单和发票；为电放的，向客户提供电放通知。

4）《海运出口业务交接单》上放单方式为协议的，按协议操作并与客户交接已签发的正本提单或船东单和发票，或办理电放手续，之后与结算员一起做好运费的及时回收工作。

5）如客户要求预借、顺签、倒签提单，我司原则上不予接受，如可以办理，则必须取得船公司的确认，并凭提单上发货人和收货人同时提供正本有效保函及操作经理的批示办理。

6）操作员与分供方报关行交接海关签退的出口收汇核销单、退税用报关单等，并做记录。

（11）动态通知/返单

1）对于国外代理的指定货物，在货物离港后 48 小时内向对方发预告（包括用传真或 E-mail 方式发送主单、分单及 Pre-Alert）。

2）与公司财务确认费用已到账后，退还客户海关/商检签退的出口收汇核销单、退税用报关单等，并以《单据交接单》形式进行签收。

1.3.2 国际货代空运业务的基本流程

从国际货代企业的角度出发，国际空运的业务环节可以归纳为如下步骤：① 销售揽货（销售员推广业务、揽收货物）。② 委托运输（外贸客户填货运委托书，传真给货代企业，货代操作接收托运单）。③ 预订舱位（货代企业操作员填订舱单，向航空公司预订舱位，在这个操作环节需要初步审核客户提供的单证是否齐全有效，以减少订舱错误或退舱）。④ 制作整套单证（单证员制作入仓单、航空货运单、航空标签等货运单证），安排接货取报关单证及安检入仓（外勤操作员上门接收货物，审核并运送至机场办理安检等手续后入国际货运仓库）。⑤ 出口报关（货物入库后单据移交报关员，安排出口报关）。⑥ 交接（报关放行后，将放行单据交接给机场国际货运站，安排货物装上预订的航班）。⑦ 发预告给国外代理、航班跟踪。⑧ 费用结算。⑨ 材料归档。

下面结合某国际货代企业制定的操作流程（见实例 1-2），进一步介绍国际货代企业空运业务的基本流程。

【实例 1-2】某国际货代企业福州分公司空运出口操作流程

1. 目标与任务

为了提高操作效率，与公司其他岗位协调配合，完成订舱、安排接货、审单、制单、提单交接、跟踪货物情况等一系列工作，推动整个空运出口业务流程有序地进行，从而带动货量与利润稳定增长，特制定以下业务流程。

2. 空运出口操作流程图

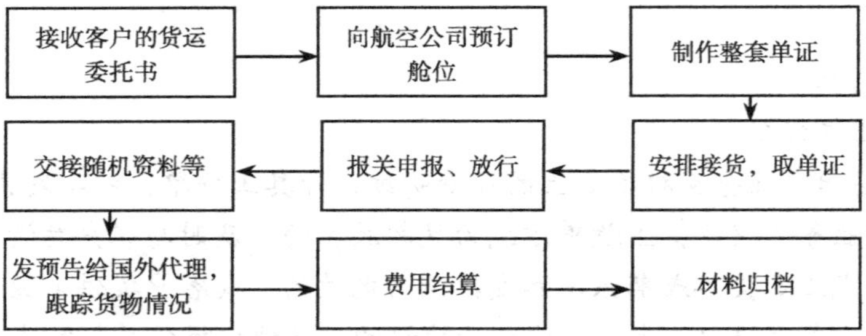

3. 流程描述

1）接收客户的货运委托书。操作员接收客户发来的国际空运货运委托书，并审核委托书上客户应填项目是否齐全，包括发货人、收货人、通知人、始发地、目的地、品名、件数、重量、尺码、唛头、提货要求、费用及是否有特殊要求等。

2）向航空公司预订舱位。操作员审核委托书并与销售员确认（或要求销售员填写业务交接表）后，按航空公司的格式要求填写一份国际空运订舱单，向相应的航空公司货运部预订舱位，航空公司反馈舱位情况。如果该航空公司舱位已满，必须马上联系客户，征求是否愿意改订其他航空公司的航班舱位，如果客户不同意，则该票业务取消。

3）制作整套单证。收到航空公司确认舱位的信息后，操作员通知单证员制作整套单证，包括航空货运单主单、机场的入仓单（一式三份）、航空标签（每箱货物需要一个标签）等。

4）安排接货，取单证。在发货人确认货物备齐后，及时派车到客户公司及仓库取报关单证及货物，接货时需要检查货物外表状况是否良好。之后将货物运往机场，按航空公司地面代理要求将货物过安检，安检合格后入机场国际货运仓库。

5）审核单证。取单证时要检查单证是否准确、齐全、有效，单证之间是否相符。对于核销单、手册等重要单证，要妥善保管，各环节都要做签收。

6）报关申报、放行。外勤操作员将货物入仓后，将盖有货运站收货章及安检合格章的入仓单交报关行，由报关行报关员填写报关单，向海关进行该货物的申报。操作员要及时跟踪报关情况，直至报关放行。

7）检查、交接随机资料和放行单据。海关放行货物后，及时将放行单据及随机资料等交接给机场国际货运柜台工作人员。

8）发预告给国外代理，跟踪货物情况。航班起飞后向航空公司确认货物是否配载出运，确认货物出运后，向国外代理发预告，请其帮忙确认货物到达情况并随时反馈。

9）费用结算、材料归档。与客户结算该票空运业务的空运费、报关费等，最后将材料归档备查。

1.4　岗位技能实践模拟

岗位技能实训项目：查找国际货代企业名录

● **工作情境**

中国国际货运代理协会（CIFA）是国际货运代理行业的全国性中介组织，代表着整个货运代理行业。

● **实训任务**

1）分组上网查找当地 CIFA 会员的公司名录。

2）上网查阅 5 ~ 10 家经营国际货代业务的企业的详细资料。

3）选择一家较有代表性的国际货代企业，制作一份介绍该企业的 PPT，并在课堂上分享。

● **实训教学建议**

1）教学方法：多媒体演示。

2）教学课时：　2 课时。

● **实训成果**

1）CIFA 的会员名录。

2）介绍国际货代企业的 PPT。

● **实训任务评价**

编　号	评 价 点	评价细节	得分情况
1	成果	各组材料准备的充分程度（60 分）	
2	成果	各组上台分享的演讲能力（20 分）	
3	成果	PPT（20 分）	

思考与练习

一、单项选择题

1. 根据我国现行的国际货运代理行业管理规定，国际货代企业不得从事的业务是（　　）。

A. 接受收货人委托从事货运服务

B. 接受其他货运代理人转托运的货物

C. 允许其他单位、个人以该企业或其营业部名义从事国际货运代理业务

D. 以宣传自己服务优势的竞争手段从事经营活动

2. 国际货运代理人签发自己的提单时，其身份是（　　）。

A．货主代理人　　B．托运人代理人
C．收货人代理人　　D．承运人

3．经营国际空运代理业务的，注册资本最低限额为（　　）万元人民币。
A．100　　B．200
C．300　　D．500

4．国际货运代理人与货主之间的关系被称为（　　）。
A．委托代理关系　　B．承托关系
C．运输合同关系　　D．买卖合同关系

5．中国国际货运代理企业业务备案工作由（　　）主管实施。
A．中国国际货运代理协会　　B．工商行政部门
C．商务部　　D．劳动部

二、多项选择题

1．国际货代企业备案时应向备案机关提交的备案材料包括（　　）。
A．申请书　　B．备案表
C．营业执照复印件　　D．组织机构代码复印件

2．国际货运代理人可从事的业务主要有（　　）。
A．代为客户订舱　　B．代为客户报关、报检
C．代为客户制单　　D．代为客户办理保险

3．国际货运代理人可充当（　　）。
A．货主代理人　　B．无船承运人
C．第三方物流经营人　　D．海上承运人

4．国际货代企业在接受货主委托后需明确的重点信息为（　　）。
A．船期、件数　　B．箱型、箱量
C．毛重、体积　　D．付费条款、货主联系方法

5．下列属于国际货代企业的经营范围的是（　　）。
A．国际展品运输代理　　B．国际多式联运
C．私人信函快递业务　　D．外贸进出口业务

三、判断题

1．FIATA是中国国际货运代理协会的英文简称。（　　）

2．经营航空国际货物运输代理业务的，注册资本最低限额为200万元人民币。（　　）

3．国际货运代理人以自己名义向承运人订舱时，运输合同的当事人是货运代理人与承运人。（　　）

4．业务经营范围包括国际多式联运业务的国际货代企业应有在商务部登记备案的国际货运代理提单。（　　）

5．国际货运代理从事纯粹代理业务，无论本身是否有过失，都不承担任何责任。（　　）

四、简答题

1．国际货运代理的作用有哪些？

2．我国有关法律法规对国际货代企业的注册资本是如何规定的？

3．国际货代企业海运业务的基本流程是什么？

4．国际货代企业空运业务的基本流程是什么？

五、案例分析题

原告 A 公司诉称，委托被告 B 公司运输的货物从美国运至中国上海，卸船时发现货物受到严重损害。经调查，被告向原告签发了以自己公司为抬头的提单，并表明被告代理承运人而签发提单，并收取运费。这批货物在运输时装载在舱面上，船公司出具的由被告法定代表人背书的海运提单上明确标有“货装舱面，风险与费用由托运人自负”字样，而被告却未将这一事实告知原告，致使原告因未按照舱面货物投保而无法向保险人索赔。据此，原告请求法院判令被告赔偿货损 68 万美元，并承担相关诉讼费用。

被告 B 公司辩称，自己在本案运输中的身份是货运代理人，不承担承运人的义务和责任。被告受了承运人的蒙骗，对于货装甲板不知情。原告遭受货损是由于其未购买足够保险，且货损发生与货装甲板无因果关系，据此请求法院驳回原告的诉讼请求。

思考：

1．实践中，如何辨别货运代理人和无船承运人？

2．本案中，B 公司是货运代理人还是无船承运人？为什么？

第2章

销售岗——国际货代营销与报价

学习目标

1. 理解国际货代的市场营销理论基础；
2. 熟悉国际货代揽货的常用程序及常用揽货方式；
3. 掌握国际货代的运价与运费；
4. 掌握国际货代海运、空运报价表的制作。

引导案例

小王是某国际货运有限公司的新员工。人事部把他分配到业务部，经理没有让他跟踪老客户，而是让他去开发新客户。小王每天埋头打电话开发新客户，平均每天打 60 个电话，其中态度较好、肯听小王介绍的客户只有一两个，多数人的答复是："不需要！"熬过了艰难的一个多月，小王的业务终于开始有些起色。运输旺季马上要开始了，业务繁忙时，小王会接到很多客户的询价电话，很多目的港他根本没听说过，更不用说查找哪条航线了，往往当时回答不上来，为此流失了不少客户。小王后来学会记下客户的电话，当时回答不了的就事后做功课再联系客户，因此倒也接了几单。可到客户正式委托这单业务的时候，有很多次经理会再提高报价，为此引起不少客户的投诉，也让小王没少挨骂。慢慢地小王才发现，船公司的报价会不断更新，各家船公司的航线和报价会不同，而各条航线的运价结构也不尽相同；再加上货物类型不同带来的报价变化、除了海运费用外还有不少其他费用等，怪不得自己报价时总是会漏掉一些费用呢。他觉得必须好好学习总结一下。

思考题：

1. 国际货代企业的业务人员应该如何开拓新客户？

2. 国际货代业务的报价工作该如何进行？

3. 发给客户的国际空运、海运报价表该如何制作？

2.1 国际货代市场营销基础知识

2.1.1 国际货代市场分析

1. 国际货代市场的需求特征

了解和掌握国际货代市场的需求特征，有利于国际货代企业制定合理的战略规划及具体的营销策略。国际货代市场的需求特征如下。

1）国际货代需求的派生性。国际贸易的发展变化，影响并决定着国际货代市场的需求状况。

2）供需变化的滞后性。世界经济的繁荣或衰退，需要经过一段时间才能反映到国际贸易中，接着才影响到国际货代市场。

3）个别需求的差异性。货物的类别、性质、包装决定着相应的运输方式、运输工具及配载注意事项等，这些特殊需求构成个别需求的差异性。

4）总体需求的规律性。从总体上说，世界货运市场需求具有一定的规律性，如原材料及劳动密集型产品由发展中国家运往发达国家，资本及技术密集型产品由发达国家运往发展中国家。

2. 国际货代市场的供给特征

1）国际货代服务产品的非储存性。国际货代服务产品是无形的，带有不可储存性。这一特点使得国际货代市场的调节非常困难。需求发生变动，供给不可能随即变动，导致市场的运价大幅波动。

2）总体舱位储备的必要性。由于世界经济发展的周期性及货运代理需求的不平衡性，国际货代服务产品的供给很难时时与需求相符。在国际货代服务产品无法储存的情况下，唯有通过总体舱位的储备来适应市场的变化。这就要求国际货代企业有超前意识，及时和承运人签订舱位合约。舱位配额的储备可以使国际货代企业在市场需求增长时抓住机遇，为企业创造巨大的效益，但也存在着舱位配额过剩会给企业带来亏舱损失的风险。舱位配额预订的超前量就成为国际货代企业经营者研究的重要课题。

3）国际货代服务产品使用的不充分性。一方面，舱位储备的必要性决定了在国际货运淡季及市场不景气时，必然会导致部分舱位闲置；另一方面，由于货运代理需求与供给在时间上、地点上存在着不一致的现象，即当市场上有货物要出运时，不一定能在该时该地恰好提供它所需要的舱位。反之，国际货代企业手中有多余的舱位，此时不一定有货，这意味着舱位供给中存在着不充分使用的浪费现象。

3. 影响货主选择的基本因素

1）运价。运价是货主选择国际货代企业时考虑的主要因素。中国产品的出口市场多年来始终是买方市场，一个国外买家往往有十几个国内卖家在报价，而一个国内卖家又有十几家国际货代企业来承揽货运业务。企业间的恶性竞争导致主要靠拼价格来抢占市场，在其他影响因素不变时，运价决定着国际货代产品的市场需求，客户选择国际货代企业先考虑的就是运价。在目前国际货代企业同质化竞争严重的情况下，国际货代企业要想取得竞争优势，必须放弃单一的价格策略，采用差异化策略。

2）服务质量。服务质量是货主选择国际货代企业时考虑的第二个重要因素。货主在服务质量方面考虑的主要因素包括：① 航线与船期的密度是否可以满足托运人的出货时间要求。② 航行时间的长短。较短的在途时间可以降低交易风险。③ 船舶、集装箱等设施设备是否先进。④ 货运单证制作的质量等。

3）社会文化。文化因素有时也是货主选择国际货代企业的重要因素，如有时货主排斥外国船，有时因为货主不喜欢某货运公司的企业文化而排斥该公司。

2.1.2 国际货代企业服务产品分析

1．国际货代企业服务产品的内容

国际货代企业的产品是典型的服务产品，包括为委托人提供国际货运解决方案、代订国际货运舱位及提供相关货代服务。这些服务具体如下：① 揽货、订舱，含租船、包机、包舱、托运、仓储、包装。② 货物的监装、监卸、集装箱拼装拆箱、分拨、中转及相关的短途运输服务。③ 报关、报检、报验、保险。④ 缮制签发有关单证、交付和收取运费、结算及交付或收取杂费。⑤ 国际展品、私人物品及过境货物运输代理。⑥ 国际多式联运、集运，含集装箱拼箱。⑦ 国际快递，不含私人信函。⑧ 咨询及其他国际货代业务。

2．国际货代企业服务产品的分类

（1）按航线分

主要有美加线、欧洲及地中海线、澳新线、东南亚线、日本韩国线、中东线、中南美线、非洲线等，有的更细分为南亚线、西非线、南非线、澳东线、澳西线等。

（2）按运输方式分

主要有国际海运、国际空运、国际铁路运输、国际陆路运输、国际管道运输、国际快递、国际多式联运等。

（3）按服务环节分

主要有咨询、揽货、订舱、托运、仓储、包装、拖车、中转、驳船、配送、船务、监装、监卸、报关、报检、熏蒸、报验、保险、理赔、海商、海事处理、单证处理、代收代付款项等。

（4）按服务对象分

主要有国际贸易货物、展品、私人物品及过境货物运输代理等。

3．国际货代企业服务质量

服务质量是指企业为客户提供服务的效用及其对客户需求的满足程度的综合表现。国际货代企业身处服务性行业，必须注重服务质量。国际货代企业服务质量涉及方方面面，综合而言主要包括服务态度、服务技术、服务设施、服务项目、服务时间。

（1）服务态度

服务态度是服务质量的重要组成部分，是指服务人员在服务过程中言行举止的外在表

现形式。它是由认知、情感和行为倾向三部分构成的一个有机整体。认知是指员工对客户和服务工作的认识和理解；情感是指员工对客户和服务工作的热心程度；行为倾向是指员工对客户和服务工作采取的行为模式。这三者缺少任何一个，都会对服务态度产生决定性的不良影响。

（2）服务技术

服务技术是评判服务质量的基本标准，是指员工在服务过程中对专业知识和操作技能掌握的熟练程度。它由专业知识和操作技能两个部分构成。专业知识主要是指员工对国际货运相关知识的掌握程度，包括港口、航线、运输方式、货物特性及装载要求，以及最新货运动态、国际国内关于国际货运的法律规定、外贸基础知识等。操作技能是指员工的工作能力，即能快速、准确地编制各种单据，熟练地处理各种英文函电，打字熟练、准确，能熟练、准确地进行运费、保险费、杂费等费用的计算，能熟练应用办公软件等。

（3）服务设施

服务设施是指企业为客户提供服务所必需的硬件设施，包括运输工具、港口码头、车队、场站、装卸设备、集装箱、通信系统等。完善而先进的服务设施是现代化企业高度发展的一个重要标志，也是为客户提供高效率、高质量的服务所必需的物质基础，是保证服务质量、提高服务水平的重要部分。

（4）服务项目

服务项目是服务质量的重要内容之一，是指服务性企业为客户提供的服务范围或服务内容，即服务性企业的业务经营范围。国际货代企业主营项目是运输服务，同时为了更好地提供货物运输服务，与货运相关的业务又是国际货代企业的兼营项目。

（5）服务时间

服务时间包括两层含义。一层含义是指企业为客户提供服务的工作时间范围。由于国际货运代理业的特殊性，企业应根据客户的需求，适当延长服务时间或在某些服务环节或服务项目上设置 24 小时服务或专人值班服务。另一层含义是指企业为客户提供服务的时间效率，包括及时、准时和省时三个方面。及时是指货物迅速地运达目的地，而不应出现任何延误，当客户需要某种服务时，能够及时地提供；准时是指能按客户的要求准确安排各项服务工作；省时是指为客户提供服务时所消耗的时间应该越短越好，尽量减少客户等待的时间。

2.1.3 国际货代企业的营销策略

1. 运用市场细分策略，锁定目标市场

不是所有的市场机会都适合每个国际货代企业，国际货代企业的营销管理人员不但要善于发现市场机会，还要善于分析、评估市场机会，看它是否对本企业适用。当经过分析和评估，选定了符合企业目标和资源的营销机会后，还要对这一市场容量和市场结构做进一步的分析，以便缩小选择范围，选出本企业准备为之服务的目标市场。

首先，要仔细测量其现有的和未来的市场容量，如果市场前景看好，就要决定如何进入该市场。其次，要进一步分析市场结构，根据不同的需求特征，如按航线、按货类、货量或按照货主所追求的利益等，将市场划分为若干部分，即“市场细分化”，了解构成该

市场的每个细分部分，并确定哪个部分可提供达到企业目标的最佳机会。被选中的细分部分称为“目标市场”。企业根据自己的营销目标和资源条件选择一定的目标市场进行经营，这种经营方式称为“目标市场经营”。

国际货代企业为货主服务，并从货主那里获得报酬。货主主要包括进出口商、加工贸易企业、到国外参展的单位及一些个人。从货物运量来看，在每年通过海运出口的货物中，从事一般贸易的进出口商的货物运量所占比重最大，它们是国际货代企业的首选客户群；其次是加工贸易企业。

（1）大型的出口企业

这类企业具有信誉好、出口量大、目标国家多等特点，因此，它们一般会选择实力雄厚、服务质量高的国际货代企业，有些甚至采用招标的方式选择国际货代企业，因此大多数国际货代企业不能成为其服务供应商。实务中，要想成为其服务供应商，可以尝试关系营销。

（2）中小型出口企业

这类企业具有货量较小、对服务价格比较敏感等特点，但是这些企业数量众多，货源总量很大，也是大多数国际货代企业争夺的主要目标。

（3）新成立的出口企业

这类企业通常经验不足，因而更加小心谨慎。一个有实力、讲诚信的国际货代企业往往会有较大的机会取得这些新成立的出口企业的信任，并争取到它们的货源。

（4）加工贸易企业

这些“三来一补”企业的货物一般以FOB①条款成交，在国际运输中运费的支付方式通常是运费到付，一般比较适合有较完善的海外代理网络的国际货代企业。

（5）有特殊货物出口的企业

特殊货物如冷冻食品、超大超重货物、液态货物、危险品等。这些货物需要专业的特种运输，宜选择操作人员专业知识扎实、实践经验比较丰富、实力较强的国际货代企业。由于操作难度大，利润也往往更高。此外，还有各种展销、展览等，也需要国际货代企业协助完成国际运输。

2．灵活运用市场营销组合策略

市场营销因素通常可归纳为四大类：产品（Product）、价格（Price）、渠道（Place）、促销（Promotion），简称“4P”。企业营销管理者的任务就是适当安排营销组合，使之与不可控的环境因素相适应，这是企业能否取胜的关键。在国家干预及贸易保护主义盛行的前提下，营销学理论又有了新的发展，认为企业不仅要适应营销环境，而且可以影响营销环境，提出了“大市场营销观念”，即在营销组合“4P”的基础上又增加了三个“P”，即人员（People）、过程（Process）和有形展示（Physical Evidence）。这三个因素对服务企业来说是可以控制的，同时对企业有效地保证和提高服务质量具有重要影响。国际货代企业可以灵活运用市场营销组合策略进行业务开发。

① FOB指的是离岸价，在这种贸易术语条款下，租船订舱由进口方负责。

（1）产品

国际货代企业的服务产品是无形的，包括国际货代企业经营的各项业务和提供的各项服务。国际货代企业应该着力开发本公司的优势产品，通过优势产品进行差异化竞争。

（2）价格

理论上讲，国际货代业务的价格体现为代理费、佣金等形式；但在国内的行业实践中，由于竞争激烈，服务质量参差不齐，无法对国际货代企业的服务合理定价，因而多数国际货代企业并不收取佣金或代理费，而是赚取运费差价。这就使得国际货代企业的价格高度依赖国际运输市场的价格。但需要注意的是，在竞争激烈的市场上，单纯依靠价格策略来吸引客户，甚至靠价格取胜，对整个行业的发展是极其不利的。应该结合其他策略，如通过创新服务模式、提高服务质量等来吸引和留住客户。

（3）渠道

实践中，国际货代企业的客户来源渠道主要有以下三个。

1）直客货物。直客货物一般被称为自揽货，即由国际货代企业自己直接开发客户，这些潜在客户可能是专业进出口公司、出口加工型或出口导向型工厂、实施国际采购的跨国公司、进口商品的国内经销商、出口商品的销售代理商，以及非贸易的国际物流活动，如国际展览会、国际援助等。

2）同行货物。同行货物是指从其他国际货代企业转委托而来的客户和货物。因各家国际货代企业的优势业务不同，这在实践中也经常发生。

3）海外代理 FOB 指定货。FOB 指定货即以 FOB 方式成交的出口货物，由国外进口商或其合作的国外货代企业指定国内的国际货代企业作为其起运地或装运港的代理，负责订舱、报关、装船等事宜。

（4）促销

开发这些潜在客户的方式多种多样，多数情况下国际货代企业会主动发起营销活动，包括人员揽货及广告、营业推广和营销公关等方式。其中，人员揽货指的是由业务员直接开发客户，这是国际货代企业重要的一种营销方式；广告指在各种媒体发布广告，常见的是期刊或专业网站，广告内容一般包括公司及主营业务简介、优势航线和运价、联系人和联系方式等；营业推广是一种短期促销方式，如推出特价航线、与其他国际货代企业或报关企业联合推广等；营销公关是一种非直接的、通过提升企业形象来促进整体营销效果的活动，包括公关宣传、危机处理及社会公益事业参与等。另外，积极参加国际货运代理行业协会、加强与同行的交流，也有利于提高业务量和业务能力。

（5）人员和过程

国际货代服务作为一种无形产品，其生产和消费的过程是同步的。因而不仅销售部门和业务员，企业的其他部门，如操作部门、客服部门等均需要参与营销活动。实践中就有很多国际货代企业实施“全员营销”的策略，操作部门和客服部门的人员也经常能够获得客户委托的业务。

（6）有形展示

有形展示是为了更好地向客户展示服务的内容和质量，以达到吸引客户的目的。国际货运代理服务的质量体现在成本、舱位保证、时效、文件制作、服务态度、安全性、突发事件处理等方面，可以说贯穿从接触客户到业务开展再到售后服务的整个过程。简而言之，国际货代企业人员的服务意识和业务能力具体体现在与客户打交道的工作细节中，作为企业服务的完整展示。

2.1.4 国际货代企业揽货的常用程序

1. 挖掘潜在客户

成功地挖掘潜在客户是企业拓展销售范围、增加业务量、提高市场占有率的重要途径之一。寻找潜在的客户是揽货过程的开始，也是决定揽货成败的关键所在。成功地挖掘潜在客户是企业拓展销售范围、增加揽货量、提高企业市场占有率的重要途径。通常可以通过资料查询、客户引荐、参加进出口交易会等渠道来挖掘潜在客户。

在资料查询方面，以前用得比较多的是电话黄页查询，现在越来越多地采用的是网络查询，包括专业网站、搜索引擎工具、论坛、QQ 群及微信、微博等。

2. 做好预约前的准备

正式约见客户前，揽货员要做许多功课。准备工作包括收集客户公司资料，并建立档案；收集竞争对手特别是客户以前的国际货代企业的信息，并建立竞争者档案，制订访问计划。业务员必须学会预测市场未来动向，应该和同行、同事交换信息及讨论市场趋势，这样才能做出最切合客户需要的决定，发掘合作的商机，做到知己知彼、有的放矢。

3. 电话预约

初步了解后，应试探性地预约有合作机会的客户，如对方同意，就立即确定见面时间、地点。约定的时间应该充分尊重客户的意见，如果对方同意见面，但没有确定具体时间，应保持联系，尽快拜访。

4. 洽谈业务

洽谈业务是整个揽货工作的核心内容，直接关系到揽货的成败，因此每位业务员都应重视洽谈的技巧和艺术性。国际货代企业的客户既包括进出口公司，也包括国际货代行业中的同行，业务员应根据具体情况做出具体分析，灵活机动地做好洽谈工作。业务员在同客户的商谈中要注意得体的称呼、礼貌的举止和合适的交谈距离；要善于倾听，注意对方的肢体语言，适时地给予回应；要善于把握关键点，如运价、通关能力、服务时效等；一次面谈并不能说明一切，每隔一段时间要找机会和客户电话沟通或登门拜访，加深印象，从而提高成交率。

5. 签订合约

通过与客户的反复接触、多次洽谈，经过一番讨价还价，在双方意见趋于一致的情况下，业务员应及时把握机会，尽早与客户签订服务合作协议。与客户签订合约是整个揽货工作中最重要的环节。

2.1.5 国际货代企业揽货的常用方式

1. 电话营销

电话营销是一种效率比较高的营销方式，通过电话的初步沟通，介绍自己公司的实力及优势航线服务等，为下一步的预约见面打下基础。克服心理障碍是电话营销成功的关键，很多国际货代业务员都由于过不了这一关而放弃。 可以说，大部分电话营销都有可能被拒绝。国际货代业务员一般一天要打多个联系电话，据统计，只有 5%～10%的电话接听者能成为潜在客户。多数人的答复是："不需要！不需要！我们已经有很好的合作伙伴了，你不要再打电话来了。"有的听也不听，就直接挂断电话。一般刚走上工作岗位的国际货代新业务员心里会非常难受，觉得很委屈，承受了很大的压力，会连续好几天都不想打电话，产生放弃的想法。这时候，坚持是关键，可以跟老业务员聊聊天，会发现他们也是这样过来的。

2. 上门拜访

上门拜访是国际货代业务开发的有效方式，面对面的交流要比电话营销的成功率大很多。但是很多企业不喜欢不速之客，要结合电话营销进行预约，电话预约可以避免尴尬场面。当然，有经验的业务员会利用为老客户服务的便利，顺道拜访他们的同事（不少外贸公司有多个业务部门，其业务相对独立）或附近有相似货物的企业，有时只需要见个面交换一下名片，就可以为今后进一步拜访或洽谈业务打下基础。

3. 网络营销

网络营销是成本较低、效果显著的新型营销手段。通过网络查询潜在客户信息是新业务员们最常用的方法，具体方法包括：通过国际物流服务平台网站查询货主询价信息，如锦程物流网、航运在线等；通过进出口、国际采购的 B2B①网站查询货主信息，如中国制造网、阿里巴巴网站；利用 Google 等搜索引擎查询"进口商"、"出口商"、"供应商"等关键词，查找货主信息。而且 QQ 群、论坛、贴吧、微博、微信等网络平台或工具也已经成为国际货代网络营销的方式与手段。

4. 关系营销

社会关系网、业务关系网等是业务员重要的揽货来源。业务员可多参加一些交际活动，如同学会、同乡会、某某协会组织的聚会等，在这些聚会上可以找到许多业务开发的资源。货源信息也可以来自老客户的引荐，这是一些资深的国际货代业务员最大的关系营销资源：由于专业知识娴熟，能够帮客户解决疑难问题，客户觉得将货物托付给他很放心。这些客户在与行业内的朋友闲聊、聚会时会提及谁认识比较好的业务员，会把你骄傲地推荐给其他客户。对于同行的推荐，客户一般比较认可，通过别人的言语帮你做销售要比自己开发客户轻松，成功率也高。

相关业务单位的关系客户，如报关行、拖车行、码头公司、仓储公司、海关、出入境检验检疫局、税务局、外汇管理局等单位的客户同样也可能成为国际货代企业的客户。

---

① B2B 即 Business to Business，指连接企业客户与企业客户的电子商务网站。

2.2 国际货代的运价与运费

2.2.1 国际海运运价与运费

1. 航线

（1）太平洋航线组

1）远东—北美西海岸各港航线。该航线指由东南亚国家、东北亚国家各港出发，横渡北太平洋至美国、加拿大、墨西哥等北美西海岸各港。该航线是第二次世界大战后货运量增长最快、货运量最大的航线之一。

2）远东—加勒比海、北美东海岸各港航线。该航线不仅要横渡北太平洋，还要越过巴拿马运河。该航线也是太平洋货运量最大的航线之一。

3）远东—南美西海岸各港航线。从我国北方港口出发的船只沿琉球庵美大岛、威克岛、夏威夷群岛之南的莱恩群岛穿越赤道进入南太平洋，到达南美西海岸各港口。

4）远东—澳新及西南太平洋岛国各港航线。该航线不需要横跨太平洋，而在西太平洋以南航行，离陆地近，航线较短。

5）远东—北印度洋、地中海、西北欧航线。该航线大多经马六甲海峡往西，也有许多初级产品经龙目海峡与北印度洋国家间往来。经苏伊士运河至地中海、西北欧的运输以制成品集装箱运输为多。该航线货运繁忙。

6）澳新—北美西、东海岸航线。澳新至北美西海岸各港，一般都经过苏瓦和檀香山等这些太平洋航运枢纽。澳新至北美东海岸各港及加勒比海国家各港，需经巴拿马运河。

（2）大西洋航线组

1）西北欧—北美东海岸各港航线。该航线连接北美和西北欧两个经济发达地区，船舶往来特别繁忙，客货运量大。

2）西北欧—地中海、中东、远东、澳新各港航线。西北欧至地中海航线主要是欧洲西北部与欧洲南部国家之间的航线，距离较短；但过苏伊士运河至中东、远东、澳新地区，航线就大大加长，然而该航线是西北欧与亚太地区、中东海湾间最便捷的航线，货运量也大，是西北欧地区第二大航线。

3）西北欧—加勒比海岸各港航线。该航线横渡北大西洋，过向风海峡、莫纳海峡，有的还与过巴拿马运河的太平洋航线连接。

4）欧洲—南美东海岸或非洲西海岸各港航线。该航线多经加那利群岛或达喀尔港，是连接欧洲发达国家与南大西洋两岸发展中国家的贸易航线，欧洲国家输出的大多是工业品，输入的以初级产品为多。

5）北美东海岸—地中海、中东、亚太地区航线。该航线与西北欧—地中海、中东、远东、澳新各港航线相似，但航线更长，需横渡北大西洋。货物以石油、集装箱货为主。

6）北美东海岸—加勒比海沿岸各港航线。该航线较短，但航船来往频繁，不仅有两地区各国港口间往来的船只，还有过巴拿马运河至远东、南北美西海岸国家港口间往来的船只。

7）北美东海岸—南美东海岸各港航线。该航线是南北美洲之间工业品与农矿产品的对流航线。

（3）印度洋航线组

1）中东海湾—远东各港航线。该航线东行都以石油为主，特别是往日本、韩国的石油运输，西行以工业品、食品为多。

2）中东海湾—欧洲、北美东海岸各港航线。该航线的超级油轮都经莫桑比克海峡、好望角绕行。由于苏伊士运河的不断开拓，通过运河的油轮日益增多。

3）远东—苏伊士运河航线。该航线联结远东与欧洲、地中海两大贸易区各港，航船密度大，集装箱船运输繁忙。

4）澳大利亚—苏伊士运河、中东海湾航线。该航线把澳大利亚、新西兰与西欧原有“宗主国”间传统贸易联结在一起，也把海湾地区的石油与澳新的农牧产品进行交换。

5）远东—南非、南美航线。该航线将巴西、南非的矿产输往日本、韩国及中国，同时也将远东的工业品回流。

6）南非—澳新航线。该南印度洋横渡航线在印度洋中航船最少。

（4）世界集装箱海运干线

目前，世界集装箱海运干线主要有远东—北美航线；北美—欧洲、地中海航线；欧洲、地中海—远东航线；远东—澳大利亚航线；澳新—北美航线；欧洲、地中海—西非、南非航线。

2．港口

（1）基本港

基本港（Base Port）指船公司的船定期挂靠的港口。基本港大多数较大，港口设备条件较好，货载多而稳定。只要规定为基本港，就不再限制货量。运往基本港的货物一般均为直达运输，无须中途转船。

（2）非基本港

凡基本港以外的港口都称为非基本港（Non-Base Port）。非基本港一般除了基本收费外，还需另加收转船附加费，达到一定货量时改为加收直航附加费。

（3）各主要船公司挂靠基本港一览表

该一览表如表 2-1 所示。

表 2-1　各主要船公司挂靠基本港一览表

船公司	基本港
	欧洲基本港
中海	费利克斯托、汉堡、安特卫普、鹿特丹、勒阿佛
COSCO	鹿特丹、汉堡、安特卫普、费利克斯托、勒阿佛、不来梅
韩进	鹿特丹、安特卫普、汉堡、费利克斯托、勒阿佛
阳明	鹿特丹、汉堡、费利克斯托、安特卫普
“K” LINE	费利克斯托、南安普顿、汉堡、鹿特丹、勒阿佛
NORASIA	汉堡、鹿特丹、安特卫普、勒阿佛、南安普顿
CMA	勒阿弗、汉堡、鹿特丹、南安普顿、安特卫普、泽布吕赫
长荣	鹿特丹、汉堡、泰晤士港、勒阿佛、安特卫普、不来梅

续表

船公司	基本港
APL	勒阿佛、鹿特丹、汉堡、安特卫普、南安普顿、不来梅
现代	勒阿佛、汉堡、鹿特丹、不来梅、南安普顿、安特卫普
MOSK	勒阿佛、鹿特丹、汉堡、南安普顿、安特卫普、不来梅
马士基	焦亚陶罗、勒阿佛、不来梅、费利克斯托、安特卫普
OOCL	南安普顿、安特卫普、鹿特丹、汉堡、不来梅、勒阿佛
P&O、MISC、OOCL、NYK	鹿特丹、汉堡、南安普顿
地中海基本港	
中海	那不勒斯、热那亚、福斯、巴塞罗那
NORASIA	巴塞罗那、福斯、热那亚、马耳他、那不勒斯
长荣	热那亚、福斯、巴塞罗那、瓦伦西亚、马赛
地中海基本港	
CMA	热那亚、巴塞罗那、福斯、那不勒斯
APL	热那亚、巴塞罗那、福斯
韩进	焦亚陶罗、拉斯佩齐亚、福斯、瓦伦西亚、热那亚
现代	热那亚、拉斯佩齐亚、巴塞罗那、福斯
阳明	热那亚、巴塞罗那、福斯
P&O	拉斯佩齐亚、巴塞罗那、福斯、热那亚、瓦伦西亚、马耳他
COSCO	那不勒斯、热那亚、福斯、巴塞罗那
NSC	热那亚、巴塞罗那、福斯
日本直航基本港	
万海	横滨、名古屋、门司、大阪、神户、东京
立荣	横滨、名古屋、门司、大阪、神户、东京
阳明	横滨、名古屋、门司、大阪、神户、东京
中远	横滨、名古屋、门司、大阪、神户、东京
中海	门司、大阪、神户、横滨、名古屋
OOCL	横滨、名古屋、大阪、神户、东京
美西基本港	
ZIM	西雅图、洛杉矶、长滩
CMA	长滩、洛杉矶
万海	洛杉矶、奥克兰
中海	西雅图、洛杉矶、奥克兰、长滩
APL	长滩、洛杉矶、旧金山
NORASIA	洛杉矶、西雅图、长滩
COSCO	洛杉矶、奥克兰、长滩
P&O	洛杉矶、奥克兰、长滩

续表

船公司	基本港
	美东基本港
CMA	萨凡那、诺福克、纽约
COSCO	纽约、查尔斯顿、巴尔的摩
中海	萨凡那、诺福克、纽约
长荣	纽约、查尔斯顿
ZIM	萨凡那、纽约
	澳大利亚、新西兰基本港
中海	悉尼、墨尔本、布里斯班
APL	墨尔本、布里斯班、阿德莱德、弗里曼特尔
EVE	悉尼、墨尔本、布里斯班

3. 船公司

作为国际货代企业的销售人员，开展业务的一项基本功就是熟知国内外各大船公司的基本情况，包括中英文、缩写、标志等，如表 2-2 所示。

表 2-2　世界知名船公司名称及标志

公　　司	标　　志	英文缩写	国家（地区）
马士基航运（Maersk）		MSK	丹麦
地中海航运（MSC）		MSC	瑞士
达飞轮船（CMA CGM）		CMA	法国
中远集运（COSCO）		COSCO	中国
长荣海运（EVERGREEN）		EMC/EVG	中国台湾
赫伯罗特（Hapag-Lloyd）		HPL	德国
美国总统 APL		APL	新加坡

续表

公　　司	标　　志	英文缩写	国家（地区）
韩进海运（HANJIN）	HANJIN SHIPPING	HANJIN	韩国
中海集运（CSCL）	中国海运（集团）总公司 CHINA SHIPPING (GROUP) COMPANY	CSCL	中国
商船三井（MOL）	MOL 商船三井	MOL	日本
东方海外（OOCL）	OOCL We take it personally	OOCL	中国香港
汉堡南美航运（HAMBURGSUB）	HAMBURG SÜD	HAMSUD	德国
日本邮船（NYK）	NYK LINE	NYK	日本
川崎汽船（K-LINE）	K LINE CHINA KAWASAKI KISEN KAISHA, LTD.	K LINE	日本
阳明海运（YML）		YANGMING	中国台湾

相关链接　世界十大知名船公司

（1）马士基航运有限公司（MAERSK SEALAND）

马士基航运有限公司（以下简称马士基航运）是 A. P. Moller 集团旗下一个最大的子公司，创建于 1904 年，总部设在丹麦首都哥本哈根。1999 年 7 月，A. P. Moller 集团和美国 CSX 集团达成协议，马士基航运斥资 8 亿美元收购了 CSX 集团（美国）的下属成员——全球排名第二位的海陆国际集装箱运输公司（Sealand），奠定了马士基航运世界航运公司排名第一的地位。

2005 年 5 月，马士基航运又以 23 亿欧元（30 亿美元）的价格收购了当时全球排名第三位的班轮公司 P&O Nedlloyd（铁行渣华）。马士基航运成就了全球航运业有史以来最大的一次收购，在航运业内外引起了很大的震撼。马士基航运自此成为世界航运业无可比拟的“巨无霸”。

（2）地中海航运公司（MSC）

地中海航运公司（以下简称地中海航运）成立于 1970 年，总部设在瑞士日内瓦。20 世纪 70 年代，地中海航运专注发展非洲及地中海之间的航运业务。1985 年，其业务拓展到欧洲，其后更开拓了泛大西洋航线。地中海航运在 20 世纪 90 年代踏足远东地区，并且迅速在远东地区航线领域占有了重要的地位。

1999 年，地中海航运的泛太平洋航线正式起航。如今，它的航线业务遍布世界各地。从投资的规模即可看出地中海航运对航运业的热诚及其发展的速度，开业初期，它只有几艘普通货船，而时至今日，地中海航运已经拥有超过 240 艘货柜轮。无论是船只数目还是载运能力，地中海航运都稳居全球第二位。

（3）达飞轮船有限公司（CMA-CGM）

总部设在法国马赛的达飞轮船有限公司（以下简称达飞轮船）创建于 1978 年，经营初期主要承接黑海地区业务。20 世纪 90 年代后期，达飞轮船不仅开通了地中海至北欧、红海、东南亚、东亚的直达航线，还分别于 1996 年、1999 年成功收购了法国最大的国营船公司——法国国家航运公司（CGM）和澳大利亚国家航运公司（ANL），正式更名为“CMA-CGM”。

1992 年 10 月，达飞轮船正式进军中国市场，成立了达飞轮船（中国）船务有限公司。公司作为中国境内主要的班轮运输经营商，服务网络覆盖中国沿海及内陆各个地区。

（4）中远集装箱运输有限公司（COSCO）

中国远洋运输（集团）总公司（以下简称中远集团）的前身是成立于 1961 年的中国远洋运输公司，1993 年组建了以中国远洋运输公司为核心企业的中远集团。中远集装箱运输有限公司（以下简称中远集装箱）成立于 1997 年，是中远集团下属专门从事海上集装箱运输的核心企业。

截至 2012 年 12 月 31 日，中远集装箱经营的船队包括 174 艘集装箱船舶，运力达 756 979 标准箱，在全球超过 49 个国家和地区的 162 个港口挂靠，经营 84 条国际航线、23 条国际支线、23 条中国沿海航线及 79 条珠江三角洲和长江支线，年集装箱运量达 8 016 241 标准箱，较上年增长约 16%，承运能力排名世界前列。其集装箱运输业务遍及全球，在全球拥有 400 多个代理及分支机构。

（5）美国总统轮船公司（APL）

美国总统轮船公司（以下简称美国总统轮船）是一家有 150 年历史的美国船公司，英文全称为 American President Lines，其前身为始创于 1848 年的太平洋邮船公司。100 多年以来，美国总统轮船经历了一系列变革，从而跻身世界五大航运和物流服务公司之列。

美国总统轮船于 1997 年被新加坡东方海皇（NOL）集团收购，成为该集团的成员之一。美国总统轮船航线包括太平洋、泛大西洋、亚欧、拉丁美洲、亚洲内支线、地中海地区和澳大利亚等各大干线，主打航线是美国线。

（6）长荣海运股份有限公司（Evergreen）

总部位于中国台北的长荣海运股份有限公司（以下简称长荣海运）创立于 1968 年 9 月 1 日。成立之初，长荣海运仅以一艘 20 年船龄的杂货船经营，虽创业维艰，但始终坚持经营定期航线货运服务。长荣海运近年来取得了令人惊讶的优异成绩，一度成为世界第二大集装箱运输公司。

（7）赫伯罗特货柜航运（HPL）公司

赫伯罗特是德国运输公司组成的一个货柜航运公司。它由成立于 1847 年的哈帕格和 1856 年的北德意志劳埃德（NDL）两个 19 世纪的公司合并而成。

赫伯罗特是当前世界前五大船公司之一，致力于全球化的集装箱服务，在 100 多个国家拥有约 500 家分支机构。赫伯罗特拥有超过 130 艘集装箱船，约 410 000 标准箱的装载量。业务遍布于南部欧洲、北部欧洲、北美洲、拉丁美洲和亚洲之间。

（8）中海集装箱运输股份有限公司（CSCL）

中海集装箱运输股份有限公司（以下简称中海集运）是以中国为基地的全球业务量增长最快的主要集装箱运输公司。

中海集运成立于 1997 年，总部设在上海，主要从事国际及国内集装箱运输的营运及管理，经营范围涉及集装箱运输、船舶租赁、揽货订舱、运输报关、仓储、集装箱堆场与集装箱制造、修理、销售、买卖等领域。

自 1997 年成立至今，中海集运已位列全球前 10 名，也在中国港口的集装箱航运业中占据主导地位，已先后开辟中国各港至日本、韩国、东南亚、澳大利亚、欧洲（地中海）、美洲、西非、波斯湾等数十条国际集装箱班轮航线和国内沿海内贸线及外贸内支线。此外，中海集运还通过全球货运代理网络为客户提供世界范围内的门到门服务。

（9）汉堡南美船公司

汉堡南美（HABSUD）成立于 1871 年，属于德国欧特克（Oetker）集团，是德国历史最悠久、规模最大的私有海运企业，是世界二十大班轮公司之一。

截至 2009 年年底，汉堡南美（HABSUD）拥有员工约 4 791 名，经营船舶 148 艘，承运的集装箱货量为 233 万 TEU，在世界各地设有办事处 100 多家，其中 10 家位于中国大陆、香港和台湾。

2003 年 11 月，汉堡南美（HABSUD）在香港建立了亚洲地区的第一个地区总部。同时，汉堡南美（HABSUD）也悄无声息地进入了亚洲到北美这条太平洋上的主要航线。2001 年年底，汉堡南美（HAMBURG SUD）就开始运营亚洲到南美东、西海岸的周班服务。汉堡南美（HABSUD）收购了台湾建宏以及 Ellerman 之后，得以顺利进入亚洲—澳新和亚洲—南美航线。现在，汉堡南美（HABSUD）还是美国—澳新及太平洋群岛航线上最大的海运承运商。

（10）东方海外货柜航运有限公司

东方海外（OOCL）是香港联交所上市公司（0316）东方海外（国际）有限公司（OOIL）的全资附属公司，为世界最具规模之综合国际货柜运输、物流及码头公司之一，也是香港最为熟悉之环球商标之一，为客户提供全面的物流及运输服务，航线联系亚洲、欧洲、北美、地中海、印度次大陆、中东及澳洲/新西兰等地。为客户提供以客为尊的物流方案、精益求精及不断创新的服务精神，一向享誉业内。东方海外率先在中国提供全线物流及运输服务，在信息服务方面亦是业内先驱。

相关链接　中国远洋海运集团有限公司

2016 年 2 月 18 日，中国远洋海运集团有限公司在上海正式成立。中国远洋海运集团有限公司（简称中远海运集团）由中国远洋运输（集团）总公司与中国海运（集团）总公司重组而成，总部设在上海。注册所在地为上海浦东自贸区陆家嘴金融片区内，注册资本 110 亿元。拥有总资产 6 100 亿元人民币，员工 11.8 万人。2016 年 8 月，中国远洋海运集团有限公司在“2016 中国企业 500 强”中排名第 59 位。

中国远洋海运集团经营船队综合运力 8 532 万载重吨/1 114 艘，排名世界第一。其中，集装箱船队规模 158 万标准箱，居世界第四；干散货自有船队运力 3 352 万载重吨/365 艘，油轮船队运力 1 785 万载重吨/120 艘，杂货特种船队 300 万载重吨，均居世界第一。

中国远洋海运集团完善的全球化服务筑就了网络服务优势与品牌优势。码头、物流、航运金融、修造船等上下游产业链形成了较为完整的产业结构体系。集团在全球集装箱码头超过 46 个，泊位数超过 190 个，集装箱吞吐量 9 000 万标准箱，居世界第二。全球船舶燃料销量超过 2 500 万吨，居世界第一。集装箱租赁规模超过 270 万标准箱，居世界第三。海洋工程装备制造接单规模以及船舶代理业务也稳居世界前列。

4．运费与运价

（1）运费

运费是承运人根据运输协议完成货物运输后从托运人处收取的报酬。在货物运输的过程中，承运人需要为营运而支付各项开支和费用，也要获得一定利润。为补偿这些开支和获取利润，承运人向托运人对所承运的货物收取一定费用，即运费。

（2）运价

运价是为运输单位货物而付出的劳动价格。海上运输价格简称海运运价。合适的运价对促进对外贸易繁荣和发展本国货物运输起着十分重要的作用。运价是对外贸易的重要组成部分，在洽谈贸易合同时，不管买方和卖方按什么贸易术语成交，运价都是重要的考虑条件。如卖方采用 CIF 条款交货，即成本加保费加运费，此时卖方必须正确了解运价，以便在给买方报价时能正确核算货物价格。若为 FOB 条款交货，租船订舱应为买方负责，则买方也应考虑市场运价。因此，运价的高低直接影响了商品的成本和贸易成交率，决定商品在国际市场上的竞争力。运价也是调节航运市场状态的关键因素。航运资源的分配、调整、发展都取决于航运市场和运价机制的作用。因此，运价不仅是船公司，也是货主关心的问题。

综上所述，运费是为运输一批货物而支付的费用，运价则是为运输单位货物而支付的单位价格。运费与运价的关系是运费等于运价与运量之积。用公式表示为：

$$F=R\times Q$$

式中　F——运费；

R——运价；

Q——运量。

（3）海远运价的分类

国际海运运价大体分定期船运价和不定期船运价两种。定期船运价是指往来于我国港口和外国港口之间的班轮运输价格，因此也称班轮运价；不定期船运价大部分以租船方式出现，船舶租金即视为运价，因此也称租船运价。

班轮运价又分为杂货运价和集装箱运价。杂货运价是针对件杂货而制定的运价。集装箱的使用是装卸运输工艺的一次重要革命，无论是在运输效率、运输成本还是运输组织上，和件杂货运输都有很大区别，因此，集装箱有着自己的运价体系。

（4）班轮运费

1）班轮运费的组成。班轮运费包括基本运费和附加运费两部分。基本运费是对任何一种托运货物计收的运费；附加运费则是根据货物种类或不同的服务内容，视不同情况而加收的运费，可以说是在特殊情况下或在临时发生某些事件的情况下而加收的运费。附加运费可以按每计费吨（或计费单位）加收，也可按基本运费（或其他规定）的一定比例计收。详细说明如下。

① 基本运费（Basic Freight Rate）。基本运费即运输每批货物所应收取的最基本的运费，是整个运费的主要构成部分。它根据基本运价（Basic Freight Rate）和计费吨计算得出。基本运价按航线上基本港之间的运价给出，是计算班轮基本运费的基础。

基本运价有多种形式，如普通货物运价、个别商品运价、等级运价、协议运价、集装箱运价等。而根据货物特性等所确定的特别运价有军工物资运价、高价货运价、冷藏运价、危险品运价、甲板货运价、小包裹运价等。

② 附加运费（Surcharge or Additional）。实践中，经常有一些需要特殊处理的货物及需要加靠非基本港或转船接运的货物（Transit Cargo）需要运输；即使基本港之间的运输，也因为基本港的自然条件、管理规定、经营方式等情况不同而导致货物运输成本的差异。这些都会使船公司在运营中支付相应的费用。为了使这些增加的开支得到一定的补偿，就需要在基本运费的基础上，在计算全程运费时计收一定的追加额。这一追加额就是班轮运费的另一组成部分——附加运费。

附加运费主要有以下几种。

a. 燃油附加费（Bunker Adjustment Factor，BAF）。燃油附加费是由于燃油价格上涨，使船舶的燃油费用支出超过原核定的运输成本中的燃油费用，承运人在不调整原定运价的前提下，为补偿燃油费用的增加而增收的附加费。当燃油价格回落后，该项附加费亦会调整直至取消。燃油费用在船公司的经营成本中占有较大比重，燃油价格上涨直接增加了承运人的经营成本。燃油价格的长期上涨所带来的运输成本增加会在一定时期内的基本运价调整中得到反映，所以，燃油附加费一般是用来应对短期的燃油价格变动的。

b. 货币贬值附加费（Currency Adjustment Factor，CAF）。货币贬值附加费是由于国际金融市场汇率发生变动，计收运费的货币贬值，使承运人的实际收入减少，为了弥补货币兑换过程中的汇兑损失而加收的附加费。由于国际运输往往涉及多个国家和多种货币，而货币之间的兑换会带来一定时间上和手续上的损失，所以，承运人会通过增收货币贬值附加费来弥补这一收入损失。

c. 港口附加费（Port Additional）。由于港口装卸效率低，或港口使用费过高，或存在特殊的步骤（如进出港要通过闸门等），都会增加承运人的运输经营成本。承运人为了弥补这方面的损失而加收的附加费称为港口附加费。

d. 港口拥挤附加费（Port Congestion Surcharge，PCS）。由于港口拥挤，船舶抵港后需要长时间等泊而产生额外的费用，为补偿船期延误损失而增收的附加费称为港口拥挤附加费。港口拥挤附加费是一种临时性的附加费，其变动性较大，一旦港口拥挤情况得到改善，该项附加费即进行调整或取消。

e. 转船附加费（Transshipment Additional）。运输过程中货物需要在某个港口换装另一船舶运输时，承运人增收的附加费称为转船附加费。运往一些偏僻或较小的非基本港的货物，必须通过转船才能运达；而有时由于转运干线船，也需要换装船舶。转运一次就会产生相应的费用，如换装费、仓储费及二程船（接运船舶）的运费等费用。一般这些费用均由负责第一程船运输的承运人承担，并包含在所增收的转船附加费内。

f. 超长附加费（Long Length Additional）。由于单件货物的外部尺寸超过规定的标准，运输时需要特别操作，从而产生额外费用，承运人为补偿这一费用所计收的附加费称为超长附加费。货物的长度超过规定后，会增加装卸和运输的难度，如需特别的捆绑和铺垫、增加亏舱等，影响船期、增加支出，货主就需支付超长附加费。在运价本中，一般长度超过 9 米的件杂货就可能要有这一附加费。超长附加费是按长度计收的，而且长度越长，其附加费率越高。如果超长货物需要转船时，则每转船一次，加收一次。

g. 超重附加费（Heavy Lift Additional）。超重附加费是指每件商品的毛重超过规定重量时所增收的附加运费。这种商品称为超重货。由于单件货物的重量超过规定标准时，在运输中同样需要特别的捆绑、铺垫及影响装卸工作等，所以承运人对单件货物重量超过一定标准的货物要加收该附加费。通常，承运人规定货物重量超过 5 吨时就要增收超重附加费。

超重附加费是按重量计收的，而且超重重量越大，其附加费率越高。如果超重商品需要转船，则每转船一次，加收一次。如果单件货物既超长又超重，则二者应分别计算附加费，然后按其中收费高的一项收取附加费。

h. 直航附加费（Direct Additional）。直航附加费是托运人要求承运人将其托运的货物从装货港不经过转船而直接运抵航线上某一非基本港时所增收的附加费。

通常，承运人在运价本中会做出规定，当托运人交运的一批货物达到某一数量以上时，就可以同意托运人提出的直航要求，并按规定增收直航附加费。船舶直接加挂某一非基本港口后，会增加港口费用支出，并延长船期。选择直航，一般以直航后产生的额外费用小于原来的转运费用为原则。

i. 选港附加费（Optional Surcharge）。选港附加费又称选卸附加费，即选择卸货港所增加的附加费。由于买卖双方贸易需要，有些货物直到装船时仍不能确定最后卸货港，要求在预先指定的两个或两个以上的卸货港中，待船舶开航后再做出选定。这样，就会使整船货物的积载变得困难，甚至会造成舱容的浪费。另外，选择的卸货港必须是该航次挂靠的港口。在集装箱班轮运输中，选择卸货港已很少被船公司接受。

j. 洗舱附加费（Cozening Fee）。船舶装载了污染货物后，或因为有些货物外包装破裂、内容物外泄，为不再污染以后装载的货物，必须在卸完污染物后对货舱进行清洗，承运人对由此而支出的费用所增收的附加费称为洗舱附加费。清洗费用一般根据污染程度、清洗难度而定。

k. 变更卸货港附加费（Alteration of Discharging Port Additional）。由于收货人变更、交货地变更或清关问题等需要，有些货物在装船后需变更卸货港，而货物不在提单上原定的卸货港卸货而增收的附加费称为变更卸货港附加费。

变更卸货港的运费超过原卸货港的运费时，提出变更要求方应补交运费差额，反之，不予退还。同时，由于因需要翻舱所引起的额外费用和损失，亦由提出变更要求的一方负担。

l. 绕航附加费（Deviation Surcharge）。绕航附加费是某一段正常航线因受战争、运河关闭或航道阻塞等意外情况影响，迫使船舶绕道航行，延长运输距离而增收的附加运费。绕航附加费是一种临时性的附加费，一旦意外情况消除，船舶恢复正常航线航行，该项附加费即行取消。

m. 旺季附加费（Peak Season Surcharge，PSS）。旺季附加费也称高峰附加费，是目前在集装箱班轮运输中出现的一种附加费，即在每年运输旺季时，承运人根据运输供求关系状况而加收的附加费。

2）件杂货班轮运费的计算。件杂货班轮运费是由基本运费和附加运费组成的，其计算公式为：

$$F=F_b+\sum S$$

式中 F——运费总额；

F_b——基本运费；

S——某一项附加费。

基本运费是所运商品的计费吨（重量吨或容积吨）与基本运价（费率）的乘积，即：

$$F_b=fQ$$

式中 f——基本运价；

Q——计费吨。

附加运费是各项附加费的总和。各项附加费均按基本运费的一定百分比计算时，附加费的总额用公式表示为：

$$\sum S=(S_1+S_2+\cdots+S_n)F_b=(S_1+S_2+\cdots+S_n)fQ$$

式中，$S_1,S_2,\cdots,S_n$ 分别为某一项附加费费率（百分比）。

因此，运费总额的计算公式为：

$$F=F_b+\sum S=fQ+(S_1+S_2+\cdots+S_n)fQ$$

【实例 2-1】

福州某公司出口一批货物到法国马赛，重量为 5 吨，体积为 7 立方米，单价为 CFR 马赛每箱 20 美元。已知该货物为八级，计算标准为 W/M（重量吨/体积吨），每运费吨运费 100 美元，另征收转船附加费 20%，燃油附加费 10%。请计算应收运费。

【解题示范】

（1）$F_b=fQ=100\times7=700$（美元）

（2）$\sum S=(S_1+S_2+\cdots+S_n)fQ=(20\%+10\%)\times700=210$（美元）

（3）$F=F_b+\sum S=700+210=910$（美元）

【实践练习】

厦门某公司出口一批货物到英国南安普顿，重量为 13 吨，体积为 5 立方米，单价为 CFR 南安普顿每箱 20 美元。已知该货物为八级，计算标准为 W/M，每运费吨运费 90 美元，另征收燃油附加费 10%，请计算应收运费。

3）集装箱班轮运费的计算。20 世纪后期以来，班轮运输多以集装箱货物运输为主。采用集装箱班轮运输货物时，件杂货班轮运费的计收方法同样也被应用于计算集装箱货物的运费和其他费用，即在费率表中规定了基本运费和附加运费，并给出了费率和计费方法。不过，由于在整个运输过程中，货物要装箱、拆箱，而这些作业既可以由承运人负责进行，也可以由托运人自行负责进行，随之费用的负担责任也就确定，所以，不同情况下的运费计算办法也就有所不同。

集装箱班轮运输中的基本运费的计算方法有以下两种。

① 采用与计算普通件杂货班轮运输基本运费相同的方法，对具体的航线按货物等级和不同的计费标准来计算基本运费。

② 仅按箱型、尺寸的包箱费率，而不考虑货物的种类和级别计算基本运费。包箱费率指对单位集装箱计收的运费率。包箱费率也称“均一费率”（Freight All Kinds，FAK）。采用包箱费率计算集装箱基本运费时，只需要根据具体航线、货物等级及箱型、尺寸所规定的费率乘以箱数即可。

以上两种基本运费的计算方法中，以第二种更为常用，即以一个集装箱计收若干美元运费的形式计算运费，拼箱货运费计收以每运费吨为标准（取货物总立方米及总公吨数中的较大值），不再区分货物等级，但对于危险品货物要加收运费。在此情况下，船公司的运价表如下。

a. 集装箱整箱运价表。集装箱整箱运价表是针对客户的整箱出口需求，按照客户指定的目的港及出口箱型进行系统性的报价。集装箱运价表的内容一般包括船公司、起运港、目的港、箱型（及对应价格）、截关时间、离港时间、船期，以及有效期等，具体如表 2-3 所示。

表 2-3　集装箱运价表（整箱运价）

船公司 Carrier	起运港 POL	目的港 POD	箱型 20'	箱型 40'	箱型 40'HQ	截关时间 Closing	离港时间 ETD	船期 T/T（天）	有效期 Validation
COSCO	FUZHOU	HAMBURG	\$850	\$1 600	\$1 700	WED/FRI	THU/SUN	32	15-JUL-13
OOCL	FUZHOU	ROTTERDAM	\$830	\$1 580	\$1 680	THU/FRI	FRI/SUN	33	15-JUL-13
ANL	FUZHOU	SOUTHAMPTON	\$800	\$1 500	\$1 600	WED/FRI	THU/SUN	35	15-JUL-13
CSCL	FUZHOU	ANTWERP	\$790	\$1 480	\$1 580	WED/SAT	THU/SUN	37	15-JUL-13
YML	FUZHOU	FELIXSTOWE	\$850	\$1 650	\$1 700	WED/FRI	THU/SUN	34	15-JUL-13
EMC	FUZHOU	LE HAVRE	\$830	\$1 560	\$1 660	WED/FRI	THU/SUN	38	15-JUL-13
MAERSK	FUQING	ANTWERP	\$805	\$1 530	\$1 630	FRI	SAT	34	15-JUL-13

【实例 2-2】

福州市轻工进出口有限公司的业务员孙小姐有一批货物运往德国汉堡，此票货物一共 155CBM/25000KGS。结合集装箱尺寸、内容积及集装箱承重的相关知识，货运公司业务员小林计算出此票货物可以安排 1×20'GP +2×40'HQ。请根据表 2-3 计算此票货物的总海运费。

【解题示范】

目的港（Destination）：HAMBURG

船公司（Carrier）：COSCO

海运费（Ocean Freight）：USD850/20'GP; USD1700/40'HQ

由于货物是 1×20'GP+2×40'HQ，则海运费总计：USD850+ USD1700×2=USD4250

【实践练习】

福建省外贸中心集团有限公司的业务员陈先生有一批货物运往比利时安特卫普，此票货物一共 80CBM/22000KGS。结合集装箱尺寸、内容积及集装箱承重的相关知识，货运公司业务员小林计算出此票货物可以安排 1×20'GP +1×40'HQ。请根据表 2-3 计算此票货物的总海运费。

相关链接 集装箱拼箱运输知识

拼箱是指代理人接受货主托运的数量不足整箱的小票货运后，根据货物性质和目的地进行分类整理。把去同一目的地的货，集中到一定数量拼装入箱。由于一个箱内有不同货主的货拼装在一起，所以叫拼箱。拼箱货的分类、整理、集中、装箱（拆箱）、交货等工作均在承运人码头集装箱货运站或内陆集装箱转运站进行。

拼箱可以分为直拼或转拼，直拼是指拼箱集装箱内的货物在同一个港口装卸，在货物到达目的港前不拆箱，即货物为同一卸货港。此类拼箱服务运期短，方便快捷，一般有实力的拼箱公司会提供此类服务。转拼是指集装箱内不是同一目的港的货物，需要在中途拆箱卸货或转船。此类货物因目的港不一，待船时间长等因素，故运期较长，甚至运费偏高。

b. 集装箱拼箱运价表。集装箱拼箱运价表是针对客户的拼箱出口需求，按照客户指定目的港进行系统性的报价。拼箱报价和整箱报价有所不同，拼箱报价按照 R/T（REVENUE TON）的计费单位进行报价，R/T 是计费吨的意思。在集装箱拼箱运价中，如果是轻货，就以体积计费，如果是重货，就以毛重计费。看一票货物是所谓的轻货还是重货，除了个别目的港（如美国）的内陆运输外，海运重货和轻货基本上是按照重量和体积 1：1 的比例来计算的，哪个数目大，就以哪个数目作为计费吨。集装箱拼箱运价表的内容一般包括目的港、离港时间、截关时间、中转港、航行时间、价格及有效期，具体如表 2-4 所示。

表 2-4　集装箱运价表（拼箱运价）

目的港（DEST）	离港时间 ETD/FZ	截关时间 CLOSING	中转港 T/S PORT	航行时间 T/T	价格 O/F（RT）	有效期 VALIDATION
			欧洲			
ANTWERP	TUE	SUN	XIAMEN	40	$25	15-JUL-13
LE HAVRE	TUE	SUN	XIAMEN	38	$25	15-JUL-13
HAMBURG	SUN	FRI	DIRECT SVC	33	$15	15-JUL-13
ROTTERDAM	TUE/SUN	SUN/FRI	XIAMEN	33	$15	15-JUL-13
SOUTHAMPTON	SUN	FRI	DIRECT SVC	35	$15	15-JUL-13
			地中海			
BARCELONA	TUE	SUN	HONGKONG	38	$35	15-JUL-13
GENOVA	TUE	SUN	HONGKONG	40	$35	15-JUL-13
LA SPEZIA	TUE	SUN	HONGKONG	38	$25	15-JUL-13
MILANO	TUE	SUN	HONGKONG	37	$25	15-JUL-13
NAPLES	TUE	SUN	XIAMEN	39	$40	15-JUL-13
			大洋洲			
SYDNEY	TUE	SUN	SINGAPORE	23	$10	15-JUL-13
ADELAIDE	SUN	FRI	SINGAPORE	25	$15	15-JUL-13
AUCKLAND	SUN	FRI	HONGKONG	25	$30	15-JUL-13
BRISBANE	SUN	FRI	SINGAPORE	23	$15	15-JUL-13
FREMANTLE	SUN	FRI	SINGAPORE	25	$15	15-JUL-13
			中南美			
BUENOS AIRES	SUN	FRI	HONGKONG	40	$30	15-JUL-13
BUENAVENTURA	SUN	FRI	HONGKONG	38	$30	15-JUL-13
MANZANILO	SUN	FRI	HONGKONG	35	$35	15-JUL-13
MONTEVIDEO	SUN	FRI	HONGKONG	38	$30	15-JUL-13
SANTOS	SUN	FRI	HONGKONG	35	$30	15-JUL-13
VALPARAISO	SUN	FRI	HONGKONG	35	$35	15-JUL-13
			非洲			
CAPE TOWN	SUN	FRI	XIAMEN	40	$30	15-JUL-13
DURBAN	TUE/SUN	SUN/FRI	XIAMEN	33	$30	15-JUL-13
JOHANNESBURG	TUE/SUN	SUN/FRI	XIAMEN	38	$35	15-JUL-13
PORT LOUIS	WED	MON	HONGKONG	37	$45	15-JUL-13
PORT ELIZABETH	SUN	FRI	XIAMEN	40	$70	15-JUL-13
			美加			
TORONTO	SUN	FRI	HONGKONG	28	$55	15-JUL-13
MONTREAL	SUN	FRI	HONGKONG	28	$55	15-JUL-13
VANCOUVER	SUN	FRI	SHENZHEN	23	$45	15-JUL-13

【实例 2-3】

集装箱拼箱运费的计算

福建省家具进出口公司有两批货物出口，一批为 2.5 吨/10 立方米，运往西班牙巴塞罗那，另一批为 5 吨/3.5 立方米，运往加拿大温哥华。请根据表 2-4 及拼箱计费的相关标准，请计算这两批货物的总运费？

【解题示范】

（1）计算第一批货物的运费。

目的港（DEST）：BARCELONA

价格（O/F）：USD35/RT

由于货物为 2.5TON/10CBM，根据计费吨 1∶1 的比例，此票货物为轻货，应按照体积计费，所以此票货物的运费为 USD35×10CBM=USD350。

（2）计算第二批货物的运费。

目的港（DEST）：VANCOUVER

价格（O/F）：45/RT

由于货物为 5TON/3.5CBM，根据计费吨 1∶1 的比例，此票货物为重货，应按照重量计费，所以此票货物的运费为 USD45×5TON=USD225。

（3）总运费为：USD350+USD225=USD575。

【实践练习】

1. 福建省工艺品进出口公司有一批货物出口，货物重量体积为 5 吨/8 立方米，运往布里斯班，请根据表 2-3 及拼箱计费的相关标准，计算这批货物的运费。

2. 厦门宏达进出口有限公司有一批货物出口，货物重量体积为 9 吨/8 立方米，运往德班，请根据表 2-3 及拼箱计费的相关标准，计算这批货物的运费。

2.2.2 国际空运运价与运费

1. 航空线

经过批准开辟的连接两个或几个地点、进行定期或不定期飞行、经营运输业务的航空交通线即航空线，它包括国内航空线和国际航空线。

世界上最繁忙的航空线如下。

（1）西欧、北美间的北大西洋航空线

该航空线主要连接巴黎、伦敦、法兰克福、纽约、芝加哥、蒙特利尔等航空枢纽。

（2）西欧—中东—远东航空线

该航空线连接西欧各主要机场至远东香港、北京、东京机场，并途经雅典、开罗、德黑兰、卡拉奇、新德里、曼谷、新加坡等重要航空站。

（3）远东、北美间的北太平洋航空线

这是北京、香港、东京等机场经北太平洋上空至北美西海岸的温哥华、西雅图、旧金山、洛杉矶等机场的航空线，并可延伸至北美东海岸机场。太平洋中部的檀香山是该航空线的主要中继加油站。

此外，还有北美—南美、西欧—南美、西欧—非洲、西欧—东南亚—澳新、远东—澳新、北美—澳新等重要国际航空线。

2．世界各大洲重要的航空港

（1）亚洲重要航空港

亚洲重要航空港包括北京、上海、东京、香港、马尼拉、曼谷、新加坡、雅加达、仰光、加尔各答、孟买、新德里、卡拉奇、德黑兰、贝鲁特、吉达等。

（2）欧洲重要航空港

欧洲重要航空港包括伦敦、巴黎、苏黎世、维也纳、柏林、哥本哈根、莫斯科、布加勒斯特、雅典、里斯本等。

（3）北美洲重要航空港

北美洲重要航空港包括纽约、华盛顿、芝加哥、蒙特利尔、亚特兰大、洛杉矶、旧金山、温哥华及位于太平洋的檀香山等。

（4）非洲重要航空港

非洲重要航空港包括开罗、喀土穆、内罗毕、约翰内斯堡、布达柴维尔、拉各斯等。

（5）拉丁美洲重要航空港

拉丁美洲重要航空港包括墨西哥城、加拉加斯、里约热内卢、布宜诺斯艾利斯、圣地亚哥、利马等。

（6）大洋洲重要航空港

大洋洲重要航空港包括悉尼、奥克兰、布里斯班、墨尔本等。

（7）世界主要货运机场

世界主要货运机场包括法国的戴高乐机场、德国的法兰克福机场、荷兰阿姆斯特丹的希普霍尔机场、英国伦敦的希斯罗机场、美国的芝加哥机场、日本的成田机场、中国香港地区的赤腊角（启德）机场等。

3．航空公司

（1）荷兰皇家航空公司（KLM）

荷兰皇家航空公司（KLM）是天合联盟成员之一。2005 年，荷兰皇家航空公司与法国航空公司合并，组成欧洲最大航空集团——法航荷航集团。荷兰皇家航空公司创立于 1919 年 10 月 7 日，其公司标志如图 2-1 所示，至今一直沿用着同一名称 KLM Royal Dutch Airlines，是世界上历史最悠久、一直拥有定期航班的航空公司，其总部位于荷兰的阿姆斯特丹，荷航具有长达 80 年的优良飞行服务经验。在国际航运公司协会的成员中荷兰皇家航空公司的国际货运量和飞行里程均名列前茅。

荷兰皇家航空公司的业务范围：民航运输、飞机维修、飞机租赁、航空配餐、空中和地面服务人员培训、医疗服务与航行诊所、全球计算机定位系统及保险。

KLM

图 2-1　荷兰皇家航空标志

（2）国泰航空有限公司

国泰航空有限公司（简称国泰航空，英文 Cathay Pacific Airways Ltd）是香港最主要的航空公司，其 Logo 如图 2-2 所示，主要业务是经营定期航空业务、航空饮食、航机处理及飞机工程。其下的子公司包括港龙航空及香港华民航空，为“寰宇一家”航空联盟的重要成员。

图 2-2　国泰航空标志

（3）德国汉莎航空股份公司（简称“汉莎航空”）

汉莎航空公司是德意志联邦共和国最大的国际航空公司，其标志如图 2-3 所示。总部设在德国科隆，枢纽是法兰克福国际机场、慕尼黑国际机场，重点城市是杜塞尔多夫国际机场、汉堡国际机场。

质量和创新　德国汉莎航空公司的空中客车 A340、安全和可靠永远都是汉莎航空公司的特色。汉莎航空的核心业务是经营定期的国内及国际客运和货运航班。汉莎航空已发展成全球航空业领导者和成功的航空集团。

图 2-3　汉莎航空标志

（4）新加坡航空公司

新加坡航空公司及其航空子公司、新加坡航空货运公司和区域航空 Silk Air 公司一起，航线网络发展扩及 40 个国家的 98 个目的地，覆盖亚洲、欧洲、北美、中东、西南太平洋和非洲。在所有主要航空公司中，新加坡航空公司拥有最新式的机队之一，其机队航机平均仅使用了 6 年多。其 90 架客机机队包括空客 A380、B747-400、各种型号的 B777 和 A340-500。其公司标志所图 2-4 所示。

图 2-4　新加坡航空标志

（5）澳洲航空公司

澳洲航空公司于 1920 年在澳大利亚昆士兰州创立，是全球历史最悠久的航空公司之一，其公司标志如图 2-5 所示。澳洲航空公司是澳大利亚第一大航空公司，是澳大利亚国家航空公司，其母公司为澳洲航空集团。澳洲航空的袋鼠标志，象征着可靠、安全、先进技术及优质服务。

图 2-5　澳洲航空公司标志

国际业务：澳洲航空公司连同其附属的 QantasLink、JetConnect 的航线网络覆盖大洋洲，延伸至东南亚、东亚及印度、英国、德国、美国、加拿大、南非等地。澳洲航空的枢纽是悉尼机场和墨尔本机场，澳洲航空运营的国际航班将航线连接到布里斯班、佩斯、新加坡樟宜国际机场、洛杉矶国际机场和伦敦希思罗机场。澳洲航空的国内枢纽是悉尼、墨尔本、佩斯、布里斯班的机场，以及重点城市如阿德莱德、凯恩斯和堪培拉的机场。

中国业务：澳洲航空在飞往中国的航线提供每周 5 次上海直飞悉尼、每周 2 次上海直飞墨尔本，以及每周 3 次北京直飞悉尼的航班服务。此外，澳洲航空也有提供香港直飞澳大利亚的城市包括悉尼、墨尔本、布里斯班、珀斯的航班服务。澳洲航空的华语服务员亦将负责迎接由北京、上海、香港及台北飞抵悉尼的乘客，在悉尼机场为有语言沟通问题、需要转乘航机以及有特别需求的乘客提供协助。

（6）全日本空输株式会社

全日本空输株式会社（日语：ぜんにっぽんくうゆ　英语：All Nippon Airways Co.,Ltd.）通常简称全日空（ANA），全日空的母公司是“全日本空输”集团，其公司标志如图 2-6 所示。1999 年 10 月，全日空公司正式加入星空联盟。

全日空公司主要业务包括定期航空运输业务；非定期航空运输；采购、销售、出租和保养飞机及飞机零件业务；航空运输地面支援业务。全日空在日本主要城市之间拥有全面航线网络，其国际航线延伸到亚洲、北美、欧洲等地。全日空航线网络优势在日本国内、亚洲地区。

图 2-6　全日空航空公司标志

（7）美国航空公司

美国航空公司（American Airlines，常被译为美利坚航空公司，通常简称美航）是总部位于美国的一家航空公司。隶属 AMR 公司。美国航空公司总部位于得克萨斯州的沃斯堡，紧邻达拉斯沃斯堡国际机场。美国航空是“寰宇一家”（one world）航空联盟的创始成员之一。其公司标志如图 2-7 所示。

图 2-7　美国航空公司标志

（8）美国西北航空公司

美国西北航空公司（Northwest Airlines）：总部美国明尼安纳波利斯国际机场、底特律国际机场、纽约肯尼迪国际机场。其公司标志如图 2-8 所示：

图 2-8　美国西北航空公司标志

美国西北航空公司是美国西北航空集团（Northwest Airlines Corporation）旗下主要公司。美国西北航空公司于 1926 年开始运营，是美国各航空公司中，沿用同一名称、历史最悠久的航空公司。美国西北航空公司是天合联盟的成员航空公司之一。在中国大陆被称为美国西北航空公司，以与原中国西北航空公司区别。

（9）大韩航空株式会社

大韩航空株式会社（英语：Korean Air　韩语：대한항공 주식회사，通常简称大韩航空）。大韩航空业务类型涉及乘客、货物航空运输、维护服务、餐饮、酒店等。大韩航空以仁川国际机场为国际枢纽港，而金浦机场则为国内枢纽港。航线延伸至欧洲、非洲、亚洲、大洋洲、北美洲及南美洲。其公司标志如图 2-9 所示。

图 2-9　大韩航空株式会社标志

（10）港龙航空有限公司

港龙航空有限公司（Dragonair，全称 Hong Kong Dragon Airlines Limited）是香港第二大航空公司，以香港国际机场作为枢纽。港龙航空每星期提供约 400 班航班，客运航点包括亚洲各地，以中国大陆为主要市场；货运路线则涵盖欧洲、中东及北美地区。

港龙航空客运机队现时由 33 架空中客车（其中 4 架租借予中国国际航空）组成，分别有空中客车 A320-200、空中客车 A321-200 及空中客车 A330-300。部分 A330-300 航机分三等（头等、商务、经济），其他则分两等（商务及经济）。货运机队由 8 架飞机组成。其公司标志如图 2-10 所示。

图 2-10　香港港龙航空公司标志

（11）长荣航空公司

长荣航空公司（英语译名：EVA Air　IATA 代码：BR　ICAO 代码：EVA）是一家台湾的航空公司，总部位于桃园县芦竹乡南崁，枢纽机场为台湾桃园国际机场，提供客运和货运服务，航点遍布亚洲、澳洲、欧洲和北美洲。目前是台湾第二大航空公司。自 1989 年创立之后，长荣航空积极拓展空厨业务。长荣航空也是第一个设有豪华经济舱的航空公司，于 1991 年开办。其子公司立荣航空负责国内和区域性航线。继最大竞争对手——华航加入天合联盟后，长荣航空也积极加入国际航空联盟；2012 年 3 月举行入盟星空联盟记者会，2013 年 6 月成为正式成员，亦成为第二家加入大型航空联盟的航空公司。其公司标志如图 2-11 所示。

图 2-11　台湾长荣航空公司标志

（12）卢森堡国际货运航空公司

卢森堡国际货运航空公司（Cargolux Airlines International），是一家货运航空公司，枢纽于卢森堡芬德尔国际机场。卢森堡货运在欧洲是最大的定期全货运航空公司。其公司标志如图 2-12 所示。

图 2-12　卢森堡国际货运航空公司标志

（13）中国国际航空股份有限公司

中国国际航空股份有限公司前身中国国际航空公司，成立于 1988 年。根据国务院批准通过的《民航体制改革方案》，2002 年 10 月，中国国际航空公司联合中国航空总公司和中国西南航空公司，成立了中国航空集团公司，并以联合三方的航空运输资源为基础，组建新的中国国际航空公司。2004 年 9 月 30 日，经国务院国有资产监督管理委员会批准，作为中国航空集团控股的航空运输主业公司，中国国际航空股份有限公司（以下简称国航）

在北京正式成立。2004 年 12 月 15 日，中国国际航空股份有限公司在香港和伦敦成功上市。

国航主要经营国际、国内定期和不定期航空客、货、邮和行李运输；国内、国际公务飞行业务；飞机执管业务，航空器维修；航空公司间的代理业务；与主营业务有关的地面服务和航空快递（信件和信件性质的物品除外）；机上免税品等。其公司标志如图 2-13 所示。

图 2-13　中国国际航空公司标志

（14）中国南方航空股份有限公司

中国南方航空股份有限公司是由中国南方航空集团公司发起设立，以原中国南方航空公司为基础，联合中国北方航空公司和新疆航空公司重组而成的航空运输主业公司，是中国南方航空集团公司发起设立并控股的航空公司。中国南方航空股份有限公司 1997 年分别在纽约和香港同步上市发行股票，2003 年在上交所成功上市。中国南方航空股份有限公司与中国国际航空股份有限公司和中国东方航空股份有限公司合称中国三大航空集团。2011 年 10 月 15 日，中国南方航空公司在首都机场接收了第一架空客 A380，成为中国首家、全球第七家运营空客 A380 飞机的航空公司。其公司标志如图 2-14 所示。

图 2-14　中国南方航空公司标志

（15）中国东方航空股份有限公司

中国东方航空股份有限公司是一家总部设在中国上海的国有控股航空公司，于 2002 年在原中国东方航空集团公司的基础上，兼并中国西北航空公司，联合云南航空公司重组而成。东方航空是中国民航第一家在香港、纽约和上海三地上市的航空公司，1997 年 2 月 4 日、5 日及 11 月 5 日，中国东方航空股份有限公司分别在纽约证券交易所（NYSE：CEA）、香港联合交易交所（港交所：0670）和上海证券交易所（上交所：600115）成功挂牌上市。其是中国三大国有大型骨干航空企业（其余二者是中国国际航空股份有限公司、中国南方航空股份有限公司）之一。其公司标志如图 2-15 所示。

图 2-15　中国东方航空公司标志

4. 空运常用代码

(1) 城市三字代码

我国部分城市三字代码如表 2-5 所示：

表 2-5　我国城市三字代码表（部分）

城　市	代　码	城　市	代　码	城　市	代　码
北京	BJS	上海	SHA	广州	CAN
深圳	SZX	天津	TSN	大连	DLC
连云港	LYG	青岛	TAO	厦门	XMN
福州	FOC	秦皇岛	SHP	烟台	YNT
香港	HKG	澳门	MFM	台北	TPE
高雄	KHH	杭州	HGH	武汉	WUH
成都	CTU	重庆	CKG	宁波	NGB
南京	NKG	沈阳	SHE	西安	SIA

亚洲国家主要城市的三字代码如表 2-6 所示：

表 2-6　亚洲国家主要城市的三字代码表（部分）

国　家	城　市	代　码	国　家	城　市	代　码	国　家	城　市	代　码
新加坡	新加坡市	SIN	马来西亚	吉隆坡	KUL	泰国	曼谷	BKK
阿联酋	迪拜	DXB	缅甸	仰光	RGN	韩国	汉城	SEL
日本	大阪		日本	东京	TYO	日本	福冈	FUK
菲律宾	马尼拉	MNL	伊朗	德黑兰	THR	印度	孟买	BOM
斯里兰卡	科伦坡	CMB	巴基斯坦	卡拉奇	KHI	印度尼西亚	雅加达	JKT
科威特	科威特	KWI	沙特	利雅德	RUH	印度	新德里	DEL
土耳其	安卡拉	ANK	越南	胡志明	SGN	越南	河内	HAN

欧洲国家主要城市的三字代码如表 2-7 所示：

表 2-7　欧洲国家主要城市的三字代码表（部分）

国　家	城　市	代 码	国　家	城　市	代 码	国　家	城　市	代 码
英国	伦敦	LON	英国	曼彻斯特	MAN	英国	利物浦	LPL
法国	巴黎	法国	法国	马塞	MRS	法国	里昂	LYS
德国	法兰克福	FRA	德国	慕尼黑	MUC	德国	斯图加特	德国
德国	汉堡	HAM	德国	纽伦堡	NUE	德国	柏林	德国
意大利	米兰	MIL	意大利	罗马	ROM	意大利	热那亚	GOA
意大利	那不勒斯	NAP	荷兰	阿姆斯特丹	AMS	西班牙	马德里	MAD
西班牙	巴塞罗那	BCN	奥地利	维也纳	VIE	奥地利	林茨	LNZ
俄罗斯	莫斯科	MOW	丹麦	哥本哈根	CPH	芬兰	赫尔辛基	HEL
爱尔兰	都柏林	DUB	瑞士	日内瓦	GVA	瑞士	苏黎世	ZRH

续表

国　家	城　市	代 码	国　家	城　市	代 码	国　家	城　市	代 码
瑞典	斯德哥尔摩	STO	葡萄牙	里斯本	LIS	挪威	奥斯陆	OSL
比利时	布鲁塞尔	BRU	希腊	雅典	ATH	捷克	布拉格	PRG
南斯拉夫	贝尔格莱德	BEG	罗马尼亚	布加勒斯特	BUH	波兰	华沙	WAW

北美洲国家主要城市的三字代码如表 2-8 所示：

表 2-8　北美洲国家主要城市的三字代码表（部分）

国　家	城　市	代　码	国　家	城　市	代　码	国　家	城　市	代　码
美国	纽约	NYC	美国	芝加哥	CHI	美国	旧金山	SFO
美国	洛杉矶	LAX	美国	西雅图	SEA	美国	迈阿密	MIA
美国	亚特兰大	ATL	美国	波士顿	BOS	美国	华盛顿	WAS
加拿大	多伦多	YYZ	加拿大	温哥华	YVR	加拿大	渥太华	YOW

（2）主要机场三字代码（见表 2-9）

表 2-9　常见机场三字代码表

国　家	英文全称	代　码	中文全称
法国	Charles De Gaulle	CDG	巴黎戴高乐机场
韩国	Incheon，Apt.	ICN	汉城仁川机场
加拿大	Montreal（QU）	YMQ	蒙特利尔机场
加拿大	Pearson Int. Apt.	YTO	多伦多机场
美国	Dallas/FT. Worth	DFW	达拉斯奥斯堡机场
美国	Dulles，Int. Apt.	IAD	华盛顿机场
美国	Houston Int. Apt.	IAH	休斯敦洲际机场
美国	New York J.F. Kennedy	JFK	纽约肯尼迪国际机场
美国	O’Hare, Chicago	ORD	芝加哥奥黑尔机场
日本	Haneda, Apt.	HND	东京羽田国内机场
日本	Kansai	KIX	大阪关西机场
日本	Tokyo Narita	NRT	东京成田机场
意大利	Milan Malpensa Int. Apt.	MXP	米兰马尔彭萨国际机场
意大利	RomeDe – Vinci Fiumicino	FCO	罗马达芬奇国际机场
印度尼西亚	Jakarta Soekarno	CGK	雅加达苏加诺机场
英国	London Heathrow	LHR	伦敦希腊罗机场
中国	Bei Jing Capital	PEK	北京首都机场
中国	Pudong	PVG	上海浦东机场
中国	Shang Hai	SHA	上海虹桥机场
中国	Tai Pei	TPE	台北桃园机场

5．空运运价与运费

（1）空运运价

空运运价又称费率，是指承运人对所运输的每重量单位货物（公斤或磅）所收取的自始发地机场至目的地机场的航空费用。

货物的空运运价一般以运输始发地的本国货币公布，有的国家以美元代替其本国货币公布，以美元公布货物运价的国家视美元为当地货币。我国的空运运价以人民币来公布及计算运费，这一点和我国的国际海运计价货币是不同的。

航空货运单所使用的运价应为填制航空货运单之日的有效运价，即在航空货物运价有效期内适用的运价。

（2）空运运费相关概念

1）空运运费（Freight Charges）。货物的空运运费是指航空公司将一票货物自始发地机场运至目的地机场所应收取的航空运输费用。该费用根据每票货物所适用的运价和货物的计费重量计算而得，每票货物是指使用同一份航空货运单的货物。由于货物的空运运价是货物运输起讫地点间的航空运价，空运运费就是指自始发地机场至目的地机场间的运输货物的航空费用，不包括其他费用。

2）其他费用（Other Charges）。其他费用是指由承运人、代理人及其他部门收取的与航空货物运输有关的费用。在组织一票货物自始发地运输至目的地的全过程中，除了航空运输外，还包括地面运输、仓储、制单、国际货物的清关等环节，提供这些服务的部门所收取的费用即其他费用。

3）计费重量（Chargeable Weight）。计费重量是指用以计算货物空运运费的重量。货物的计费重量或者是货物的实际毛重，或者是货物的体积重量，根据国际航空运输协会（以下简称国际航协）的规定，取两者中比较大的那个重量为计费重量。

① 实际毛重（Actual Gross Weight）。包括货物包装在内的货物重量，称为货物的实际毛重。由于飞机最大起飞全重及货舱可用业载的限制，一般情况下，对于高密度货物（High Density Cargo），应考虑其货物实际毛重可能会成为计费重量。

② 体积重量（Volume Weight）。按照国际航协规则将货物的体积按一定的比例折合成的重量，称为体积重量。由于货舱空间体积的限制，一般对于低密度的货物（Low Density Cargo），即轻泡货物，考虑其体积重量可能会成为计费重量。

体积重量的计算规则是，不论货物的形状是否为规则的长方体或正方体，计算货物体积时，均应以最长、最宽、最高的三边的厘米长度计算。长、宽、高的小数部分按四舍五入取整，体积重量的折算，换算标准为每 6 000 立方厘米折合 1 公斤。其公式为：

$$体积重量（KG）=长（CM）\times宽（CM）\times高（CM）\div 6\,000（CM^3/KG）$$

国际航协规定，国际货物的计费重量以 0.5 公斤为最小单位，重量尾数不足 0.5 公斤的，按 0.5 公斤计算；0.5 公斤以上不足 1 公斤的，按 1 公斤计算。例如，103.001KGS 按 103.5KGS 计算；103.501KGS 按 104.0KGS 计算。

4）最低运费（Minimum Charge）。最低运费是指一票货物自始发地机场至目的地机场空运运费的最低限额。货物按其适用的空运运价与其计费重量计算所得的空运运费，应与货物最低运费相比，取高者。

（3）IATA[①]运价和协议运价

目前国际空运运价按制定的途径不同，主要分为 IATA 运价和协议运价。

1）IATA 运价。IATA 运价是国际航协公布的运价，该运价将 IATA 的运价手册（Tact Rates Book），结合国际货物运输规则（Tact Rules）使用。按照 IATA 运价公布的形式划分，IATA 运价可分为公布直达运价和非公布直达运价，如表 2-10 所示。

表 2-10　IATA 运价体系

IATA 运价	公布直达运价	普通货物运价
		指定商品运价
		等级货物运价
		集装货物运价
	非公布直达运价	比例运价
		分段相加运价

IATA 运价制定的主要目的是协调各国的货物运价，但从实际操作看，很少有航空公司完全遵照 IATA 运价，大多进行了一定的折扣，但不能说明这种 IATA 运价没有实际价值。首先，它把世界上各个城市之间的运价通过手册公布出来，每个航空公司都能找到一种参照运价，所以每个航空公司在制定本公司运价时，都是按照这种标准运价进行的。其次，国际航协对特种货物运价进行了分类，航空公司在运输特种货物时一般都用 IATA 运价。最后，IATA 运价是在全世界范围内制定的一种标准运价，使得国际航空货物的运输价格有了统一的基准，使市场得到了规范。

2）协议运价。协议运价是指航空公司与托运人签订协议，托运人保证每年向航空公司交运一定数量的货物，航空公司则向托运人提供一定数量的运价折扣。目前航空公司使用的运价大多是协议运价，但在协议运价中又根据不同的协议方式进行细分，如表 2-11 所示。

表 2-11　航空货物协议运价的构成

协议运价					
协议定价		包板（舱）		销售返还	
长期协议	短期协议	死包板（舱）	软包板（舱）	销售量返还	销售额返还

长期协议通常是指航空公司与托运人或代理人签订的 1 年期限的协议，短期协议通常是指航空公司与托运人或代理人签订的半年或半年以下期限的协议。

包板（舱）是指托运人在一定航线上包用承运人的全部或部分的舱位或集装器来运送货物。死包板（舱）是指托运人在承运人的航线上通过包板（舱）的方式运输时，托运人无论是否向承运人交付货物，都必须付协议上规定的运费。软包板（舱）是指托运人在承运人的航线上通过包板（舱）的方式运输时，托运人在航班起飞前 72 小时如果没有确定舱位，则承运人可以自由销售舱位，但航空公司对代理人的包板（舱）的总量有一个控制

① IATA 是国际航空运输协会（International Air Transport Association）的英文缩写。

和保障。

销售量返还是指如果代理人在规定期限内完成了一定的货量，则航空公司可以按一定的比例返还运费。销售额返还是指如果代理人在规定期限内完成了一定的销售额，则航空公司可以按一定的比例确定返还运费。

6．空运运费的计算举例

（1）IATA 运价的计算

IATA 运价的计算在实践中主要应用于填制航空货运单时，国际航协规定，航空主运单上必须填制 IATA 公布的运价。以下主要介绍 IATA 的普通货物和指定商品货物的运价。

1）普通货物运价的计算。普通货物运价（General Cargo Rate, GCR）一般是指除了等级货物运价和指定商品运价以外的适于普通货物运输的运价。普通货物运价根据货物重量不同，分为若干个重量等级分界点运价。例如，“N”表示标准普通货物运价（Normal General Cargo Rate），指的是 45 公斤以下的普通货物运价（如无 45 公斤以下运价时，“N”表示 100 公斤以下普通货物运价）。同时，普通货物运价还包括“Q45”、“Q100”、“Q300”等不同重量等级分界点的运价。这里，“Q”表示 45 公斤以上（包括 45 公斤）普通货物的运价，以此类推。45 公斤以上的不同重量分界点的普通货物运价均用“Q”表示。

用货物的计费重量和其适用的普通货物运价计算而得的空运运费不得低于运价资料上公布的空运运费的最低收费标准“M”。这里，代号“N”、“Q”、“M”等字母主要用于货运单运费计算栏中“Rate Class”一栏的填制。

普通货物运价的一般计算步骤为：① 计算体积重量。② 体积重量与实际毛重比较，取其高者作为暂时的计费重量，计算出一个运费。③ 若有重量分界点运价，且货物的计费重量接近较高重量分界点，则再采用较高重量分界点的较低运价计算出一个运费。④ 两次计算出的运费进行比较，取其低者作为最终的空运运费，其对应的重量为计费重量。

以下举例说明普通货物运价的计算。

【实例 2-4】

路线（Routing）：BEIJING，CHINA（BJS） to TOKYO，JIAPAN（TYO）

货物（Commodity）：CLOTHES

件数：1 件

毛重（Gross Weight）：25.2KGS

尺寸（Dimensions）：82CM×48CM×32CM

IATA 运价如表 2-12 所示。

表 2-12　IATA 运价

BEIJING	CN		BJS
Y.RENMINBI	CNY		KGS
TOKYO	JP	M	230
		N	37.51
		45	28.13

【解题示范】

体积（Volume）：82CM×48CM×32CM=125 952CM^3

体积重量（Volume Weight）：125 952CM^3÷6 000 CM^3/KG=20.99KGS=21.0KGS

毛重（Gross Weight）：25.2KGS

计费重量（Chargeable Weight）：25.5KGS（最小计费重量保留到 0.5KG，通常往上整）

适用运价（Applicable Rate）：GCR N 37.51 CNY/KG

空运运费（Weight Charge）：25.5×37.51=CNY956.51

航空货运单的运费栏填制如表 2-13 所示。

表 2-13　航空货运单的运费栏填制

No.of Piece RCP	Gross Weight	Kg Lb	Rate Class Commodity Item No.	Chargeable Weight	Rate / Charge	Total	Nature and Quantity of Goods （incl. Dimensions or Volume）
1	25.2	K	N	25.5	37.51	956.51	CLOTHES DIMS:82 CM ×48 CM ×32CM

【实践练习】

路线（Routing）：BEIJING，CHINA（BJS） to NEWYORK，USA（NEW）

货物（Commodity）：CLOTHES

件数：5 件

毛重（Gross Weight）：15KGS

尺寸（Dimensions）：50CM×50CM×43CM

IATA 运价如表 2-14 所示。

表 2-14　IATA 运价

BEIJING	CN		BJS
Y.RENMINBI	CNY		KGS
TOKYO	JP	M	230
		N	37.51
		45	28.13

请计算该批货物的 IATA 运费，并填写表 2-15。

表 2-15　航空货运单的运费栏填制（2）

No.of Piece RCP	Gross Weight	Kg Lb	Rate Class Commodity Item No.	Chargeable Weight	Rate / Charge	Total	Nature and Quantity of Goods （incl. Dimensions or Volume）

2）IATA 指定商品运价的计算。指定商品运价（Specific Commodity Rate，SCR）是指适用于自规定的始发地至规定的目的地运输特定品名货物的运价。通常情况下，指定商品运价低于相应的普通货物运价。就其性质而言，该运价是一种优惠性质的运价。鉴于此，指定商品运价在使用时，对于货物的起讫地点、运价使用期限、货物运价的最低重量起点等均有特定的条件。

制定指定商品运价的原因可归纳为以下两方面。一方面，在某特定航线上，一些较为稳定的货主经常或定期托运特定品名的货物，托运人要求承运人提供一个较低的优惠运价。另一方面，航空公司为了有效地利用运力、争取货源并保证飞机有较高的载运率，也倾向于向市场推出一个较有竞争力的优惠运价。有些指定商品运价也公布了不同的重量等级分界点，旨在鼓励货主托运大宗货物，并意识到选择空运的经济性及可行性。在 IATA 运价中，根据货物的性质、属性及特点等，按数字顺序对货物进行分类，分为十大组，每组又分为十个小组；同时，对其分组形式用四位阿拉伯数字进行编号。该编号即指定商品的品名编号。

常见的指定商品分组情况如表 2-16 所示。

表 2-16　常见的指定商品分组情况

编　　号	中文品名
0001 ~ 0999	食用动物和植物产品
1000 ~ 1999	活体动物及非食用动物和植物类产品
2000 ~ 2999	纺织品、纤维及其制品
3000 ~ 3999	金属及其制品，但不包括机器、车辆及电器设备
4000 ~ 4999	机器、车辆和电器设备
5000 ~ 5999	非金属矿物质及其制品
6000 ~ 6999	化工品及有关产品
7000 ~ 7999	纸张、芦苇、橡胶及木材制品
8000 ~ 8999	科学仪器、精密仪器、器械及配件
9000 ~ 9999	其他货物

以下举例说明指定商品运价的计算。

【实例 2-5】

路线（Routing）：BJS-SIN

货物（Commodity）：Apple［0007（水果、蔬菜）］

毛重（Gross Weight）:7Pieces,40KGS/Pc

体积（Volume）:102CM×40CM×26CM×7

IATA 运价如表 2-17 所示。

表 2-17　IATA 运价

BEIJING		CN	BJS
Y.RENMINBI		CNY	KGS
SINGAPORE	SG	M	230.00
		N	40.73
		45	30.54
		100	24.38
	0007	250	16.36

指定商品运价一般的计算步骤为：① 查询运价表中由始发地至目的地的运价，如有指定商品代号，则考虑使用指定商品运价。② 查找国际航协运价本中的品名表，确定该货物属于哪一大组和哪一小组，找出与其品名相对应的指定商品编号。③ 检查货物的计费重量，如果达到了指定商品运价的最低重量，则使用指定商品运价计算。④ 如果货物的计费重量没有达到指定商品运价的最低重量要求，则需要与普通货物运价进行比较，取较低者。⑤ 本例的水果蔬菜对应的是编号“0007”，所以适用指定商品运价。

【解题示范】

体积重量（Volume Weight）：102CM×40CM×26CM÷6 000 CM^3 /KGS=123.76KGS=124.00KGS

毛重（Gross Weight）：280KGS

计费重量（Chargeable Weight）：280KGS

适用运价（Applicable Rate）：SCR0007/Q250 :16.36 CNY/KG

空运运费（Weight Charge）：280×16.36=CNY4 580.80

航空货运单的运费栏填制如表 2-18 所示。

表 2-18　航空货运单的运费栏填制

No.of Piece RCP	Gross Weight	Kg Lb	Rate Class Commodity Item No.	Chargeable Weight	Rate / Charge	Total	Nature and Quantity of Goods （incl. Dimensions or Volume）
7	280	K	C（0007）	280	16.36	4 580.80	APPLE DIMS:102CM×40CM×26 CM/7

（2）协议运价的计算

协议运价在实践中主要应用于航空公司与货代公司之间的结算价格及货代公司与客户之间的报价。国际空运的协议运价是分等级来享受不同运价的，不同的重量等级的运价是不同的，常见的等级是 N、+45KG、+100KG、+300KG、+500KG、+1 000KG 等，其中“N”代表的是 0～45KG，“+45KG”代表的是 45KG 以上（45～99KG），以此类推。

以下举例说明协议运价的计算。

【实例 2-6】

表 2-19 是东方航空公司发给它们的货运代理人——国际货代企业的优惠协议运价。

表 2-19　东方航空公司上海浦东中转欧美运价表　　单位：元

目的港（DEST）	+45KG	+100KG	+300KG	+1 000KG
LAX　YVR　SFO	20.00	19.00	18.00	17.50
JFK　SEA	23.00	22.00	21.00	20.00
DFW　ORD	20.00	19.00	18.00	17.50
CPH	20.00	19.00	18.00	17.00
CDG　LUX	19.00	18.00	17.00	16.50
FRA　MOW　LON	20.00	19.00	18.00	17.00

此优惠运价的使用日期为 2012 年 8 月 31 日至 2012 年 11 月 30 日；适用范围为福州地区；适用普通货物。

上海中转 MSC 及 MYC①收取标准为：① 日本线安全附加费按 1.00 元/KG 收取，最低收取 50.00 元。燃油附加费按 2.00 元/KG 收取。②亚洲（除日本）、澳大利亚线安全附加费按 1.00 元/KG 收取，最低收取 50.00 元。燃油附加费按 3.00 元/KG 收取。欧美线安全附加费按 1.20 元/KG 收取，最低收取 50.00 元。燃油附加费按 5.00 元/KG 收取。

【实例 2-7】

华贸国际空运福州分公司有一批货物，排载给东方航空公司福州营业部承运，路线为福州—上海—旧金山，货物共 20 箱，规格为 40CM×30CM×50CM，毛重为 20KGS/箱。根据表 2-11 的协议运价，计算这批货物应付给东方航空公司的空运运费。

【解题示范】

体积重量（Volume Weight）：40CM×30CM×50CM÷6 000CM^3 /KGS=10KGS

毛重（Gross Weight）：20KGS/箱

计费重量（Chargeable Weight）：20KGS/箱

适用运价（Applicable Rate）：18.00/KG（SFO，400KGS，适用的是+300KG 级别的运价）

空运运费（Weight Charge）：400×（18+1.2+5）=CNY9 680（计算航空协议运价时需要考虑燃油附加费、安全附加费等附加运费）

【实践练习】

华贸国际空运福州分公司有一批货物，排载给东方航空公司福州营业部承运，路线为福州—上海—法兰克福，货物共 10 箱，规格为 40CM×30CM×50CM，毛重为 5KGS/箱。根据表 2-18 的协议运价。

思考：这批货物应付给东方航空公司的空运运费是多少？

① MSC 指安全附加费，MYC 指燃油附加费。

2.3 国际货代的海运、空运报价表

2.3.1 国际海运报价表的常见格式

1. 针对国内客户单一目的港询价的报价表

日常工作中，一些客户会对手上已经完成并准备出运的货物进行询价，此时一般针对该批货物的最终目的港进行单点询价，国际货代企业的业务员一般会选择两个或两个以上的船公司报价给客户进行最终确认。报价表需要含有的内容包括起运港、目的港、船东、运价、截关时间、离港时间、全程时间及价格有效期，如表 2-20 所示。

表 2-20 国际海运报价表（1）

SHIPAIR EXPRESS (HK) LTD

海运报价表

TO: 福州市轻工进出口有限公司
FR: 基业国际货运（中国）有限公司福州分公司

感谢贵司询价，我司根据贵司所咨询的目的港及出口货物明细提供海运报价如下，希望有机会合作。

出口货物明细:
货物名称: 水泵（WATER PUMP）
柜型/柜量: 5x20'GP
起运港: 福州 （FUZHOU PORT）
目的港: 卡拉奇 (KARACHI PORT)

起运港	目的港	船东	运价	截关时间	离港时间	全程时间	价格有效期
			单位（20'GP）				
FUZHOU	KARACHI	MSC	USD820	THU	SAT	28DAYS	15. JUL. 2013
		YML	USD900	FRI	SUN	26DAYS	15. JUL. 2013

2. 针对国内客户多个目的港询价的报价表

日常工作中，一些客户会因为开发潜在市场的关系，需要同一区域多个目的港的各类货型的报价，以便确认新业务的海运成本。此时，国际货代企业的业务员需要根据客户要求的多目的港进行完整的报价。报价表需要包含如下内容：船东、运价、起运港、目的港、截关时间、开航时间、全程时间及价格有效期，如表 2-21 所示。

表 2-21　国际海运报价表（2）

海运报价表

TO：福建省华闽进出口公司 黄先生
FROM:基业国际货运(中国)有限公司福州分公司 小夏

你好黄先生，根据贵司业务需要，我司整理了相关港口的海运费用如下，供贵司参考。

一、整柜报价

船东	起运港	目的港	运价			截关时间	开航时间	全程时间	价格有效期
			20'GP	40'GP	40'HQ				
WANHAI	FOC	BANGKOK	US$350	US$700	US$700	THU/SAT	FRI/SUN	7~12DAYS	15.JUL.2013
		PENANG	US$420	US$800	US$800	THU/SAT	FRI/SUN	10DAYS	15.JUL.2013
		HOCHIMINH	US$380	US$750	US$750	THU/SAT	FRI/SUN	9DAYS	15.JUL.2013
OOCL	FOC	BANGKOK	US$370	US$730	US$730	WED/FRI	THU/SUN	10~12DAYS	15.JUL.2013
		PENANG	US$410	US$780	US$780	WED/FRI	THU/SUN	10~13DAYS	15.JUL.2013
		HOCHIMINH	US$390	US$760	US$760	WED/FRI	THU/SUN	9~11DAYS	15.JUL.2013

二、散货报价

目的港	开航时间	截关时间	中转码头	全程时间	海运费（单位：RT）	价格有效期
BANGKOK	SUN	FRI	HONGKONG	13DAYS	US$15	15.JUL.2013
PENANG	SUN	FRI	HONGKONG	15DAYS	US$20	15.JUL.2013
HOCHIMINH	SUN	FRI	HONGKONG	18DAYS	US$23	15.JUL.2013

3. 针对海外客户多个目的港询价的报价表

海外客户或其代理一般情况下会针对其周边区域所涵盖的业务范围进行询价。对海外客户的报价格式与对国内客户的报价格式有一些不同，但是体现在报价表上的内容大体相同，具体如表 2-22 所示。

表 2-22　国际海运报价表（3）

SHIPAIR

SHIPAIR EXPRESS (HK) LTD IATA

Unit-B3,7/Fortune Building, No.168 Hudong Road,Fuzhou,Fujian,China
Tel: 0086-591-87807801 Direct Line: 0086-591-87808320 Fax: 0086-591-87817807
www.shipair.com.hk

Quotation From Shipair Express Fuzhou Branch (Sea Rate)

Updated Date : 2013-06-15　　**Currency:USD**

POL	POD	Carrier	20'	40'	40'HQ	Closing	ETD	T/T	VALID
Foc	Los Angeles	Emc	1,380.00	2,660.00	2,760.00	Wed/Fri	Thu/Sun	17	15.Jul.2013
	New York		1,950.00	3,800.00	3,900.00	Wed/Fri	Thu/Sun	26	15.Jul.2013
	Oakland		1,400.00	2,700.00	2,800.00	Wed/Fri	Thu/Sun	19	15.Jul.2013
	Norfolk		2,050.00	4,000.00	4,100.00	Wed/Fri	Thu/Sun	28	15.Jul.2013

Remarks:

1. The above rates are net-net rates and please mark up for mutual profits.
2. The above rates are subject to changes due to market conditions.
3. The above rate subject to loading port & destination local charge.
4. We strongly recommend to re-confirm the rate if any available shipment is coming.

2.3.2 国际空运报价表的常见格式

1. 发给国内客户的报价表

业务员在揽货过程中经常需要给客户做报价表，表2-23就是一种常见的国际空运报价表格式。国际空运的报价表通常需要包括目的港机场（DEST）、分等级的运价（从MIN到+1 000KG）、航空公司（CARRIER）、始发航班（ETD）等。

表2-23 国际空运报价表（1）

国航福州到欧美国际航线运价表

国航福州营业部　　FOCT　05　14　　签发：

关于福州始发直达欧美国际航空货物运价

福州到美国五个机场运价表（ CNY ）

DEST	MIN	+45KG	+100KG	+300KG	+1 000KG	CARRIER	ETD
SFO 旧金山	320.0	21.00	20.00	19.00	18.00	CA	DAILY
LAX 洛杉矶	320.0	21.00	20.00	18.00	17.00	CA	MON,FRI,SAT,SUN
JFK 肯尼迪	320.0	23.00	22.00	21.00	20.00	CA	TUE,THU,SUN
ORD 奥黑尔	320.0	23.00	21.00	20.00	19.00	CA	MON,WED,SAT,SUN
SEA 西雅图	320.0	23.00	21.00	19.00	18.00	CA	MON,THU,SAT

福州到欧洲五个机场运价表（CNY）

DEST	MIN	+45KG	+100KG	+300KG	+1 000KG	CARRIER	ETD
FRA 法兰克福	320.0	20.00	19.00	18.00	17.00	CA	TUE,THU,SUN
LON 伦敦	320.0	20.00	19.00	19.00	18.00	CA	DAILY
MAN 曼彻斯特	320.0	20.00	19.00	18.00	17.00	CA	MON,WED,SAT,SUN
LUX 卢森堡	320.0	19.00	18.00	17.00	16.50	CA	TUE,THU,SUN,SUN
CPH 哥本哈根	320.0	20.00	19.00	18.00	17.00	CA	MON,THU,SAT

备注：

1. 以上报价已包含安全附加费、燃油附加费、货站处理费等。
2. 报关费 RMB300.00/票 ALL IN。
3. 以上运价供参考，出货前请确认舱位。在运价执行期间，若航班取消，以上运价随之取消。
4. 客服专线：0591-83573136。
5. 订舱热线：0591-85556668，0591-87615268。

2. 发给海外客户的报价表

国际货代企业通常会有不少的海外合作公司（实践中称为海外代理），海外代理也经常需要制作从国内某城市到海外目的地的报价表，所以这种报价表实际上与发给国内客户的报价表在格式上并没有太大差异，差别是必须全部用英文，如表 2-24 所示。

表 2-24　国际空运报价表（2）

Logistics Limited Fuzhou Branch

Origin Airport: FOC　　　　Currency: RMB

Sec(min)　　　　**20-Jun-13**

Dest. A/P	Carrier	Frequency	Transmit Time (days)	Route	Airfreight							Surcharge	
					Min	<45Kg	>45Kg	>100Kg	>300Kg	>500Kg	>1000Kg	Fuel(min)	Sec(min)
LHR	MU	daily	4~5days	foc-pvg-lon	480.00	72.00	23.00	22.00	20.50	20.00	19.00	5.00	1.2min50
	KA	daily	4~5days	foc-hkg-lon	480.00	72.00	31.00	29.50	27.50	26.00	25.00	3.50	1.0min50
	N8	daily	5~6days	foc-hkg-tpe-lon	480.00	72.00	24.00	24.00	22.50	22.00	21.50	3.50	1.0min50
NCL	KA	daily	5~6days	foc-hkg-lon-ncl	480.00	73.00	32.00	30.50	28.50	27.00	26.00	3.50	1.0min50
MAN	KA	daily	4-5days	foc-hkg-man	480.00	73.00	31.00	29.50	27.50	26.00	25.00	3.50	1.0min50
	MU	daily	5~6days	foc-hkg-man	480.00	73.00	28.00	27.50	26.00	25.50	25.00	1.70	0.5min30
AMS	KA	daily	4days	foc-hkg-ams	480.00	68.00	31.00	29.50	27.50	26.00	25.00	3.50	1.0min50
	MU	daily	4~5days	foc-pvg-cdg-ams	480.00	68.00	n	24.00	22.50	22.00	21.50	5.00	1.2min50
RTM	KA	daily	4~5days	foc-hkg-ams/fra/rom-rtm	480.00	68.00	32.00	30.50	28.50	27.00	26.00	3.50	1.0min50
	MU	dialy	4~5days	foc-pvg-cdg-rtm	480.00	68.00	n	24.00	22.50	22.00	21.50	5.00	1.2min50
FRA	KA	daily	4~5days	foc-hkg-fra	480.00	63.00	31.00	29.50	27.50	26.00	25.00	3.50	1.0min50
	MU	daily	4~5days	foc-pvg-fra	480.00	63.00	23.00	23.00	20.50	20.00	19.50	5.00	1.2min50
VIE	KA	daily	5~6days	foc-hkg-ams/rom/par-vie	480.00	60.00	34.00	32.50	31.50	29.00	28.00	3.50	1.0min50
	MU	daily	6~7days	foc-pvg-cdg-vie	480.00	60.00	n	27.00	26.50	25.00	24.50	5.00	1.2min50

2.4　岗位技能实践模拟

2.4.1　岗位技能实训项目一：制作国际海运报价表

● **工作情境**

福建省华闽进出口公司业务员黄先生近期主要开拓美国东部市场，国外客户需要黄先生对美国东部海运基本港运价报价。黄先生向与其配合的福建中艺行国际物流有限公司的业务员小夏进行询价。小夏在接到咨询后，对这项业务的相关需求进行了解，并了解相关船公司的舱位状况，随后整理并提供一份报价表给黄先生。

● **相关知识准备**

1）美国东部海运基本港常识及中英文名称。

2）国际海运价格计价体系（如整柜、拼箱、常见柜型等）。

3）出口口岸相关航线的海运价格行情及优势船公司的运价。

4）国际海运报价表的常见格式。

● **实训任务**

1）了解美国东部海运基本港、船公司基本港、当地出口国际海运航线价格知识等。

2）掌握美国东部海运基本港的船期、航行路线及航行时间。

3）按照客户要求，查询美国东部五个基本港的运价，每个港口报三个船公司以供选择。

4）报价表需要按照范例严格制作，内容必须包括起运港、目的港、船期、截关时间、开航时间、全程时间及价格有效期等。

● **实训教学建议**

1）教学方法：

多媒体演示+上机实践操作。

2）教学课时：

授课学时：1～2 课时。

实践学时：2 课时。

3）教学过程：

前面 2 课时先由教师介绍任务情境，进行任务描述，提出完成任务的目标和要求，然后课堂讲解要完成本任务需要具备的相关知识。这些知识可以部分课堂讲解，部分布置课后查找相关资料。报价表部分的限定条件由教师视教学情况做适当变动。条件允许的话，可以在学生上机实践制作报价表时开通外网，允许上网查找相关信息，因为真实的工作环境也是允许借助网络工具的。但是如果事先不积累、事先不查找，现场查找资料根本来不及，更不要说制作出报价表，所以在布置课堂外查找资料的工作任务时跟学生明确说明这点，并说明在规定的时间内完成报价表是评价要素之一。当然，除了效率，还要考评准确性及报价表格式是否正确。后面 2 课时，学生在机房完成客户所要求的国际海运报价表。

备注：各船公司船期表可登录船讯网查询：http://www.chuanqibiao.com。

● **实训成果**

国际海运报价表。

● **实训任务评价**

编　　号	评 价 点	评价细节	得分情况
1	成果	是否准时完成（30 分）	
2	成果	价格等是否正确（30 分）	
3	成果	制作报价表是否熟练，报价表是否工整（40 分）	

2.4.2 岗位技能实训项目二：制作国际空运报价表

● **工作情境**

小林是林德国际物流公司销售部的一名业务代表。他在联系拜访了 AOC 公司的物流部李经理后，李经理要求他在最短的时间内报出本公司优势空运航线各航空港的优惠运价，并以邮件或传真方式发送给他。

● **相关知识准备**

1）国际空运主要机场的中英文名称及三字代码（备注：航空三字代码表可上网查找及下载）。

2）国际空运价格计价体系。

3）所在地区的国际空运市场行情。

4）国际空运报价表的常见格式。

● **实训任务**

1）上网查找本地主要机场（如果当地没有，则查找国内主要机场）国际空运的航空公司、航班、航线、价格等信息，准备 PPT，以小组为单位在课堂分享。提示：可以上机场网站、航空公司网站、锦程物流网等网站查询。

2）完成一份国际空运报价表（目的港：欧洲及东南亚常见机场）。提示：可选择课外完成后提交电子文档，教师批阅；也可选择上课时在机房完成，提交电子文档，教师批阅。

● **实训教学建议**

1）教学方法：

多媒体演示+上机实践操作。

2）教学课时：

授课学时：1～2 课时。

实践学时：2 课时。

3）教学过程：

上课时，前面 2 课时先由教师介绍任务情境，进行任务描述，提出完成任务的目标和要求，然后课堂讲解要完成本任务需要具备的相关知识。这些知识可以部分课堂讲解，部分布置课后查找相关资料。可以在动手实践环节酌情增加一些限定条件，如客户可能会提出要求，要重点报德国和英国的航空港，所有航线报两个以上的航空公司供选择，报价时附上始发机场的航期、航程等。有条件的话，可以在学生上机实践制作报价表时开通外网，允许上网查找相关信息，但是事先要查找积累，否则课堂上查资料根本来不及，更不要说制作出报价表，而这在工作中表现出来的就是工作效率的差异。在布置课堂外查找资料的工作任务时跟学生明确说明这点，并说明在规定的时间内完成报价表是评价要素之一。当然，除了效率，还要考评准确性及报价表格式是否正确。后面 2 课时，学生在机房完成客户所要求的国际空运报价表。

● **实训成果**

1）国际空运报价表。

2）介绍航空港或航空公司的 PPT。

● **实训任务评价**

编　号	评 价 点	评价细节	得分情况
1	成果	是否准时完成（30 分）	

续表

编　号	评 价 点	评价细节	得分情况
2	成果	价格等是否正确（30分）	
3	成果	制作报价表是否熟练，报价表是否工整（40分）	

思考与练习

一、单项选择题

1．班轮公司可以向（　　）支付揽货佣金。

A．无船承运人　　B．货运代理人

C．托运人　　D．出口商

2．国际货代业务员首次开发客户，一般先采用的营销方式为（　　）。

A．关系营销　　B．网络营销

C．电话营销　　D．登门拜访

3．目前中国货运市场上，货主选择货代考虑的首要因素是（　　）。

A．班期　　B．航行时间

C．航线多少　　D．运价

4．世界经济从繁荣到衰退、从萧条到复苏，对国际贸易、运输等市场影响的先后顺序是（　　）。

A．国际贸易市场—国际货代市场—国际运输市场

B．国际货代市场—国际贸易市场—国际运输市场

C．国际运输市场—国际货代市场—国际贸易市场

D．同时影响，没有滞后性

5．服务营销组合因素在有形产品营销组合的基础上又增加了（　　）。

A．分销渠道　　B．人员

C．过程　　D．有形展示

二、多项选择题

1．目前国际货代业务开发的常用方式有（　　）。

A．电话营销　　B．网络营销

C．登门拜访　　D．关系营销

2．一级国际货代企业的主要业务有（　　）。

A．报关　　B．租船订舱

C．货物储运　　D．融资

3．比较大的国际货代企业的主要部门有（　　）。

A．报关部　　B．业务部

C．操作部　　D．商务部

4．电话营销中，获得客户联系方式的渠道有（　　）。

A．黄页　　B．海报

C．报纸　　　　　　　　　　　　D．电视

5．国际货代企业核心岗位有（　　）。

A．货代业务员　　　　　　　　　B．单证员

C．客服人员　　　　　　　　　　D．操作员

三、判断题

1．基本港通常指船公司的船定期挂靠的港口。（　　）

2．接到托运书后，负责将客户的货装上船是货代单证员的主要工作。（　　）

3．一般一级国际货代企业都具有报关权，能直接从船公司那里拿到舱位。（　　）

4．在中国货运市场上，运价始终是客户考虑的首要因素，但在某些特殊情况下，社会文化因素可能上升为最主要因素。（　　）

5．国际货代企业负责确认提单的是报关员。（　　）

四、简答题

1．影响国际货代客户需求的基本因素有哪些？

2．国际货代企业的客户来源渠道有哪些？

3．国际货代业务员揽货的通常程序有哪些？

4．国际集装箱班轮的基本运费的计算方法是什么？

5．国际空运的运价通常是如何计算的？

五、案例分析题

小周是某国际货代企业的一名新业务员，他进入国际货代行业的时候，竞争已经很激烈。如何才能将别人的客户争取过来呢？小周冥思苦想，想到了一个好办法。他知道现在客户都非常注重价格，于是他报的价格总是比别的货代低，有时候甚至低于航线的成本运价。他的想法是先把客户的货物争取过来，等到货物报关放行后，签发海运提单前才跟客户讲，因为船公司涨价了，或者因为增加了某附加费等方面的原因，要客户补付多出的运费。由于提单或核销单掌握在货代企业手里，客户只好乖乖地付钱，有时一票货的利润就够他 1 个月的任务。

思考：你认为小周的办法好吗？谈谈你的看法。

第 3 章

操作岗——国际货代的托运订舱及排载

学习目标

1. 了解国际货代托运订舱的基础知识；
2. 掌握国际货代托运订舱的业务流程；
3. 掌握国际货代托运订舱相关单证的填制。

引导案例

2010 年 5 月 30 日，马某以伟宏公司市场部经理的身份委托长运公司向马士基航运公司订舱。马某提交给长运公司的托运单是公司的格式托运单，并盖有伟宏公司的章。该托运单上记载，托运人是伟宏公司，目的港是阿尔及尔，其上注明了海运费用金额，发票抬头为美泰公司。马某向长运公司办理货物运输代理业务时出示的名片记载，马某是伟宏公司指定的代理美泰公司业务的市场部经理。

该批货物装船后运抵目的港并交付收货人。长运公司在向马士基公司支付了该批货物的运费后，向美泰公司暨马某发出了催款信函，但美泰公司和马某均拒付，美泰公司拒付的理由是马某不是美泰公司的员工，美泰公司也没有委托长运公司进行运输，美泰公司与本案没有任何关系。马某拒付的理由是本人是伟宏公司的工作人员，其行为的法律后果应由伟宏公司承担。经查确认，伟宏公司是在香港登记注册的公司，在内地没有经营权，马某是该公司的董事。马某也承认其不是美泰公司的职员，只是为了伟宏公司在内地经营的便利，才在名片上印制美泰公司的名称。

思考题：

1. 长运公司与哪家公司存在国际货运的委托代理关系，是伟宏公司还是美泰公司？

2. 本案中马某是否承担付款责任？如果托运单上没有伟宏公司的签章，其结果又如何？

3.1　国际货代托运订舱基础知识

3.1.1　国际海运相关基础知识

在国际物流的工作实践中，大部分海运货物是通过集装箱班轮运输的，本部分知识以集装箱班轮为主。

1. 集装箱的概念

集装箱，又称货柜或货箱，英文名称是 Container。简单地说，集装箱是具有一定强度、刚度和规格，专供周转使用的大型装货容器。

国际标准化组织在集装箱的定义中提出了作为一种货物运输工具的集装箱所应具备的基本条件，即该种容器除了能装载货物外，还需要满足许多特殊要求，也就是说，只有具备这些条件的“容器”才可算作集装箱。这些基本条件如下：① 全部或局部封闭，构成一个装货用的舱。② 具有耐久性，其坚固度足以支持反复使用。③ 装有便于装卸和搬运的装置，特别便于从一种运输工具换装到另一种运输工具。④ 便于货物的装满和卸空。⑤ 适合用一种或多种运输方式运送货物，无须中途换装。⑥ 内容积为 1 立方米（35.315 立方英尺）或 1 立方米以上。

使用集装箱运输货物，可直接在发货人的仓库装货，运到收货人的仓库卸货，中途更换车船时，无须将货物从箱内取出换箱。

2. 集装箱的分类

（1）按制造材料分类

从目前采用的集装箱材料看，集装箱大多不是用一种材料制成的，而是用钢（或不锈钢）、木材（或胶合板）、铝合金和玻璃钢这四种基本材料中的两种或两种以上组合制成的。箱子主体部件（箱壁、箱顶等）采用什么材料，就叫作什么材料制造的集装箱。按箱子主体部件使用的材料分类，主要有钢制集装箱、铝制集装箱、不锈钢集装箱等。

1）钢制集装箱。钢制集装箱的框架和箱壁板皆用钢材制成。其优点是强度大、结构牢、焊接性和水密性好、价格低廉、易修理、能反复使用；缺点是防腐性差、自重大，相应降低了装货能力。

钢制集装箱是使用最普遍的集装箱。现在的钢制集装箱都采用波纹钢板作为外板，其波纹能起到加强外板的作用。钢制集装箱使用年限较短，一般为 11 ~ 12 年。

2）铝制集装箱。铝制集装箱的各主要部件由铝合金制成，因此又称铝合金集装箱。铝制集装箱有两种，一种由钢架铝板制成，另一种仅框架两端用钢材，其余用铝材。铝制集装箱的优点是自重轻、防腐性强、弹性好、加工方便，因此主要用来制造特种集装箱，如冷藏集装箱；主要缺点是造价相当高，焊接性也不如钢制集装箱，因而受碰撞时易损坏，所以其角件、角柱、框架结构等通常仍使用钢材。铝制集装箱的使用年限比钢制集装箱长，一般为 15 ~ 16 年。

3）不锈钢集装箱。不锈钢是一种新型材料，一般多用不锈钢制作罐式集装箱。不锈钢集装箱的主要优点是强度高、不生锈、耐腐性好，在整个使用期内无须进行维修保养；主要缺点是价格高、投资大。

（2）按用途分类（见表 3-1）

表 3-1 按用途分类的常见集装箱类型

集装箱类型名称	图 例	说 明
干货集装箱		干货集装箱又称杂货集装箱或通用集装箱，其使用范围极广，是最常用的集装箱。绝大多数无须控制温度，尺寸和重量方面适合用集装箱装运的件杂货都可以使用这种集装箱。其结构常为封闭式，一般在一端或侧壁设有箱门，可 270 度开启
冷藏集装箱		冷藏集装箱是以运输冷藏、冷冻食品为主，能保持一定温度的保温集装箱。目前国际上采用的冷藏集装箱基本上分为两种，一种是本身带有冷冻机的机械式冷藏集装箱，又称内置式冷藏集装箱；另一种是箱内没有冷冻机而只有隔热结构，在集装箱端壁上设有进气孔和出气孔的集装箱，这种集装箱依靠集装箱专用车、船和专用堆场、车站上配备的冷冻机来制冷， 又称外置式冷藏集装箱
通风集装箱		通风集装箱外表与杂货集装箱相同，但在侧壁、端壁和箱门上设有若干个风口。这是为装运球根类食品及其他需要通风、防潮、防湿的货物而设计的，能有效地防止新鲜物品在运输途中腐烂变质。若将通风口关闭，这种集装箱同样可以作为杂货集装箱使用
罐式集装箱		罐式集装箱是专门用于装运油类、酒类、液体食品及化学品等液体货物的集装箱。由罐体和框架两部分组成，罐体四角由支柱、撑杆构成整体框架；顶部设有装货口及水密性良好的盖，可防雨水进入箱内。装货时，货物由罐顶部的装货口进入；卸货时，从罐底的排出阀流出
框架集装箱		框架集装箱也称台架式集装箱。框架集装箱可用于装载那些形状不一的货物。装货时，这种集装箱可以从前后、左右及上方灵活进行装卸作业。此外，框架集装箱的箱底较厚，箱底强度比一般集装箱大，因此这种集装箱适合装载超长、超高、超宽和超重的货物，如机械、钢材、钢管、木材等

续表

集装箱类型名称	图　　例	说　　明
平台集装箱		平台集装箱又称平板式集装箱，是在框架式集装箱上再简化，无任何上部结构，只有底部结构的一种特殊集装箱。进行装卸作业时，可使用与其他集装箱相同的紧固件和起吊装置。装载货物时，可将多个平台集装箱连接组成一个大平台装在集装箱船的舱面上，适合装载重、大件货物。平台集装箱被国际标准化组织正式采用，打破了过去一直认为集装箱必须具有一定容积的概念
开顶集装箱		开顶集装箱又称敞顶集装箱，是一种没有刚性箱顶的集装箱，但有由可折叠式顶梁支撑的帆布、塑料布或涂塑布制成的顶篷，其他构件与通用集装箱类似。目前，开顶集装箱多用于装运较高的大型货物和重物，如钢铁、木材等
动物集装箱		动物集装箱是用来装运鸡、鸭、鹅等活家禽和牛、马、羊、猪等活家畜的集装箱。箱顶采用胶合板遮盖，侧面和端面都有用铝丝网制成的窗，以便通风。动物集装箱侧壁下方设有清扫口和排水口，并配有上下移动的拉门，可把垃圾清扫出去，便于清洁。这种集装箱在船上一般应装在甲板上，因为甲板上空气流通，便于清扫和照看，而且不允许多层堆装，所以其强度可低于国际标准集装箱的要求，总重也较轻

3．集装箱的规格尺寸

国际标准集装箱的规格尺寸如表 3-2 所示。

表 3-2　国际标准集装箱的规格尺寸

规格（英尺）	箱型	长		宽		高		最大总重量	
		mm	ft	mm	ft	mm	ft	kg	lb
40	IAAA	12 192	40′	2 438	8′	2 896	9′6″	30 480	67 200
	IAA					2 591	8′6″		
	IA					2 438	8′		
	IAX					<2 438	<8′		
30	IBBB	9 125	29′11.25″	2 438	8′	2 896	9′6″	25 400	56 000
	IBB					2 591	8′6″		
	IB					2 438	8′		
	IBX					<2 438	<8′		

续表

规格（英尺）	箱型	长		宽		高		最大总重量	
		mm	ft	mm	ft	mm	ft	kg	lb
20	ICC	6 058	19′10.5″	2 438	8′	2 591	8′6″	24 000	52 900
	IC					2 438	8′		
	ICX					<2 438	<8′		
10	ID	2 991	9′9.75″	2 438	8′	2 438	8′	10 160	22 400
	IDX					<2 438	<8′		

国际标准集装箱的尺寸可分为集装箱外尺寸和集装箱内尺寸。

表3-2的规格尺寸为集装箱外尺寸。集装箱外尺寸，是指包括集装箱永久性附件在内的集装箱外部最大的长、宽、高尺寸。它是确定集装箱能否在船舶、底盘车、卡车、火车之间进行换装的主要参数，也是各运输部门必须掌握的一项重要技术资料。

集装箱内尺寸，是指集装箱内部的最大长、宽、高尺寸。为了使国际标准集装箱的内部能合适地装载托盘和一定数量的货物，国际标准集装箱（主要为干货箱）也规定了内部尺寸标准。集装箱内部长度为箱门内侧板面至端壁内衬板之间的距离，宽度为两内侧衬板之间的距离，高度为自箱底板面至箱顶板最下面的距离，它决定了箱内所装货物的最大尺寸。集装箱的内部尺寸决定了集装箱装载货物的内容积。

集装箱内容积，是按集装箱内尺寸计算的装货容积，同一规格的集装箱由于结构和制造材料不同，其内容积略有差异。集装箱内尺寸和内容积是发货人、货运站等装箱人必须掌握的重要技术资料。

国际集装箱运输中，目前使用最多的是IAA型和ICC型集装箱，即40ft和20ft两种箱型，其次是IAAA箱型。这三种箱型的内尺寸如表3-3所示：

表3-3 常见集装箱的内尺寸

	ICC（20ft）	IAA（40ft）	IAAA（40HQ）
长（米）	5.898	12.032	12.032
宽（米）	2.352	2.352	2.352
高（米）	2.385	2.385	2.69
体积（立方米）	33.1	67.5	76.2
载重量（吨）	21	26	26

以上数值是工作经验值，根据实际货物状况及目的港等不同而不同。例如，运往美国的货物依据美国高速公路限重规定，20ft集装箱限重通常为17t左右，40ft集装箱限重为19t左右。此外，在实际应用中，也有45ft集装箱，但45ft集装箱不是国际标准集装箱，很多国家和地区不接受45ft集装箱的运输。

4．集装箱号和铅封号

（1）集装箱箱号的构成

集装箱箱号即集装箱的号码，通常印刷于集装箱的箱门处（见图3-1），有时也加印于集装箱的箱外及箱内侧壁上。集装箱号码构成采用 ISO 6346（1995）标准，标准集装箱箱号由 11 位编码组成，包括三个部分：

图 3-1　集装箱箱号

1）第一部分由 4 位英文字母组成，前三位字母属箱主代码，代表箱主或经营人，可以是船公司或租箱公司。第四位英文字母属设备识别号，绝大部分是"U"，说明该设备是集装箱。例如，APLU 号码开头的集装箱是表明箱主或经营人为船公司"美国总统轮船"公司。

2）第二部分由 6 位数字组成，属箱体注册码，即该集装箱在全球注册和使用的唯一代码。

3）第三部分为校验码，由前 4 位英文字母和 6 位数字经过校验规则运算得出，用于识别在校验时是否发生错误，即第 11 位数字。

简单地说，集装箱箱号就是由 4 个英文字母加 7 个数字组成。

（2）铅封号

铅封号即俗称的封条号，每个铅封上面都印制有一个独一无二的序列号（见图 3-2）。铅封只有被破坏后才能打开集装箱，箱体上的封条号必须和提单上的一致。

图 3-2　铅封号

铅封按施加铅封的人可分为"厂封"（工厂自行加封的封条）、"关封"（海关加封的封条）、"船封"（船公司加封的封条）、"码头临时封"等。按铅封的材料及功能可分为高保封、数码防盗封、子弹封、铁皮封、钢丝塑封、塑料封、防盗铅封、普通封等。

5．集装箱的装箱方式

集装箱装箱方式可分为整箱和拼箱两种。整箱（Full Container Load，FCL）是指货主自行将货物装满整箱以后，以箱为单位托运的集装箱。拼箱（Less Than Container Load，LCL）是指代理人接受货主托运的数量不足整箱的小票货物后，根据货物性质和目的地进行分类整理，把去同一目的地的货物集中到一定数量拼装入箱。由于一个集装箱内有不同货主的货物拼装在一起，所以叫拼箱。

6．集装箱货物的交接地点与交接方式

（1）交接地点

在集装箱货物运输中，交接货物的地点主要有以下几处。

1）集装箱码头堆场（Container Yard，CY）。在集装箱码头堆场接受的货物，一般都是由发货人或集装箱货运站负责装货并运至集装箱码头堆场的整箱货。

2）集装箱货运站（Cargo Freight Station，CFS）。集装箱货运站作为船公司的代理接受拼箱货物，并承担拆装箱及运至集装箱码头堆场的工作。

3）发货人/收货人的工厂或仓库（Door，DR）。船公司也可以在发货人的工厂或仓库接受整箱货物，负责安排内陆运输，并交货于收货人的工厂或仓库。

随着集装箱运输的发展，特别是多式联运的发展，集装箱运输已突破了海运区段范围而向内陆延伸，因而出现了集装箱运输特有的交接方式。

（2）交接方式

由 CY、CFS、DOOR 三种交接地点两两配对，总共有 9 种交接方式，具体如图 3-3 所示。

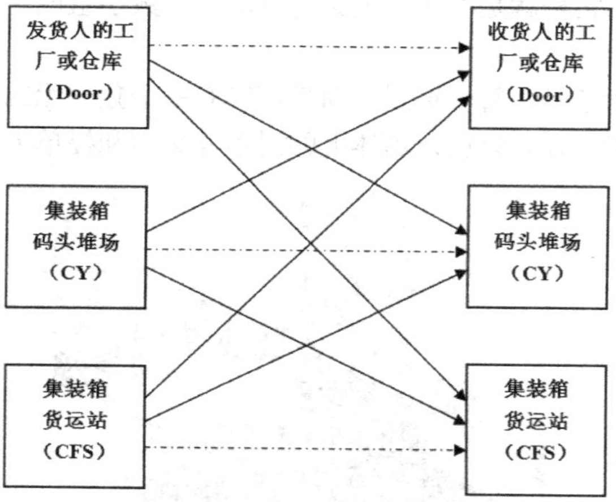

图 3-3　集装箱货物的交接方式

1）CY—CY（集装箱码头堆场—集装箱码头堆场）。发货人负责装箱并将集装箱运至装货港集装箱码头，承运人从装货港集装箱码头整箱接货，并负责运至卸货港集装箱码头整箱交货。收货人负责在卸货港集装箱码头以整箱方式提货。在这种交接方式下，货物的交接形态一般都是整箱交接，承运人不负责内陆运输。

2）CY—CFS（集装箱码头堆场—集装箱货运站）。发货人负责装箱并运至装货港集装箱码头进行整箱交货，承运人在装货港集装箱码头整箱接货后，负责运抵卸货港集装箱货运站，拆箱后，收货人负责在卸货港集装箱货运站按件提取货物。在这种交接方式下，承运人一般以整箱接受货物，以拼箱交付货物。承运人不负责内陆运输。

3）CY—DR（集装箱码头堆场—收货人的工厂或仓库）。发货人负责装箱并运至装货港集装箱码头整箱交货，承运人在装货港集装箱码头整箱接货后，将货物运抵进口国收货人工厂或仓库整箱交货。在此交接方式中，货物也都是整箱交接的。出口国的内陆运输由发货人负责，进口国的内陆运输由承运人负责。

4）CFS—CY（集装箱货运站—集装箱码头堆场）。发货人负责将货物运至集装箱货运站，将货物交付承运人，承运人在装货港集装箱货运站接受货物，拼箱后运抵卸货港集装箱码头。收货人负责在卸货港集装箱码头整箱提货。在这种交接方式下，承运人一般以拼箱接受货物，以整箱交付货物。

5）CFS—CFS（集装箱货运站—集装箱货运站）。发货人负责将货物运至集装箱货运站交承运人，承运人从装货港指定的集装箱货运站接受件货并装箱，拼箱后运抵卸货港集装箱货运站拆箱。收货人负责在集装箱货运站按件提取货物。在这种交接方式下，货物的交接形态一般都是拼箱交接。

6）CFS—DR（集装箱货运站—收货人的工厂或仓库）。发货人负责将货物运至集装箱货运站按件交货，承运人从装货港指定的货运站接受件货并装箱，拼箱后负责运至卸货港收货人工厂或仓库整箱交货。收货人在其工厂或仓库整箱接货。在这种交接方式下，承运人一般以拼箱接受货物，以整箱交付货物。

7）DR—CY（发货人的工厂或仓库—集装箱码头堆场）。承运人把空箱运到出口国发货人的工厂或仓库，发货人负责装箱后，以整箱形式将货物交付承运人运输。承运人负责将货物运抵卸货港集装箱码头整箱交货。收货人负责在卸货港集装箱码头整箱提货。在这种交接方式下，承运人负责出口国的内陆运输，但不负责进口国卸船地点到目的地工厂的内陆运输。在这种交接方式下，货物也都整箱交接。

8）DR—CFS（发货人的工厂或仓库—集装箱货运站）。承运人把空箱运到出口国发货人的工厂或仓库，发货人负责装箱、施封，并在其工厂或仓库整箱交货，承运人负责将货物运抵卸货港指定的集装箱货运站拆箱后向各收货人交付。在这种交接方式下，承运人一般以整箱接受货物，以拼箱交付货物。

9）DR—DR（发货人的工厂或仓库—收货人的工厂或仓库）。承运人把空箱运到出口国发货人的工厂或仓库，发货人装箱后施加封志，然后承运人把重箱运到集装箱码头堆场，等待装船运输。在目的港，由承运人负责把货物运到收货人的工厂或仓库整箱交货。收货人在其工厂或仓库整箱接货。故门到门的集装箱运输一般均为整箱运输，承运人负责全程运输。

以上交接方式中，应用最广泛的是 CY—CY 方式，最方便货主并体现集装箱运输优越性的是 DR—DR 方式，而 CY—CFS 方式则极少应用，这是因为承运人整箱从发货人手中接货后，到目的地拆箱交付收货人，若有货损情况出现，不易分清是承运人的责任还是发货人的责任。

7．集装箱运输相关单位

在货物实际托运过程中，应依据货物类型选择租船、杂货班轮或集装箱班轮。而集装箱班轮运输经营者除拥有船舶运输工具的实际承运人外，还涉及船舶代理人、国际货运代理人、无船承运人、集装箱港口码头及集装箱租箱公司等集装箱运输的相关单位。

1）船舶代理人。船舶代理人是指接受船舶所有人、船舶经营人或船舶承租人委托，为船舶所有人、船舶经营人或船舶承租人的船舶及所载货物提供办理船舶进出港手续、安排港口作业、接受订舱、代签提单、代收运费等服务的依据法律规定设立的船舶运输辅助性企业。

2）国际货运代理人。国际货运代理人是指接受货主委托，为货主代理各类货运业务相关事宜，并依据法律规定而设立的提供国际海上货物运输代理服务的企业。国际货运代理人具有代理人和当事人双重身份。

3）无船承运人。无船承运人也称无船公共承运人，是指无船承运业务的经营者以承运人身份接受托运人的委托，签发自己的提单或其他运输单证，向托运人收取运费，并通过班轮运输公司完成国际海上货物运输，承担承运人责任，提供国际海上货物运输服务的企业。

无船承运人具有双重身份。对托运人而言，它是承运人和运输经营人；而对实际承运人而言，它又是货物托运人。无船承运业务包括以承运人身份与托运人订立国际货物运输合同；以承运人身份接收、交付货物；签发提单或其他运输单证；收取运费；为承运人或其他运输方式经营者所承运的货物订舱和办理托运；支付港到港运费；办理其他集装箱拆装箱、拼箱业务及其他相关的业务。获得无船承运业务资格的企业主要有货代企业、船代企业、集装箱场站经营企业、物流企业、仓储企业、多式联运企业等。

4）集装箱港口码头。集装箱港口码头是集装箱水路运输的起点和终点。在起运港，它承担集装箱整箱货的集货、装卸和拼箱货的集货、装箱任务；在目的港，它承担集装箱整箱货的装卸、运输和拼箱货的装卸、拆箱及送达任务。现代化的集装箱码头已高度专业化，码头配置岸机、场地机械等各项设备。集装箱港口码头通常还配备一定面积的堆场和集装箱货运站，并具有相关业务的处理能力。

5）集装箱租箱公司。集装箱租箱公司通过购置一定数量的集装箱，专门从事租箱业务，满足货主与船公司对集装箱空箱租赁的需求。集装箱租箱公司的业务范围包括出租、回收、保管、维修集装箱等。

3.1.2 国际空运相关基础知识

1．国际空运的概念

国际空运即国际航空运输，是指根据有关各方所订的合同，以航空器作为运输工具，不论在运输中是否有间断或转运，其出发地和目的地是在两个缔约国或非缔约国的主权、宗主权、委任统治权或权力管辖下的领土内的约定的经停地点，将货物运输至目的地而收取报酬或提供免费服务的运输方式。

2．国际空运的特点

国际空运以航空器作为运输工具，与其他运输方式相比，具有不可比拟的优势，主要特点有以下几个。

1）运送速度快。国际空运主要采用飞机作为运输工具，飞机的飞行速度一般在 600 千米/小时以上，与其他的运输工具，如汽车、火车、轮船等相比，具有速度快的优势。航空货运的这一特点，使其适合运送那些易腐烂、变质的鲜活商品，时效性、季节性强的报刊、节令性商品，以及抢险、救急品。另外，当今国际市场竞争激烈，航空运输所提供的快速服务也使得货主可以对国外市场瞬息万变的行情即刻做出反应，迅速推出适销产品占领市场，获得较好的经济效益。

2）不受地面条件影响。航空运输利用天空这一自然通道，不受地理条件的限制，对于地面条件恶劣、交通不便的内陆地区非常合适，有利于资源的进出口，促进当地经济的发展。航空运输使本地与世界相连，对外的辐射面广，而且航空运输与公路运输与铁路运输相比占用土地少，对寸土寸金、地域狭小的地区发展对外交通，无疑是十分适合的。

3）节约包装、保险、利息等费用。由于采用航空运输方式，货物在途时间短、周转速度快，企业存货可以相应减少，一方面有利于资金的回收，减少利息支出；另一方面企业仓储费用也可以降低。航空运输安全、准确，货损、货差少，保险费用较低。与其他运输方式相比，航空运输的包装简单，包装成本减少。这些都促成企业隐性成本的下降和收益的增加。

4）破损率低，安全性好。由于航空货物本身的价格比较高，操作流程的环节比其他运输方式严格得多，因此在整个货物运输环节之中，货物的破损率很低。与其他运输方式相比，航空运输的安全性较高。例如，从 1996 年到 2005 年这 10 年，中国民航每百万飞行小时发生重大事故的次数是 0.42 次，世界平均水平是 0.7 次。显然，航空运输的安全性远远高于铁路运输、水上运输和公路运输。

3．国际空运的运输方式

（1）班机运输（Scheduled Air Line）

班机是指定期开航的，定航线、定始发站、定目的站、定途经站的飞机。一般航空公司都使用客货混合型飞机（Combination Carrier），一方面搭载旅客；另一方面又运送少量货物。也有一些较大的航空公司在一些航线上开辟定期的货运航班，使用全货机（All Cargo Carrier）运输。

班机运输的特点如下。

1）班机运输是目前最主要的航空货运方式。班机由于有固定航线、固定经停站，且定期开航，因此国际间空运货物流通多使用班机运输方式。

2）适合急需、贵重、鲜活、小批量的货物运输。班机运输收、发货人能确切掌握货物起运和到达时间，但班机一般都是客货混合机，舱位有限。

（2）包机运输（Chartered Carrier）

包机运输方式可分为整机包机和部分包机两类。

1）整机包机。整机包机即包租整架飞机，指航空公司按照与租机人事先约定的条件及费用，将整架飞机租给包机人，从一个或几个航空港装运货物至目的地。包机人一般要在货物装运前 1 个月与航空公司联系，以便航空公司安排运载和向起降机场及有关政府部门申请、办理过境或入境有关手续。包机的费用为一次一议，随国际市场供求情况变化。

原则上，包机运费按每飞行公里固定费率核收费用，并按每飞行公里费用的80%收取空放费。因此，大批量货物使用包机时，均要争取来回程都有货载。

2）部分包机。由几家航空货运代理公司或发货人联合包租一架飞机，或者由航空公司把一架飞机的舱位分别卖给几家航空货运代理公司装载货物，就是部分包机。部分包机适于托运不足整架飞机的舱位，但又较重的货物。

相关链接

集中托运（Consolidation）指航空货运代理公司把若干批单独发运的货物组成一批向航空公司办理托运，填写一份总运单将货物发运到同一目的站，然后由航空货运代理公司在目的站的代理人负责收货、报关，并将货物分别拨交给各收货人的一种运输方式。

集中托运的特点：运费较班机便宜；航空公司签发总运单，航空货运代理公司签发分运单；特种货物不能办理集中托运业务（活动物、贵重物品、尸体骨灰、外交信袋和危险品）。

（3）航空快递（Air Courier）

航空快递不同于一般的航空邮寄和航空货运，是由专门经营这项业务的公司与航空公司合作，设专人用最快的速度在货主、机场、用户之间进行货物、物品传递的一种快速运输方式。使用上述运输方式的进出境货物、物品叫快件。从所发运快件的内容看，快件业务主要分成快件文件和快件包裹两大类。快件文件以商务文件、资料等无商业价值的印刷品为主，其中也包括银行单证、合同、照片、机票等。快件包裹又叫小包裹服务，主要是一些贸易成交的小批量货物、贵重货物、小型样品、零配件返修等。

航空快递的特点是运输快捷、服务安全可靠、查询快速、费用较高。

相关链接

世界六大快递公司及其在中国的业务如下。

1）联邦快递公司（FedEx）。总部在美国，美国国内快递业务的80%由该公司承揽。该公司主要经营美洲和亚洲之间的快递业务。

2）联合包裹服务公司（UPS）。总部在美国，是世界上最大的快递公司，主要运输包裹。有飞机直飞中国，停靠北京和上海。

3）敦豪国际快递公司（DHL）。该公司被德国邮局控股，总部在布鲁塞尔，同中外运合资。经营重点在于亚洲和欧洲之间的快递业务。

4）天地快递公司（TNT）。创建于澳大利亚，被荷兰邮局控股，总部在荷兰，同中外运合资。主要经营欧洲市场。

5）欧西爱斯国际快递有限公司（OCS）。由日本几家报社组建而成，最初的业务是为国外订户发送报纸，以后开始从事文件、包裹的国际快递业务。总部在日本东京，同中外运合资，主要经营中日间文件的快递业务。

6）万国邮政联盟（UPU）。依照合约，各国邮局互为代理，互相投递快件。

4．国际空运的机型分类

1）按机身的宽窄，可分为窄体机和宽体机。

① 窄体机。宽约 3 米，有两排座椅、一条走廊，在两个下货舱装运散货，如图 3-4 所示。常见的窄体机有以下型号：B737、B757、A318、A319、A320、MD90。

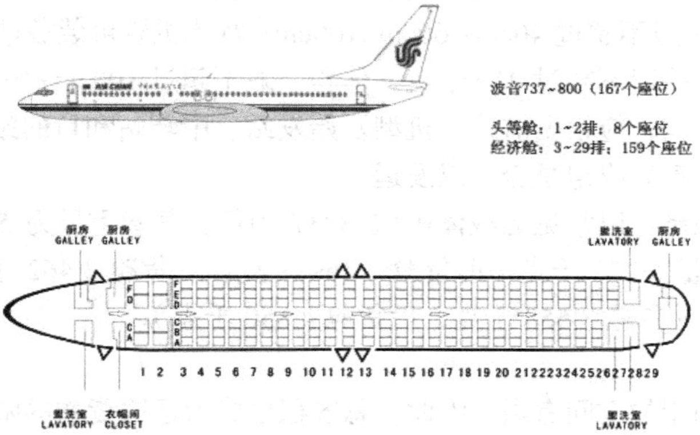

图 3-4　窄体机型 B737-800

② 宽体机。机身宽 4.72 米以上，有三排座椅、两条走廊，可以在主货舱或下货舱装运集装器货物或散货，如图 3-5 所示。常见的宽体机有以下型号：B747、B767、B777、B787、A330、A340、A380、MD11 等。

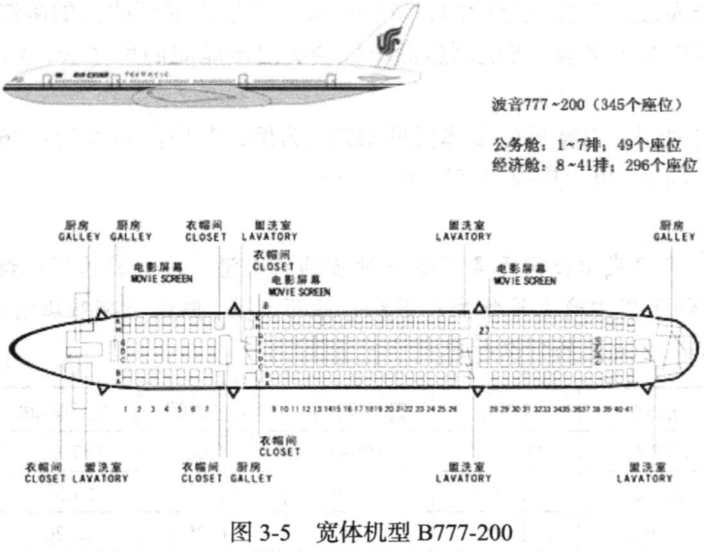

图 3-5　宽体机型 B777-200

2）按用途，可分为全货机、全客机和客货混合机。全客机只在两个下货舱装载散货。客货混合机在主货舱后半部装载集装器货物，在下货舱装载散货。全货机各舱都能装载集装器货物。

5. 国际空运的装载限制

（1）重量限制

由于飞机结构的限制，飞机制造商规定了每个货舱可装载货物的最大重量限额，任何情况下，所装载的货物重量都不可以超过此限额，否则，飞机的结构很有可能遭到破坏，飞行安全会受到威胁。窄体机只能装载散货，不能装载集装器货物，每件货物重量一般不超过 80 千克，体积一般不超过 40cm× 60cm×100cm；宽体机既可装载散货也可装载集装器货物，每件货物重量一般不超过 250 千克，体积一般不超过 100cm×100cm× 140cm。超过上述重量和体积的货物，应根据航线、机型及始发站、中转站和目的站的装卸设备条件，征求有关航空公司同意后决定是否可以发运。

具体机型重量限制：以常见的载体机型 B737 为例，其载重量为 5 ~ 8t，B737-200 型与 B737-300 型载重量 5 731 千克（前货舱 2 269 千克，后货舱 3 462 千克），B737-800 型载重量 8 408 千克（前货舱 3 558 千克，后货舱 4 850 千克）。

（2）总容积限制

由于货舱内可利用的空间有限，因此，总容积也成为运输货物的限定条件之一。轻泡货物可能占满了货舱内的所有空间，却未达到重量限额。相反，高密度货物的重量已达到限额，而货舱内仍会有很多的剩余空间无法利用。将轻泡货物和高密度货物混运装载是比较经济的解决方法，承运人有时提供一些货物的密度参数作为混运装载的依据。

具体机型容积限制：以常见的窄体机型 B737 为例，B737-200 型与 B737-300 型货舱载货体积为 24.7m^3，后货舱 3 462 千克），B737-800 型货舱载货体积为 45m^3。

（3）舱门限制

由于货物只能通过舱门装入货舱内，货物的尺寸必然会受到舱门的限制。为了便于确定一件货物是否可以装入散舱，飞机制造商一般会提供散舱舱门尺寸表，表内数据以 cm/in 两种计量单位公布。

具体机型舱门限制：以常见的窄体机型 B737 为例，其舱门高度为：86cm 和 88cm，但同样是窄体机型的 A320，其舱门高度为 124cm。

实践案例 3-1

2016 年 9 月，厦门戴尔公司需要空运一批货物到香港，该批货物用托盘包装，托盘高度为 100cm，该货物于周四晚上货物生产下线并装箱备妥，假设当期航班情况如下表所示，请问该货物可以安排走周几的什么航班？

目的港	代码	航班号	航期	起飞时间	到达时间	交接时间	机　型
香港	HKG	CZ381	DAILY	10:00	11:00	*17:30[①]	B737-200
		MF8015	1/3/5	18:30	19:40	16:30	B737-800
		KA603	1/4/6	15:00	16:25	12:20	A320
		KA507	2/3/5	7:40	14:40	*17:30	B767

① 这里的交接时间：*17:30 代表前一天下班时间 17:30 前截止。

【解题示范】

可以安排走周六的 KA603，因为 CZ381 和 MF8015 用的是 B737 的机型，舱门高度为 86cm 和 88cm，不能承运该批货物，可以考虑安排 KA603 的航班，该航班的机型 A320 的舱门高度为 124cm，B767 的高度为 175cm，但货物周四晚上备好，周五早上需要报关，KA507 是周五上午 7:40 的航班，KA603 最快是周六 15:00 的航班，所以该批货物最快可安排的航班是周六的 KA603。

【模拟练习】

假定厦门戴尔公司的该批货物于周二晚上备妥，请问最快可以安排周几的哪个航班？（提示信息：国际空运货物的报关一般在半个工作日内可以完成，报关放行的资料需要在航班起飞前 2 小时交接给航空港货运站。）

（4）地板承受力限制

飞机货舱内每平方米的地板可承受一定的重量，如果超过它的承受能力，则地板和飞机结构很有可能遭到破坏。因此，装载货物时应注意不能超过地板承受力的限额，地板承受力=货物的重量/地板接触面积。如果超过限额，应使用 2 ~ 5cm 的垫板，加大地面面积。

常见的 B737 机型和 A320 机型，地板承受力的限额为：732kg/m^2

实践案例 3-2

现有货物一件，毛重为 200kg，底面积为 40cm×50cm，装载在窄体飞机 B-737 的散舱，地板承受力有没有超标？如果超标，至少需要加多大底面积的板？

【解题示范】

底面积=0.4×0.5=0.2（m^2）

地板承受力=200kg/0.2m=2 000kg/m^2 > 732kg/m^2，所以已经超标。

200kg/732kg/m^2=0.273m^2，如果要想地板承受力不超标，那么至少需要加底面积大于 0.273m^2 的板（比如 40m×70m 的底板，底面积=0.28m^2，就符合要求）。

【模拟练习】

现有货物一件，毛重为 300kg，底面积为 50cm×50cm，装载在载体飞机 B737 的散舱，是否超标？如果超标，至少需要加多大底面积的底板？

6. 常见机型的载货性能数据

常见机型的载货性能数据如表 3-4 所示。

表 3-4　常见机型的载货性能数据

波音系列机型	类型	地板承受力（kg/m^2）	舱门尺寸（cm×cm）	最大装载量
777-200	宽体	976	前货舱：170×270	6 块 PIP/P6P 板或 18 个 AVE 箱
			后货舱：175×180	14 个 AVE 箱
		732	散舱：114×97	17 m^3（4 082kg）
767-200	宽体	976	前货舱：175×340	3 块 PIP/P6P 板
		732	后货舱：175×187	10 个 DPE 箱
			散舱：119×97	12.0 m^3（2 925kg）

续表

波音系列机型	类型	地板承受力（kg/m^2）	舱门尺寸（cm×cm）	最大装载量
767-300	宽体	732	前货舱：175×340	4 块 PIP/P6P 板
			后货舱：175×187	14 个 DPE 箱
			散舱：119×97	12.0 m^3（2 925kg）
757	窄体	732	前货舱：107×107	21.6m^3（4 672kg）
			后货舱：140×112	24.7m^3（7 393kg）
747-400 COMBI	宽体	1 952	主货舱：305×340	7 块 P6P 板或 5 块 P6P 板加 1 块 20 英尺板
		976	前下货舱：168×264	5 块 P1P/P6P 板
			后下货舱：168×264	16 个 AVE 箱或 4 块 P6P 板或 4 块 P1P 板加 4 个 AVE 箱
		732	散货舱：119 × 112	12.3 m^3（4 408kg）
747-200 COMBI	宽体	1 952	主货舱：305 × 340	6 块 P1P/P6P 板或 4 块 P6P 板加 1 块 20 英尺板
		976	前下货舱：168×264	5 块 P1P/P6P 板
			后下货舱：168×264	14 个 AVE 箱或 4 块 P6P 板或 4 个 P1P 板加 2 个 AVE 箱
		732	散货舱：119×112	22.6 m^3（6 749kg）
747-SP	宽体	976	前货舱：173×264	3 块 P1P（可以有 1 块 P6P）板
			后货舱：173× 264	10 个 AVE 箱或 3 块 P1P 板加 2 个 AVE 箱
			散货舱：119×112	9.6 m^3（2 948kg）
747-200F	宽体	1 952	主货舱前门（鼻门）：249×264	29 块 P1P/P6P 板或 12 块 20 英尺板加 4 块 P1P/P6P 板
			主货舱侧门：305×340	
		976	前下货舱：168×264	5 块 P1P/P6P 板或 18 个 AVE 箱
			后下货舱：168×264	4 块 P1P/P6P 板或 14 个 AVE 箱
		732	散货舱：119×112	22.6 m^3（可用 15.8m^3）（6 749kg）
737-200	窄体	732	前货舱：86×121	10.4 m^3（2 269kg）
			后货舱：88×121	14.3 m^3（3 462kg）
737-300	窄体	732	前货舱：88×121	10.4 m^3（2 269kg）
			后货舱：88×117	14.3 m^3（3 462kg）
737-800	窄体	732	前货舱：89×122	19.6 m^3（3 558kg）
			后货舱：84×122	25.4 m^3（4 850kg）
A-310	宽体	732	前货舱：169×270	3 块 P1P/P6P 板或 8 个 AVE 箱
			后货舱：181×170	6 个 AVE 箱
			散货舱：95×63	8.0 m^3（2 270kg）

续表

波音系列机型	类型	地板承受力（kg/m^2）	舱门尺寸（cm×cm）	最大装载量
A340	宽体	1 050	前货舱：169×270	6 块 P1P/P6P 板或 18 个 AVE 箱
			后货舱：169× 270	4 块 P1P/P6P 板或 14 个 AVE 箱
A320	窄体	732	前货舱：124×182	3AKH/PKC 箱位（散装）
			后货舱：124×182	4AKH/PKC 箱位（散装）
			散货舱：77×95	5.0 m^3（1 479kg）
A300-600R	宽体	732	前货舱：178×270	4 块 P1P/P6P 板或 12 个 AVE 箱
			后货舱：175×181	10 个 AVE 箱
			散货舱：95×95	14.7 m^3（2 770kg）
MD-80 MD-82	窄体	732	前货舱：75×135	13.1 m^3
			中货舱：75×135	9.8 m^3
			后货舱：75×135	12.5 m^3
MD-11F	宽体	732	主货舱：259×356	6 块 P6P 板
			前货舱：167×264	6 块 P1P/P6P 板
			后货舱：167×264	4 块 P1P 板或 2 个 AVE 箱
			散货舱：91×76	14.4m^3（2 294kg）

7．世界航空区域的划分

为了便于航空公司间的合作和业务联系，国际航协将世界划分为三个航空区域，简称 TC1 区、TC2 区、TC3 区（见图 3-6）。TC1 区主要包括北美洲、拉丁美洲及附近岛屿和海洋；TC2 区主要包括欧洲、非洲、中东地区及附近岛屿；TC3 区主要包括亚洲（除中东地区包括的亚洲部分国家）、大洋洲及太平洋岛屿的广大地区。

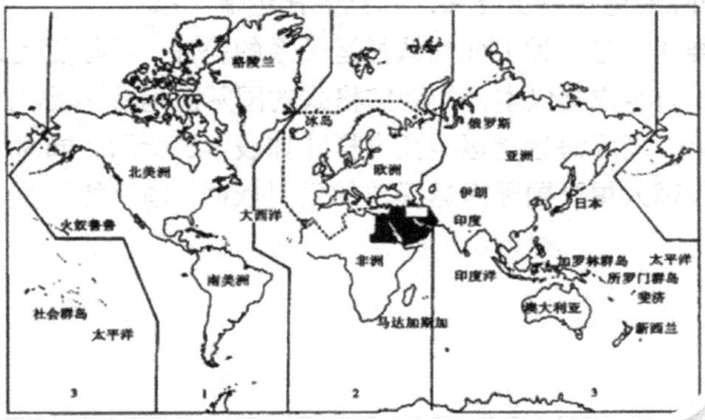

图 3-6　国际航协的三大分区

3.2 国际货代海运托运订舱及排载

3.2.1 国际海运托运订舱及排载业务流程

【实例 3-1】

福建瑞达电子有限公司有一批货物需要海运到荷兰的鹿特丹，瑞达公司物流部的吴小姐联系了基业国际货运（中国）有限公司福州分公司的业务员小林，并要求其报出可供选择的路线及运价。当业务员小林将报价表发给吴小姐后，吴小姐接受了小林选择的路线及运价。吴小姐问小林："接下来需要做什么？"

如果你是基业国际货运（中国）有限公司福州分公司操作部的工作人员 TINA，你在这个业务中的工作任务是什么？需要完成哪些具体的工作？如果你是基业国际货运（中国）有限公司福州分公司单证部的工作人员 ANNIE，又需要完成哪些单证？

国际海运托运订舱及排载的业务流程如图 3-7 所示。

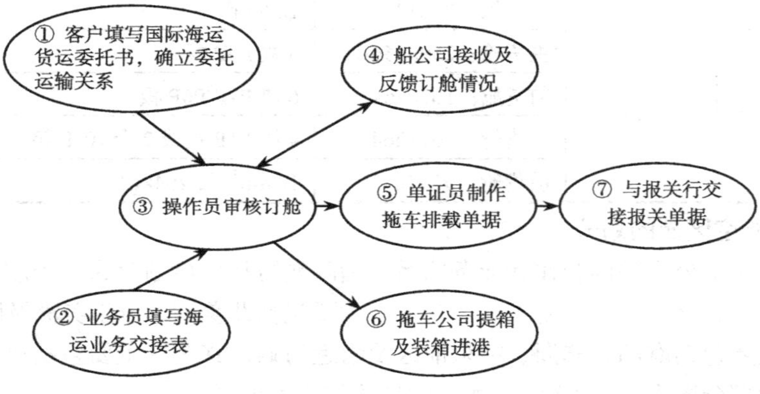

图 3-7　国际海运托运订舱及排载的业务流程

1. 客户填写国际海运货运委托书，确立委托运输关系

国际海运货运委托书是一种书面确认托运关系的凭证，国际货代企业在接受客户海运进出口委托时，需要向客户提供本公司固定格式的国际海运货运委托书，由委托方即客户按要求填写并盖公章。国际海运货运委托书样式如表 3-5 所示。同时，国际海运货运委托书也是承运人或其代理人填开国际海运提单的重要依据，国际货代企业必须指导客户逐项认真填写。

表 3-5　国际海运货运委托书

<table>
<tr><td colspan="3">SHIPPER（发货人）:</td><td colspan="3">NO.（委托书编码）:</td></tr>
<tr><td colspan="3">CONSIGNEE（收货人）:</td><td colspan="3" rowspan="2">国际海运货运委托书</td></tr>
<tr><td colspan="3" rowspan="2">NOTIFY PARTY（通知人）:</td></tr>
<tr><td colspan="3">(　)×20'; (　) ×40'; (　) ×40'HQ; (　) LCL</td></tr>
<tr><td colspan="2">PRE-CARRIAGE BY（头程运输）</td><td>PLACE OF RECEIPT（收货地点）</td><td colspan="3">TAX REFUND（退税核销）: (　) YES; (　) NO</td></tr>
<tr><td colspan="2">VESSEL/VOY.（船名/航次）</td><td>PORT OF LOADING（装运港）</td><td colspan="3" rowspan="2">FREIGHT&CHARGES（运费条款）
(　) PREPAID（运费预付）
(　) COLLECT（运费到付）</td></tr>
<tr><td colspan="2">PORT OF DISCHARGE（卸货港）</td><td>PLACE OF DESTINATION（目的地）</td></tr>
<tr><td>MARK & NO.
唛头与号码</td><td colspan="2">NUMBER AND KIND OF PACKAGES & DESCRIPTION OF GOODS
件数及包装种类与货名</td><td colspan="2">GROSS WEIGHT（KGS）
重量（公斤）</td><td>MEASUREMENT（CBM）
尺码（立方米）</td></tr>
<tr><td>FREEDOMS/CNO</td><td colspan="2" rowspan="2"></td><td colspan="2" rowspan="2"></td><td rowspan="2"></td></tr>
<tr><td>TOTAL(总数)</td></tr>
<tr><td>备注</td><td colspan="5"></td></tr>
<tr><td colspan="2" rowspan="10">托运条款:
1. 托运人请按运输惯例及有关责任要求正确填写委托书。
2. 因委托书填写错误、资料不全所引起的一切责任、风险、纠纷及产生的一切费用由托运人承担。
3. 运费与附加费等，按双方协议的金额填写，如有协议，则填写“按协议”的字样。
4. 托运人必须按我司要求的付款时间付清全部费用，托运人承诺如不能按时支付全部运费，则每天按运费总金额的 0.5%缴纳滞纳金。承运人有权采取任何有效措施收回运费，托运人必须承担由此引起的一切损失。
5. 托运人一栏，必须由经办人签名并加盖公司有效印章。</td><td colspan="2">运费明细:</td><td colspan="2" rowspan="9">托运人/发货人
签名:
盖章：
订舱日期：</td></tr>
<tr><td>海运费</td><td></td></tr>
<tr><td>码头费</td><td></td></tr>
<tr><td>文件费</td><td></td></tr>
<tr><td>电放费</td><td></td></tr>
<tr><td>监管费</td><td></td></tr>
<tr><td>报关费</td><td></td></tr>
<tr><td>拖车费</td><td></td></tr>
<tr><td>其　他</td><td></td></tr>
<tr><td></td><td></td><td colspan="2">托运人/发货人
签名:
盖章:
订舱日期:</td></tr>
</table>

以实例 3-1 来说，操作员 TINA 需将空白的国际海运货运委托书样单传真或发邮件给客户吴小姐，并指导吴小姐准确填写，审核无误后吴小姐需要签字并盖公章，回传给操作员 TINA，书面的委托运输关系由此开始确立。

2．业务员填写海运业务交接表

国际货代企业收到客户的国际海运货运委托书后，在操作员正式订舱前，业务员需要填写海运业务交接表，对船公司、路线、价格、操作事项等进行内部交接，从而使公司内部各岗位的工作衔接更加顺畅，同时也有利于分清各岗位的工作责任。

在实例 3-1 中，业务员小林收到客户吴小姐的国际海运货运委托书后，需要仔细核对吴小姐在国际海运货运委托书上填写的各项要求，然后详细填写海运业务交接表上需要完成的内容。海运业务交接表如表 3-6 所示。

表 3-6　海运业务交接表

海运业务交接表

船名/航次：＿＿＿＿＿＿＿＿　航期：＿＿＿月＿＿＿日　MB/L NO：＿＿＿＿＿＿＿＿

工作编号：＿＿＿＿＿＿＿＿　HB/L NO：＿＿＿＿＿＿＿＿

起运港：　关单号：

目地港：			箱型：	发货人：	
货名：		箱数：		毛重：	体积：

支线订舱/船东：	排载及提单要求： 报关：＿＿＿＿＿＿ 场装：＿＿＿＿＿＿ 拖车：＿＿＿＿＿＿ 签单方式：＿＿＿＿＿＿ ＿＿＿＿＿＿
装柜资料及客户联络资料： 客户订单号：＿＿＿＿＿＿ 货好时间：＿＿＿＿＿＿ 派柜时间：＿＿＿＿＿＿ 电话/传真：＿＿＿＿＿＿ 联系人：＿＿＿＿＿＿ 箱号/封签：	
其他备注：	运费支付方式： 底价：＿＿＿＿＿＿ 卖价：＿＿＿＿＿＿ 其他费用：＿＿＿＿＿＿ ＿＿＿＿＿＿ ＿＿＿＿＿＿ 开票（　）付款申请（　）费用催缴（　）

业务员：　单证负责人：　操作负责人：

3. 操作员审核订舱

收到客户的货运委托并与客户确认相关信息后，操作员根据客户货物的具体需要，选定适当的船公司，以书面的订舱单（见表 3-7）进行舱位预约，并申请运输，这个环节称为审核订舱。订舱单上通常会有货名、重量及尺码、集装箱箱型、起运港、目的港、收发货人、海运价格等内容。

表 3-7　船公司订舱单

SHIPPING ORDER

SHIPPER/EXPORTER (Full name & Address)	SHIPPING ORDER NO.
CONSIGNEE (Not negotiable unless consigned to order)	MEDITERRANEAN SHIPPING COMPANY S.A. (GENEVA) MEDITERRANEAN SHIPPING COMPANY (HONG KONG) LIMITED
NOTIFY PARTY	Date :

VESSEL/VOY.NO.	PORT OF LOADING	ALSO NOTIFY	FREIGHT PAYABLE AT
PORT OF DISCHARGE	FINAL DESTINATION	For TransPac Bookings: Please circle the destination delivery term: RAMP / Door (ZIP Code)	SERVICE CONTRACT NO. / VIP CODE

PARTICULARS FURNISHEDBY SHIPPER - CARRIER NOT RESPONSIBLE

MARKS AND NUMBERS	NO. OF PKGS	DESRCRIPTION	GROSS WEIGHT	MEASURMENT
		REQUEST CONTAINER TYPE: ____ X20'GP ____ X20' HEAVY UNIT ____ X40'GP ____ X40'HQ OTHERS: ____	Local Charges payable at ____ ☐ DUTIABLE CARGO ☐ DANGEROUS CARGO ☐ FUMIGATED CARGO DEGASSED ☐ YES ☐ NO ☐ REFRIGERATED CARGO REQUIRED TEMPERATURE: ____ FOR FEEDER SHIPMENT, PLEASE CHOOSE: ☐ M/V B/L ☐ FEEDER B/L	
Remarks: Packing	in "Pallet and Skid"	is not accepted/allowed to stipulate intl Line's OBL		
SPECIAL REQUIREMENT:				

在实例 3-1 中，操作员 TINA 在收到客户的国际海运货运委托书及业务员填写的海运业务交接表后，需要认真审核国际海运货运委托书，如有不明确的事项需要及时与客户联系确认，如准确的提货时间、交接完整单证的时间等，以确保此票货物船期的正确性，减少重复操作的步骤。另外，操作员 TINA 需要进行公司内部的业务审核，如业务员报价是否正确，航线是否正常等。业务审核工作完成后，操作员根据国际海运货运委托书及海运业务交接表的信息填写指定格式的船公司订舱单。

相关链接　在线电子订舱

在信息技术发展的推动下，多数船公司的订舱已经实现无纸化，货代可以在船公司或船代公司的电子商务网站上在线订舱，由操作员根据船公司或船代公司提供的在线订舱操作程序完成订舱单信息的填写和提交（见图 3-8），在线订舱填写的内容信息与原来纸质订舱单的内容基本相似，主要是减少纸质订舱材料的使用与传送。

图 3-8　马士基在线电子订舱界面

4．船公司接收及反馈订舱情况

在操作员 TINA 订舱后，船公司对订舱申请（预约）的舱位、路线、价格进行核对，确认无误后，船公司会在舱位登记簿上登记，并传真集装箱放箱通知书（见表 3-8）或装货单确认单给货代公司，表明已订妥有关舱位，可以安排后续提箱、装货、报关等工作。

5．单证员制作拖车排载单据

拖车做箱排载是国际货运运输环节中不可缺少的一个步骤，拖车公司必须在国际货代操作员的指导下做箱排载、完成内陆运输的环节，通常做法是拖车公司到码头堆场提取空箱后运到发货人仓库，由发货人自己安排货物装箱，之后拖车公司将装有货物的集装箱用集装箱拖车运输到船公司指定的码头堆场，以便后续的码头作业、报关及船公司船舱配载工作能够顺利进行。

在实例 3-1 中，操作员 TINA 在订舱完成并收到船公司放箱单后，将完整的资料交给单证员 ANNIE，并告知此票货物的单证与排载流程中需要注意的事项，单证员 ANNIE 在制单前需审核所交接的材料是否有疏漏。在制作拖车排载单据时，单证员 ANNIE 需要对客户在国际海运货运委托书上的特殊做箱要求进行确认，然后完整填写拖车排载单（见表 3-9），并将填写完整的拖车排载单及船公司放箱单传真给拖车公司。

表 3-8　船公司放箱单

CMA-CGM

达飞轮船（中国）船务有限公司福州分公司

空箱提取通知单

尊敬的客户：　厦门外代国运

请按照放箱明细信息于指定的放箱时间到指定的堆场 提取空箱

船东放箱明细：

放箱箱量	箱型	放箱时间	放箱堆场	记录状态
1	40　HQ	2009.03.24	万全江阴	有效

订舱信息如下：

VESSEL:　XIN YUAN 36

VOYAGE:　927J

ETD:　2009-04-02

B/LNO:　FCPT032392

起运港口：　JIANGYIN, FUQING

WEIGHT:　11656.8

卸货港口：　XIAMEN

T/S PORT:　ROTTERDAM

FPOD:　ROTTERDAM

DEST:　ROTTERDAM

TERMINAL:　海润

REMARK:　GA088C-13

20'GP	40'GP	40'HC	45'HC	20'RF	40'RH	20'OT	40'OT
0	0	1	0	0	0	0	0

万全马尾堆场：王 'S 83986620

万全江阴堆场：池 'R 85968682

胜狮江阴堆场：陈 'R 85966117

Room 2102 / 03,21F, Worldwide Plaza, Wusi Rd,Fuzhou　地址：福州市五四路环球广场 21 层 2102/03 室

Tel：86-591 87662222　Postcode：350001　电话：86-591-87662222　邮政编码：350001

Fax：86-591-87501586　传真：86-591-87501586

Email：Foc.genmbox@cma-cgm.com　邮箱：Foc.genmbox@cma-cgm.com

表 3-9 拖车排载单

Shipper（发货人）			Booking No.（订舱号）		
Consignee（收货人）			TO： FM： 集装箱所属公司：		
Notify Party（通知人）			箱型： 中转码头：		
Pre-carriage by（前程运输）		Place of Receipt（收货地点）		备注：	
Ocean Vessel（船名）Voy.No.（航次）		Port of Loading（装货港）			
Port of Discharge（中转港）		Place of Delivery（交货地点）		FINAL Destination（目的地）	
Container No.（集装箱号） Seal No.（封签号）	Marks & Nos.（标记与号码）	No. of p'kgs（箱数或件数）	Description of Goods（包装种类与货名）	Gross Weight 毛重（公斤）	Measurement 尺码（立方米）
SHIPPER'S LOAD & COUNT & SEAL 做箱时间： 做箱地点： 联系方式：					
TOTAL NUMBER OF CONTAINERS OR PACKAGES （IN WORDS） 集装箱数或件数合计（大写）	SAY TOTAL FT GP CONTAINER ONLY.				
FREIGHT & CHARGES（运费与附加费）				Prepaid（运费预付）	
	Prepaid at（预付地点）	Payable at（到付地点）		Place of Issue（签发地点）	
	Total Prepaid（预付总额）	NO.of Original B（s）/（正本提单份数）		Owner of Container（箱主）	

6. 拖车公司提箱及装箱进港

拖车公司必须先于截关日（通常是船期前两天）1～2 天安排提取空箱、货物装箱，并进港。

7. 与报关行交接报关单据

报关是指进出口货物发货人或其委托的国际货代企业向海关办理货物、物品或运输工具进出境手续及相关海关事务的过程，包括向海关申报、交验单据及有关证件，并接受海关的监管和检查并放行的过程。在这个过程中，国际货代企业需要制作场站收据的报关联（俗称关单）用于报关。

在实例 3-1 中，单证员 ANNIE 在请派完拖车做箱后，要和客户确认此票货物是否需要进行商检，是否要提供进出口许可证、产地证等，并向客户吴小姐索取相关的报关单据（清单、发票、合同、报关委托书等，如有商检，客户还需提供商检的通关单）以制作报关用的关单（见表 3-10），最后将关单交予指定的报关行进行出口货物申报。

表 3-10　国际海运关单

<table>
<tr><td colspan="4" rowspan="2">Shipper（发货人）</td><td colspan="2">B/L No.（编号）</td><td colspan="3" rowspan="2">PENAVICO
FUZHOU
国际海运关单</td></tr>
<tr><td colspan="2"></td></tr>
<tr><td colspan="4">Consignee（收货人）</td><td colspan="5"></td></tr>
<tr><td colspan="4">Notify Party（通知人）</td><td colspan="5"></td></tr>
<tr><td colspan="2">Pre-carriage by（前程运输）</td><td colspan="2">Place of Receipt（收货地点）
FUZHOU,CHINA</td><td colspan="5"></td></tr>
<tr><td colspan="2">Ocean Vessel（船名）
Voy.No.（航次）</td><td colspan="2">Port of Loading（装货港）</td><td colspan="5"></td></tr>
<tr><td colspan="2">Port of Discharge（卸货港）</td><td colspan="2">Place of Delivery（交货地点）</td><td colspan="5">Final Destination for the Merchant's Reference（目的地）</td></tr>
<tr><td>Container No.（集装箱号）</td><td>Seal No.（封志号）
Marks & Nos.（标记与号码）</td><td>No. of containers or p'kgs（箱数或件数）</td><td colspan="2">Kind of Packages Description of Goods（包装种类与货名）</td><td colspan="2">Gross Weight 毛重（公斤）</td><td colspan="2">Measurement 尺码(立方米)</td></tr>
<tr><td></td><td></td><td></td><td colspan="2"></td><td colspan="2"></td><td colspan="2"></td></tr>
<tr><td colspan="2">TOTAL NUMBER OF CONTAINERS OR PACKAGES （IN WORDS）
集装箱数或件数合计（大写）</td><td colspan="3"></td><td colspan="2"></td><td colspan="2"></td></tr>
<tr><td colspan="2">FREIGHT & CHARGES（运费与附加费）</td><td>Revenue Ton（运费吨）</td><td colspan="2">Rate（运费率）</td><td>Per（每）</td><td colspan="2">Prepaid（运费预付）</td><td>Collect（到付）</td></tr>
<tr><td rowspan="2">Ex Rate:（兑换率）</td><td>Prepaid at（预付地点）</td><td colspan="3">Payable at（到付地点）</td><td colspan="4">Place of Issue（签发地点）</td></tr>
<tr><td>Total Prepaid（预付总额）</td><td colspan="3">NO.of Original B（s）/L（正本提单份数）</td><td colspan="4"></td></tr>
<tr><td colspan="9"></td></tr>
<tr><td>Service Type on Receiving
1-CY2-CFS -DOOR</td><td colspan="4">Service Type on Delivery
1-CY　2-CFS　3-DOOR</td><td colspan="2">Reefer-Temperature Required(冷藏温度)</td><td>F</td><td>C</td></tr>
<tr><td rowspan="2">Type of Goods（种类）</td><td colspan="4">Ordinary（普通）　Reefer（冷藏）　Dangerous（危险品）　Auto（裸装车辆）</td><td rowspan="2">危险品</td><td colspan="3" rowspan="2">Class:
Property:
IMDG Code Page:
UN No.</td></tr>
<tr><td colspan="4">Liquid（液体）　Live Animal（活动物）　Bulk（散货）</td></tr>
</table>

3.2.2 国际海运托运订舱单证的填制

实践案例 3-3

福建省轻工进出口公司有一批竹制品需要海运到英国南安普顿，省轻工公司船务部林小姐联系福州万达国际货运代理有限公司销售代表蔡先生，并最终选择了船公司 COSCO 作为此票货物的承运人。此票货物需要目的港货运公司安排目的港门到门服务及清关等程序。福州万达国际货运代理有限公司的操作员 Lucy 安排完订舱排载事宜后，单证员 Daisy 按照客户委托书的要求填制一份国际海运提单分提单及一份 COSCO 公司格式的国际海运提单主提单。具体资料如下。

1. 出口方

FUJIAN LIGHT INDUSTRY IMPORT AND EXPORT CO.,LTD

ZHONGSHANG BUIDING UNIT 1003, HUDONG ROAD 168, FUZHOU, CHINA.

TEL：0591-87623333；FAX：0591-87626666

2. 进口方

SURPASSING LIMITED

300 THE COMMERCIAL CENTRE

SOUTHGATE ROAD WINCANTON BA9 9RZ SOUTHAMPTON UK

TEL:0044-1666 522578 FAX:0044-1963 522950

3. 通知方

SAME AS CONSIGNEE

4. 目的港国际货代企业

GLOBAL SEA SERVICE CO.,LTD

RIVERSIDEN BUSINESS CENTRE,

DOCK ROAD, ESSEX RM68 9ND，UK

TEL: 0044-1388 589875 FAX: 0044-1388 589679

5. 始发港国际货代联系资料：

公司：福州万达国际货运代理有限公司

地址：中国福建省福州市鼓楼区五四路环球广场

FUZHOU WANDA INTERNATIONAL FREIGHT AGENCY CO.,LTD

GLOBAL PLAZA, 54 ROAD,GULOU DISTRICT,FUZHOU FUJIAN

TEL :0591-87410511 ； FAX：0591-87410520

6. 品名及货物信息

品名：竹制品（BAMBOO ITEM）

货物信息：箱数 2160CTNS；毛重 33010KGS；体积 240CBM

唛头：N/M

7. 运输情况

10 月 25 日货物可以安排装货并报关，要求 10 月 27 日船期出运，共装 4 个 40'HQ。具体船期查询如下。

CARRIER: COSCO

一程船：V/V: ZEYUAN, V.698S，ETD FOC: 27.OCT.2016 二程船：M/V: COSCO BRIS V.083E

ETD XMN: 29.OCT.2016，ETASOU: 20.DEC.2016

BILL NO: COS16100318 ，提单签发人：中国远洋海运集装箱运输有限公司

分单号：GB161012005，提单签发人：福州万达国际货运代理有限公司

8. 客户联系资料

福建省轻工出口有限公司船务部林小姐；TEL: 0591-87623333；FAX：0591- 87626666

装柜地福州马尾投资区闽艺编织厂陆厂长；TEL: 0591-83699816，10 月 25 日可以安排装柜。

9. 其他资料

付款方式：到付；报关、拖车由万达公司代为安排

10. 费用明细

1）海运费：报价：USD2200/柜（40'HQ），成本：USD2000/柜（40'HQ）

2）报关费：报价：￥200/票，成本：￥100/票

3）拖车费：报价：￥1800/柜（40'HQ），成本：￥1600/柜（40'HQ）

4）订舱费：报价：￥10/柜，成本：￥10/柜

思考题：该国际海运出口业务需要准备哪些单据？如何填制？有什么注意事项？

1. 国际海运货运委托书的填制

（1）单证认知

国际海运货运委托书，一般译为 Booking Form，是国际货运中客户填写后发给国际货代企业确认双方委托运输关系的单据，此单据是国际货代企业为客户安排订舱及出口排载的重要依据，同时也是国际货代企业制单的重要依据。

（2）单证填制基本要求

按照规定的格式与内容，准确、详细地填写各个项目，经办人员需签字确认填写内容并盖章。

（3）具体内容要求

1）SHIPPER（发货人）。填写客户公司名称、地址及联系方式。

2）CONSIGNEE（收货人）。填写目的港收货人公司名称、地址及联系方式。

3）NOTIFY PARTY（通知人）。若通知人与收货人一致，可填写“SAME AS CONSIGNEE”，若不一致，应填写收货人指定的通知人的名称、地址及联系方式。

4）PLACE OF RECEIPT（收货地点）。填写出口货物的所在地。

5）PORT OF LOADING（装运港）。填写出口口岸。

6）PORT OF DISCHARGE（卸货港）。填写卸货口岸，如果是直航船，则与目的地一致。

7）PLACE OF DESTINATION（目的地）。填写货物的最终出口目的地。

8）柜型、箱型。填写需要排载的集装箱类型及数量。

9）FREIGHT & CHARGES（运费条款）。填写运费的付款地，以及预付（PREPAID，PP）或到付（COLLECT，CC）。

10）MARK & NO.（唛头与号码）。填写货物的唛头，正常体现在货物外包装的纸箱

上，如果没有唛头，可填写 N/M，即 “NO MARK”。

11）货物的具体情况。按照实际出口的货物填写货物包装种类、件数、货名、重量及尺码。

12）运费明细。填写与货运公司业务员确认的最终海运价格。

（4）国际海运货运委托书填制示范如表 3-11 所示。

表 3-11　国际海运货运委托书填制示范

<table>
<tr><td colspan="2">SHIPPER（发货人）：①
FUJIAN　LIGHT INDUSTRY I / E CO.,LTD
ZHONGSHANG BUIDING UNIT 1003, HUDONG
ROAD 168, FUZHOU, CHINA.
TEL：0591-87623333；FAX：0591-87626666</td><td colspan="2">No.（委托书编码）：</td></tr>
<tr><td colspan="2">CONSIGNEE（收货人）：②
SURPASSING LIMITED
300 THE COMMERCIAL CENTRE，SOUTHGATE
ROAD WINCANTON BA9 9RZ UK
TEL:0044-1666 522578　FAX:0044-1963 522950</td><td colspan="2" rowspan="2">国际海运货运委托书</td></tr>
<tr><td colspan="2">NOTIFY PARTY（通知人）：③
SAME AS CONSIGNEE</td></tr>
<tr><td colspan="2"></td><td colspan="2">⑧
（　）×20'；（　）×40'；（4）×40'HQ；（　）LCL</td></tr>
<tr><td>PRE-CARRIAGE BY
（头程运输）</td><td>PLACE OF RECEIPT
（收货地点）④
FUZHOU,CHINA</td><td colspan="2">TAX REFUND（退税核销）：
（　）YES；（　）NO</td></tr>
<tr><td>VESSEL/VOY.
（船名/航次）</td><td>PORT OF LOADING
（装运港）⑤
FUZHOU,CHINA</td><td colspan="2" rowspan="2">⑨
FREIGHT&CHARGES（运费条款）
（　）　PREPAID　（运费预付）
（*）　COLLECT　（运费到付）</td></tr>
<tr><td>PORT OF DISCHARGE
（卸货港）⑥
SOUTHAMPTON,UK</td><td>PLACE OF
DESTINATION
（目的地）⑦
SOUTHAMPTON,UK</td></tr>
<tr><td>MARK & NO. ⑩
唛头与号码
N/M</td><td>NUMBER AND KIND OF PACKA-GES & DESCRIPTION OF GOODS
件数及包装种类与货名 ⑪</td><td>GROSS WEIGHT（KGS）
重量（公斤）⑪</td><td>MEASUREMENT（CBM）
尺码（立方米）⑪</td></tr>
<tr><td>FREEDOM
S/C No</td><td rowspan="2">2160CTNS　BAMBOO ITEM</td><td rowspan="2">33010KGS</td><td rowspan="2">240CBM</td></tr>
<tr><td>TOTAL（总数）</td></tr>
<tr><td>备注</td><td colspan="3"></td></tr>
<tr><td rowspan="3">托运条款：
1. 托运人请按运输惯例及有关责任要求正确填写委托书。</td><td colspan="2">运费明细：⑫</td><td rowspan="3">托运人/发货人
签名：林小姐</td></tr>
<tr><td>海运费</td><td>USD2200/柜</td></tr>
<tr><td>码头费</td><td></td></tr>
</table>

续表

<table>
<tr><td rowspan="6">2. 因委托书填写错误、资料不全所引起的一切责任、风险、纠纷及产生的一切费用由托运人承担。
3. 运费与附加费等，按双方协议的金额填写，如有协议，则填写“按协议”的字样。
4. 托运人必须按我司要求的付款时间付清全部费用，托运人承诺如不能按时支付全部运费，则每天按运费总金额的 0.5%缴纳滞纳金。承运人有权采取任何有效措施收回运费，托运人必须承担由此引起的一切损失。
5. 托运人一栏，必须由经办人签名并加盖公司有效印章。</td><td>文件费</td><td></td><td rowspan="6">盖章：
订舱日期：
2016.10.21</td></tr>
<tr><td>电放费</td><td></td></tr>
<tr><td>监管费</td><td></td></tr>
<tr><td>报关费</td><td>CNY200</td></tr>
<tr><td>拖车费</td><td>1800/柜</td></tr>
<tr><td>其　他</td><td>订舱费：10/柜</td></tr>
</table>

2．海运业务交接表的填制

（1）单证认知

海运业务交接表根据国际货代企业的不同要求而有着不同的格式和内容。此表是国际货代企业内部的业务交接单证，主要用于业务信息的完善和业务的审批等；业务员填写客户信息、出口时间、出口货物明细、排载要求、船公司信息及运价等部分后交操作员，后续部分由操作员填写，并在操作过程中补充完整。

（2）单证填制基本要求

各项内容必须准确、清晰地填制，需与客户国际海运货运委托书上的排载要求一致。

（3）具体内容要求

1）船名/航次/航期/提单号。海运业务交接表上的船名、航次、提单号是操作员在和船公司订舱后，根据船公司放箱单上的配船信息进行摘取并填制的；航期是根据客户要求的出运时间填写的。

2）工作编号。工作编号是国际货代企业内部根据自身系统自动生成的内部业务编号，以方便存档及日后查询。

3）起运港和目的港。填写客户指定的运输港口。

4）箱型。填写集装箱类型及数量。

5）发货人。填写客户公司名称及报关用的名称。

6）货名/箱数/毛重/体积。填写出口货物的明细。

7）支线订舱/船东。填写客户选择的船公司及其代理（船代）的名称。

8）装柜资料及客户联络资料。按表格内容填写客户订单号、货好时间、派柜时间及客户的联系方式。

9）箱号/封签。在排载拖车并做箱完毕后，向拖车索取装载此票货物的集装箱箱号及封签号，填写于此栏。

10）排载及提单要求。填写排载信息，要注明此项任务由客户自己安排还是委托我司安排，并根据客户要求填写做箱方式；提单要求填写客户最终确定需要的签单方式，如正本提单、电放提单及 SEAWAY 提单等。

11）运费支付方式。根据客户要求填写预付（PP）或到付（CC）。底价为业务员与船公司确认的此票货物运输的成本，卖价为业务员与客户确认的卖出价格。其他费用根据实际情况填写在其他备注栏中。

（4）海运业务交接表填制示范如表 3-12 所示

表 3-12　海运业务交接表填制示范

海运业务交接表

航名/航次：ZEYUAN ；V.689S　航期：10 月 27 日　MB/L NO：COS16100318

工作编码：FOC201610012　HB/L NO：GB161012005

起运港：FUZHOU　关单号：

目的港：SOUTHAMPTON,UK	箱型：4X40'HQ	发货人：福建省轻工进出口公司	
货名：竹制品	箱数：2160	毛重：3301KGS	体积：240CBM

支线定航/船东：COSCO

货柜资料及客户联络资料：
- 客户订单号：
- 货好时间：10.24
- 派柜时间：10.25
- 电话/传真：0591-83699816
- 联系人：陆厂长
- 箱号/封签：

排载及提单要求：
- 报关：万达
- 场装：否
- 拖车：万达
- 签单方式：

其他备注：

运费支付方式：到付
- 底价：USD2000/40'HQ
- 卖价：USD2200/40'HQ
- 其他费用：
  1. 报关费：报价：￥200/票，成本：￥100/票
  2. 拖车费：报价：￥1800/柜（40'HQ），成本：￥1600/柜（40'HQ）
  3. 订舱费：报价：￥10/柜，成本：￥10/柜

开票（　）付款申请（　）费用催缴（　）

业务员：蔡先生　单证员负责人：DAISY　操作员负责人：LUCY

3．船公司订舱单的填制

（1）单证认知

船公司订舱单是由国际货代企业操作员根据船公司的固定格式填写并提交船公司订舱部门的单证，是国际货代企业向船公司预约申请舱位的书面委托。

（2）单证填制基本要求

各项内容必须按照客户委托，详细、清楚、准确地填写。

（3）具体内容要求

1）SHIPPER/EXPORTER。填写国际海运货运委托书上的发货人。

2）CONSIGNEE。填写国际海运货运委托书上的收货人。

3）NOTIFY PARTY。填写国际海运货运委托书上的通知人。

4）DATE。填写客户要求的出口日期。

5）PORT OF LOADING。填写起运港的名称。

6）PORT OF DISCHARGE。填写卸货港的名称。

7）FINAL DESTINATION。填写客户确定的目的港名称。

8）ALSO NOTIFY。若该票货物有第二通知方，将该公司名称、地址及联系方式填写在此。

9）FREIGHT PAYABLE AT。填写运费的付款地点。

10）SERVICE CONTRACT NO./VIP CODE。填写是否使用与船公司的合约号，如未使用，就无须填写。

11）REQUEST CONTAINER TYPE。填写需要预订的集装箱箱型及数量。

12）LOCAL CHARGE PAYABLE AT。填写除海运运费以外的其他起运港港杂费的付款地。

（4）船公司订舱单填制示范如表 3-13 所示

4．拖车排载单的填制

（1）单证认知

拖车排载单是国际货代企业操作员依照客户国际海运货运委托书的数据及船公司放箱单数据制定的，用于拖车公司向集装箱码头提取空箱及安排做箱的单据。

（2）单证填制基本要求

拖车排载单上的发货人、收货人、通知人，以及具体的唛头、箱数、货名、毛重和尺码信息应严格按照国际海运货运委托书的数据及船公司放箱单数据填写。此环节应主要注意核对箱型、做箱时间、做箱地点是否与客户要求一致，以及订舱号、箱型、中转码头、目的地是否与船公司放箱单一致。

（3）具体内容要求

1）Booking No.（订舱号）。填写船公司放箱时给予的用于该票货物的号码，拖车公司在提取空柜时需要根据此号码打单方可提取，装柜完毕后也须以此号码进港。

2）箱型。填写该票货物订舱的集装箱种类及数量。

3）中转码头。填写该票货物在中转口岸规定卸载的码头。

4）Ocean Vessel（船名）Voy.No.（航次）。填写船公司确认该票货物配载的船名、航次。

5）Port of Discharge（中转港）。填写该票货物的中转口岸，若船公司配载的是直航船，此栏应填写最终目的港。

6）装箱时间。填写客户确认安排装箱的时间。

7）装箱地点。填写客户指定装箱的地点。

8）联系方式。填写装箱时指定的联系人和联系方式。

（4）拖车排载单填制示范如表 3-14 所示

表 3-13　船公司订舱单填制示范

SHIPPING ORDER

SHIPPER/EXPORTER(Full name & Address) (1) FUJIAN LIGHT INDUSTRY I/E CO.,LTD ZHONGSHANG BUIDING UNIT 1003, HUDONG ROAD 168, FUZHOU, CHINA. TEL: 0591-87623333; FAX: 0591-87626666	SHIPPING ORDER NO：
CONSIGNEE(Not negotiable unless consigned to order) (2) SURPASSING LIMITED 300 THE COMMERCIAL CENTRE，SOUTHGATE ROAD WINCANTON BA9 9RZ UK TEL:0044-1666 522578　FAX:0044-1963 522950	中远集装箱运输有限公司 COSCO CONTAINER LINES TLX：33057 COSCO CN FAX：－86(021)6545 8984 **ORIGINAL**
NOTIFY PARTY (3) SAME AS CONSIGNEE	Date： (4) 22OCT/2016

VESSEL/VOY.NO. ZEYUAN ; V.689S	PERT OF LOADING (5) FUZHOU ,CHINA	ALSO NOTIFY (8)	FREIGHT PAYABLE AT (9) SOUTHAMPTON, UK
PORT OF DISCHARGE (6) SOUTHAMPTON, UK	FINAL DESTINATION (7) SOUTHAMPTON, UK	For Trans Pac Bookings: Please circle the destination de livery tern: Ramp/Door(ZIP Code)________	SERVICE CONTRACT NO./VIP CODE (10)　1708-5

PARTICULARS FURNISHEDBY SHIPPER-CARRIER NOT RESPONSIBLE

MARKS AND NUMBERS	NO. OF PKGS	DESRCPRIPTION	FROSS WEIGHT	MEASURMENT
	2160CTNS	BAMBOO ITEM	33010KGS	240CBM
		REQUEST CONTAINER TYPE: (11) ______________X20'GP ______________X20'HEAVY UNIT ____4__________X40'GP ______________X40'HQ OTHERS: ______________	Local Charges payable at (12)　FUZHOU ☐ DUTIABLE CARGO　☐ DANGEROUS CARGO ☐ FUMIGATED CARGO DEGASSED　☐ YES ☐ NO ☐ REFRIGERATED CARGO REQUIRED TEMPERA TURE:________ FOR FEEDER SHIPMENT, PLEASE CHOOSE ☐ M/V B/L　☐ FEEDER B/L	
Remarks: Packing	In "Pallet and Skid"	It not accepted/allowed to stipulate intl Line's OBL		
SPECIAL REQUIREMENT:				

表 3-14　拖车排载单填制示范

<table>
<tr><td colspan="3">Shipper（发货人）
FUJIAN　LIGHT INDUSTRY I / E CO.,LTD
ZHONGSHANG BUIDING UNIT 1003, HUDONG ROAD
168, FUZHOU, CHINA.
TEL：0591-87623333；FAX：0591-87626666</td><td colspan="3">① Booking No.（订舱号）
FOCSOU1610080
TO：
FM：</td></tr>
<tr><td colspan="3">Consignee（收货人）
SURPASSING LIMITED
300 THE COMMERCIAL CENTRE，SOUTHGATE ROAD
WINCANTON BA9 9RZ UK
TEL:0044-1666 522578　FAX:0044-1963 522950</td><td colspan="3" rowspan="2">② 箱型：4×40'HQ
③ 中转码头：厦门海润码头</td></tr>
<tr><td colspan="3">Notify Party（通知人）
SAME AS CONSIGNEE</td></tr>
<tr><td colspan="2">Pre-carriage by（前程运输）</td><td colspan="2">Place of Receipt（收货地点）
FUZHOU,CHINA</td><td colspan="2" rowspan="2">备注：</td></tr>
<tr><td colspan="2">④ Ocean Vessel（船名）Voy.No.（航次）
ZEYUAN　；V.689S</td><td colspan="2">Port of Loading（装货港）
FUZHOU,CHINA</td></tr>
<tr><td colspan="2">⑤ Port of Discharge（中转港）
XIAMEN</td><td colspan="2">Place of Delivery（交货地点）
SOUTHAMPTON,UK</td><td colspan="2">Final Destination（目的地）
SOUTHAMPTON,UK</td></tr>
<tr><td>Container No.（集装箱号）
Seal No.（封签号）</td><td>Marks&Nos.（标记与号码）</td><td>No. of p'kgs（箱数或件数）</td><td>Description of Goods（包装种类与货名）</td><td>Gross Weight 毛重（公斤）</td><td>Measurement 尺码（立方米）</td></tr>
<tr><td colspan="6">SHIPPER'S LOAD & COUNT & SEAL
4×40'HQ
CARTON NUMBER:　2160 CTNS　BAMBOO ITEM　33010 KGS　240CBM
ID NUMBER:
T2T CODE:
⑥ 装箱时间：10 月 25 日上午 10 点 4×40'HQ
⑦ 装箱地点：福州马尾经济技术开发罗星路 1 号闽艺编织厂
⑧ 联系方式：陆厂长 83699816</td></tr>
<tr><td colspan="2">Total Number of Containers or Packages（In Words）
集装箱数或件数合计（大写）</td><td colspan="4">SAY TOTAL FOUR CONTAINER ONLY.</td></tr>
<tr><td colspan="4">FREIGHT & CHARGES（运费与附加费）</td><td colspan="2">Prepaid（运费预付）</td></tr>
<tr><td rowspan="2"></td><td>Prepaid at（预付地点）</td><td colspan="2">Payable at（到付地点）
SOUTHAMPTON</td><td colspan="2">Place of Issue（签发地点）
FUZHOU</td></tr>
<tr><td>Total Prepaid（预付总额）</td><td colspan="2">NO.of Original B（s）/（正本提单份数）
THREE（3）</td><td colspan="2">Owner of Container（箱主）</td></tr>
</table>

5. 国际海运关单的填制

（1）单证认知

国际海运关单是单证员依照客户提供的报关资料（清单、发票、合同、报关委托书及相关商检证明），按照海关报关要求填制的具体单据，正常是十联单，现在国内不少港口在实际使用时把它简化成四联单，第一联为船代留底；第二联为装货单（场站收据副本）；第三联为大副联（场站收据副本）；第四联为场站收据。船代留底联是在国际货运公司去船代公司盖关单时，船代公司留底的。装货单（场站收据副本）、大副联（场站收据副本）及场站收据正本三联在报关行报关时使用，所以实践中通常被称为“关单”。

相关链接

场站收据（Dock Receipt）又称港站收据、码头收据，是指船公司委托集装箱堆场、集装箱货运站或内陆站在收到整箱货或拼箱货后，签发给托运人证明已收到货物，托运人可凭以换取提单或其他多式联运单证的收据。

场站收据一式十联，根据需要另加空白两联，各联用途如下：第一联，货主留底；第二联，船代留底；第三联，运费通知（1）；第四联，运费通知（2）；第五联，装货单（Shipping Order）；第五联（附页），缴纳出口货物港务申请书（由港区核算应收港务费用）；第六联（浅红色），场站收据副本大副联；第七联（黄色），场站收据；第八联，货代留底；第九联，配舱回单（1）；第十联，配舱回单（2）。

以上一套12张，船公司或其代理人接受订舱后在托运单上加填船名、航次及编号（此编号俗称关单号，与该批货物的提单号基本上保持一致），并在第五联装货单上盖章，表示确认订舱，然后将第二至四联留存，第五联以下全部退还国际货代企业。

国际货代企业将第五联、第五联附页、第六联、第七联共四联撕下，作为报关单证，第九联或第十联交托运人（货主）做配舱回执，其余供内部各环节使用。

场站收据虽有十联之多，但其核心单据是第五、第六、第七联：第五联是装货单，盖有船公司或其代理人的图章，是船公司发给船上负责人员和集装箱装卸作业区的接受装货的指令，报关时海关查核后在此联盖放行章，船上大副凭以收货；第六联供港区配载，由港区留存；第七联是场站收据，俗称黄联（黄色纸张，便于辨认），在货物装上船后由船上大副签字（实践中通常由集装箱码头堆场代为签章），退回船公司或其代理人，据以签发提单。

（2）单证填制基本要求

注意核对客户提供的报关资料是否正确，注意检查关单的填制内容是否与客户的报关资料及船公司放箱单上的内容一致。由于关单需要填制的大部分内容与前面的几个单据大体相同，此处就不一一列出。海运关单填制范例如表3-15所示，填充处为关单的必填项，重点核对船名（Ocean Vessel）、航次（Voy.No.）、编号（B/L No.）、箱数或件数（No of containers or p’kgs）、毛重（Gross weight）、尺码（Measurement）。这几项内容必须准确无误。

表 3-15　海运关单填制示范

<table>
<tr><td colspan="3">Shipper（发货人）
FUJIAN　LIGHT INDUSTRY I / E CO.,LTD
ZHONGSHANG BUIDING UNIT 1003, HUDONG
ROAD 168, FUZHOU, CHINA.
TEL：0591-87623333；FAX：0591-87626666</td><td colspan="2">B/L No.（编号）
COS16100318
国际海运关单</td><td>PENAVICO FUZHOU</td></tr>
<tr><td colspan="3">Consignee（收货人）
SURPASSING LIMITED
300 THE COMMERCIAL CENTRE，SOUTHGATE ROAD
WINCANTON BA9 9RZ UK
TEL:0044-1666 522578　FAX:0044-1963 522950</td><td colspan="3"></td></tr>
<tr><td colspan="6">Notify Party（通知人）
SAME AS CONSIGNEE</td></tr>
<tr><td colspan="2">Pre-carriage by（前程运输）</td><td>Place of Receipt（收货地点）
FUZHOU,CHINA</td><td colspan="3" rowspan="2"></td></tr>
<tr><td colspan="2">Ocean Vessel（船名）
Voy.No.（航次）
XIN OU 5 V.2183</td><td>Port of Loading（装货港）
FUZHOU,CHINA</td></tr>
<tr><td colspan="2">Port of Discharge（卸货港）
SOUTHAMPTON,UK</td><td>Place of Delivery（交货地点）
SOUTHAMPTON,UK</td><td colspan="3">Final Destination for the Merchant's Reference（目的地）
SOUTHAMPTON,UK</td></tr>
<tr><td>Container No.（集装箱号）</td><td>Seal No.（封志号）
Marks & Nos.（标记与号码）</td><td>No. of containers or P'kgs（箱数或件数）</td><td>Kind of Packages Description of Goods（包装种类与货名）</td><td>Gross Weight 毛重(公斤)</td><td>Measurement 尺码（立方米）</td></tr>
<tr><td></td><td>ITEM NO.:
COLOR:
LENGTHS:
WIDTH
C/NO:</td><td>2160CTNS</td><td>4X40'GP（FCL） CY/CY
2160CTNS
BAMBOO ITEM
FREIGHT COLLECT</td><td>33010KGS</td><td>240CBM</td></tr>
<tr><td colspan="2">Total Number of Containers or Packages （in Words）
集装箱数或件数合计(大写)</td><td colspan="2">FOUR FORTY-FT.HQ CONTAINER ONLY.</td><td></td><td></td></tr>
</table>

<table>
<tr><td>Freight & Charges（运费与附加费）</td><td>Revenue Ton（运费吨）</td><td>Rate（运费率）</td><td>Per（每）</td><td>Prepaid（运费预付）</td><td>Collect（到付）</td></tr>
<tr><td rowspan="2">Ex Rate（兑换率）</td><td colspan="2">Prepaid at（预付地点）</td><td colspan="2">Payable at（到付地点）</td><td>Place of Issue（签发地点）
FUZHOU</td></tr>
<tr><td colspan="2">Total Prepaid（预付总额）</td><td colspan="2">No. of Original B（s）/L
THREE（3）</td><td></td></tr>
</table>

3.3 国际空运托运订舱实务

3.3.1 国际空运托运订舱业务流程

【实例 3-2】

冠捷电子公司有一批 50 箱的货物需要空运往英国伦敦，物流部的陈先生联系了林德国际物流公司的业务员小周，请其报出可供选择的路线及价格。当小周将报价表发给陈先生之后，陈先生接受了其中中国东方航空公司的路线及运价。当双方初步选定路线与价格后，陈先生接着问小周："接下来需要做什么？"

如果你是林德国际物流公司操作部的工作人员 LISA，在这项业务中，你需要完成哪些具体的工作？如果你是林德国际物流公司单证部的 AMY，你需要完成哪些单证？

国际空运托运订舱的业务流程如图 3-9 所示。

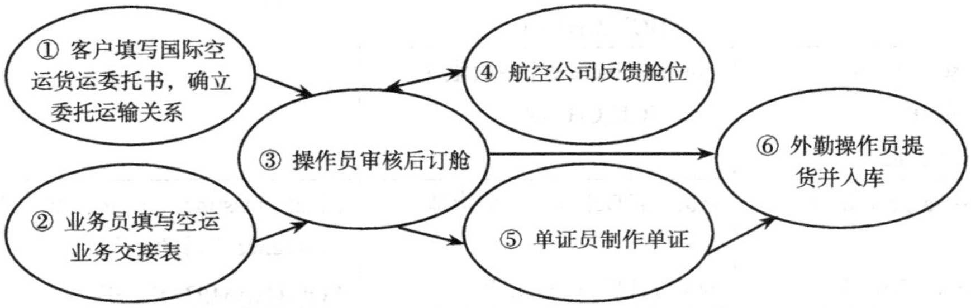

图 3-9 国际空运托运订舱的业务流程

1. 客户填写国际空运货运委托书，确立委托运输关系

国际货代企业在接受客户委托时，一般向客户提供本公司标准格式的国际空运货运委托书（见表 3-16），由客户填写并盖章，作为货主委托国际货代企业承办运输的依据，国际货代企业接收国际空运货运委托书后确立双方的委托代理关系。同时，国际空运货运委托书也是承运人或其代理人填开国际空运提单的重要依据，必须指导客户逐项认真填写。

在实例 3-2 中，操作员 LISA 需要将空白的国际空运货运委托书传真或发邮件给客户陈先生，并指导客户准确填写，审核无误后由客户签字并盖好公司公章，回传给操作员 LISA，代表着书面的委托运输关系确立。

2. 业务员填写空运业务交接表

收到客户的国际空运货运委托书后，大多数国际货代企业在操作员向航空公司订舱之前会有一个工作环节，就是由业务员填写空运业务交接表（见表 3-17）。这是一份国际货代企业内部的业务交接单证，主要供完善业务信息和业务审批使用。空运业务交接表的后半部分（表 3-17 中灰色底纹的部分）主要由操作员在操作过程中逐步补充完整。

表 3-16　国际空运货运委托书

A 物流有限公司福州分公司

A LOGISTICS CO., LTD FUZHOU BRANCH

国 际 货 运 委 托 书

编号： NO：	委托单位编号： SHIPPER’S NO：

委托人名称及地址： SHIPPER’S NAME&ADDRESS：	通知人名称及地址： NOTIFY PARTY：

收货人名称及地址： CONSIGNEE’S NAME&ADDRESS：	起运港 LOADING		装期 TIME OF SHIPMENT	
	目的港 DESTINATION		到付 CC	预付 PP
	运价 RATE		杂费 OTHER CHARGE	

标记/唛头 MARKS	件数 PACKAGE	包装 PAKING	货物及规格 DESCRIPTION	毛重 GROSS WEIGHT （公斤）	体积 VOLUME （立方米）

其他特约事项： OTHERS：
委托人证实以上所填全部属实，并愿遵守承运人的一切载运章程，同意承运人必要时抽查货物的实际重量和尺码，以最终确认重量付费。 SHIPPER CERTIFIES THAT ABOVE PARTICULARS ARE CORRECT AND AGREE TO THE CONDITIONS OF THE CARRIER。

托运人签章 SIGNATURE OF SHIPPER	日期 DATE	经办人 AGENT	电话 TEL

电话：　　　　　　　　　　传真：

表 3-17 空运业务交接表

销售员： No：

付款单位		联系人		电话		传真	
品名		件数		重量		体积	
航班	头程		提货日期		提货地点		
	二程		始发港		目的港	二程代理	
出口单位		贸易方式		商检/熏蒸		随机文件	
报　价		底　价		运杂费		付款方式	PP（　）CC（　）
操作要求		相关公司联系方式					
主运单号		分运单号		核销单号			
实际尺寸		实际重量		计费重量			
		实际件数					
应收项目	付款单位	应收金额（元）	应付项目	收款单位	应付金额（元）		
运　费			一程运费				
			二程运费				
签单费			签单费				
报关费			报关费				
动植物商检费			动植物商检费				
地面处理费			地面处理费				
EDI			EDI				
提货费			提货费				
其　他							
应收运费及杂费合计		应付运费及杂费合计					
销售毛利							
操作毛利							
备　注	销售员：（签名）						

在实例3-2中，业务员小周收到客户陈先生的国际空运货运委托书后，需要仔细核对陈先生在委托书上体现的各项要求，然后详细填写空运业务交接表上需要完成的内容，如客户详细信息、订舱要求、运费确认等。

3．操作员审核后订舱

操作员在收到客户国际空运货运委托书及业务员补充的空运业务交接单后，需要做两项工作，一是认真审核国际空运货运委托书，如有不明确的事项需要及时与客户联系确认，如准确的提货时间、单证是否已经齐全等，以减少退舱甚至亏舱的情况。二是进行公司内部的业务审核，如业务员报价是否正确、航线是否正常。有的公司会规定单票业务的利润不能低于多少的范围限制，如利润低于规定的范围，必须报公司经理审核才能操作；有的公司每票业务都必须由部门经理签字才能向航空公司发出订舱申请等，这些均需要做好业务审核的工作。

在实例 3-2 中，在收到客户的国际空运货运委托书及空运业务交接表并完成业务审核工作后，操作员 LISA 需要填写订舱单（见表 3-18）向航空公司预订舱位。

表 3-18　国际空运订舱单

东航福州营业部国际空运订舱单

TO：

FM：

目的站________　　运单号码________

件　数________　　毛　　重________

体积（CBM）________　　包装方式________

品名、尺寸________

航　　线：*　　TO　　*航班/日期：

*　　TO　　*航班/日期：

储运事项：请速确认二程舱位。TKS!

TEL：　　FAX：

这一环节又被称为预订舱或预配舱，这是因为此时货物还没有入库，预报的和实际的件数、重量、体积等都会有些差别；但是向航空公司预订舱位时要尽量准确，因为实际到货如果少于预订舱，航空公司就有可能产生亏仓；实际到货如果超过预订舱的重量或体积，舱位紧张时航空公司就有可能将多出的货物或整批货物安排到下一航班出运，容易产生货物延误的情况。

提示

退舱是指向航空公司预订完舱位后因各种原因需要把原订舱位退掉。退舱增加了航空公司舱位安排的难度。亏舱是指退舱时间靠近航班起飞时间，没有其他货物补该舱位，导致浪费舱位的情况发生。

相关链接

在北京、上海等特大城市，国际货代企业往往跟航空公司签有包板或包舱协议，在这种情况下，国际货代企业手上已经有固定的舱位。这时就要进行舱位的预配舱。国际货代企业对所接受的货运委托进行汇总，依据各个客户报来的预报数据，计算出各航线的总件数、重量、体积，进行该航线舱位的预配舱工作。

4．航空公司反馈舱位

航空公司在收到国际货代企业的订舱单后，根据舱位情况进行安排，之后将订舱情况反馈给国际货代企业。如果舱位确认没有问题，就可以考虑后续相关单证处理及提货等工作。

5．单证员制作单证

单证员接到操作员的指令后，通常需要完成下列单证：① 一式三份的国际货物入仓单（见表 3-19）。② 航空标签（见图 3-10）。③ 航空提单。

表 3-19　国际货物入仓单（国际货物托运书的交接联）

福州国际航空港有限公司

FUZHOU INT'L AIRPORT CO., LTD.

国 际 货 物 托 运 书

SHIPPER'S LETTER OF INSTRUCTION

货运单号码 Airway bill Number

托运人姓名及地址 Shipper's Name and Address	供运输用的声明价值(美元) Declared Value for Carriage(USD)	
	订舱航班及日期 Booking Flight/Date	/ 月 日
收货人姓名及地址 Consignee's Name and Address	交货代理人 Delivering Agent	签发提单货代 AWB Issuing Agent
	始发站 Airport of Departure 福州 FOC	目的站 Airport of Destination

储运注意事项及其他 Handling Information	计重过程（wt unit：kg）					尺寸明细 Dimensions（cm）			
	ULD NO.	件数	毛重	皮重	净重	长	宽	高	件数
随附证明：Attached Documents									

件数 No.of pieces	毛重(kg) Gross Weight	计费重量(kg) Chargeable Weight	货物品名 Nature of Goods

第三联：交接联

声明：交货代理人（托运人）已阅读并充分理解印刷于本托运书之交货代理人（托运人）联背面的相关条款，并愿意遵守。

Shipper or his agent has read and fully understood all the conditions printed on the back of this SLi，and agrees to comply with them.

交货代理人（托运人）　　计量员：　　录入员：

签字

Delivering Agent (Shipper):

年　月　日　　　月　日　时　分

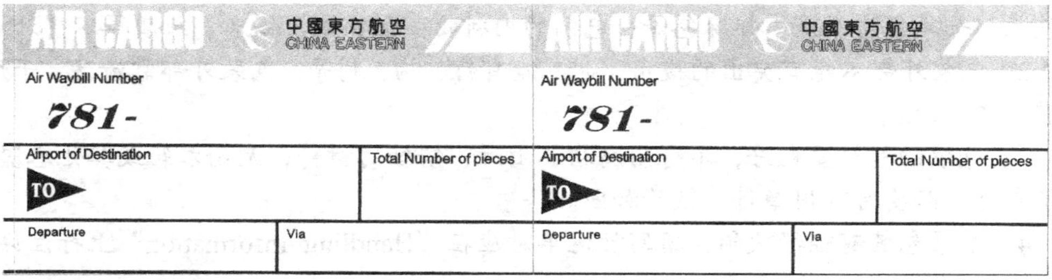

图 3-10　航空标签

国际货物入仓单是货物进入航空港国际货运站时必须用到的凭证，一般一式三份，分别为货运站收运联、安检留底联和海关放行盖章联，流转顺序如下：货物入仓时将三份国际货物入仓单交给航空港国际货运站柜台工作人员，工作人员审核货物基本情况后在此三份入仓单上盖可收运章后退还国际货代企业；接着货物从安检通道过安检，安检合格后安检部门需要留底一份备查，在另两份入仓单上盖安检合格章后退还国际货代企业；接着货运站工作人员对通过安检的货物进行电子过磅及体积丈量后，将重量及货物箱规体积等数据填写在两份入仓单上后退还国际货代企业。国际货代企业外勤操作员将国际货物入仓单作为一份重要的报关单证交给报关员。

提示

航空标签在货物入航空港国际货运仓库前贴在货物外包装上，起到让各地的航空港工作人员辨认货物的作用，每箱货物需制作一个航空标签。

相关链接

实践中，国际货代企业一般通过交部分押金的方式，从航空公司预先领取若干份航空货运单，因为时效性方面的原因，航空货运单必须由国际货代企业预先填制好，货物放行后作为随附文件随货物一起交接给机场货运站，与货物一起运往目的地机场，航空货运单上所列明的收货人在目的地机场凭有效证件提货。这点与海运提单截然不同，海运提单一般由船公司的制单部门填制，与国际货代企业核对无误并付清海运运费款项后，才签发正本海运提单。同样，客户将海运运费、拖车等款项付给国际货代企业后才能领取正本海运提单。通常用航空快递的方式将海运提单寄给国外客户，客户必须凭正本海运提单才能在目的港提货。

6. 外勤操作员提货并入库

在预订舱位得到航空公司的回复确认后，操作员安排公司外勤操作员上门提取货物并运送到航空港，入国际货运仓库。

提货时对于货物的整体要求是：托运人提供的货物包装要求坚固、完好、轻便，保证在正常运输情况下货物可完好地运达目的地，同时也不损坏其他货物和设备。

相关链接

航空货物具体包装要求如下。

1）包装不破裂，内装物不漏失，没有异味散发；不得用带有碎屑、草末等的材料做包装，如草袋、草绳、粗麻包等；包装的内衬物，如谷糠、锯末、纸屑等不得外漏。

2）包装外部不能有突出的棱角，也不能有钉、钩、刺等；包装外部需清洁、干燥，没有异味和油腻。

3）包装的材料要良好，不得用腐朽、虫蛀、锈蚀的材料；无论木箱或其他容器，为了安全，必要时可用塑料、铁箍加固。

4）如果包装有轻微破损，填写货运单时应在“Handling Information”上标注详细情况。

3.3.2 国际空运托运订舱单证的填制

实践案例 3-4

2013 年 7 月，福建冠捷电子有限公司需要空运一批液晶显示器去伦敦，公司物流部林先生与林德物流公司联系后，林德物流公司业务员小周报了两家航空公司的航线与运价，最终林先生选择了中国东方航空的航线与运价。接着小周传真了一份国际空运货运委托书给王先生，指导他填写并盖上公司公章，回传到林德物流公司。林德物流公司的操作员 LISA 收到委托书后与林先生电话联系，做了一下确认，接着根据委托书填制了一份东航固定格式的订舱单，传真给东航货运福州分公司的经办陈小姐，之后与陈小姐确认了 7 月 28 日由福州起飞的 MU3506 航班的舱位。

本工作情境具体资料如下。

1. 贸易资料

卖方：福建冠捷电子有限公司

FUJIAN TOP VICTORY INVESTMENTS　CO., LTD

FUQIIN INTERGRATING ECONOMIC AND TECHNOLOGICAL DEVELOPMENT ZONE ，FUZHOU, CHINA.

TEL：0591-87856616；FAX：0591-87856615

买方：TECNOLO ANTI APA LTD.

432 BELESTIER ROAD PUBLIC MANSION

6-440E LONDON 329813

T:441-375-85606 F:441-375-843600

2. 品名及货物信息

品名：液晶显示器（LIQUID CRYSTAL DISPLAY）

货物信息：箱数 50CTNS；毛重 20KGS /CTN；箱规 60CM ×40CM×40CM/CTN

3. 运输情况

7 月 27 日货物可以提货入仓及报关，希望 7 月 28 日由福州运到北京，以最快的时间由上海运到英国伦敦。

希望预订的航班号及航空货运单号如下。

1ST：FOC-PVG，MU3506；2ST：PVG-LON，MU539

AIRWAYBILL NO：781-35613650

航空货运提单签发人：EASTERN AIRLINES CO.，LTD

分运单号：DEK30114671，签发人：林德物流有限公司福州分公司

4. 运价与运费

（1）报价如下表所示。

费用项目	+100KG	+300KG	+500KG	+1000KG
空运费	32 元/KG	28 元/KG	27 元/KG	25 元/KG
运杂费	报关加提货费：350 元/票			
付款方式	预付			

（2）成本如下表所示。

费用项目	+100KG	+300KG	+500KG	+1000KG
空运费	28 元/KG	26 元/KG	25 元/KG	23 元/KG
运杂费	报关费 150 元		提货费 50 元（公司车辆分摊）	
出港处理费	0.5 元/KG （机场货运站收取）			
付款方式	预付			

（3）机场实际计量重量：1005，实际测量尺寸箱规 60×42×42CM

5. 客户联系资料

单证联系：福建省冠捷电子有限公司林先生；TEL：55661188；TAX：55661180

提货地点：福清冠捷电子公司二号仓库老刘；TEL：55661130

4 月 19 日可以提货。

6. 补充资料

1）贸易方式：CFR，报关由福州航远报关行报关

2）林德物流福州分公司的联系方式：TEL:0591-87851033，FAX:0591-87852033

3）无二程代理。

4）操作要求：保持向上，不倒置！

5）核销单号：070864225

思考题：该国际空运出口业务需要准备哪些单据？如何填制？填制的注意事项是什么？

1. 国际空运货运委托书的填制

（1）单证认知

国际空运货运委托书是客户填写、国际货代企业接收，代表双方委托运输关系的单据，同时也是国际货代企业订舱及打制提单的重要依据。

（2）单证填制基本要求

各项内容必须准确、清楚、齐全，不随意涂改，必须有经办人员签字及公司盖章。

（3）具体内容要求

1）委托人名称及地址（SHIPPER’S NAME & ADDRESS）。填写委托人名称、地址、所在国家及联系方式。

2）收货人名称及地址（CONSIGNEE’S NAME & ADDRESS）。填写收货人名称、地址、所在国家及联系方式。

3）通知人名称及地址（NOTIFY PARTY）。填写通知人名称、地址、所在国家及联系方式。

4）起运港（LOADING）。填写始发地机场。

5）目的港（DESTINATION）。填写目的地机场。

6）装期（TIME OF SHIPMENT）。一般填写准备预订的一程航班时间。

7）到付（CC）。如果是到付，则在这一栏勾选或填写“CC”字样。

8）预付（PP）。如果是预付，则在这一栏勾选或填写“PP”字样。

9）运价（RATE）。填写结算的运费单价。

10）杂费（OTHER CHARGE）。填写报关、签单、提货等杂项费用。

11）标记/唛头（MARKS）。填写需要打在空运提单上的货物包装上的标记唛头，如不需要或没有则不填写。

12）件数（PACKAGE）。填写货物的件数（指外包装的件数）。

13）包装（PAKING）。填写包装种类，如纸箱、木箱等。

14）货物及规格（DESCRIPTION）。填写货物的中英文名称。

15）毛重（GROSS WEIGHT）。填写货物的毛重，重量单位为公斤。

16）体积（VOLUME）。填写货物的总体积，单位为立方米；还需要填写货物的单件尺码，格式及单位为：长（厘米）×宽（厘米）×高（厘米）/件数，单件规格不同的尺码需要分别列出。

17）其他特约事项（OTHERS）。如果有操作上的特殊要求，可在这一栏填写，如“PLEASE KEEP IN–18℃”（请储存于零下 18 摄氏度）等。

18）托运人签章（SIGNATURE OF SHIPPER）。盖托运人公司的公章。

19）日期（DATE）。填写托运的日期。

20）经办人及电话。填写经办人员签名以及托运公司经办人的联系电话。

（4）国际空运货运委托书填制示范如表 3-20 所示

2. 空运业务交接表的填制

（1）单证认知

空运业务交接表是公司内部的业务交接单证，主要用于业务信息的完善和业务的审批等；业务员填写部分内容后交操作员，后续部分由操作员填写并在操作过程中补充完整。

（2）单证填制基本要求

各项内容必须详细、清楚。

（3）具体内容要求

1）付款单位、联系人、电话、传真。填写客户的名称和具体联系方式等。

2）货物的具体信息。填写品名、件数、重量、体积等。

3）航班。填写预订的头程航班和二程航班的日期。

4）提货日期和提货地点。填写提货的时间和地点。

5）始发港和目的港。填写始发港和目的港的名称。

6）贸易方式。填写贸易方式的名称或代码。

7）随机文件。填写需要随机的文件名称。

8）运价信息。填写报价、底价及运杂费的具体金额。

9）付款方式。在预付或到付的选项中选择一项。

10）操作要求。填写操作时需要特别注意的事项。

11）相关公司联系方式。填写除客户以外的其他相关公司的联系方式。

表 3-20 国际空运货运委托书填制示范

A 物流有限公司福州分公司

A LOGISTICS CO., LTD FUZHOU BRANCH

货 运 委 托 书

编号：　　　　　　　　　　委托单位编号：

NO：　　　　　　　　　　　SHIPPER'S NO：

<table>
<tr><td colspan="4">委托人名称及地址：（1）
SHIPPER'S NAME & ADDRESS：
FUJIAN TOPVICTORY ELECTONIC CO., LTD
FUQIIN ECONOMIC AND TECHNOLOGIC DEVELOPMENT ZONE ， FUZHOU, CHINA.
TEL：0591-556611886；FAX：0591-55661180</td><td colspan="5">通知人名称及地址：（3）
NOTIFY PARTY:
SAME AS CONSIGNEE</td></tr>
<tr><td colspan="4" rowspan="4">收货人名称及地址：（2）
CONSIGNEE'S NAME & ADDRESS:
TECNOLO ANTI APA LTD.
432 BELESTIER ROAD PUBLIC MANSION
6-440E LONDON 329813
T:441-375-85606 F:441-375-843600</td><td>起运港
LOADING（4）</td><td colspan="2">FOC</td><td>装期
TIME OF SHIPMENT
（6）</td><td>2013-7-28</td></tr>
<tr><td rowspan="2">目的港
DESTINATION
（5）</td><td colspan="2" rowspan="2">LON</td><td>到付
CC（7）</td><td>预付
PP（8）</td></tr>
<tr><td></td><td>PP</td></tr>
<tr><td>运价（9）
RATE</td><td colspan="2"></td><td>杂费（10）
OTHER CHARGE</td><td>350. 00</td></tr>
<tr><td>标记/唛头
MARKS
（11）</td><td>件数
PACKAGE
（12）</td><td>包装
PAKING
（13）</td><td colspan="2">货物及规格
DESCRIPTION
（14）</td><td colspan="2">毛重
GROSS WEIGHT
（公斤）（15）</td><td colspan="2">体积
VOLUME
（立方米）（16）</td></tr>
<tr><td>N/M</td><td>50
CTNS</td><td>CARTON</td><td colspan="2">液晶显示器 /LCD （LIQUID CRYSTAL DISPLAY）</td><td colspan="2">1000
KG</td><td colspan="2">4.8CBM
60×40×40CM/CTN</td></tr>
<tr><td colspan="9">其他特约事项：（17）
OTHERS：</td></tr>
<tr><td colspan="9">委托人证实以上所填全部属实，并愿遵守承运人的一切载运章程，同意承运人必要时抽查货物的实际重量和尺码，以最终确认重量付费。
SHIPPER CERTIFIES THAT ABOVE PARTICULARS ARE CORRECT AND AGREE TO THE CONDITIONS OF THE CARRIER。
托运人签章（18） 盖公章 日期（19） 2013-7-25 经办人（20） 林先生 电话 0591-55661188
SIGNATURE OF SHIPPER DATE AGENT TEL</td></tr>
</table>

电话：　　　　　　　　　　传真：

12）航空货运单的信息。填写主运单和分运单的号码。

13）实际测量的货物体积、重量等信息。填写实际尺寸、实际重量、实际件数、计费重量等。（实际毛重与体积重量中两者的大者作为计费重量）

14）付款单位。填写需要支付该项费用的公司名称。

15）应收金额。填写应收费用的金额。

16）收款单位。填写应付项目的收款单位的公司名称。

17）应付金额。填写应付费用的金额。

（4）空运业务交接表填制示范如表 3-21 所示

表 3-21　空运业务交接表填制示范

销售员：周先生　　　　NO:FZ2013030015

付款单位①	福建冠捷电子	联系人①	林先生	电话①	55661188-11		传真①	55661108
品名②	液晶显示器	件数②	50 件	重量②	1000KG		体积②	4.8CBM
航班	头程③	2013.07.28	提货日期④	2013.07.27			提货地点④	福清冠捷 2 号仓库
	二程③	2013.07.30	始发港⑤	FUZHOU	目的港⑤	LONDON	二程代理	无
出口单位	福清冠捷电子	贸易方式⑥	CFR	商检/熏蒸	商检	随机文件⑦		清单、发票
报价⑧	25/KG	底价⑧	23/KG	运杂费⑧	350/票	付款方式⑨		PP（√）CC（ ）
操作要求⑩	保持向上，不倒置！			相关公司联系方式⑪	福清融侨经济技术开发区，冠捷电子 2#仓库 0591-55661130 老刘			
主运单号⑫	781-35613650		分运单号⑫	DEK30114671		核销单号		070864225
实际尺寸⑬	60×42×42CM/CTN		实际重量⑬	1005KG		计费重量⑬		882KG
			实际件数⑬	50 件				
应收项目	付款单位⑭		应收金额（元）⑮	应付项目		收款单位⑯		应付金额（元）⑰
运费	冠捷电子		25×1005=25125	一程运费		国航福州营业部		23×1005=23115
				二程运费				
签单费				签单费				
报关费	冠捷电子		150	报关费		航远报关行		150
动植商检费				动植商检费				
地面处理费				地面处理费		福州机场货运站		0.5×1005=502.5
EDI				EDI				
提货费	冠捷电子		200	提货费		公司车辆		50（成本分摊）
其他								

续表

应收运费及杂费合计	25475.00（元）	应付运费及杂费合计	23817.5（元）
销售毛利	1657.5（元）	操作毛利	
备注	销售员：周先生　　（签名）		

3．国际空运订舱单的填制

（1）单证认知

国际空运订舱单是由国际货代企业操作员填写、航空公司订舱部门接收的一份单证，用于国际货代企业向航空公司预订舱位。

（2）单证填制基本要求

各项内容必须详细、清楚。

（3）具体内容要求

1）目的站。填写目的地机场的三字代码。

2）运单号码。填写航空货运单的号码。

3）件数。填写货物外包装的具体件数。

4）毛重。填写预估的货物总毛重。

5）体积。填写货物的总体积。

6）包装方式。填写货物的包装方式。

7）品名、尺寸。填写货物的品名及具体的箱规尺寸，一般用厘米作为单位。

8）航班/日期。填写期望能预订到的航班号码及其日期。

9）联系方式（TEL/FAX）。填写向航空公司预订舱位的国际货代企业的电话号码及传真号码。

10）落款。填写经办人的签名。

（4）国际空运订舱单填制示范如表 3-22 所示

表 3-22　国际空运订舱单填制示范

东航福州营业部空运订舱单

TO：陈小姐/东航货运

FM: LISA/林德物流

目的站　①　LON　　　　运单号码　②　781-35613650

件　数　③　50CTNS　　　　毛　　重　④　1000KGS

体积（CBM）⑤　4.8CBM　　　　包装方式　⑥　CARTON

品名、尺寸　⑦　液晶显示器 /LCD, 60×40×40CM/CARTON

航　　线：*　FOC　TO　PVG　*航班/日期：⑧ MU3506/07.28

*　PVG　TO　LON　*航班/日期：　MU539/07.30

储运事项：　请速确认二程舱位。TKS!

TEL：⑨0591-87851033　　　　FAX：⑨0591-87852033

LISA⑩

4. 国际空运入仓单的填制示范

国际空运入仓单的填制示范如表3-23所示。

表3-23 国际空运入仓单

福州国际航空港有限公司

FUZHOU INT'L AIRPORT CO., LTD.

国 际 货 物 托 运 书

SHIPPER'S LETTER OF INSTRUCTION

货运单号码 Airway bill Number
781-35613650

第一联：计量联

托运人姓名及地址 Shipper's Name & Address		
FUJIAN TOPVICTORY ELECTONIC CO., LTD FUQIIN ECONOMIC AND TECHNOLOGIC DEVELOPMENT ZONE, FUZHOU, CHINA.	供运输的声明价值（美元） Declared Value for carriage(USD)	
	订舱航班及日期 Booking Flight/Date	2013年7月28日
收货人姓名及地址 Consignee's Name and Address ECNOLO ANTI APA LTD. 432 BELESTIER ROAD PUBLIC MANSION 6-440E LONDON 329813	交货代理人 Delivering Agent	签发提单货代 AWB Issuing Agent
	始发站 Airport of Departure 福州 FOC	目的站 Airport of Destination LONDON, UK

储运注意事项及其他 Handling information	计重过程（wt unit: kg）				
	ULD NO.	件数	毛重	皮重	净重
随附证明： Attached Documents					

尺寸明细 Dimensions (cm)			
长	宽	高	件
60CM	42CM	42CM	50

件数 No. of pieces	毛重(kg) Gross weight	计费重量(kg) Chargeable Weight	货物品名 Nature of Goods
50CTNS	1005KG	1005KG	液晶显示器 /LCD (LIQUID CRYSTAL DISPLAY)

声明：交货代理人（托运人）已阅读并充分理解印刷于本托运书之交货代理人（托运人）联背面的相关条款，并愿意遵守。

Shipper or his agent has read and fully understood all the conditions printed on the back of this SLi, and agrees to comply with them.

交货代理人（托运人）　　　　计量员　　　　录入员：

5．国际空运航空标签的填制

国际空运航空标签的填制示范如图 3-11 所示。

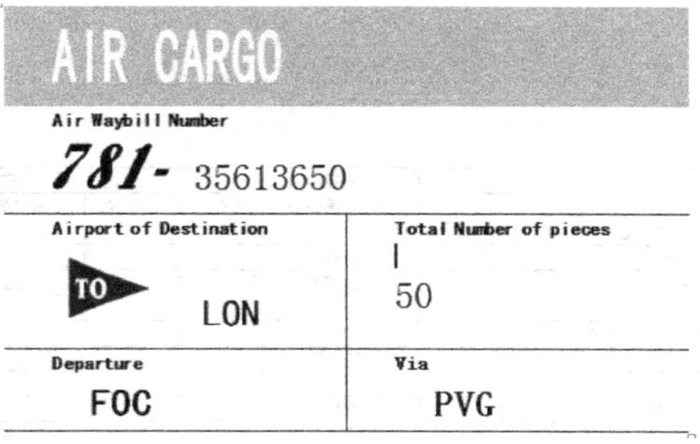

图 3-11

3.4　国际货代班期及承运人的选择

3.4.1　国际海运班轮船期的选择

1．国际海运班轮船期表

国际海运班轮船期表是各大船公司根据旗下的国际班轮的航线起始时间、航行路线、航行全程时间制定的表格，以方便国际货运业务查询船期。船期表一般以月为单位进行更新。

具体船期表如表 3-24 与表 3-25 所示。

表 3-24　中海集装箱运输股份有限公司海运船期表

中海集装箱运输厦门有限公司福州分公司船期公告（2013年6月）

China Shipping Container Lines Xiamen Co., Ltd Fuzhou Branch

福州马尾海盈码头（原中盈码头）--美东AAE1 厦门中转（FUZHOU /EAST USA VIA XIAMEN）

VESSEL	VOYAGE	FUZHOU	XIAMEN(ETA)	SECOND VESSEL	VOYAGE	XIAMEN(ETD)	NEW YORK	NORFOLK	SAVANNAH
船名	航次	福州（周五）	厦门	二程船名	航次	厦门海关	纽约（34天）	诺福克（36天）	萨瓦纳（38天）
SHUN YUAN 15	354S	31-May	1-Jun	UASC JEDDAH	1323E	6-Jun	7-Jul	9-Jul	11-Jul
SHUN YUAN 15	355S	3-Jun	4-Jun						
SHUN YUAN 15	356S	7-Jun	8-Jun	CSCL BRISBANE	0092E	13-Jun	14-Jul	16-Jul	18-Jul
SHUN YUAN 15	357S	10-Jun	11-Jun						
SHUN YUAN 15	358S	14-Jun	15-Jun	CSCL VANCOUVER	0088E	20-Jun	21-Jul	23-Jul	25-Jul
SHUN YUAN 15	359S	17-Jun	18-Jun						
SHUN YUAN 15	360S	21-Jun	22-Jun	UASC SHUAIBA	1326E	27-Jun	28-Jul	30-Jul	1-Aug
SHUN YUAN 15	361S	24-Jun	25-Jun						
SHUN YUAN 15	362S	28-Jun	29-Jun	CSCL NEW YORK	0120E	4-Jul	4-Aug	6-Aug	8-Aug
SHUN YUAN 15	363S	1-Jul	2-Jul						

福州马尾海盈码头（原中盈码头）--美东AAE1 香港中转（FUZHOU /EAST USA VIA HONG KONG）

VESSEL	VOYAGE	FUZHOU	HKG(ETA)	SECOND VESSEL	VOYAGE	HKG(ETD)	New York	Norfolk	Savannah
船名	航次	福州（周日）	香港	二程船名	航次	香港 HKGB4	纽约（35天）	诺福克（37天）	萨瓦纳（39天）
ZHONG TAI 8	D602W	2-Jun	4-Jun	UASC JEDDAH	1323E	8-Jun	7-Jul	9-Jul	11-Jul
ZHONG TAI 8	D609W	9-Jun	11-Jun	CSCL BRISBANE	0092E	15-Jun	14-Jul	16-Jul	18-Jul
ZHONG TAI 8	D616W	16-Jun	18-Jun	CSCL VANCOUVER	0088E	22-Jun	21-Jul	23-Jul	25-Jul
ZHONG TAI 8	D623W	23-Jun	25-Jun	UASC SHUAIBA	1326E	29-Jun	28-Jul	30-Jul	1-Aug
ZHONG TAI 8	D630W	30-Jun	2-Jul	CSCL NEW YORK	0120E	6-Jul	4-Aug	6-Aug	8-Aug

表 3-25　美国总统轮船公司海运船期表

Last Updated
06-14-13

APL

Fuzhou Outbound to Europe

Fuzhou outbound to Europe Express

Barge		ETD	LP4		ETD	ETA			
VESSEL	VOY	JIANGYIN	VESSEL	VOY	SINGAPORE	SOUTHAMPTON	HAMBURG	ROTTERDAM	LE HAVRE
MING FEN	351J	06-27	NYK HELIOS	003	07-16	08-06	08-09	08-12	08-05
MING FEN	353J	07-04	BASLE EXPRESS	004	07-23	08-13	08-16	08-19	08-12
MING FEN	355J	07-11	NYK HERCULES	002	07-30	08-20	08-23	08-26	08-19
MING FEN	357J	07-18	HAMBURG EXPRESS	006	08-06	08-27	08-30	09-02	08-26
MING FEN	359J	07-25	NYK HERMES	001	08-13	09-03	09-06	09-09	09-02

Barge		ETD	LP7		ETD	ETA		
VESSEL	VOY	JIANGYIN	VESSEL	VOY	SINGAPORE	ROTTERDAM	HAMBURG	SOUTHAMPTON
MING FEN	351J	06-27	APL PARIS	004	07-14	08-04	08-07	08-10
MING FEN	353J	07-04	APL SALALAH	006	07-21	08-11	08-14	08-17
MING FEN	355J	07-11	APL LE HAVRE	007	07-28	08-18	08-21	08-24
MING FEN	357J	07-18	APL YANGSHAN	005	08-04	08-25	08-28	08-31
MING FEN	359J	07-25	APL VANDA	001	08-11	09-01	09-04	09-07

Barge		ETD	EUM		ETD	ETA			
VESSEL	VOY	JIANGYIN	VESSEL	VOY	SINGAPORE	GENOA	FOS SUR MER	BARCELONA	VALENCIA
MING FEN	351J	06-27	COLOMBO EXPRESS	052	07-13	08-01	08-04	08-06	08-07
MING FEN	353J	07-04	MOL CELEBRATION	031	07-20	08-08	08-11	08-13	08-14
MING FEN	355J	07-11	OOCL TOKYO	048	07-27	08-15	08-18	08-20	08-21
MING FEN	357J	07-18	BREMEN EXPRESS	029	08-03	08-22	08-25	08-27	08-28
MING FEN	359J	07-25	NYK ORPHEUS	025	08-10	08-29	09-01	09-03	09-04

实践案例 3-5

福州某公司有一批货物出口美国诺福克港，货物预计 2013 年 6 月 10 日可以备好，准备安排中海公司福州出发经香港中转的船（注：厦门中转的运价贵一些），根据表 3-24 的船期表，请问最快可以安排哪一航次的船？预计几月几日全程多少天到达诺福克港？

【解题示范】

该批货物可以安排 D616W 这个航次的船，这个航次的船 6 月 16 日离开福州港，预计 7 月 23 日会到达诺福克港港，所以全程预计 37 天。

【模拟练习 1】

福州 B 公司有一批货物出口纽约，货物预计 2013 年 6 月 9 日可以备好，准备安排福州经香港中转的船，根据表 3-24 的船期表，请问最快可以安排哪一航次的船？需要多少天到达纽约？如果准备安排走福州经厦门中转的船呢？（注：海运报关至少需要提前一天进行。）

【模拟练习 2】

福州某公司有一批货物出口德国汉堡港，货物预计 2013 年 7 月 2 日可以备好，准备安排 APL 公司福州江阴港出发经新加坡中转的船，根据表 3-25 的船期表，请问最快可以安排哪一航次的船？预计几月几日全程多少天到汉堡港？

2. 查询船期表及选择船期的注意事项

1）依照客户的要求（包括航行时间和运费等），选定相应船公司的相应航线进行查询。

2）根据客户货物出口的时间及船公司路线，选择适合该批货物出口的正确船期。

3）了解船期表上的起运港、中转港、途经港口和目的港。

4）提供准确船名信息和船期时间（包括开船时间、中转时间及航行全程天数）给客户。

3.4.2　国际空运航班的选择

1．国际空运航班时刻表

国际空运航班时刻表是由航空公司发布（或由机场汇总发布）的具体航班时刻表，通常包括目的港、航班号、起飞时间、到达时间、机型等常用航班信息。下面以厦门机场的国际航班时刻表（见表 3-26）为例做进一步说明。

表 3-26　厦门机场国际航班时刻表

目的港	代码	航班号	航期	起飞时间	到达时间	交接时间	机型
香港	HKG	CZ381	DAILY	10:00	11:00	*17:30	B737
		MF8015	DAILY	18:30	19:40	16:30	B737-800
		KA603	DAILY	15:00	16:25	12:20	A321/A320
		KA605	DAILY	19:45	21:05	17:10	A330
		KA507	2/3/5	7:40	14:40	*17:30	B747
		CX351	1/3/5	12:20	13:45	9:55	A330
		N8252	DAILY	14:05	15:20	11:35	B737
澳门	MFM	MF895	DAILY	16:50	18:05	14:30	B737
		NX131	DAILY	14:45	16:05	12:15	A321/A320
		NX321	2/3/4/5/6	11:30	12:30	*17:30	A300
		NX321	7	12:00	13:00	*17:30	A300
新加坡	SIN	CA957	DAILY	17:45	22:00	15:15	B738
		MF859	DAILY	18:00	22:10	15:30	B737
		MI921	DAILY	12:15	16:45	9:45	A320/A319
		MI923	2/4	16:15	20:40	13:45	A320/A319
马尼拉	MNL	CZ377	DAILY	19:55	21:55	17:25	A320
		PR335	1/4/6	11:00	13:10	*17:30	A319
		PR331	2/3/5/7	17:25	19:35	14:55	A320
吉隆坡	KUL	MH391	2/4/6/7	14:55	19:05	12:25	A330
		MF857	2/4/57	14:10	18:00	11:30	B737
曼谷	BKK	TG611	2/4/6	16:05	18:25	13:35	A300
大阪	OSA/KIX	CK247	2/3/4/6	15:30	18:00	13:10	MD11
		NH958	2/3/5/7	14:20	18:15	11:00	B737
		NH8498	2/4	17:00	21:05	14:00	B767F
		MF879	1/2/4/6	12:30	15:00	10:00	B737
东京	NRT	NH936	DAILY	14:20	18:15	11:50	B763
		JL608	2/5/7	13:45	18:30	11:15	B767
		NH8470	7	11:25	15:50	*17:30	B767F

续表

目的港	代码	航班号	航期	起飞时间	到达时间	交接时间	机型
首尔	ICN/SEL	KE888	2/4/6	13:30	17:40	11:00	B737
		KE314	3	21:10	0:50	17:50	A300-600
			6	1:20	5:10	*17:50	
		MF871	3/5/7	14:40	17:10	12:00	B737
		CK267	4/6	22:20	0:50+1	17:30	MD11F
芝加哥	ORD/CHI	SQ7892	2	8:30	13:10	*17:30	B747
		SQ7894	4	10:30	17:05	*17:30	B747
		SQ7896	6	19:15	1:50+1	16:05	B747
洛杉矶	LAX	SQ7890	4	10:30	14:05	*17:30	B747-400
		SQ7884	6	13:20	16:55	10:20	B747-400
		SQ7888	7	19:30	23:10	16:30	B747-400
阿姆斯特丹	AMS	MP	3	21:30	06:25+1	17:30	B744F
		MP	1	21:30	06:25+1	17:30	B744F
卢森堡	LUX	CV7492/5	3/6	3:05	15:00	*17:30	B747-400

相关链接　航空公司代码表（见表 3-27 和表 3-28）

表 3-27　国内航空公司代码表表

航空公司名称	代码		航空公司名称	代码	
	三字	二字		三字	二字
中国国际航空公司	CCA	CA	中国东方航空公司	CES	MU
中国新华航空公司	CXH	X2	厦门航空有限公司	CXA	MF
中国西北航空公司	CNW	WH	新疆航空公司	CXJ	XO
中国南方航空公司	CSN	CZ	云南航空公司	CYH	3Q
中国西南航空公司	CXN	SZ	四川航空公司	CSC	3U
中国北方航空公司	CBJ	CJ	上海航空公司	CSH	FM
浙江航空公司	CAG	F6	长城航空公司	CGW	G8
中原航空公司	CYN	Z2	武汉航空公司	CWU	WU
海南航空公司	CHH	HU	贵州航空公司	CGH	G4
长安航空公司	CGN	2Z	深圳航空公司	CSZ	ZH
南京航空公司	CNJ	3W	福建航空公司	CFJ	IV

表 3-28　国外航空公司代码表

代码	航空公司名称	代码	航空公司	代码	航空公司
AF	法国航空公司	AY	芬兰航空公司	AZ	意大利航空公司
BA	英国航空公司	BL	文莱王家航空公司	CP	加拿大国际航空公司

续表

代码	航空公司名称	代码	航空公司	代码	航空公司
JS	朝鲜航空公司	KA	港龙航空公司	JL	日本航空公司
KE	大韩航空	KL	荷兰皇家航空公司	K4	哈萨克斯坦航空公司
LH	德国汉莎航空公司	LO	波兰航空公司	LY	以色列航空公司
MH	马来西亚航空公司	ML	新加坡航空公司	NH	全日空公司
NW	美国西北航空公司	NX	澳门航空公司	OS	奥地利航空公司
OZ	韩亚航空公司	PK	巴基斯坦国际航空公司	PR	菲律宾航空公司
QF	澳大利亚快达航空公司	QV	老挝航空公司	RA	尼泊尔航空公司
RO	罗马尼亚航空公司	SK	斯堪的纳维亚（北欧）航空公司	SQ	新加坡航空公司
SU	瑞士航空公司	TG	泰国国际航空公司	UA	美国联合航空公司

实践案例 3-6

厦门 A 公司 2016 年 9 月有一批货物需要空运往菲律宾的马尼拉，货物周四晚上全部备好，报检手续周五中午 12:00 前办理好，请问最快可以安排哪个航班（航空公司、航班号、起飞时间等）？为什么？（备注：空运报关的时间，海关一般承诺半个工作日放行。）

【解题示范】

该货物可以安排南方航空公司的周五的 CZ377，起飞时间为周五的 19:55，到达时间为当天的 21：55。交接时间是当天下午 17:25，也就是说，在周五下午 17:25 前必须把所有的报关手续办好，并将报关的放行单证材料交接给国际货运站。

思考题：为什么周五的 PR331 这个航班不可以安排？

【模拟练习 1】

厦门 A 公司 2016 年 9 月有一批货物需要空运往菲律宾的马尼拉，货物周二晚上全部备好，报检手续周二中午 12:00 前办理好，请问最快可以安排哪个航班（航空公司、航班号、起飞时间等）？为什么？

【模拟练习 2】

厦门 A 公司 2015 年 12 月有一批货物需要空运往美国洛杉矶，报检手续周五前办理好，货物周六上午 9:00 全部生产下线并包装完毕，请问可以安排哪个航班（航空公司、航班号、起飞时间等）？为什么？提示：货物报关需要多长的时间？公司仓库到机场需要的时间都需要考虑。

2. 查询航班时刻表及航班选择的注意事项

1）需要掌握航空公司的英文两字代码，如 CZ 开头的航班号代表的是中国南方航空公司的航班，以 MF 开头的代表的是厦门航空公司的航班，以 KA 开头的代表的是香港港龙航空公司的航班。

2）航期代表的是每周几有该航班。航期中的 DAILY 代表每天都有，航期中的 2/3/5 代表周二、周三、周五三天有该航班。

3）航班时刻表中的交接时间是指该航班截止接收国际货物的放行资料①的时间。

4）需要掌握常见的机型代码，如 B737 代表的是波音 737 的机型，A321 代表的是空客 321 的机型，MD11 代表的是麦道 11 的机型。

提示

国际航空货运通常不设定截止报关时间，只规定截止报关放行后与国际航空货运站交接的时间，国际航空货运站的交接时间通常在航班起飞前 2 小时截止。

3. 主要航空公司的优势航线

不同的航空公司其航线价格均有差异，国际货代操作人员需要熟悉不同航空公司的航线价格。下面以在厦门机场经营国际货运业务的航空公司为例进行简单介绍。

1）中国国际航空公司。代码　CA；优势航线　欧美地区。

2）东方航空公司。代码　MU；优势航线　欧美及日本地区。

3）中国南方航空公司。代码　CZ；优势航线　东南亚地区。

4）厦门航空公司。代码　MF，与台湾长荣航空股份有限公司等航空公司联运，由台北中转，去往世界各地。

5）港龙航空公司。代码　KA；优势航线东南亚各地。

6）香港国泰航空公司。代码　CX；优势航线　东南亚各地及欧美。

7）新加坡航空公司。代码　SQ；优势航线　新加坡及美国，全货机直飞美国。

8）卢森堡国际货运航空公司。代码　CV；优势航线　欧洲，全货机直飞欧洲卢森堡。

9）荷兰马丁航空公司。代码　MP；优势航线欧洲，全货机直飞荷兰阿姆斯特丹。

10）日本全日空航空公司。代码　NH；优势航线　日本地区。

3.4.3 承运人的选择

在向承运人订舱的过程中，除了要依据货物运输的贸易条件按照承运人的经营项目进行选择外，还要综合考虑以下各方面的因素。

（1）装运日期

货物买卖双方在签订贸易合同时，通常都会约定装运日期。选择承运人时，发货方应依照合同，根据各船公司或航空公司发布的船期表及航班时刻表，选择适宜的开航日期。

（2）运输速度

托运人为了满足货物在规定日期前运到的需求，还应考虑运输速度问题。例如，货物从中国出发，以全水运方式运抵美国东海岸需 35 天左右，若以陆桥方式运抵，则只需 22 天左右，若以空运方式运抵，则只需要 3～4 天。

（3）运输费用

当装运日期和运输速度不是托运人考虑的主要因素时，运输费用的高低就会成为托运人选择承运人时最重要的因素。

---

① 国际货物的放行资料指该货物报关结束后，海关给予放行的书面资料。

（4）服务质量

这是选择承运人时所需要考虑的又一重要因素。在选择一家船公司或航空公司之前，考察一下它的服务质量是必要的做法，从班期的准时率到公司员工的服务态度、信息反馈速度等都需考虑周全。良好的服务可以减少运输事故的发生。

（5）公司的信誉和实力

一个公司的信誉决定了它遇到意外情况时解决问题的速度和方法，公司的经营状况决定了它所能承担的责任。针对承运人的实力调查可以降低运输风险。

3.5　岗位技能实践模拟

3.5.1　岗位技能实训项目一：国际海运托运订舱

● **工作情境**

2013 年 5 月，福建东方星进出口有限公司（以下简称东方星公司）需要出运一批拖鞋到美国纽约，在了解各家货运公司的报价后，东方星公司业务员林先生根据此票货物的实际需求最终接受了福建中艺行国际物流有限公司（以下简称中艺行物流）的业务员刘先生提供的中海集运的船期及运费，林先生在刘先生的指导下填写了国际海运货运委托书，并盖上公司公章传真给中艺行物流，以便确认托运关系。刘先生依照客户林先生的委托书填制了海运业务交接表，转交操作员 AMY。操作员 AMY 根据委托书及业务交接表的要求填制了一份中海集运的订舱单，向其申请舱位。在得到中海集运的放箱确认后，操作员 AMY 根据东方星公司林先生的指示对该票货物进行出口排载。

本工作情境具体资料如下。

1. 贸易资料

卖方：福建东方星进出口有限公司

FUJIAN ORIENTAL STAR IMP AND EXP CO., LTD

TEL: 0591- 87825648；FAX: 0591- 87615263

买方：D.M. TRADING COMPANY

VIA 49 51035 NJ.U.S.A

2. 品名及货物信息

品名：拖鞋（SLIPPERS）

货物信息：箱数 3 390CTNS；毛重 21 410KGS；体积 198CBM

3. 运输情况

5 月 29 日货物可以安排装货并报关，要求 6 月 7 日船期出运，共装 3 个 40'HQ。具体船期查询如下。

CARRIER: CSCL

一程船：V/V: SHUN YUAN 15 V.354S，ETD FOC: 07.JUN.2013　二程船：M/V: CSCL BRISBANE V.0092E

ETD XMN: 13.JUN.2013，ETA NYC: 14.JUL.2013

BILL NO: FOCNYC0001258，提单签发人：中海集装箱运输股份有限公司

4. 客户联系资料

福建东方星进出口有限公司业务员林先生；TEL: 0591-87825648；FAX：0591- 87615263

装柜地福州福星投资区恒源鞋业陆厂长；TEL: 0591-83499856，5 月 29 日及 5 月 31 日可以装柜。

5. 其他资料

付款方式：预付；报关、拖车由中艺行公司代为安排。

6. 费用明细

1）海运费：报价：USD2 300/柜（40'HQ），成本：USD2 100/柜（40'HQ）

2）报关费：报价：￥200/票，成本：￥100/票

3）拖车费：报价：￥1 600/柜（40'HQ），成本：￥1 400/柜（40'HQ）

4）订舱费：报价：￥10/柜，成本：￥10/柜

● **相关知识准备**

1）国际海运托运知识。

2）国际海运业务交接知识。

3）国际海运订舱知识。

4）国际海运排载配柜及报关知识。

● **实训任务**

1）填制完成规定情境的国际海运货运委托书、海运业务交接表和船公司订舱单等。

2）按以下工作岗位分组：进出口公司客户、国际货代企业业务员、国际货代企业操作员、国际货代企业单证员、船公司订舱放箱员、拖车公司调度、报关行报关员等，进行托运订舱场景模拟演练。

● **实训教学建议**

1. 教学方法

课堂练习+场景模拟。

2. 教学课时

实践学时：4 课时。

3. 教学过程

因为本章已重点讲解了相关单证，所以不需要另安排授课时间，但在实际教学时也可以视情况灵活安排。场景模拟部分实训教学也可以每组 7～8 人，每人扮演一个工作角色，各个小组独立完成实践任务，教师点评。建议教师视教学进度及教学硬件环境灵活安排。

基本安排：2 课时完成规定情境的国际海运货运委托书、海运业务交接表、船公司订舱单、拖车排载单， 2 课时安排托运订舱排载场景模拟演练。

● **实训成果**

1. 国际海运货运委托书

<table>
<tr><td colspan="2">SHIPPER（发货人）:</td><td>NO.（委托书编码）:</td></tr>
<tr><td colspan="2">CONSIGNEE（收货人）:</td><td rowspan="1">国际海运货运委托书</td></tr>
<tr><td colspan="2">NOTIFY PARTY（通知人）:</td><td>(　　)×20'; (　　) ×40'; (　　)×40'HQ; (　　) LCL</td></tr>
<tr><td>PRE-CARRIAGE BY
（头程运输）</td><td>PLACE OF RECEIPT
（收货地点）</td><td>TAX REFUND（退税核销）: (　　) YES; (　　) NO</td></tr>
<tr><td>VESSEL/VOY.
（船名/航次）</td><td>PORT OF LOADING
（装运港）</td><td rowspan="2">FREIGHT&CHARGES（运费条款）
(　　)　PREPAID　（运费预付）
(　　)　COLLECT　（运费到付）</td></tr>
<tr><td>PORT OF DISCHARGE
（卸货港）</td><td>PLACE OF DESTINATION
（目的地）</td></tr>
</table>

<table>
<tr><td>MARK & NO.
唛头与号码</td><td>NUMBER AND KIND OF PACKAGES & DESCRIPTION OF GOODS
件数及包装种类与货名</td><td>GROSS WEIGHT（KGS）
重量（公斤）</td><td>MEASUREMENT（CBM）
尺码（立方米）</td></tr>
<tr><td>FREEDOMS/NO</td><td rowspan="2"></td><td rowspan="2"></td><td rowspan="2"></td></tr>
<tr><td>TOTAL
（总数）</td></tr>
<tr><td>备注</td><td colspan="3"></td></tr>
</table>

<table>
<tr><td rowspan="8">托运条款:
1. 托运人请按运输惯例及有关责任要求正确填写委托书。
2. 因委托书填写错误、资料不全所引起的一切责任、风险、纠纷及产生的一切费用由托运人承担。
3. 运费与附加费等，按双方协议的金额填写，如有协议，则填写“按协议”的字样。
4. 托运人必须按我司要求的付款时间付清全部费用，托运人承诺如不能按时支付全部运费，则每天按运费总金额的 0.5%缴纳滞纳金。承运人有权采取任何有效措施收回运费，托运人必须承担由此引起的一切损失。
5. 托运人一栏，必须由经办人签名并加盖公司有效印章。</td><td colspan="2">运费明细:</td><td rowspan="8">托运人/发货人
签名:
盖章:
订舱日期:
托运人/发货人
签名:
盖章:
订舱日期:</td></tr>
<tr><td></td><td></td></tr>
<tr><td></td><td></td></tr>
<tr><td></td><td></td></tr>
<tr><td></td><td></td></tr>
<tr><td></td><td></td></tr>
<tr><td></td><td></td></tr>
<tr><td></td><td></td></tr>
</table>

2. 海运业务交接表

海运业务交接表

航名/航次：______________ 航期：________月 ______日 MB/L NO:________________

工作编码：______________ HB/L NO:________________

起运港： 关单号：

目的港：		箱型：		发货人：	
货名：	箱数：		毛重：		体积：

支线定航/船东：	排载及提单要求： 报关：________ 场装：________ 拖车：________ 签单方式：________
货柜资料及客户联络资料： 客户订单号：________ 货好时间：________ 派柜时间：________ 电话/传真：________ 联系人：________ 箱号/封签：	
其他备注：	运费支付方式： 低价：________ 卖价：________ 其他费用：________ 开票（ ）付款申请（ ）费用催缴（ ）

业务员： 单证负责人： 操作负责人：

3. 船公司订舱单

SHIPPING ORDER

SHIPPER/EXPORTER (Full name & Address)	SHIPPING ORDER NO.
CONSIGNEE (Not negotiable unless consigned to order)	MEDITERRANEAN SHIPPING COMPANY S.A. (GENEVA) MEDITERRANEAN SHIPPING COMPANY (HONG KONG) LIMITED
NOTIFY PARTY	Date :

VESSEL/VOY.NO.	PORT OF LOADING	ALSO NOTIFY	FREIGHT PAYABLE AT
PORT OF DISCHARGE	FINAL DESTINATION	For TransPac Bookings: Please circle the destination delivery term: RAMP / Door (ZIP Code) ______	SERVICE CONTRACT NO. / VIP CODE

PARTICULARS FURNISHEDBY SHIPPER - CARRIER NOT RESPONSIBLE

MARKS AND NUMBERS	NO. OF PKGS	DESRCRIPTION	GROSS WEIGHT	MEASURMENT
		REQUEST CONTAINER TYPE: ______ X20'GP ______ X20' HEAVY UNIT ______ X40'GP ______ X40'HQ OTHERS: ______	Local Charges payable at ______ ☐ DUTIABLE CARGO ☐ DANGEROUS CARGO ☐ FUMIGATED CARGO DEGASSED ☐ YES ☐ NO ☐ REFRIGERATED CARGO REQUIRED TEMPERATURE : ______ FOR FEEDER SHIPMENT, PLEASE CHOOSE: ☐ M/V B/L ☐ FEEDER B/L	
Remarks: Packing	in "Pallet and Skid"	is not accepted/allowed to stipulate intl Line's OBL		
SPECIAL REQUIREMENT:				

4. 拖车排载单

Shipper（发货人）	Booking No.（订舱号） TO：
Consignee（收货人）	FM： 集装箱所属公司： 箱型：
Notify Party（通知人）	中转码头：

Pre-carriage by（前程运输）	Place of Receipt（收货地点）	备注：
Ocean Vessel（船名）Voy.No.（航次）	Port of Loading（装货港）	
Port of Discharge（中转港）	Place of Delivery（交货地点）	FINAL Destination（目的地）

Container No.（集装箱号） Seal No.（封签号）	Marks & Nos.（标记与号码）	No. of p'kgs（箱数或件数）	Description of Goods（包装种类与货名）	Gross Weight 毛重（公斤）	Measurement 尺码（立方米）
SHIPPER'S LOAD & COUNT & SEAL 装箱时间： 装箱地点： 联系方式：					

TOTAL NUMBER OF CONTAINERS OR PACKAGES （IN WORDS） 集装箱数或件数合计（大写）	SAY TOTAL FT GP CONTAINER ONLY.

FREIGHT & CHARGES（运费与附加费）			Prepaid（运费预付）
	Prepaid at（预付地点）	Payable at（到付地点）	Place of Issue（签发地点）
	Total Prepaid（预付总额）	NO.of Original B（s）/（正本提单份数）	Owner of Container（箱主）

5. 国际海运关单

Shipper（发货人）			B/L No.（编号）	PENAVICO FUZHOU 国际海运关单	
Consignee（收货人）					
Notify Party（通知人）					
Pre-carriage by（前程运输）		Place of Receipt（收货地点） FUZHOU,CHINA			
Ocean Vessel（船名） Voy.No.（航次）		Port of Loading（装货港）			
Port of Discharge（卸货港）		Place of Delivery（交货地点）		Final Destination for the Merchant's Reference（目的地）	
Container No.（集装箱号）	Seal No.（封志号） Marks & Nos.（标记与号码）	No. of containers or p'kgs（箱数或件数）	Kind of Packages Description of Goods（包装种类与货名）	Gross Weight 毛重（公斤）	Measurement 尺码(立方米)
TOTAL NUMBER OF CONTAINERS OR PACKAGES（IN WORDS） 集装箱数或件数合计（大写）					
FREIGHT & CHARGES（运费与附加费）	Revenue Ton（运费吨）	Rate（运费率）	Per（每）	Prepaid（运费预付）	Collect（到付）
Ex Rate:（兑换率）	Prepaid at（预付地点）	Payable at（到付地点）	Place of Issue（签发地点）		
	Total Prepaid（预付总额）	NO.of Original B（s）/L（正本提单份数）			
Service Type on Receiving 1-CY2-CFS -DOOR	Service Type on Delivery 1-CY 2-CFS 3-DOOR		Reefer-Temperature Required(冷藏温度)	F	C
Type of Goods（种类）	Ordinary（普通） Reefer（冷藏） Dangerous（危险品） Auto（裸装车辆） Liquid（液体） Live Animal（活动物） Bulk（散货）		危险品	Class: Property: IMDG Code Page: UN No.	

● 实训任务评价

编　号	评 价 点	评价细节	得分情况
1	成果	是否准时完成（20 分）	
2	成果	单证是否正确（40 分）	
3	成果	流程是否熟练、流畅（40 分）	

3.5.2　岗位技能实训项目二：国际空运托运订舱

● 工作情境

2013 年 4 月，福建省服装进出口公司有一批夹克需要空运，公司物流经办陈先生与林德物流公司联系后，林德物流公司业务员小王报了两家航空公司的航线与运价，最终陈先生选择了中国国际航空的航线与运价。接着小王传真了一份国际空运货运委托书给陈先生，指导他填写并盖上公司公章，回传到林德物流公司。林德物流公司的操作员 LINDA 收到委托书后与陈先生电话联系，做了一下确认，接着根据委托书填制了一份国航固定格式的订舱单，传真给国航货运福州营业部的经办李先生，之后与李先生确认了 4 月 20 日由福州起飞的 CA1506 航班的舱位。

本工作情境具体资料如下。

1. 贸易资料

卖方：福建省服装进出口公司

FUJIAN GARMENT IMPORT AND EXPORT CO., LTD

TEL：0591-87856616；FAX：0591-87856615

买方：PANMARK IMPEX PTE LTD.

432 BELESTIER ROAD PUBLIC MANSION #6-440E GEMANY 329813

TEL：441-375- 850606；FAX：441-375-843600

2. 品名及货物信息

品名：男式夹克（羽绒）

货物信息：箱数 10CTNS；毛重 28KGS /CTN；箱规 80CM ×50CM×50CM/CTN

3. 运输情况

4 月 19 日货物可以提货入仓及报关，希望 4 月 20 日由福州运到北京，以最快的时间由北京运到德国法兰克福。

希望预订的航班号及航空货运单号如下。

1ST：FOC-PEK，CA1506；2ST：PEK-FRA，CA981

AIRWAYBILL NO：999-43561508

航空货运提单签发人：AIR CHINA CO.，LTD

4. 运价与运费

（1）报价如下表所示

费用项目	+100KG	+300KG	+500KG	+1000KG
空运费	33 元/KG	29 元/KG	28 元/KG	26 元/KG
运杂费	报关加提货费：350 元/票			
付款方式	预付			

（2）成本如下表所示

费用项目	+100KG	+300KG	+500KG	+1000KG
空运费	29 元/KG	27 元/KG	26 元/KG	24 元/KG
运杂费	报关费 150 元		提货费 50 元	
付款方式	预付			

5. 客户联系资料

福建省服装进出口有限公司陈先生；TEL：87865516　TAX：87865515

提货地福清丽扬制衣厂老陈；TEL：55663160

4 月 19 日可以提货。

6. 补充资料

1）贸易方式：CIF，报关由福州顺通报关行报关

2）林德物流福州分公司的联系方式：TEL:0591-87851033　FAX:0591-87852033

● **相关知识准备**

1）国际空运托运知识。

2）国际空运业务交接知识。

3）国际空运订舱知识。

● **实训任务**

1）完成规定情境的国际空运货运委托书、空运业务交接表、国际空运订舱单、国际货物入仓单及航空标签的填制。

2）按以下工作岗位分组：进出口客户、国际货代企业业务员、国际货代企业操作员、国际货代企业单证员、航空公司货运部订舱员、航空港货运站工作人员、航空港安检人员等，进行托运订舱场景模拟演练。

● **实训教学建议**

1. 教学方法

课堂练习+场景模拟。

2. 教学课时

实践学时：4 课时。

3. 教学过程

因为本章已讲解了相关单证，所以不需要另安排授课时间，但在实际教学时也可以视情况灵活安排。场景模拟部分教学也可以每组 7～8 人，每人扮演一个工作角色，各个小组独立完成实践任务，教师点评。建议教师视教学进度及教学硬件环境灵活安排。

基本安排：2 课时完成规定情境的国际空运货运委托书、空运业务交接表、国际空运订舱单、国际货物入仓单及航空标签等，2 课时安排托运订舱场景模拟演练。

● **实训成果**

1. 国际空运货运委托书

A 物流有限公司福州分公司

A LOGISTICS CO., LTD FUZHOU BRANCH

国 际 货 运 委 托 书

编号：　　　　委托单位编号：

NO：　　　　SHIPPER'S NO：

<table>
<tr><td colspan="3">委托人名称及地址：
SHIPPER'S NAME&ADDRESS：</td><td colspan="4">通知人名称及地址：
NOTIFY PARTY：</td></tr>
<tr><td colspan="3" rowspan="4">收货人名称及地址：
CONSIGNEE'S NAME&ADDRESS：</td><td>起运港
LOADING</td><td></td><td>装期
TIME OF SHIPMENT</td><td></td></tr>
<tr><td rowspan="2">目的港
DESTINATION</td><td rowspan="2"></td><td>到付
CC</td><td>预付
PP</td></tr>
<tr><td></td><td></td></tr>
<tr><td>运价 RATE</td><td></td><td>杂费 OTHER CHARGE</td><td></td></tr>
<tr><td>标记/唛头
MARKS</td><td>件数
PACKAGE</td><td>包装
PAKING</td><td>货物及规格
DESCRIPTION</td><td colspan="2">毛重
GROSS WEIGHT
（公斤）</td><td>体积
VOLUME
（立方米）</td></tr>
<tr><td></td><td></td><td></td><td></td><td colspan="2"></td><td></td></tr>
<tr><td colspan="7">其他特约事项：
OTHERS：</td></tr>
<tr><td colspan="7">委托人证实以上所填全部属实，并愿遵守承运人的一切载运章程，同意承运人必要时抽查货物的实际重量和尺码，以最终确认重量付费。
SHIPPER CERTIFIES THAT ABOVE PARTICULARS ARE CORRECT AND AGREE TO THE CONDITIONS OF THE CARRIER。

托运人签章　　日期　　经办人　　电话
SIGNATURE OF SHIPPER　　DATE　　AGENT　　TEL</td></tr>
</table>

电话：　　　　传真：

2. 空运业务交接表

销售员：　　　　　　　　　　　　　　　　　　　　　　No：

付款单位		联系人		电话		传真	
品名		件数		重量		体积	
航班	头程		提货日期		提货地点		
	二程		始发港		目的港		二程代理
出口单位		贸易方式		商检/熏蒸		随机文件	
报　　价		底　　价		运 杂 费		付款方式	PP（　）CC（　）
操作要求		相关公司联系方式					
主运单号		分运单号		核销单号			
实际尺寸		实际重量		计费重量			
		实际件数					
应收项目	付款单位	应收金额（元）	应付项目	收款单位	应付金额（元）		
运　　费			一程运费				
			二程运费				
签 单 费			签 单 费				
报 关 费			报 关 费				
动植物商检费			动植物商检费				
地面处理费			地面处理费				
E D I			E D I				
提 货 费			提 货 费				
其　　他							
应收运费及杂费合计		应付运费及杂费合计					
销售毛利							
操作毛利							
备　　注	销售员：（签名）						

3. 国际空运订舱单

国航福州营业部国际空运订舱单

TO：

FM：

目的站________________　　运单号码______________

件　数________________　　毛　　重______________

体积（CBM）____________　　包装方式______________

品名、尺寸____

航　　线：*　　　　TO　　　　*航班/日期：

*　　　　TO　　　　*航班/日期：

储运事项：请速确认二程舱位。TKS！

TEL：　　　　FAX：

4. 国际货物入仓单

福州国际航空港有限公司

FUZHOU INT'L AIRPORT CO., LTD.

国 际 货 物 托 运 书

SHIPPER'S LETTER OF INSTRUCTION

货运单号码 Airway bill Number

托运人姓名及地址 Shipper's Name and Address	供运输用的声明价值(美元) Declared Value for Carriage(USD)	
	订舱航班及日期 Booking Flight/Date	/ 月 日
收货人姓名及地址 Consignee's Name and Address	交货代理人 Delivering Agent	签发提单货代 AWB Issuing Agent
	始发站 Airport of Departure 福州 FOC	目的站 Airport of Destination

第三联：交接联

储运注意事项及其他 Handling Information	计重过程（wt unit：kg）					尺寸明细 Dimensions (cm)			
	ULD NO.	件数	毛重	皮重	净重	长	宽	高	件数
随附证明：Attached Documents									

件数 No.of pieces	毛重(kg) Gross Weight	计费重量(kg) Chargeable Weight	货物品名 Nature of Goods

声明：交货代理人（托运人）已阅读并充分理解印刷于本托运书之交货代理人（托运人）联背面的相关条款，并愿意遵守。
Shipper or his agent has read and fully understood all the conditions printed on the back of this SLi, and agrees to comply with them.

交货代理人（托运人）签字　　　　计量员：　　　　录入员：

Delivering Agent (Shipper):

年　月　日　　　　月　日　时　分

5. 航空标签

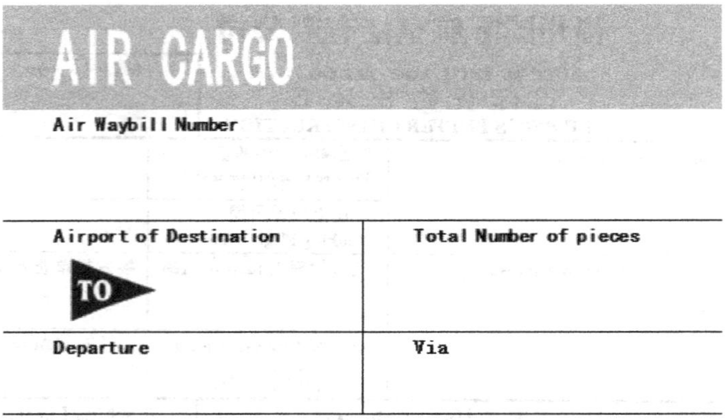
AIR CARGO

Air Waybill Number

Airport of Destination TO	Total Number of pieces
Departure	Via

● 实训任务评价

编　　号	评 价 点	评价细节	得分情况
1	成果	是否准时完成（20 分）	
2	成果	单证是否正确（40 分）	
3	成果	流程是否熟练、流畅（40 分）	

思考与练习

一、单项选择题

1．在（　　）交货条件下，货主将货物运至承运人指定的集装箱货运站，完成报关报验，承运人的代理人负责装箱和制作装箱单与设备交接单，并运至指定地点装船。

A．CY—CY　　B．CFS—CFS

C．DR—CY　　D．DR—DR

2．40 英尺集装箱的长度是（　　）。

A．10.19m　　B．12.19m

C．13.19m　　D．11.19m

3．LCL 指的是海运中的（　　）。

A．整箱　　B．拼箱

C．班轮　　D．租船

4．航空货物体积重量的折算标准为每（　　）立方厘米折合 1 千克。

A．3 000　　B．4 000　　C．5 000　　D．6 000

5．航空公司的运价，“N”表示（　　）。

A．最低运价　　B．指定商品运价

C．45 千克以上普货运价　　D．45 千克以下普货运价

二、多项选择题

1．ICO 第一系列集装箱主要分为 10 英尺、20 英尺、30 英尺、40 英尺四种箱型，其

中 20 英尺的箱型包括（　　）。

A．IA　　B．IAA　　C．IC　　D．ICC

2．海运航线按船舶营运方式不同，可以分为（　　）。

A．远洋航线　　B．近洋航线

C．定期航线　　D．不定期航线

3．在集中托运业务中通常涉及（　　）文件。

A．主运单　　B．分运单

C．集中托运货物舱单　　D．识别标签

4．集装箱货运出口的流程有（　　）。

A．货运订舱与接受业务　　B．货运站保管

C．空箱发放与重箱进场　　D．货物装箱与铅封

5．以下属于宽体机机型的有（　　）。

A．B737　　B．A340　　C．B767　　D．B777

三、判断题

1．按用途来分，可以把民航飞机分为三种，即客机、货机和客货机。（　　）

2．EVERGREEN 是韩国现代航运公司的缩写。（　　）

3．CA 是中国南方航空公司的英文代码。（　　）

4．集装箱堆场的缩写是 CY。（　　）

5．在国际空运中，1 立方米的货物重量大于 167 公斤，称为轻泡货。（　　）

四、简答题

1．简述集装箱的交接地点与交接方式。

2．简述民航机型的种类、代表机型及大致装载量。

3．请列出世界十大集装箱班轮公司的中英文名称。

五、计算题

某空运物流公司接到 2 家客户公司的空运出口业务，目的地都是日本大阪（OSAKA），货物情况如下。

1．贸易资料

货物的出口单位 A：福建省服装进出口公司

货物的出口单位 B：厦门某木制工艺品公司

2．品名及货物信息

（1）A 货物品名及信息如下。

品名：羽绒服

货物信息：箱数 100CTNS；毛重 6KGS /CTN；箱规 50CM×30CM×50CM/CTN

（2）B 货物品名及信息如下。

品名：木制工艺品

货物信息：箱数 10CTNS；毛重 40KGS /CTN；箱规 30CM×30CM×35CM/CTN

3．运输情况

A 货物由福州运往大阪，B 货物由泉州运往大阪。

4．运价与运费

（1）报价如下表所示

费用项目	+45KG	+100KG	+300KG	+500KG	+1 000KG
空运费	16 元/KG	15 元/KG	15 元/KG	13 元/KG	12 元/KG
运杂费	报关加提货费：350 元/票				
付款方式	预付				

（2）成本如下表所示

费用项目	+45KG	+100KG	+300KG	+500KG	+1 000KG
空运费	14 元/KG	13 元/KG	12 元/KG	11 元/KG	10 元/KG
运杂费	报关加提货费：200 元/票				
付款方式	预付				

该空运物流公司决定将这 2 批货物都陆运至厦门机场，进行集中托运处理（俗称空运拼票），然后由厦门机场飞往日本大阪（OSAKA）。

请计算：

1．物流公司应向 A 公司和 B 公司分别收取的运费是多少？

2．通过这次的业务，物流公司能得到多少利润？

第 4 章

单证岗——国际货代海运提单与航空货运单

学习目标

1. 了解国际海运提单基础知识；
2. 了解国际航空货运单基础知识；
3. 掌握填制国际海运提单的方法；
4. 掌握填制国际航空货运单的方法。

引导案例

2012 年 1 月，北京 A 公司与新加坡 B 公司签订了 FOB 黑豆出口合同，目的港为印度尼西亚雅加达港，信用证要求签发以新加坡 B 公司为托运人的指示提单。货物装船后，北京 A 公司取得了船公司签发的以新加坡 B 公司为托运人的指示提单。船舶抵达目的港后，船公司根据新加坡 B 公司的指示，凭保函将货物交付给印度尼西亚的实际收货人。然而，北京 A 公司却因未能在信用证有效期内向银行交单结汇而被银行退单。为此，北京 A 公司依据所持有的全套正本提单（该提单没有新加坡 B 公司的背书），以无单放货为由向法院起诉，要求船公司赔偿其损失，但法院以北京 A 公司无诉讼权而驳回上诉。

思考题：

1. 哪些问题导致了北京 A 公司货款两空？
2. 在国际海运提单的制作过程中有哪些注意事项？

4.1 国际海运提单与国际航空货运单基础知识

4.1.1 国际海运提单

1. 海运提单的含义

国际海运提单又称海运提单（Ocean Bill of Lading），简称“提单”，是在海上运输（主要是班轮运输）方式下，由承运人或其代理人签发的确认已经收到（或已装船）某种货物，并且承诺将其运到指定地点交给提单持有人的一种具有法律效力的证明文件。

2. 海运提单的性质与作用

1）提单是证明承运人已接收货物的货物收据。承运人不仅对于已装船货物负有签发提单的义务，而且根据托运人的要求，即使货物尚未装船，只要货物已被承运人接收，承运人也有签发一种被称为“收货待运提单”的义务。所以，提单一经承运人签发，即表明承运人已将货物装船或已确认接收。提单作为货物收据，不仅证明收到货物的种类、数量、标志、外表状况，而且还证明收到货物的时间，即货物装船的时间。

2）提单是承运人保证凭以交付货物的物权凭证。提单的物权凭证功能，意味着它能够代表货物，并使其持有人有权要求承运人交付货物，同时意味着持有该凭证即有权支配货物。提单是货物的象征，它的转让就象征性地转让了对货物本身的占有权。

3）提单是海上货物运输合同的证明。提单上的条款规定了承运人与托运人之间的权利、义务，而且提单也是法律承认的处理有关货物运输问题的依据，因而提单常被人们认为其本身就是运输合同。但是按照严格的法律概念来看，提单并不具备经济合同应具有的基本条件，它不是双方意思表示一致的产物。约束承托双方的提单条款是承运人单方拟定的，它履行在前，而签发在后，早在签发提单之前，承运人就开始接受托运人托运货物和将货物装船的有关货物运输的各项工作。所以，与其说提单本身就是运输合同，还不如说提单只是运输合同的证明更为合理。如果在提单签发之前，承托双方之间已存在运输合同，则不论提单条款如何规定，双方都应按原先签订的合同约定行事；但如果事先没有任何约定，托运人接受提单时又未提出任何异议，这时提单就被视为合同本身。虽然海洋运输的特点决定了托运人并没有在提单上签字，但因为提单毕竟不同于一般合同，所以不论提单持有人是否在提单上签字，提单条款对他们都具有约束力。

3. 海运提单的种类

（1）根据货物是否装船，分为已装船提单和备运提单

1）已装船提单（On Board B/L）是指承运人已将货物装上指定的船只后签发的提单。这种提单的特点是提单上有载货船舶名称和装货日期。

2）备运提单（Received for Shipment B/L）是指承运人收到托运的货物后在待装船期间签发给托运人的提单。这种提单上没有装船日期，也没有载货的具体船名。在国际贸易中，一般来讲，买主只接受已装船提单。

相关链接　已装船提单和收货待运提单的主要区别

	已装船提单	收货待运提单
签发时间	承运人将货物装上船舶后签发	承运人收到货物后，未装船前签发
提单内容	注明船舶、航次、装船日期，有的会载有“货物已装”字样	没有明确的装船日期，通常不注明装运的船舶名称
银行结汇	买方往往会要求卖方提供已装船提单	买方往往不接受这种提单

（2）根据货物表面状况有无不良批注，分为清洁提单和不清洁提单

1）清洁提单（Clean B/L）是指货物装船时表面状况良好，承运人在签发提单时未加任何货损、包装不良或其他有碍结汇批注的提单。

2）不清洁提单（Unclean B/L）是指承运人收到货物之后，在提单上加注了货物外表状况不良或货物存在缺陷和包装破损的提单。例如，在提单上批注“铁条松动”（Iron Strip Loose of Missing）、“包装不固”（Insufficiently Packed）等。但是并非提单有批注即不清洁提单。国际航运公会于 1951 年规定下列三种内容的批注不能视为不清洁：第一，没有明确表明货物或包装不能令人满意，如只批注“旧包装”、“旧箱”、“旧桶”等；第二，强调承运人对于货物或包装性质所引起的风险不负责任；第三，否认承运人知悉货物内容、重量、容积、质量或技术规格。这三项内容已被大多数国家和航运组织所接受。

在使用信用证支付方式时，银行一般不接受不清洁提单。有时在装船时会发生货损或包装不良，托运人常要求承运人在提单上不做不良批注，而向承运人出具保函，也称赔偿保证书，向承运人保证如因货物破残损及承运人因签发清洁提单而引起的一切损失，由托运人负责。承运人则给予灵活处理，签发清洁提单，便于在信用证下结汇。对于这种保函，有些国家法律和判例并不承认，如美国法律认为这是一种欺骗行为，所以使用保函时要视具体情况而定。

（3）根据收货人抬头的不同，分为记名提单、不记名提单和指示提单

1）记名提单（Straight B/L）又称收货人抬头提单，是指在提单的收货人栏内具体写明收货人名称的提单。

2）不记名提单（Open B/L）又称空白提单，是指在提单收货人栏内不填明具体的收货人或指示人的名称而留空的提单。

3）指示提单（Order B/L）是指收货人栏内只填写“凭指示”（To Order）或“凭某人指示”（To Order of…）字样的一种提单。这种提单通过背书方式可以流通或转让，所以又称可转让提单。指示提单上不列明收货人，可凭背书进行转让，有利于资金的周转，在国际贸易中应用较普遍。

这三种提单的区别总结如表 4-1 所示。

相关链接　提单批注常见类型比较

批注类型	批注内容举例	是否构成不清洁提单
对货物或包装状况的批注	①ONE BAG BROKEN （一包破） ②ONE BALE OF RUBBER STAINED BY WATER（一包橡胶水渍） ③ALL TIMBER LOADED WET （全部木材装船水湿） ④ONE CARTON NO.23 MIDDEW STAINED （第 23 号纸箱有霉迹） ⑤TWO BOXES CARSHDE，CONTENTS EXPOSED （两箱打碎，货物暴露） ⑥THREE STEEL TUBES BENT （三条钢管弯曲） ⑦DAMAGED BY VERMINS （RATS）（有虫或被鼠咬） ⑧ TWO DRUNS,NOS.3,5,BADLLY DENTED N/R FOR CONDITION OF CONTENTS （第 3、第 5 两桶严重碰凹，船方对其内容不负责）	构成不清洁提单
对附加费用的说明	①PORT EXPENSES AT DESTINATION TO BE BORNE BY THE CONSIGNEE （目的港费用由收货人负担）	不构成不清洁提单
负责批注	①N/R FOR PUTREFACTION （船方不负货物腐烂之责） ②N/R FOR NUMBER OF PIECES CAUSED BY BONDLES OFF （散捆后船方对件数不负责） ③SAID TO CONTAIN… （据托运人说有……）	不构成不清洁提单
对运输方式的说明	①SHIP MAY DISCHARGE THE GOODS AT THE NEATESE PORT IF UNABLE TO REACH THE DESTINATION（如不能进入目的港，船方可将货物在就近港口卸下）	不构成不清洁提单
未明确表示货物与包装不良的批注	①SECOND-HAND CASES（用过的箱子） ②USED DRUMS （旧桶）	不构成不清洁提单
对货物数	①SHORT SHIPPED ONE JAR（少装一坛）	这类批注容易起争议，

表 4-1　记名提单、不记名提单与指示提单的比较

	记名提单	不记名提单	指示提单
内涵	具体写明收货人名称的提单	不具体指明收货人名称的提单	收货人通过“Order”方式进行指定的提单

续表

	记名提单	不记名提单	指示提单
收货人栏填写方式	①Consigned to xx Co.Ltd ② Deliver to xx Co.Ltd	①to Bearer ② 空出不写	① to the order of xx Bank ② to the order of xx Ltd ③ to the order of shipper ④ to order
是否可以转让	不能转让，只能由提单指定的收货人提货	可以转让，不需要办理任何背书手续即可转让，以持有提单者为准	可以转让，但必须经过背书转让
提货依据	凭正本提单提货，但有些国家（如美国）允许仅凭“到货通知”上的背书和身份证明即可提货	凭正本提单提货	凭正本提单提货

（4）根据运输方式的不同，分为直达提单、转船提单和联运提单

1）直达提单是指轮船装货后，中途不经过转船而直接驶往指定目的港，由承运人签发的提单。

2）转船提单是指货物经由两程以上船舶运输至指定目的港，而由承运人在装运港签发的提单。转船提单内一般注明“在某港转船”（With Transhipment at）的字样。

3）联运提单是指海陆、海空、海河、海海等联运货物，由第一承运人收取全程运费并负责代办后段运输手续，在装运港签发的全程提单。卖方可凭联运提单在当地银行结汇。

转船提单和联运提单虽然包括全程运输，但签发提单的承运人一般都在提单上载明只负责自己直接承运区段发生的货损，只要货物卸离承运人的运输工具，其责任即告终止。

（5）根据其他情况不同，分为过期提单、倒签提单和预借提单

1）预借提单。预借提单指由于信用证规定的装运期或交单结汇期已到，而货物尚未装船或货物尚未装船完毕时，应托运人要求而由承运人或其代理人提前签发的已装船提单，即托运人为能及时结汇而从承运人处借用的已装船提单。

当托运人未能及时备妥货物，或者船期延误使船舶不能如期到港，托运人估计货物装船完毕的时间可能要超过信用证规定的装运期甚至结汇期时，就可能采取从承运人那里借出提单用以结汇的办法。但是，承运人签发预借提单要冒极大风险，因为这种做法掩盖了提单签发时的真实情况。许多国家法律的规定和判例表明，一旦货物引起损坏，承运人不但要负责赔偿，而且还要丧失享受责任限制和援用免责条款的权利。

2）倒签提单。倒签提单指在货物装船完毕后，应托运人的要求，由承运人或其代理人签发的提单，但是该提单上记载的签发日期早于货物实际装船完毕的日期。由于倒填日期签发提单，所以称为“倒签提单”。

由于货物实际装船完毕的日期迟于信用证规定的装运日期，若仍按实际装船日期签发提单，肯定影响结汇，为了使签发提单日期与信用证规定的装运日期相吻合，以便结汇，托运人就可能要求承运人仍按信用证规定的装运日期“倒填日期”签发提单，即托运人从

承运人处得到的以早于货物实际装船完毕的日期作为提单签发日期的提单。

3）顺签提单。顺签提单指在货物装船完毕后，承运人或其代理人应托运人的要求而签发的提单，但是该提单上记载的签发日期晚于货物实际装船完毕的日期，即托运人从承运人处得到的以晚于该票货物实际装船完毕的日期作为提单签发日期的提单。由于顺填日期签发提单，所以称为“顺签提单”。

由于货物实际装船完毕的日期早于有关合同中装运期限的规定，如果按货物实际装船日期签发提单将影响合同的履行，所以托运人就可能要求承运人按有关合同装运期限的规定“顺填日期”签发提单。承运人顺签提单的做法也掩盖了真实的情况，因此也要承担由此而产生的风险责任。

【实例4-1】 倒签提单被发现，赔款2.09万英镑

我国A进出口公司先后与英国B公司签订出售一批农产品合同，共计2 000吨，价值6.5万英镑。装运期为当年12月至次年1月。但由于原定的轮船出现故障，只能改订另一家船公司的舱位，该批货物到2月11日才装船完毕。在A公司的请求下，国际货运代理F公司将提单的日期改为1月31日，货物到达鹿特丹后，买方对装货日期提出异议，要求我公司提供1月装船证明。A公司坚持提单是正常的，无须提供证明。结果买方聘请律师上货船查阅船长的船行日志，证明提单日期是伪造的，立即凭律师拍摄的证据，向当地法院控告并由法院发出通知扣留该船，经过4个月的协商，最后，我方赔款2.09万英镑，买方撤回上诉而结案。

【分析】倒签提单是一种违法行为，一旦被识破，产生的后果是严重的。但是在国际贸易中，倒倒签提单的情况还是相当普遍。尤其是当延期时间不多的情况下，还是有许多出口商会铤而走险。当倒签的日子较长的情况出现，就容易引起买方怀疑，最终可以通过查阅船长的航行日志或者班轮时刻表等途径加以识破。

（6）根据签发人的不同，可以分为主提单和分提单

1）主提单。船公司签发的提单称为船东提单（俗称主提单）。

2）分提单。国际货代企业签发的提单通常称为分提单。

一份主提单可以对应一份分提单，也可以对应多份分提单。一般在运费到付及拼箱操作时一定要用到分提单，运费预付及整箱操作时由国际货代企业自主决定是否使用分提单。有些国际货代企业对所有货物都使用分提单，在实践操作中也是允许的。

4. 海运提单的条款

提单条款一般由正面条款和背面条款构成。正面条款主要对当事人、船舶、货物及提单本身做了规定；背面条款主要是对与提单有关的各利益方的权利、义务、责任和免责等方面的规定。

（1）提单正面条款

提单是海上运输合同的证明，其正面条款往往是对此的反映。各船公司的提单正面条款内容基本上大同小异，这些条款一般分为必要记载事项和任意记载事项两类。

提单必须列明的内容为必要记载事项，一般来讲，包括如下内容：① 运输当事人的名称、地址。② 船名。③ 装货港、卸货港。④ 货物名称、数量及包装类型、重量、体

积和标志。⑤ 运费。⑥ 提单签发人、签发日期、签发份数和签发地点。

以上内容是提单的必要记载事项，涉及提单的法律效力，倘若有所缺少，将会使提单全部或部分无效。

除以上必要记载事项以外，提单上还有任意记载事项。所谓任意记载事项，是指这些内容的记载并不会影响提单的法律效力，但会关系到有关当事人的权利和义务，主要有以下两方面的内容：① 为业务的开展而记载的事项，如航次号、船长姓名、运费支付的时间、地点、汇率及提单编号等。② 为区分责任而记载的事项，如是由哪方来负责装箱的，有关货物外表状况、货物损坏情况或数量争议的批注等。

（2）提单背面条款

提单属于格式合同，收发货人和承运人的权利和义务都已事先拟定好并印制于提单背面，称为背面条款。从原则上说，提单的背面条款应该是承运人和收发货人之间约定的事项，但实际上背面条款却是承运人单方面制定的。与提单的正面条款一样，各种提单的背面条款虽有所不同，但其中主要的条款有以下几种。

1）定义条款。提单中的定义条款包括的范围不完全一致，通常应包括船舶、承运人、货主、货物、集装箱、件数等。定义条款中的规定往往是使这些概念所包含的内容扩大，以适应业务上的需要。例如，船舶包括能用于完成合同的任何可替代船的运送工具，集装箱包括集装箱、托盘、拖车等类似的容器。

这里需着重指出的是承运人（Carrier）、货主（Merchant）的定义。运输业务中，提单所涉及的关系方主要有承运人、托运人、收货人、提单持有人等。定义条款对承运人、托运人等关系加以限定。所谓承运人，是指与托运人签订货物运输合同，承担运输任务与责任的航运公司，其定义中包括船舶经营人、承运人的雇用人员等，同时又强调分清内陆承运人（Inland Carrier）和海上承运人。托运人是与承运人签订运输合同，委托承运人运输的人，一般是国际贸易中的卖方或出口商。收货人是有权提货的人，在国际贸易中常常是买方或进口商。提单持有人是提单的合法持有者，可以是托运人，也可以是提单流转过程中的提单受让人。其中，提单的托运人、收货人、提单持有人在许多船公司的标准提单格式条款中又被定义为货主，这表明提单当事人绝不仅是承运人与托运人，还包括上述关系方。以上各方之间的权利与义务关系就构成了提单关系的主要内容。

2）管辖权条款。当提单出现问题时，按照相关法律，双方到管辖权所属地法院审理和解决案件。

3）责任期限条款。对承运人的责任期限的界定，一般海运提单规定承运人的责任期限从货物装上船舶起至卸离船舶为止。集装箱运输中，承运人的责任是从承运人接受货物起至交付指定收货人为止，如 CY—CY 条款，承运人的责任自装货港集装箱堆场始，至卸货港集装箱堆场止。

4）发货人自装箱、计数及承运人不知条款。《统一提单的若干法律规则的国际公约》（以下简称《海牙规则》）规定，如承运人、船长或其代理人有适当依据怀疑货物的数量、重量等不能确切代表其实际收到的货物，或无适当方法进行检验时，承运人可以在提单上拒绝载明箱内货物的详情。但在实际工作中，如果提单上缺少了这些记载，势必会影响提单的流通性，因此，实际业务中承运人往往不得不根据货主告知的内容记载提单。另外，如果承运人默认了货主提供的集装箱内的件数或重量，则可能在交付货物时及在是否享受最高赔偿限额等责任限制方面产生不利。集装箱货物由托运人装载时，承运人对于由装载方式、集装箱本身不适货或者货物不适箱等原因造成的货物灭失或损坏不予负责，并且货主应对承运人因以上原因造成的损失、责任、费用等予以赔偿。特别是在集装箱运输下的整箱货，承运人收到的仅是外表状况良好、铅封完整的集装箱，对里面所装的货物一无所知，所以有必要加注 SLAC 或 STC 条款。其中，SLAC 指的是“Shipper’s Load and Count”，即发货人自装箱、计数条款；STC 是“Said to Contain”，即承运人不知条款。提单中订有不知条款，是为了保护承运人的利益，最大限度达到免除责任的目的。但其保护范围也有一定的限度，如货主能举证说明承运人知悉货物详细情况，即使提单中有上述条款，承运人仍不能免责。

5）铅封完整交货条款。提单中这一条款的规定仅适用于整箱货交接。也就是说，承运人在箱体外观良好、铅封完整的情况下接货、交货，即可认为承运人完成了货物运输责任。因此，从某种程度上说，集装箱运输下的整箱货交接是以铅封完整与否来确定承运人责任的。

6）错误申报条款。发货人应对货物内容的准确性负责。提单中所记载的内容通常由发货人提供。在承运人接受货物时，发货人应保证他所提供的货物种类、标志、件数、重量、数量等内容均准确无误。如货物的损害是由发货人提供的内容不准确或不当所致，发货人应对承运人负责，即使发货人已将提单转让给他人也不例外。

承运人有权在装运港和目的港核查托运人申报的货物数量、重量、体积等内容，如发现与实际不符，承运人可收取运费罚款。

7）包装和标志条款。这一条款要求托运人对货物提供适合运输的包装和正确清晰的标志。因标志不清或包装不良所产生的一切费用均由货主负责。

8）危险货物条款。这一条款规定货主托运危险货物时，应将货物的危险性质事先通知承运人，否则货主对造成的后果负责；当危险货物在运送过程中发生危险时，承运人可随时将其卸下、销毁或使之无害，而不负赔偿责任。

9）货物检查权条款。货物检查权条款是指承运人在任何时候都有权（但没有义务）将集装箱开箱检验，核对其所载装的货物。承运人查核时如发现所装载货物全部或部分不适合运输，则有权对该部分货物做放弃运输处理或由托运人支付合理费用后完成这部分的货物运输。

提单上订有货物检查权条款是为了承运人对箱内货物的实际状况有怀疑时能够启封检查。承运人在行使这一权利时无须得到托运人的事先同意。在实际业务中，承运人很少会这样做。当对货物产生怀疑时，承运人往往在提单上加以批注。承运人对由货主自己装载的集装箱启封检查时，通常也会先征得货主同意，其费用由货主负担。

10）海关启封检查条款。视工作需要，海关有权开箱检查，因此，提单中通常都规定：“如果集装箱的启封是因海关当局检查箱内货物内容所致，由此而造成任何货物灭失、损害以及其他后果，本公司概不负责。”在实际业务中，尽管提单做了这样的规定，承运人还应对这种情况做好记录，并保留证据，以使其免除责任。

11）自由转船条款。当承运人签发了直达提单，但由于客观原因需要安排转船时，承运人有转船自由，并不须经托运人的同意。因转船所发生的费用由承运人负担，但风险由托运人承担。而对转船后的责任，则规定承运人只对处于自己控制下的运输负责。安排转船时，承运人应注意转船应是合理而适当的，并尽量与货主进行协商。

12）自由绕航条款。若承运人认为需要，船舶可以自由绕航。这种需要有的是为了添加燃料，有的是为了揽货，有的是为了救助财产，有的是为了船上人员登陆方便，等等。绝大多数情况下，单纯为了承运人自己的利益而进行的绕航对承运人来讲是有很大风险的。如无法证明绕航是必要行为时，绕航属于根本违约，承运人绕航后将丧失一切权利，甚至根本无权收取运费。

13）承运人责任限额条款。这一条款规定承运人对货物灭失或损坏所造成的损失所负的赔偿限额，即每件或每计算单位货物赔偿金额最多不超过若干金额，对超过的部分不予负责，从而使承运人获得保护。但这种赔偿限额不能低于其所适用的国际公约或国内法，否则将无效。

14）运费和其他费用条款。这一条款对运费、滞期费、亏舱费及其他费用均有所涉及，但其关键在于对运费的规定。这一条款规定，预付运费应在装船时一并支付，到付运费应在交货时一并支付。当船舶和货物遭受任何灭失或损失时，运费仍应照付，否则，承运人可对货物及单证行使留置权。

实际工作中，关于此种规定是否有效是存在着争议的。事实上，在货物灭失情况下运费的收取问题可归结为两点，即预付运费不退和到付运费不付。

15）共同海损条款。这一条款一般规定共同海损所适用的理算规则，即规定若发生共同海损，应按照什么规则理算。国际上一般采用 1990 年修订的《约克·安特卫普规则》理算。在此，应着重指出与共同海损有关的新杰森条款。条款中规定，只要承运人尽到了谨慎处理使船舶适航的义务，就有权请求共同海损的分摊。

16）美国条款。这一条款规定来往美国港口的货物运输只能适用美国 1936 年海上货运法（Carriage of Goods by Sea Act，1936），运费按美国联邦海事委员会登记的费率本执行。当提单条款与该货运法有抵触时，以该货运法为准。

17）甲板货条款。《海牙规则》是不适用于甲板货的，而集装箱货物出于集装箱船构造和集装箱运输经济性考虑，可装在甲板上进行运输。所以，几乎所有集装箱提单都有甲板货条款，其大体内容是说各船公司有权将集装箱装在甲板上或甲板下运输，装在甲板上的集装箱应视为装在甲板下。船公司对由于装在甲板上引起的集装箱损坏不予负责。

18）首要条款。首要条款是用以明确提单中所适用法规的条款。依照规定，提单应受海商法、海上运输法或国际公约制约。

19）索赔通知、时效条款。这一条款中的时效规定应该符合国际公约、海商法或海上运输法的规定，或者比规定的时效还要长，否则提单中的时间无效。而对索赔通知的规定并不是如此严格的。

5. 海运提单的签发

（1）签发人

根据《中华人民共和国海商法》（以下简称《海商法》）的规定，货物由承运人接收或装船后，应托运人的要求，承运人应当签发提单。提单可以由承运人授权的人签发，提单由载货船舶的船长签发的视同承运人签发。因此提单的签发人包括承运人、承运人的代理人或船长。

各国有关海上货物运输的法律都规定船长是承运人的当然代理人，不需经过承运人的授权便可签发提单。但如提单由承运人的代理人签发，则代理人必须经过承运人的合法授权。未经授权，代理人无权签发提单。集装箱运输实践中，提单多由承运人或其代理人签发。

（2）签发的地点和日期

提单签发的地点应当是货物的装运港，如托运人要求在异地领取提单，承运人应视情况决定是否同意。提单签发的日期应当是货物实际装船完毕的日期。

国际贸易实践中，尤其是在买卖双方约定以信用证作为结算手段的情况下，提单签发的日期非常重要。在信用证规定了货物的最迟装运期限时，签发提单的日期即可看作货物已装船完毕的日期，也就是卖方向买方交货的日期。如提单签发日期迟于信用证规定的最迟装运期限，则表示货物装船日期超过规定时间，就可能遇到买方在目的港拒收货物并请求赔偿损失和银行拒付货款等问题。此外，因为只有货物装船后才能确定所装货物的状况是否良好及件数是否与申报数字相符，如果提单签发日期提前于货物装船完毕日期，甚至在未装船时已签发装船提单，就扩大了承运人的责任，也有可能构成对第三者的欺诈行为，而引起收货人拒绝提货甚至提出索赔。

（3）份数

提单有正本提单（Original）和副本提单（Copy）之分。正本提单一式数份，以防提单的遗失、被窃、迟延到达及在传递过程中发生意外事故造成灭失。副本提单没有固定的份数，只用于日常业务，不具有法律效力。对正副本提单要求的权利在收货人一方。

各国海商法和航运习惯都允许签发数份正本提单，但在提单正面一般都有这样的文字："本提单正本签发一式×份，其中一份生效（指提货）后则其余文本自动失效。"

由于正本提单是一种物权凭证，可以流通和转让，因此，承运人做出上述注释的目的是防止出现利用多份正本提单进行损害提单当事人利益的非法活动。承运人只能在目的港向持有正本提单的人交付货物，如果承运人向提单持有人以外的其他人交付了货物，则应向持有正本提单的人承担赔偿责任。

6. 提单的背书转让

所谓背书（Endorsement），是指在票据或单证的背面签名，表示该票据或单证的权利由背书人转让给被背书人。提单背书则是指提单转让人在提单背面写明受让人或不写明受让人，并签名的转让手续。

相关链接

在国际贸易中，往往通过转让提单来实现货物所有权的转让。因提单的类型不同，提单是否可转让的情况也不一样。

1）记名提单不可转让。

2）不记名提单，无须背书，只要将提单转交受让人，即可转让。

3）指示提单，须经过背书才能转让。

由于记名提单无法转让，在国际贸易过程中缺乏灵活性，一般适用于一些贵重货物的运输；不记名提单无须背书即可转让，任何人持有提单便可要求承运人放货，安全性不够、风险比较大，一般很少采用；指示提单可以通过背书转让，适应了正常贸易需要，所以在实践中被广泛应用。

对于指示提单，只有指示人进行背书后，提单才具有转让的效力。指示提单的背书转让分为以下几种情况。

（1）发货人（或指定人）指示的提单

提单的收货人（ Consignee）栏填写内容为“to the order”或“to the order of　shipper”时，应当由“Shipper”首先背书。当发货人向银行议付时，需要按照信用证对提单的规定进行背书，即发货人在提单背面的任何位置盖章签字。背书的公司名称一定要和提单正面的发货人的名称完全一致，否则会被银行拒付。

例如，当提单的收货人（Consignee）一栏填写内容为“to the order of ABC Co.，Ltd,”时，则应当由“ABC Co.，Ltd.”作为第一背书人。

（2）开证行指示的提单

如果提单的收货人（Consignee）一栏的填写内容为“to the order of issuing bank”时，当发货人向银行议付的时候不需要进行背书，只要将提单和其他信用证要求的单据交给议付行，由开证银行对提单进行背书即可，即在单据到达开证银行时，由开证银行在提单的背面任何位置盖上银行的印章并由经银行授权的负责人签字。

按照背书的方法，背书又分为记名背书、指示背书、选择不记名背书和空白背书（不记名背书）四种。

（1）记名背书

记名背书也称完全背书，是由提单的背书人（转让人）在提单背面写明被背书人（受让人）的姓名，并由背书人签名的背书形式。

（2）指示背书

指示背书是背书人在提单背面并不写明具体受让人姓名，而写明“某某指示”字样，并由背书人签名的背书形式。

（3）选择不记名背书

这种背书形式是背书人在提单背面既特指某一受让人，又指明可以由提单持有人作为受让人，即写明“某某或持有人”字样，并由背书人签名的背书形式。

（4）空白背书

空白背书指在提单背书中不记载任何受让人，只由背书人签名的背书形式。如果所签发的提单是托运人指示提单，则应由托运人背书；如果是记名指示提单，则背书人应是提单中指名的指示人，即“某某指示”中的某某。

7. 提单的管理办法

（1）空白提单管理办法

1）应设立专职人员负责管理空白提单的印制、申领与发放，未经授权，任何单位或者个人不得使用、仿制及印刷提单。专职人员名单应当备案，如有调整应及时上报。

2）空白提单应设立固定的保管场所并由专职人员负责监管，如需使用提单需经过正式程序向公司申请，并由专职人员负责发放，除专职人员外其他人员不得私自接触或领取空白提单。

3）专职人员应及时统计每一批量的空白提单份数及流水编号。

4）不得将空白提单发放给无权签发提单的单位和个人，避免提单外流导致他签、仿制或其他后果。如因管理不善导致公司遭受损失，须向相关责任方追究责任。

（2）作废提单管理办法

1）如果在提单使用过程中出现残损、印刷模糊、格式错误等客观方面的原因或打印错误、签章错误、更改提单等人为方面的原因导致提单无法继续使用而失去原有功能，均可视为作废提单。

2）各分公司或部门的提单专职管理人员须及时登记作废提单并按月定期上报，定期将作废提单上交并详细注明提单作废原因。

3）所有作废提单必须在每份正本提单上盖上专用的提单作废章，相关人员不得私自撕碎、扔弃或转作其他用途。

4）所有作废提单必须有固定的存放场所并由专职人员负责保管，及时登记入册并按月备案。

5）提单专职人员针对作废提单须定期统计其损毁率及原因，严格将提单作废率控制在一个合理的范围内。针对提单损毁率较高的分公司或部门以及个人，应适当提出警告或罚款，并要求其限期改正。

8．遗失提单的处理程序

承运人处理提单遗失的结果一般有重新签发一套正本提单或直接电放提单两种形式。在此之前，承运人均会采取一系列的措施以保障自身的权益，一般如下：

1）托运人必须提供包括以下要点的保函。

- 致×××公司（承运人名称）。
- 提单号、集装箱号、船名、航次、件数、毛重、体积、品名、起运港、目的港等信息。
- 承担承运人或其代理因此产生的一切责任、损失或风险。
- 如找到提单将马上归还给承运人。
- 托运人签名、盖章及日期。

保函须使用印制有托运人之抬头信签纸出具，署上托运人的公司全称（托运人名称必须和提单的发货人名称一致），标明签发日期、盖上清晰的印章并签名，而且通常要提供正本保函给承运人。如有需要，承运人还会要求收货人或银行连同出具类似内容的正本保函，或要求托运人除提供正本保函外再加上一定金额的保证金。

2）托运人必须在当地主要报刊上刊登遗失提单声明，一般内容为“兹声明遗失×××公司签发的正本提单三正三副，提单号×××，现声明作废”，声明下方必须标明刊登人（托运人）的准确及完整名称。承运人通常会要求托运人连续刊登三天遗失声明，并将报刊的遗失声明连同报社发票或收据一起呈交给承运人。

3）承运人根据声明提单遗失的时间和货物的到港日期，向国外代理或分公司查询提单所记载的货物状态。如货物仍在其掌控中，则通知国外代理此票货物的提单已经遗失，须等进一步的处理通知，在此期间如收货人或第三方持正本提单提货，必须第一时间知会承运人。

所有的前期工作准备就绪后，接下来就是重新签发正本提单或电放提单。这里需要特别注意的是新提单的提单号必须和原提单号有明显的区别，以便国外代理能区分开来。通常可以在原提单号后面加上一个 A，或者重新编一个新的提单号。

9. 有关海运提单的国际公约

国际海运在长期的发展中，逐步形成了相关的国际公约，目前有关提单的国际公约主要是《海牙规则》、《维斯比规则》、《汉堡规则》和《鹿特丹规则》。

(1)《海牙规则》

《海牙规则》全称为《统一提单的若干法律规则的国际公约》(International Convention for the Unification of Certain Rules of Law Relating to Bills of Lading, 1924)。《海牙规则》是在承运人势力强大的历史背景下产生的，是目前在国际航运业影响最大的一个公约，建立了海运提单的基本规范。它是 1924 年 8 月 25 日在比利时的布鲁塞尔有 26 个国家代表出席的外交会议上签署的，于 1931 年 6 月 2 日生效。《海牙规则》共有 16 条规定，其主要内容有：① 承运人有保证船舶适航、适货的最低限度的义务。② 货物装上船到卸离船为承运人的责任期间。③ 承运人的不完全过失免责制度。④ 每件货物 100 英镑的赔偿责任限额。⑤ 运输合同违反本公约无效。⑥ 托运人的义务和责任。⑦ 索赔通知与 1 年的诉讼时效。⑧ 公约只适用于缔约国之间。

(2)《维斯比规则》

《维斯比规则》全称为《修改统一提单的若干法律规则的国际公约的议定书》(Protocol to Amend the International Convention for the Unification of Certain Rules of Law Relating to Bills of Lading，1968)。《维斯比规则》是对《海牙规则》的补充和修改。

《维斯比规则》的主要内容有：① 明确规定提单对于善意受让人是最终证据。② 采用了双重责任限额制，即对货物的灭失或损害责任以每件或每个单位 10 000 金法郎或每千克 30 金法郎为限，两者以高者计。1984 年 4 月承运人的责任限制金额为每件或每单位 666.67 特别提款权(SDR)，或按货物毛重每千克 2 特别提款权(SDR)计算，两者之中以较高者为准。③ 承运人的雇用人或代理人适用责任限制。④ 诉讼时效为 1 年，经双方协商可以延长时效。

《维斯比规则》的适用范围：① 提单在缔约国签发。② 从一个缔约国的港口起运。③ 提单中列有适用公约的首要条款。

(3)《汉堡规则》

《汉堡规则》的全称为《联合国海上货物运输公约》(United Nations Convention on the Carriage of Goods by Sea，1978)。《汉堡规则》共 34 条，对《海牙规则》进行了实质性的修改，最主要的特点是扩大了承运人的责任，主要表现在以下几个方面。

1）在承运人的责任基础上，采用了完全的过失责任制。不但取消了承运人对船长、船员等在驾驶船舶或管理船舶上的过失免责，也取消了火灾中的过失免责。

2）确定了延迟交货的责任。

3）承运人的责任期间为货物在装货港、运送途中和卸货港在承运人掌管下的期间。

4）责任限额为每件或每单位835特别提款权（SDR）或每千克2.5特别提款权（SDR），两者以高为准。

5）关于保函的效力，规定保函只在托运人与承运人之间有效。但是如果保函有欺诈成分，在托运人与承运人之间则是无效的。

（4）《鹿特丹规则》

《鹿特丹规则》即2008年12月11日经第63届联合国大会67次会议审议通过的《联合国全程或部分国际海上货物运输合同公约》（UN Convention on Contract for the International Carriage of Goods Wholly or Partly by Sea）。

《鹿特丹规则》的宗旨，是要通过整合现存的海运公约，对现存的国际海运制度和秩序进行整合，创立一套旨在对涉及海运区段的国际货物运输规则进行更新和协调统一的规则，以规范国际海上货物运输合同。该规则除了对调整海运区段的国际货物运输关系的法律制度进行统一外，还在调整包括海运在内的门到门运输和电子化单证等关系的法律制度方面实现国际的统一。为此，该规则设定的调整范围突破了单纯的海运区段，将适用范围设定为“海运加其他运输方式”。

《鹿特丹规则》主要的内容和变革如下。

1）调整范围。与《海牙规则》“钩至钩”或“舷至舷”及《汉堡规则》“港至港”的调整范围不同，为适应国际集装箱货物“门到门”运输方式的变革，《鹿特丹规则》调整范围扩大到“门至门”运输，国际海运或包括海运在内的国际多式联运货物运输合同均在《鹿特丹规则》的规范范围之内。《鹿特丹规则》排除了国内法的适用，使该规则成为最小限度的网状责任制，拓宽了该规则的适用范围，有利于法律适用的统一。

2）电子运输记录。与前述三个公约不同，《鹿特丹规则》明确规定了电子运输记录，确认其法律效力，并将电子运输记录分为可转让与不可转让电子运输记录。这一规定适应了电子商务的发展，具有一定的超前性，势必加速运输单证的流转速度并提高安全性。

3）承运人的责任。承运人必须在开航前、开航当时和海上航程中恪尽职守，使船舶处于且保持适航状态，适航义务扩展到航程的始终。承运人对货物的责任期间，自承运人或履约方为运输而接收货物时开始，至货物交付时终止。承运人责任基础采用了完全过错责任原则，废除了以前的“航海过失”免责和“火灾过失”免责。《鹿特丹规则》规定，未在约定时间内在运输合同规定的目的地交付货物，为迟延交付，承运人承担迟延交付的责任限于合同约定的时间，未采纳《汉堡规则》规定的合理时间标准。《鹿特丹规则》还对船货双方的举证责任和顺序做了较为具体的规定，这是以前的公约所没有的。承运人的单位责任限制也有较大幅度的提高。总体来说，承运人的责任比以前加重了。

4）托运人的义务。托运人应交付备妥待运的货物，及时向承运人提供承运人无法以其他合理方式获取而合理需要的有关货物的信息、指示和文件。托运人应在货物交付给承运人或履约方之前，及时将货物的危险性质或特性通知承运人，并按规定对危险货物加标志或标签。托运人对承运人承担赔偿责任的责任基础是过错原则，对于承运人遭受的灭失或损坏，如果承运人证明此种灭失或损坏是由于托运人违反其义务而造成的，托运人应负赔偿责任。增设单证托运人，单证托运人是指托运人以外的同意在运输单证或电子运输记录中记名为“托运人”的人，单证托运人享有托运人的权利并承担其义务。

5）海运履约方。《鹿特丹规则》下没有实际承运人的概念，但创设了海运履约方制度，即凡在货物到达船舶装货港至货物离开船舶卸货港期间履行或承诺履行承运人任何义务的履约方。内陆承运人仅在履行或承诺履行其完全在港区范围内的服务时方为海运履约方。海运履约方与托运人之间不存在直接的合同关系，而是在承运人直接或间接的要求、监督或者控制下，实际履行或承诺履行承运人在“港至港”运输区段义务的人，突破了合同相对性原则。海运履约方承担《鹿特丹规则》规定的承运人的义务和赔偿责任，并有权享有相应的抗辩和赔偿责任限制。班轮运输条件下的港口经营人作为海运履约方将因此受益。

6）批量合同。批量合同是指在约定期间内分批装运特定数量货物的运输合同，其常见的类型是远洋班轮运输中的服务合同。《鹿特丹规则》适用于班轮运输中使用的批量合同，除承诺的货物数量外，每次运输项下承托双方关于货物运输的权利、义务或责任等方面适用《鹿特丹规则》的规定。《鹿特丹规则》赋予批量合同当事人双方较大的合同自由，允许在符合一定条件时背离《鹿特丹规则》的规定自行协商合同条款，这是合同自由在一定程度上的回归。自美国《哈特法》以来，立法都对承运人规定最低责任限度，以防止承运人滥用合同自由和自身优势逃脱责任。《鹿特丹规则》考虑到某些力量和地位增长的货主具有平等谈判的能力，因此为扩大规则的适用范围而对批量合同做出了规范。

7）货物交付。《鹿特丹规则》赋予收货人收取货物的强制性义务，当货物到达目的地时，要求交付货物的收货人应在运输合同约定的时间或期限内、在运输合同约定的地点接受交货，无此种约定的，应在考虑到合同条款和行业习惯、惯例或做法及运输情形能够合理预期的交货时间和地点接受交货。《鹿特丹规则》还对无单放货做出规定，将航运实践中承运人凭收货人的保函和提单副本交货的习惯做法改变为承运人凭托运人或单证托运人发出的指示交付货物，且只有在单证持有人对无单放货事先知情的情况下，才免除承运人无单放货的责任。如果单证持有人事先对无单放货不知情，承运人对无单放货仍然要承担责任，此时承运人有权向上述发出指示的人索要担保。《鹿特丹规则》为承运人实施上述无单放货设定了条件，即可转让运输单证必须载明可不凭单放货。

8）控制权。《鹿特丹规则》首次在海上货物运输领域规定了货物控制权。货物控制权是指根据《鹿特丹规则》规定，按运输合同向承运人发出有关货物的指示的权利，具体包括：① 就货物发出指示或修改指示的权利，此种指示不构成对运输合同的变更。② 在计划挂靠港或在内陆运输情况下在运输途中的任何地点提取货物的权利。③ 由包括控制方在内的其他任何人取代收货人的权利。在一定条件下，承运人有执行控制方指示的义务；在无人提货的情况下，承运人有通知托运人或单证托运人请其发出交付货物指示的义务。

9）权利转让。签发可转让运输单证的，其持有人可以通过向其他人转让该运输单证而转让其中包含的各项权利，主要是请求提货权和控制权。权利转让的同时，义务并不当然同步转让。作为运输单证的受让人，即非托运人的持有人，只有其行使运输合同下的权利，才承担运输合同下的责任，并且这种责任以载入可转让运输单证或可转让电子运输记录为限或者可以从中查明。

10）诉讼与仲裁。《鹿特丹规则》专章规定了诉讼和仲裁。除批量合同外，索赔方有权在《鹿特丹规则》规定的范围内选择诉讼地和仲裁地，而且运输合同中的诉讼或仲裁地点仅作为索赔方选择的诉讼或仲裁地点之一。各国对这两章的内容分歧更大些，为了不影响到《鹿特丹规则》的生效，《鹿特丹规则》允许缔约国对这两章做出保留。

4.1.2 国际航空货运单

1. 航空货运单的概念

国际航空货运单简称航空货运单，是由托运人或以托运人的名义填制的托运人和承运人在承运人的航线上运输货物所订立的运输合同的证明。《统一国际航空运输某些规则的公约》（以下简称《华沙公约》）第11条第1款规定："在没有相反的证据时，航空货运单是订立契约、接受货物和承运条件的证明。"

航空货运单由承运人制定，托运人在托运货物时要按照承运人的要求进行填制，经承运人确认后，航空货物运输合同即告成立。航空货运单既可用于单一种类的货物运输，也可用于不同种类货物的集合运输；既可用于单程货物运输，也可用于联程货物运输。

2. 航空货运单的构成

目前国际上使用的航空货运单少的有9联，多的有14联。我国国际航空货运单一般由一式12联组成，包括3联正本、6联副本和3联额外副本。各联名称及用途如表4-2所示。

表4-2 国际航空货运单各联名称及用途表

序　号	名称及分发对象	颜　色
A	Original 3（正本3，给托运人）	浅蓝色
B	Copy 9（副本9，给代理人）	白色
C	Original 1（正本1，交出票航空公司）	浅绿色
D	Original 2（正本2，给收货人）	粉红色
E	Copy 4（副本4，提取货物收据）	浅黄色
F	Copy 5（副本5，给目的地机场）	白色
G	Copy 6（副本6，给第三承运人）	白色
H	Copy 7（副本7，给第二承运人）	白色
I	Copy 8（副本8，给第一承运人）	白色
J	Extra copy（额外副本，供承运人使用）	白色
K	Extra copy（额外副本，供承运人使用）	白色
L	Extra copy（额外副本，供承运人使用）	白色

正本单证具有同等的法律效力，副本单证仅为了运输使用方便。航空货运单的3份正本，第一份注明"交承运人"，由托运人签字、盖章；第二份注明"交收货人"，由托运人和承运人签字、盖章；第三份由承运人在接受货物后签字、盖章，交给托运人，作为托运货物及货物预付运费时运费的收据，同时也是托运人与承运人之间签订的具有法律效力的运输文件。

3．航空货运单的种类

（1）主运单（Master Air Waybill）

主运单是指由航空公司作为签发人的提单。每批货物都有一份相应的主运单，主运单是代理人与承运人交接货物的凭证，同时又是承运人运输货物的正式文件。在我国，只有航空公司才能签发主运单，任何代理人不得自己印制、签发主运单。

（2）分运单（House Air Waybill）

分运单是指由国际货代企业签发的运单。代理人在进行集中托运货物或航空运费到付时，需要给托运人签发自己的分运单，它表明托运人把货物交给了代理人，分运单就是代理人与发货人交接货物的凭证。在集中托运的情况下，一份主运单可能对应多份分运单。代理人可自己签发分运单，不受航空公司的限制，但通常的格式还按照航空公司的主运单来制作。

4．航空货运单的性质和作用

航空货运单是航空货物运输合同订立、运输条件确立及承运人接受货物的初步证据。航空货运单上关于货物的重量、尺寸、包装和包装件数的说明具有初步证据的效力。

虽然《海牙议定书》明确规定不限制填发可以流通的航空货运单，但目前使用的航空货运单在右上端都普遍印有"No Negotiable"（不可转让）字样，其目的是仅将航空货运单作为货物航空运输的凭证，并限制签发可以转让的航空货运单。在这一点上，航空货运单与可以转让的指示提单和不记名提单恰恰相反。目前，任何 IATA 成员都不允许印制可以转让的航空货运单，货运单上的"No Negotiable"字样不可被删去或篡改。

航空货运单是航空货物运输合同当事人所使用的最重要的货运文件，其作用归纳如下。

（1）航空货运单是承运人与托运人之间缔结的运输合同的证明

航空货运单一经签发，便成为签署承托双方运输合同的书面证据，货运单上的记载事项及背面条款构成了双方航空货物运输合同的重要组成部分。

（2）航空货运单是承运人收运货物的证明文件

当发货人将其货物发运后，承运人或其代理人将一份航空货运单正本交给发货人，作为已接受其货物的证明，也就是一份货物收据。

（3）航空货运单是运费结算凭证及运费收据

航空货运单上分别记载收货人应负担的费用和代理的费用，因此可以作为运费账单和发票，承运人可将一份运单正本作为记账凭证。

（4）航空货运单是国际进出口货物办理清关的证明文件

航空货物运达目的地后应向当地海关报关，在报关所需的各种单证中，航空货运单通常是海关放行查验时的基本单据。

（5）航空货运单是保险证书

若承运人承办保险或者发货人要求承运人代办保险，则航空货运单即可作为保险证书。载有保险条款的航空货运单又称为红色航空货运单。

（6）航空货运单是承运人在货物运输组织的全过程中运输货物的依据

航空货运单是承运人办理该运单项下货物的发货、转运、交付的依据，承运人根据运单上所记载的有关内容办理有关事项。

5. 航空货运单的有效期

航空货运单自填制完毕，托运人或其代理人和承运人或其代理人双方签字后开始生效；货物运到目的地，收货人提取货物并在货运单交付联（或提货通知单）上签收认可后，航空货运单作为运输凭证，其有效期即告终止。但作为运输合同的法律依据，航空货运单的有效期应至自民用航空器到达目的地点、应当到达目的地点或运输终止之日起 2 年内有效。

6. 航空货运单的正面条款和背面条款

（1）主要正面条款

1）说明货运单效力的文字。例如："本航空货运单 1、2、3 联为正本，具有同等效力。"

2）说明特别注意事项的文字。例如："除非另有注明，否则本运单所记载的货物是以表面状况良好的状况下收运的，其运输受到本运单背面契约条件的约束。除非托运人在本运单上给出明确相反的指示，否则所有货物可由包括公路在内的任何其他方式或任何其他承运人运送。特请托运人注意关于承运人责任限额的通知。托运人可通过声明一个供运输用的较高价值并按要求支付额外费用来增加该责任限额。"

（2）背面条款

背面条款印制在三份正本航空货运单背面的主要条款各公司略有不同，以下是航空货运单通常具有的条款。

1）本契约中承运人是指承运或准备承运货运单上所载货物，或为运输本票货物提供其他服务的单位。《华沙公约》是指 1929 年 10 月 12 日在华沙签署的《统一国际航空运输某些规则的公约》，或 1955 年 9 月 28 日在海牙签署的修订本。

2）以下讲到的运输是指承运人责任受《华沙公约》限制的运输，是《华沙公约》所定义的国际运输。

3）除受《华沙公约》制约之外，每个承运人的运输和提供的其他服务还受到以下限制：① 适用的法律（包括国家执行公约的法律）、政府的规定、命令、要求的限制。② 本契约提出的条款限制。③承运人的运价、规则、运输条件、规定和航班表（不是指起飞、降落的时间），也成为规定的一部分，并且可以在其任一提供定期航班服务的机场进行检查。对于美国、加拿大和其他地区间的运输，应采用美国、加拿大与这些国家间使用的运价。

4）第一承运人的名称见货运单的缩写，全程见该承运人的运价、运输条件、规章和时刻表。第一承运人的地址是货运单上的离港机场。双方同意的经停点（必要时，承运人可以修改）是除了始发地、目的地以外货运单上的其他地点，或承运人的航班表中规定的经停点。几个承运人共同完成一次运输。

5）本契约所指的运输应遵守《华沙公约》所制定的有关责任规定，除非此种运输不是《华沙公约》中所指的"国际运输"。为了不与《华沙公约》的解释相矛盾，各承运人提供的运输和其他服务应遵守下列规定：① 适用的法律（包括履行公约的国家法律）、政府规章、命令和要求。② 本契约的规定。③ 承运人适用的运价、规则、运输条件、规章和班期时刻表为本契约的组成部分。

6）第一承运人的名称在本页正面上可用简称，其全称及简称见该承运人的运价手册、运输条件、规章和班期时刻表。第一承运人的地址是填写在本页正面上的出发地机场，约定的经停点（必要时，承运人可改变）是除始发地和目的地外，在本页正面上所填列的地点，或在承运人的班期时刻表内所列航路的经停地点。由几个承运人连续进行的运输，应视为一个单一运输。

7）除非承运人的运价或运输条件中另有规定，否则在《华沙公约》不适用于该项运输时，承运人对货物损失、损坏或延误所负的责任以不超过每公斤 20.00 美元或其等值货币为限，除非托运人对贵重货物声明一个较高的价值并缴付了附加费。

8）如货运单正面“供运输用声明价值”一栏中所填金额超过上述声明和本契约条款中所规定仍适用的责任限额，并且托运人按照承运人的运价、运输条件或规章缴付了所规定的附加费，就构成一个特别声明价值，在此情况下承运人的责任限额将为其所声明的价值。赔偿数额将依据实际损失的证明予以确定。

9）如遇货物部分遗失、损坏或延误，在确定承运人的责任限额时，计算赔偿的重量只能是该件或其有关的若干件的重量。

10）对承运人责任的任何免除或限制，应适用于并有利于承运人的代理人、受雇人和代表，以及承运人为运输而使用其飞机的所有人及其代理人、受雇人和代表。本条的规定是承运人在此作为代理人，代理上述所有人员。

11）承运人为完成本契约的运输可做合理的安排。承运可改变承运人或飞机并无须事先通知改变运输方式，但应适当照顾托运人的利益。承运人有权选择路线或变更货运单本页正面上所填列的路线。本款不适用于至/自美国的运输。

承运人为完成本契约的运输可做合理的安排，除了承运人的运价在美国可以适用外，承运可改变承运人或飞机并无须事先通知改变运输方式，承运人有权选择路线或变更货运单本页正面上所填列的路线。本款适用于至/自美国的运输。

12）依据本契约条款规定，货物在承运人或其代理人照管期内，由承运人负责。

13）货物到达通知应立即发给收货人或本页正面所列地点，如事先收到托运人的其他指示，可按其指示交付货物，否则按收货人的指示办理。

14）交付货物时，在下列情况下，收货人有权向承运人提出异议，但必须用书面形式：① 货物的明显损坏，应在发现损坏时立即提出，最迟在收到货物后 14 日内提出。② 货物的其他损坏，自收到货物之日起 14 日内提出。③ 货物延误，自其自由支配货物之日起 21 日内提出。④ 货物没有交付，自填开货运单之日起 120 日内提出。

如对上述所述有异议，应以书面形式提出，交给货运单所属空运企业或给第一承运人，或给最后承运人，或给在运输中发生货物遗失、损坏或延误的承运人。

诉讼应在货物到达目的地之日起，或从飞机应该到达之日当日起，或从运输停止之日起 2 年内提出，否则即丧失向承运人诉讼的权利。

15）托运人应遵守一切有效法律和运输货物始发、到达、经停或飞越的任何国家的政府规章，包括有关货物包装、运输或货物的交付，以及为了遵守上述法律和规章必须提供的各种必要资料和货运单的随附文件。对于托运人不遵守本条规定所造成的损失或费用，承运人对托运人不负责任。

16）承运人的代理人、受雇人或代表均无权改变、修改或废止本契约的任一条款。

17）要求保险和已交付保险费，并且将保险金额在本页正面写上，即证明该运单上所列货物已经保险，其申请保险数额为货运单正面上所列数额（赔偿金额以遗失和损坏的货物实际价值为限，但此金额不能超出保险的金额）。该保险应符合保险合同的条款、条件和范围（某些风险除外）。保险合同可由填开货运单承运人办事处的有关当事人进行审核。该保险的索赔须立即向承运人的办事处提出。

4.2 国际海运提单与国际航空货运单填制实务

4.2.1 国际海运提单填制实务

1. 海运提单填制的主要内容与规范

海运提单既是托运人与承运人之间运输合同的证明，又是物权可以转让的凭证，因此提单显示的内容涉及托运人、承运人、收货人或提单持有人等各关系人的权益和责任。提单的格式多样，每家船公司都有自己的提单格式，但基本内容大致相同，一般包括以下项目。

1）托运人（Shipper）。托运人一般为出口商，信用证结算方式下为信用证中的受益人。

2）收货人（Consignee）。如签发记名提单，则填上具体的收货公司或收货人名称。如签发指示提单，则依据买卖双方合同视情况而填为记名指示或空白指示，如需在提单上列明指示人，则根据要求填成“凭托运人指示”（To Order of Shipper）、“凭收货人指示”（To Order of Consignee）、“凭某人指示”（To Order of ×××）或“凭银行指示”（To Order of the Bank）。空白指示则只显示“指示”（Order）、“听凭指示”（To Order）。

3）被通知人（Notify Party）。被通知人是船公司在货到达目的港时发送到货通知的对象，有时即进口人。在信用证项下，如信用证对提单被通知人有具体规定，则必须严格按信用证要求填写。非信用证结算，如果是记名提单，且收货人记载详细地址的，则此栏可填写“Same as Consignee”。如果是指示提单，则此栏必须填写被通知人名称及详细地址，否则船方无法与收货人取得联系，可能影响收货人及时报关提货，甚至会导致货物到港时间超过海关规定申报时间而被收取滞报金。

4）提单号码（B/L No.）。提单号码一般列在提单右上角。为便于联系和核查，提单必须编号。

5）船名、航次（Ocean Vessel and Voy.No.）。应填写货物所装船舶的船名及航次。

6）前程运输（Pre-Carriage by）。前程运输指首程运输工具，可根据实际情况填写“火车”（Train）、“卡车”（Truck）等。

7）收货地点（Place of Receipt）。可根据实际情况填写承运人接受货物的实际地点，如“北京”（Beijing）、“西安”（Xi’an）或“南京”（Nanjing）等地名。集装箱多式联运中，前程运输栏和收货地点栏通常用于填写承运人接受货物的地点和前程运输工具名称。

8）装货港（Port of Loading）。应填写实际装船港口的具体名称。信用证中有时规定装货港为“Any Chinese Port”，此时，装货港应填写“上海”或“青岛”，而不能填“中国港口”。

9）卸货港（Port of Discharge）。填写货物实际卸离船舶的港口名称。

10）交货地点（Place of Delivery）。应根据实际情况和信用证的规定填写承运人将货物交付给收货人的地点，如“达拉斯”（Dallas）、“芝加哥”（Chicago）等城市名称。也有的提单上显示为最终目的地（Final Destination）。如遇同名地点，则必须加注州名、国名。例如，美国和新西兰都有奥克兰港，如果不注明州名和国名，货物就可能被错发。

11）唛头（Marks & Nos.）。如信用证有规定，必须按规定填写，否则应按发票上的唛头填写。

12）件数和包装（Number of Containers or Packages）。应按货物实际包装情况填写，如“3000 Cartons”、“18 Pallets”等。

13）货名（Description of Goods）。在信用证项下，货名必须与信用证上的规定完全一致。非信用证结算时，只要打出货物的统称即可。

14）毛重（Gross Weight）。填写货物的毛重总数，一般以千克为计量单位。

15）尺码（Measurement）。尺码即货物的体积，一般以立方米为计量单位，通常要保留三位小数。

16）集装箱号码和铅封号码（Container No. & Seal No.）。如果货物以集装箱装运，则须填写装载货物的集装箱号码和铅封号码。集装箱号码可根据装箱人提供的号码填写，铅封号码应根据实际资料填写。

17）大写件数和包装（Total Number of Containers and/or Packages in Words）。用英语打出货物的件数及包装，必须与小写的件数和包装相一致。

18）运费和费用（Freight & Charges）。运费支付情况的说明，一般显示运费预付（Freight Prepaid）和运费到付（Freight Collect），以明确运费由谁支付。此栏一般可不填写实际运费，但如信用证规定提单须列明运费，则应在此栏打出运费费率及运费总额。

19）正本提单的份数（Number of Original B/L）。提单可分为正本和副本。正本提单可以流通、议付，副本则不行。正本提单的份数须按信用证要求出具，如显示为“Full Set of B/L”，则按三份出具。

20）提单的签发地点及日期（Place and Date of Issue）。提单的签发地点一般应为货物装运地点，如托运人有特殊要求，也可在第三地签发；提单日期为装船日期。

21）船公司或其代理人的签章（Signed for the Carrier）。每张正本提单都须经船方或其代理人签署方始有效。签署方法有签章、电子签章和手签。

国际海运提单样单如表 4-3 和表 4-4 所示。

表4-3 国际海运提单船东提单样单

B/L NO.

Shipper

中远集装箱运输有限公司

COSCO CONTAINER LINES

TLX：33057 COSCO CN

FAX：－86(021)6545 8984

Consignee Insert Name. Address and Phone

ORIGINAL

Port-to-Port or Combined Transport

BILL OF LADING

Notify Party Insert Name. Address and Phone

(it is agreed that no responsiblity shall attach to the Camer or his agents for talute to coth)

RECEIVED in external apparent good order and condition except as other wise noted. The total number of packages or units stuffed in the container. the description of the goods and the weights shown in this Bill of Lading are furnishea by the Merchants, and which the carrier has no reasonable means of checking and is not a pait of this Bill of Lading contract. The camer has issued the number of Bill of Lading stated below, all of this tenor and date. one of the original Bills of Lading must be surrendered and endorsed or sig. ned against the delivery of the shipment and whereupon any other. original Bills of Lading shall be void. The Merchants agree to be bound by the terms and conditions of this bill of Lading as if each had personally signed the Bill of Lading

SEE clause 4 on the back of this Bill of Lading(Terms continued on the back here of, please read carefully)

Applicable Only When Document Used as a Combined Transport Bill of Lading

Combined Transport * Pre-carriage by	Combined Transport * Place of Receipt
Ocean Vessel Voy. No.	Port of Loading
Port of Discharge	Combined Transport * Place of Delivery

Particulars Furnished by Merchants

Marks & Nos. Container &No.Seal No.	No. of Containers or Packages	Description of Goods(If Dangerous Goods, See Clause 20)	Gross Weight Kgs	Measurement
		Description of Contents for Shipper's Use Only(Not part of This B/L Contract)		

Total Number of containers and/or packages(in words)
Subject to Clause 7 Limitation

Freight & Charges Declared Value Charge	Revenue Tons	Rate	Per	Prepaid	Collect

Ex Rate	Prepaid at	Payable at	Place and date of Issue
	Total Prépaid	No. of Onginal B(s) L	Signed for the Carrier. COSCO CONTAINER LINES

LADIN ON BOARD THE VESSEL
DATE BY
COSCON S'ANDARD FORM9803

表 4-4　国际海运提单货代提单样单

Shipper	B/L NO.
Consignee	
Notify Party	*AAA Shipping Co.* **BILL OF LADING**
Pre-carriage by	Place of Receipt
Ocean Vessel Voy. No.	Port of Loading
Port of Discharge	Place of Delivery

Container No.	Seal No. Marks & Nos.	No. of Containers or P'kgs	Kinds of Packages; Description of Goods	Gross Weight kgs	Measurement

TOTAL NUMBER OF CONTAINER OR PACKAGES (IN WORD)

Freight & Charge	Revenue Tons	Rate	Per	Prepaid	Collect

Ex. Rate.	Prepaid at	Payable at	Place and date of Issue
	Total Prepaid	No. of Original B（s）/L	Signed for Carrier,

LADEN ON BOARD THE VESSEL

DATE

2．填制海运提单时的其他注意事项

1）信用证如无特殊规定，提单上的托运人应为信用证的受益人。当信用证规定以第三者为托运人时，可以以国内运输机构或其他公司为托运人，如信用证规定以开证人为托运人时则不能接受。

2）提单的收货人习惯上称为抬头人。绝大多数信用证都要求做成指示抬头，这种提单必须经发货人背书，方可流通转让。也有极少数信用证要求做成“凭开证银行指示”（To Order of Issuing Bank）或“凭收货人指示”，这种提单无须托运人背书。另外，提单抬头还分记名和不记名，对这两种提单托运人均不背书。不可转让提单无须背书。

3）提单上的背书又分空白背书和记名背书。凡空白抬头必须是空白背书。空白背书由发货人在提单背面加盖印章，无须加任何文字；而记名背书除加盖印章外，还应注明“交付给×××”（Deliver to ×××）字样。

4）提单的抬头与背书直接关系到物权归谁所有和能否转让等问题，因此一定要严格按照信用证要求办理。需要注意的是，如果目的地是法国或阿根廷，托运人必须在提单正面签署。

5）信用证上如要求加注被通知人名称，应照办。如来证规定只通知某人（Notify ××× Only），则通知栏内不能省去“Only”字样。来证如规定在提单上需表示出买方名称，则应在提单上加注“买方×××”（Name of Consignee ×××）。如来证未要求加注被通知人，则在正本提单上的被通知人一栏留空不填，但应在副本提单的被通知人一栏内加注开证申请人的名称，以便货到目的港时，船方通知其办理提货手续。

6）提单上的唛头必须与其他单据上相一致。如信用证规定有唛头，则应按信用证上的规定制作。如为散装货，应注明“N/M”或“In Bulk”字样。例如，如果是裸装货钢材，若钢材端部涂刷的是红色，则在提单的唛头栏内注明“Red Stripe”；若刷的是白色，则填“White Stripe”。

7）提单上的货物名称，可做一般概括性的描述，不必列出详细规格。有时同一货物使用不同货名可以节约运费。因此，应尽可能事先通知对方在来证中采用收取运费较低的货名，或使对方在来证中加注“提单使用××货名可以接受”的字句。

8）提单上除有用阿拉伯数字标明的件数外，还需有用大写英文标明的件数，两者的数量要一致。

9）提单上的重量，除信用证有特别规定者外，仅列毛重，并应与发票、重量单上的重量相一致。

10）提单上的签发日期必须与信用证上规定的装船期相适应，也就是最晚不得迟于信用证或合约上规定的最迟的日期。在提单日期之后，必须填写签发地点。

11）提单正本需按信用证规定的份数签发，如无规定，应签发正本两份。如信用证上规定受益人提供“全套提单”（Full Set B/L or Complete Set B/L），就是指承运人在提单上所注明的全部正本份数。如要求出具“2/3 Origin B/L”，则应制作三份正本，其中两份送银行议付，另一份正本应按信用证规定办理；如该项规定不合理，则应及时通知开证申请人改证。

12）提单必须编号，以便联系工作和核查。发装船通知时，也要说明提单号和船名。提单正本必须要有船长和船代或承运人或其代表签字，才能生效。

13）如签发提单人为代理人，而承运人为“MAERSK LINE”，则应在代理人之后加注“As Agent for the Carrier MAERSK LINE”的字样。

3. 海运提单的填制范例

实践案例 4-1

福建省轻工进出口公司有一批木制品需要海运到英国南安普顿，省轻工公司船务部林小姐联系福州中外运船务有限公司销售代表蔡先生，并最终选择了船公司 COSCO 作为此票货物的承运人。此票货物需要目的港货运公司安排目的港门到门服务及清关等程序。福州中外运船务有限公司的操作员 Lucy 安排完订舱排载事宜后，单证员 Daisy 按照客户委托书的要求填制一份国际海运提单分提单及一份 COSCO 公司格式的国际海运提单主提单。具体资料如下。

（1）出口方

FUJIAN　LIGHT INDUSTRY IMPORT AND EXPORT CO.,LTD

ZHONGSHANG BUIDING UNIT 1003, HUDONG ROAD 168, FUZHOU, CHINA.

TEL：0591-87623333；FAX：0591-87626666

（2）进口方

SURPASSING LIMITED

300 THE COMMERCIAL CENTRE

SOUTHGATE ROAD WINCANTON BA9 9RZ UK

TEL:0044-1666 522578　FAX:0044-1963 522950

（3）通知方

SAME AS CONSIGNEE

（4）目的港国际货代企业

GLOBAL SEA SERVICE CO.,LTD

RIVERSIDEN BUSINESS CENTRE,

DOCK ROAD, ESSEX RM68 9ND，UK

TEL: 0044-1388 589875 FAX: 0044-1388 589679

（5）信用证号：ELC200036732

（6）包装情况：2160CTNS

（7）毛重：33010KGS；体积：240CBM

（8）品名：木制品（BAMBOO ITEM）

（9）运输情况：MBL NO.：COS2016101231；HBL NO.：GB161012005

（10）排载情况：4×40GP；ETD：27.OCT.2016；船名：ZEYUAN；航次：V.689S

（11）主提单签发人：COSCO（中国远洋海运公司）

（12）付款方式：到付（FREIGHT COLLECT）

（13）始发港国际货代联系资料：

公司：福州万达国际货运代理有限公司

地址：中国福建省福州市鼓楼区五四路环球广场

TEL :0591-87410511；　FAX：0591-87410520

◆工作任务

完成规定情境的国际海运提单主提单及国际海运提单分提单的填制。

◆填制示范

（1）国际海运主提单填制范例如表 4-5 所示。

表 4-5　国际海运主提单填制范例

Shipper FUZHOU WANDA INTERNATIONAL FREIGHT AGENCY CO.,LTD GLOBAL PLAZA, 54 ROAD,GULOU DISTRICT,FUZHOU FUJIAN TEL :0591-87410511 ; FAX：0591-87410520	B/L NO. COS16100318 中远集装箱运输有限公司 COSCO CONTAINER LINES TLX：33057 COSCO CN FAX：－86(021)6545 8984 **ORIGINAL**
Consignee Insert Name. Address and Phone GLOBAL SEA SERVICE CO.,LTD RIVERSIDEN BUSINESS CENTRE,DOCK ROAD, ESSEX RM68 9ND，UK TEL: 0044-1388 589875 FAX: 0044-1388 589679	
Notify Party Insert Name. Address and Phone SAME AS CONSIGNEE	**Port-to-Port or Combined Transport** **BILL OF LADING**

Pre-carriage by	Place of receipt FUZHOU,CHINA	RECEIVED in external apparent good order and condition except as other wise noted. The total number of packages or units stuffed in the container. the furnishea by the Merchants, and the weights shown in this Bill of Lading are checking and is not a pait of this Bill of Lading contract. The camer has issued the number or Bill of Lading stated below , all of this tenor and date. one of the original Bills of Lading must be surrendered and endorsed or sig. ned against the delivery of the shipment and whereupon any other. Original Bills of Lading shall be void. The Merchants agree to be bound by the terms and conditions of this Bill of Lading as if each had personally signed the Bill of Lading. SEE clause 4 on the back of this Bill of Lading (Terms continued on the back here of, please read carefully) Applicable Only When Document Used as a Combined Transport Bill of Lading
Ocean vessel Voy. No. ZEYUAN ; V.689S	Port of loading FUZHOU ,CHINA	
Port of discharge SOUTHAMPTON,UK	Place of delivery SOUTHAMPTON,UK	

Marks & Nos. Container &No. seal No.	No. of Containers or Package	Description of goods(if dangerous goods , see clause 20)	Gross weight	measurement
	2160CTNS	BAMBOO ITEM	33010KGS	240CBM
		Description of contents for shipper's use only(not part of this B/L contract)		

Total number of containers and/or packages (in words): FOUR CONTAINERS ONLY

Subject to clause 7 limitation

Freight & Charges Declared Value Charge	Revenue Tons	Rate	Per	Prepaid	Collect

Ex Rate	Prepaid at FUZHOU	Payable at	Place and date of issue: FUZHOU CHINA ,27/OCT
	Total Prepaid	No. of Onginal B(s)L THREE	Signed for the carrier: COSCO CONTAINER LINES

LADIN ON BOARD THE VESSEL

DATE　　BY

COSCON S'ANDARD FORM9803

（2）国际海运分提单填制范例如表 4-6 所示。

表 4-6　国际海运分提单填制范例

B/L No.
GB161012005

Shipper
FUJIAN　LIGHT INDUSTRY I / E CO.,LTD
ZHONGSHANG BUIDING UNIT 1003, HUDONG
ROAD 168, FUZHOU, CHINA.
TEL：0591-87623333；FAX：0591-87626666

Consignee
SURPASSING LIMITED
300 THE COMMERCIAL CENTRE，SOUTHGATE
ROAD WINCANTON BA9 9RZ UK
TEL:0044-1666 522578　FAX:0044-1963 522950

AAA Shipping Co.
BILL OF LADING

Notify Party
SAME AS CONSIGNEE

Pre-carriage by	Place of Receipt FUZHOU ,CHINA
Ocean Vessel Voy. No. ZEYUAN　;　V.689S	Port of Loading FUZHOU ,CHINA
Port of Discharge SOUTHAMPTON,UK	Place of Delivery SOUTHAMPTON,UK

Container No.	Seal No. Marks & Nos.	No. of Containers or P'kgs	Kinds of Packages;Description of Goods	Gross Weight kgs	Measurement
		2160CTNS	BAMBOO ITEM	33010KGS	240CBM

TOTAL NUMBER OF
CONTAINER OR PACKAGES (IN WORD): FOUR　CONTAINERS　ONLY

Freight & Charge	Revenue Tons	Rate	Per	Prepaid	Collect
					XXXX

Ex. Rate.	Prepaid at	Payable at	Place and date of Issue: FUZHOU CHINA ,27/OCT
	Total Prepaid	No. of Original B(s)/L THREE	Signed for Carrier,

LADEN ON BOARD THE VESSEL
DATE

4.2.2 国际航空货运单填制实务

1. 航空货运单填制的主要内容与规范

1）托运人姓名、住址（Shipper's Name and Address）。填写发货人姓名、地址、所在国家及联络方法。

2）托运人账号（Shipper's Account Number）。本栏一般不需要填写，除非承运人另有要求。

3）收货人姓名、住址（Consignee's Name and Address）。应填写收货人姓名、地址、所在国家或地区及电话、传真等。

4）收货人账号（Consignee's Account Number）。本栏一般不需要填写，除非承运人另有要求。

5）承运人代理人的名称和所在城市（Issuing Carrier's Agent Name and City）。本栏填制向出票航空公司收取佣金的国际航协代理人的名称和所在机场或城市。

6）代理人的 IATA 代号（Agent's IATA Code）。要求填制代理人的 IATA 账号。

7）代理人账号（Account No.）。本栏一般不需要填写，除非承运人另有要求。

8）始发站机场及所要求的航线（Airport of Departure and Requested Routing）。本栏填制运输始发机场或所在城市的全程及所要求的运输路线。

9）相关财务信息（Accounting Information）。本栏填制有关财务说明事项。

10）运输路线和目的站（Routing and Destination）。

① 去往（To）。按照运输路线，分别填入第一、第二、第三转运点的三字代码，如果是直达航班，则在第一个 To 栏中打印目的地机场即可。

② 承运人（By）。分别填入第一、第二、第三承运人的 IATA 两字代码。

11）货币（Currency）。填入 ISO 货币代码。

12）收费代号（CHGS Code）。本栏仅供承运人使用，是电子传送货运信息时必须填写的内容，表明支付方式。

13）运费及声明价值费（WT/VAL）付款方式。此时可以有两种情况：预付（PPD）或到付（COLL）。如预付，则在（PPD）下填入“×”，否则填在到付（COLL）下。需要注意的是，航空货物运输中运费与声明价值费支付的方式必须一致，不能分别支付。

14）其他费用（Other）付款方式。也有预付和到付两种支付方式，填制方式同 15）。

15）运输声明价值（Declared Value for Carriage）。在本栏填入托运人要求的用于运输的声明价值。如果托运人不要求声明价值，则填入“NVD”，意思是没有运输声明价值（No Value Declared）。

16）海关声明价值（Declared Value for Customs）。托运人在此填入对海关的声明价值，或者填入“NCV”，意思是没有对海关的声明价值（No Customs Valuation）。

17）目的地机场（Airport of Destination）。填写最终目的地机场的全称。

18）航班及日期（Flight/Date）。填入货物所搭乘航班及日期。

19）保险金额（Amount of Insurance）。只有在承运人提供代办保险业务时，在本栏填写托运人投保的金额。如果承运人不提供此项业务或托运人不要求投保，本栏必须打印

“×××”的符号。

20）运输处理注意事项（Handling Information）。一般填入承运人对货物处理的有关注意事项，如“DANGEROUS GOODS AS PER ATTACHE SHIPPER’S DECLARATION”字样，代表所装运的是危险品，需要注意小心操作等内容。

21）货物运价、运费细节。

① 打印货物的件数（No. of Pieces RCP）。使用非公布直达运价计算运费时，在件数的下面还应打印运价组合点城市的 IATA 三字代号。

② 毛重（Gross Weight）。打印货物的实际毛重。以千克为单位时可保留至小数点后两位。

③ 重量单位（kg/lb）。以千克为单位打印代号“K”；以磅为单位打印代号“L”。

④ 运价等级（Rate Class）。根据需要打印下列代号：

M——最低运费（Minimum charge）；

N——45 kg 以下（或 100 kg 以下）运价（Normal Rate）；

Q——45 kg 以上运价（Quantity Rate）；

C——指定商品运价（Specific Commodity Rate）；

R——等级货物附减运价（Class Rate Reduction）；

S——等级货物附加运价（Class Rate Surcharge）；

U——集装货物基本运费或运价（Unit Load Device Basic Charge or Rate）。

⑤ 商品品名编号（Commodity Item No.）。使用指定商品运价时，本栏打印指定商品品名代号；使用等级货物运价时，本栏打印附加或附减运价的比例（百分比）。

⑥ 计费重量（Chargeable Weight）。打印与运价相应的货物计费重量。

⑦ 运价/运费（Rate/Charge）。打印与运价等级代号相应的运价。当使用最低运费时，本栏与运价等级代号“M”对应，打印最低运费。

⑧ 总计（Total）。打印计费重量与适用运价相乘后的运费金额；如果是最低运费或集装货物基本运费，本栏与运价/运费内金额相同。

⑨ 货物品名和数量（Nature and Quantity of Goods）。本栏应按要求打印，尽可能清楚、简明、一目了然，打印货物的品名时用英文大写字母表示；打印货物的体积时用长×宽×高表示。

22）其他费用（Other Charges）。填写除运费及声明价值附加费以外的其他费用。根据 IATA 规则，各项费用分别用三个英文字母表示。其中前两个字母是某项费用的代码，如运单费就表示为“AW”（Air Waybill Fee）。第三个字母“C”或“A”，分别表示费用应支付给承运人（Carrier）或货运代理人（Agent）。

23）航空运费（Weight Charge）。本栏填入航空运费的总数。如航空运费预付，则填在 Prepaid 下；如航空运费到付，则填在 Collect 下。

24）声明价值附加费（Valuation Charge）。当托运人声明货物运输声明价值时，本栏填入声明价值附加费金额。该费用必须与航空运费同步支付，即同为预付或到付。如声明价值附加费预付，则填在 Prepaid 下；如声明价值附加费到付，则填在 Collect 下。

25）税款（Tax）。若需要时应填写政府或官方当局征收的税款。有预付与到付两种方式。

26）代理人收取的其他费用总额（Total Other Charges Due Agent）。填写由代理人收取的其他费用总额。如预付，则填在 Prepaid 下；如到付，则填在 Collect 下。

27）航空公司收取的其他费用总额（Total Other Charges Due Carrier）。填写由航空公司收取的其他费用。如预付，则填在 Prepaid 下；如到付，则填在 Collect 下。

28）预付或到付的各种费用总额（Total Prepaid/Total Collect）。填写航空运费、声明价值附加费、税款、代理人收取的其他费用总额和航空公司收取的其他费用总额相加的总额。如预付，则填在 Total Prepaid 下；如到付，则填在 Total Collect 下。

29）托运人证明（Signature of Shipper or his Agent）。填制托运人名称，并由托运人或其代理人签字或盖章。

30）承运人填写栏［Executed on（date）、at（place）、Signature of Issuing Carrier or his Agent］。填写航空货运单日期、地点、所在机场或城市的全称或缩写。

31）货币兑换比价栏（Currency Conversion Rates）。填写运输始发地货币换算成目的地国家货币的比价。

2．航空货运单填制范例

实践案例 4-2

福州辉煌纺织实业公司有一批针织布需要空运到澳大利亚墨尔本，公司物流经办黄小姐与福州速达航货运代理有限公司联系后，速达销售代表林先生报了两家航空公司的航线与运价，最终黄小姐选择了中国南方航空的航线与运价。接到客户委托书并订到舱位后，操作员 Ash 将相关资料转单证员 Sophie，Sophie 需要填制完成一份中国南方航空的主运单（速达航空货运公司已交押金，预领 20 份空白航空货运单放在操作部保险柜），同时因运费到付，需要发澳大利亚代理，所以同时需要制作一份分运单。

具体资料如下。

（1）出口方

FUZHOU HUIHUANG TEXTILE GROUP CO,LTD.
JUYUANZHOU INDUSTRIAL ZONE, JINSHAN ROAD,FUZHOU,CHINA
TEL：0591-87881234；FAX：0591-87881266

（2）进口方

OTTILE AUSTRALIA PTY LTD
DANDENONG VIC 3175 AUSTRALIA
TEL:+613 9688 2930　　FAX: +613 9688 2953
CONTACT：MR ROBERT

（3）通知方

SAME AS CONSIGNEE

（4）发票号：HYT2017001

（5）包装情况：35ROLLS

（6）G.W./N.W.：@30/29KGS /ROLLS

（7）MEASUREMENT：@150 CM　20 CM　20CM/ROLL

（8）品名：针织布 英文品名：KNITTING FABRIC

（9）运输情况：AIRWAYBILL NO：784-91455715

3 月 16 日货物可以提货入仓及报关，希望 3 月 17 日从福州到广州，以最快的时间从广州到澳大利亚墨尔本。

1ST：FOC-CAN :CZ3648/3.17 号

2ST：CAN-MEL :CZ343/3.19 号

（10）提单签发人：CHINA SOUTHERN AIRLINES CO., LTD

（11）报价。

1）空运费：

（FOC-MEL）　500K: RMB13/KG，　1000K: RMB12/KG

2）报关及提货杂费：

单证费：RMB150/票，报关费 RMB150/票，提货费 RMB200/票，运费预付。

（12）国际航协（IATA）公布价格

DEST: MEL

+45K: RMB43.83/KG

+100K: RMB38.52/KG

+300K/500K/1000K: 35.87/KG

（13）始发港国际货代联系资料

公司：福州速达航空货运代理有限公司

地址：福建省福州五一北路 100 号

FUZHOU SUDA AIRFREIGHT AGENCY CO.,LTD

NO100，　WUYI BEILU　，FUZHOU FUJIAN

TEL:0591-88531231　；　FAX:0591-88531250

（14）澳大利亚代理联系资料

SPEED INTERNATIONAL PTY LTD

TEL:613-9666 3589

FAX: 613-9666 3597

◆工作任务

完成规定情境的国际空运主提单及国际空运分提单的填制。

◆填制示范

（1）国际空运主提单填制范例如表 4-7 所示。

表 4-7　空运提单填制版——南航主单填制范例

ISO9001 CERTIFIED

Air waybill Number
784-91455715

Shipper's Name and Address	Shipper's Account Number	Not negotiable
FUZHOU SUDA AIRFREIGHT AGENCY CO.,LTD NO100 WUYI BEILU FUZHOU FUJIAN TEL:0591-88531231 ； FAX:0591-88531250		中国南方航空股份有限公司 AIR WAYBILL(AIR CONSIGNMENT NOTE ISSUE BY) CHINA SOUTHERN AIRLINES CO. LTD.

Consignee's Name and Address	Consignee's Account Number	
SPEED INTERNATIONAL PTY LTD TEL:613-9666 3589 FAX: 613-9666 3597		It is agreed that goods described herein in apparent good order and condition (expect as noted) for carriage SUBJECTTO THE CONDITIONS OF CONTRACT ON THE REVERSE HEREOF ALL GOODS MAY BE CARRIED BY ANY OTHER MEANS INCLUDING ROAD OR ANY OTHER CARRIER UNLESS SPECIFIC CONTRARY INSTRUCTIONS ARE GIVEN HEREON BY THE SHIPPER.AND SHIPPER AGREES THAT THE SHIPMENT MAY BE CARRIED VIA INTERMEDIATE STOPPING PLACES WHICH THE CARRIER DEEMS APPROPRIATE THE SHIPPER'S ATTENTION IS DRAWN TO THE NOTICE CONCERNING CARRIERS LIMITATION OF LIABILITY. Shipper may increase such limitation of liability by declaring a higher value for carriage and paying a supplemental charge if required. Accounting Information

Airport of Departure	Master Air Waybill No.
FUZHOU	

To	By First Carrier (Flouting and destination)	To	By	to	by	Currency	CHGS Cute	WT/VAL PPD	WT/VAL COLL	Other PPD	Other COLL	Declared value for carriage	Declared value for Customs
CAN	CZ	MEL	CZ			CNY			CC		CC	NVD	N.C.V.

Airport of Destination	Flight/date		Amount of insurance	INSURANCE：it carrier offers insurance in accordance with conditions on reverse hereof, indicate amount to be insured in figures in box marked "Amount of Insurance"
MELBRN,AU	CZ3648,17MAR		XXXX	

Handing Information

No. of Pieces RCP	Gross Weight	Kg lb	Rate class Commodity Item No.	Chargeable weight	Rate Charge	Total	Nature And Quantity of Goods. (Incl. Dimensions or Volume)
35 CTNS	1050	K		1050	35.87	37663.50	KNITTING FABRIC 150X20X20CM/35

Prepaid	Weight Charge	Collect	Other charges
37663.50			
valuation			AWC:100.00
Tax			
Total Other Charges Due Agent			Shipper Certifies That The Particulars On The Face Hereof Are Correct And Insofar As Any Part Of The Consignment Contains Dangerous Goods. Such Part Is Properly Described By Name And Is In Proper Condition For Carriage By Air According To The Applicable Dangerous Goods Regulations.
Total other charges due carrier			FUZHOU SUDA AIR FREIGHT AGENCY CO.,LTD.
100.00			Signature of Shipper Or His Agent
Total prepaid	Total collect		
37763.50			
Currency conversion rates	CC Charges in Dest Currency		Executed on (Date) at(Place) Signature of Issuing Carrier Or Its Agent
For Camer's Use only at Destination	Charges at Destination	Total Collect Charges	Air Waybill Number 784-91455715

（2）国际空运分提单填制范例如表 4-8 所示。

表 4-8 空运提单填制版——分单填制范例

ISO9001 CERTIFIED

Air waybill Number
KAS 16030113

Shipper's Name and Address | Shipper's Account Number

FUZHOU HUIHUANG TEXTILE GROUP CO,LTD.
JUYUANZHOU INDUSTRIAL ZONE, JINSHAN ROAD,FUZHOU,CHINA
TEL：0591-87881234；FAX：0591-87881266

Kerry EAS 嘉里大通
嘉里大通物流有限公司
Kerry EAS Logistics Limited
No.21 Xiao Yun Road, San Yuan Dong Qiao, Dong San Huan Bei Lu, Chao Yang District Beijing, China Post Code:100027
Tel:(86-010)64618899
Fax:(86-010)64677866

Non-negotiable
Air Waybill
(Air Consignment note)
issued by

IATA

Copies 1,2 and 3 of this Air Waybill are originals and have the same validity

Consignee's Name and Address | Consignee's Account Number

OTTILE AUSTRALIA PTY LTD
DANDENONG VIC 3175 AUSTRALIA
TEL:+613 9688 2930 FAX: +613 9688 2953
CONTACT：MR ROBERT

It is agreed that goods described herein in apparent good order and condition (expect as noted) for carriage SUBJECTTO THE CONDITIONS OF CONTRACT ON THE REVERSE HEREOF ALL GOODS MAY BE CARRIED BY ANY OTHER MEANS INCLUDING ROAD OR ANY OTHER CARRIER UNLESS SPECIFIC CONTRARY INSTRUCTIONS ARE GIVEN HEREON BY THE SHIPPER.AND SHIPPER AGREES THAT THE SHIPMENT MAY BE CARRIED VIA INTERMEDIATE STOPPING PLACES WHICH THE CARRIER DEEMS APPROPRIATE THE SHIPPER'S ATTENTION IS DRAWN TO THE NOTICE CONCERNING CARRIERS LIMITATION OF LIABILITY. Shipper may increase such limitation of liability by declaring a higher value for carriage and paying a supplemental charge if required.

Accounting Information

NOTIFY PARTY:

SPEED INTERNATIONAL PTY LTD

TEL:613-9666 3589 FAX: 613-9666 3597

Airport of Departure: FUZHOU | Master Air Waybill No.

To	By First Carrier	Routing and destination	To	By	to	by	Currency	CHGS Code	WT/VAL PPD	WT/VAL COLL	Other PPD	Other COLL	Declared value for carriage	Declared value for Customs
CAN	CZ		MEL	CZ			USD			CC		CC	NVD	N.C.V.

Airport of Destination: MELBRN,AU | Flight/date: CZ3648,17MAR | Amount of insurance: XXXX

INSURANCE：it carrier offers insurance in accordance with conditions on reverse hereof, indicate amount to be insured in figures in box marked "Amount of Insurance"

Handing Information

No. of Pieces RCP	Gross Weight	Kg / lb	Rate class / Commodity Item No.	Chargeable weight	Rate / Charge	Total	Nature And Quantity of Goods. (Incl. Dimensions or Volume)
35 CTNS	1050	K		1050	2.00	2100.00	KNITTING FABRIC 150X20X20CM/35

Prepaid	Weight Charge	Collect	Other charges
	2100.00		
	valuation		
	Tax		
	Total Other Charges Due Agent		
	Total other charges due carrier		
Total prepaid		Total collect 2100.00	
Currency conversion rates		CC Charges in Dest Currency	

Shipper Certifies That The Particulars On The Face Hereof Are Correct And Insofar As Any Part Of The Consignment Contains Dangerous Goods. Such Part Is Properly Described By Name And Is In Proper Condition For Carriage By Air According To The Applicable Dangerous Goods Regulations.

FUZHOU KERRYEAS AIR FREIGHT AGENCY CO.,LTD.

Signature of Shipper Or His Agent

Executed on (Date) at(Place) Signature of Issuing Carrier Or Its Agent

For Camer's Use only at Destination | Charges at Destination | Total Collect Charges | Air Waybill Number

KAS 16030113

4.3 岗位技能实践模拟

4.3.1 岗位技能实训项目一：填制国际海运提单

● **工作情境**

福州德意进出口公司有一批工艺品需要海运到美国，德意进出口公司船务部肖小姐联系福建中艺行国际物流公司销售代表小王，并最终选择了船公司马士基作为此票货物的承运人。此票货物需要目的港货运公司安排目的港门到门服务及清关等程序。中艺行国际物流公司的操作员 DAISY 安排完订舱排载事宜后，单证员 CINDY 按照客户委托书的要求填制一份国际海运提单分提单及一份马士基公司格式的国际海运提单主提单。具体资料如下。

1. 出口方

FUZHOU DEYI IMPORT & EXPORT CO., LTD
NEW PLAZA UNIT 0703, WUSI ROAD 157, FUZHOU, CHINA.
TEL: 0591-87810332；FAX：0591-87815332

2. 进口方

UAD ASSOCIATED INC.
2316 PACIFIC COAST HIGHWAY, HERNOSA
BEACH, CA 90536 USA
TEL: 630-375-3430；FAX: 630-375-2450
CONTACT: MS TINA

3. 通知方

SAME AS CONSIGNEE

4. 目的港国际货代企业

CARGO WORLDWIDE
745 DILLON DRIVE WOOD DALE, IL 60191
TEL: 630-350-3820；FAX: 630-350-3450

5. 信用证号：UA0813580
6. 包装情况：8841CTNS
7. 毛重：44205KGS；体积：468CBM
8. 品名：木盒子（WOODEN BOX）
9. 运输情况：MBL NO.：FOC0608520；HBL NO.：SEFOC00355
10. 排载情况：7×40'HQ；ETD：06.JUL.2013；船名：LIAN FA 67；航次：L78021
11. 主提单签发人：马士基，出三份正本提单
12. 付款方式：到付（FREIGHT COLLECT）
13. 始发港国际货代联系资料：

公司：中艺行国际物流有限公司
地址：中国福建省福州五四路 80 号

TEL :0591-88786100； FAX：0591-88736100

● **相关知识准备**

1）国际海运提单基础知识。

2）国际海运提单的填制规范。

● **实训任务**

完成规定情境的国际海运提单主提单（见表 4-5）及国际海运提单分提单（见表 4-6）的填制。

● **实训教学建议**

1. 教学方法

多媒体演示教学+实践操作。

2. 教学课时

实践学时：2 课时。

3. 教学过程

上课时先由教师介绍任务背景，进行任务描述，提出完成任务的目标和要求，而后学生独立完成情境式工作任务。建议：这部分课程可以选择在机房让学生完成海运提单的填制，也可以直接填制在教材的空白样单上，在教室完成工作任务。

● **实训成果**

1. 国际海运提单主提单（见表 4-9）

表4-9　国际海运提单主提单

B/L NO.

Shipper

Consignee Insert Name. Address and Phone

中远集装箱运输有限公司
COSCO CONTAINER LINES

TLX：33057 COSCO CN
FAX：－86(021)6545 8984

ORIGINAL

Port-to-Port or Combined Transport
BILL OF LADING

Notify Party Insert Name. Address and Phone
(it is agreed that no responsiblity shall attach to the Camer or his agents for talute to coth)

RECEIVED in external apparent good order and condition except as other wise noted. The total number of packages or units stuffed in the container. the description of the goods and the weights shown in this Bill of Lading are furnishea by the Merchants, and which the carrier has no reasonable means of checking and is not a pait of this Bill of Lading contract. The camer has issued the number of Bill of Lading stated below, all of this tenor and date. one of the original Bills of Lading must be surrendered and endorsed or sig. ned against the delivery of the shipment and whereupon any other. original Bills of Lading shall be void. The Merchants agree to be bound by the terms and conditions of this bill of Lading as if each had personally signed the Bill of Lading
SEE clause 4 on the back of this Bill of Lading(Terms continued on the back here of, please read carefully)
Applicable Only When Document Used as a Combined Transport Bill of Lading

Combined Transport* Pre-carriage by	Combined Transport* Place of Receipt
Ocean Vessel Voy. No.	Port of Loading
Port of Discharge	Combined Transport* Place of Delivery

Particulars Furnished by Merchants

Marks & Nos. Container &No.Seal No.	No. of Containers or Packages	Description of Goods(If Dangerous Goods, See Clause 20)	Gross Weight Kgs	Measurement
		Description of Contents for Shipper's Use Only(Not part of This B/L Contract)		

Total Number of containers and/or packages(in words)
Subject to Clause 7 Limitation

Freight & Charges	Revenue Tons	Rate	Per	Prepaid	Collect
Declared Value Charge					

Ex Rate	Prepaid at	Payable at	Place and date of Issue
	Total Prepaid	No. of Onginal B(s) L	Signed for the Carrier. COSCO CONTAINER LINES

LADIN ON BOARD THE VESSEL
DATE　　BY
COSCON S'ANDARD FORM9803

2. 国际海运提单分提单（见表 4-10）

表 4-10　国际海运提单分提单

Shipper		B/L NO.
Consignee		
Notify Party		AAA Shipping Co. BILL OF LADING
Pre-carriage by	Place of Receipt	
Ocean Vessel Voy. No.	Port of Loading	
Port of Discharge	Place of Delivery	

Container No.	Seal No. Marks & Nos.	No. of Containers or P'kgs	Kinds of Packages; Description of Goods	Gross Weight kgs	Measurement

TOTAL NUMBER OF CONTAINER OR PACKAGES （IN WORD）

Freight & Charge	Revenue Tons	Rate	Per	Prepaid	Collect

Ex. Rate.	Prepaid at	Payable at	Place and date of Issue
	Total Prepaid	No. of Original B（s）/L	Signed for Carrier,

LADEN ON BOARD THE VESSEL

DATE

● 实训任务评价

编　号	评 价 点	评价细节	得分情况
1	成果	是否准时完成（30 分）	
2	成果	单证是否正确（60 分）	
3	成果	单证是否美观（10 分）	

4.3.2 岗位技能实训项目二：填制国际航空货运单

● 工作情境

福建省服装进出口公司有一批夹克需要空运到德国，公司物流经办陈先生与林德物流公司联系后，林德物流公司销售代表小王报了两家航空公司的航线与运价，最终陈先生选择了中国国际航空公司的航线与运价。接到客户委托书并订到舱位后，操作员 AMY 将相关资料转单证员 LUCY，LUCY 需要填制完成一份中国国际航空公司的主运单（林德物流公司已交押金，预领 20 份空白航空货运单放在操作部保险柜），同时因运费到付，需要发德国代理，所以同时需要制作一份分运单。具体资料如下。

1. 出口方

FUJIAN GARMENT IMPORT & EXPORT CO., LTD

ZHONGSHANG BUIDING UNIT 1601, HUDONG ROAD 168, FUZHOU, CHINA.

TEL：0591-87815233；FAX：0591-87815266

2. 进口方

PANMARK IMPEX PTE LTD.

432 BELESTIER ROAD PUBLIC MANSION #6-440E FRANKUFURT GEMANY 329813

TEL：441-375-85606；FAX：441-375-843600

CONTACT：MR PETER

3. 通知方

LINDE LOGISTICS FRANKUFURT BARANCH, GERMANY.

TEL：441-371-85313；FAX：441-371-85311

4. 发票号：YN06001

5. 包装情况：50PCS TO ONE CARTON. TOTAL：10CTNS

6. G.W./N.W.：@28/25KGS /CARTON

7. MEASUREMENT：@80 CM ×50 CM ×50CM/CARTON

8. 品名：男式夹克（羽绒）

9. 运输情况：AIRWAYBILL NO：999-43561508

2017 年 6 月 19 日货物可以提货入仓及报关，希望 20 日从福州到北京，以最快的时间从北京到德国法兰克福。

1ST：FOC-PEK；CA1506

2ST：PEK-FRA；CA981

10. 提单签发人：AIR CHINA CO.，LTD，提单号：COS1706005

分单号：EAS1706031

11. 报价

（1）空运费：（FOC-FRA）。

+100K: 30/KG

+300K: 27/KG

+500K: 25/KG

（2）报关及提货杂费：350 元/票，运费预付。

12. 国际航协（IATA）公布价格

DEST: FRA

+45K: 52.35/KG

+100K: 48.73/KG

+300K: 48.73/KG

13. 始发港国际货代联系资料：

公司：林德国际物流有限公司福州分公司

地址：中国福建省福州湖东路 158 号

TEL:0591-87835088；FAX:0591-87835086

● **相关知识准备**

1）国际航空货运单基础知识。

2）国际航空货运单的填制规范。

● **实训任务**

完成规定情境的国际航空货运单主运单（见表 4-11）及分运单（见表 4-12）的填制。（提示：航空主提单制单时的运价部分一般使用 IATA 的公布价格，国际货代分提单则使用真实的成交价格。）

● **实训教学建议**

1. 教学方法

多媒体演示教学+实践操作。

2. 教学课时

实践学时：2 课时。

3. 教学过程

上课时先由教师介绍任务背景，进行任务描述，提出完成任务的目标和要求，而后学生独立完成情境式工作任务。建议：这部分课程可以选择在机房上课，让学生完成航空货运单的填制，也可以直接填制在教材的空白样单上，在教室完成工作任务。

● **实训成果**

1. 国际航空货运主运单（见表 4-11）

表 4-11　国际航空货运主运单

ISO9001 CERTIFIED

Air waybill Number
999-

Shipper's Name and Address	Shipper's Account Number	Not negotiable 中国国际航空股份有限公司 AIR WAYBILL (AIR CONSIGNMENT NOTE ISSUE BY) Air China co., LTD
Consignee's Name and Address	Consignee's Account Number	It is agreed that goods described herein in apparent good order and condition (expect as noted) for carriage SUBJECTTO THE CONDITIONS OF CONTRACT ON THE REVERSE HEREOF ALL GOODS MAY BE CARRIED BY ANY OTHER MEANS INCLUDING ROAD OR ANY OTHER CARRIER UNLESS SPECIFIC CONTRARY INSTRUCTIONS ARE GIVEN HEREON BY THE SHIPPER.AND SHIPPER AGREES THAT THE SHIPMENT MAY BE CARRIED VIA INTERMEDIATE STOPPING PLACES WHICH THE CARRIER DEEMS APPROPRIATE THE SHIPPER'S ATTENTION IS DRAWN TO THE NOTICE CONCERNING CARRIERS LIMITATION OF LIABILITY. Shipper may increase such limitation of liability by declaring a higher value for carriage and paying a supplemental charge if required. Accounting Information
Airport of Departure	Master Air Waybill No.	

To	By First Carrier	Routing and destination	To	By	to	by	Currency	CHGS Cute	WT/VAL PPD	WT/VAL COLL	Other PPD	Other COLL CC	Declared value for carriage	Declared value for Customs

Airport of Destination	Flight/date	Amount of insurance	INSURANCE: it carrier offers insurance in accordance with conditions on reverse hereof, indicate amount to be insured in figures in box marked "Amount of Insurance"

Handing Information

No. of Pieces RCP	Gross Weight	Kg / lb	Rate class	Commodity Item No.	Chargeable weight	Rate / Charge	Total	Nature And Quantity of Goods. (Incl. Dimensions or Volume)

Prepaid	Weight Charge	Collect
	valuation	
	Tax	
	Total Other Charges Due Agent	
	Total other charges due carrier	
Total prepaid		Total collect
Currency conversion rates		CC Charges in Dest Currency
For Camer's Use only at Destination		Charges at Destination

Other charges

Shipper Certifies That The Particulars On The Face Hereof Are Correct And Insofar As Any Part Of The Consignment Contains Dangerous Goods. Such Part Is Properly Described By Name And Is In Proper Condition For Carriage By Air According To The Applicable Dangerous Goods Regulations.

Signature of Shipper Or His Agent

Executed on (Date)　at(Place)　Signature of Issuing Carrier Or Its Agent

Total Collect Charges	Air Waybill Number 999-

2. 国际航空货运分运单（见表 4-12）

表 4-12　国际航空货运分运单

ISO9001 CERTIFIED

Air Waybill Number
Kerry EAS– 03519670

Shipper's Name and Address | Shipper's Account Number

Kerry EAS 嘉里大通

嘉里大通物流有限公司
Kerry EAS Logistics Limited
No.21 Xiao Yun Road, San Yuan Dong Qiao,
Dong San Huan Bei Lu, Chao Yang District
Beijing, China Post Code:100027
Tel:(86-010)64618899
Fax:(86-010)64677866

Non–negotiable
Air Waybill
(Air Consignment note)
issued by

IATA

Copies 1,2 and 3 of this Air Waybill are originals and have the same validity

Consignee's Name and Address | Consignee's Account Number

It is agreed that goods described herein are accepted in apparent good order and condition (except as noted) for carriage SUBJECT TO THE CONDITIONS OF CONTRACT ON THE REVERSE HEREOF.ALL GOODS MAY BE CARRIED BY ANY OTHER MEANS INCLUDING ROAD OR ANY OTHER CARRIER UNLESS SPECIFIC CONTRARY INSTRUCTIONS ARE GIVEN HEREON BY THE SHIPPER, AND SHIPPER AGREES THAT THE SHIPMENT MAY BE CARRIED VIA INTERMEDIATE STOPPING PLACES WHICH THE CARRIER DEEMS APPROPRIATE. THE SHIPPER'S ATTENTION IS DRAWN TO THE NOTICE CONCERNING CARRIERS LIMITATION OF LIABILITY. Shipper may increase such limitation of liability by declaring a higher value for carriage and paying a supplemental charge if required.

Accounting Information

Airport of Departure | Master Air Waybill No.

to	By First Carrier	Routing and Destination	to	by	to	by	Currency	CHGS Code	WT / VAL PPD	WT / VAL COLL	Other PPD	Other COLL	Declared value for Carriage	Declared value for Customs

Airport of Destination | Flight/Date | Amount of Insurance | INSURANCE: if carrier offers insurance in accordance with conditions on reverse hereof, indicate amount to be insured in figures in box marked "Amount of Insurance"

Handling Information

No. of Pieces RCP	Gross Weight	Kg lb	Rate Class / Commodity Item No.	Chargeable Weight	Rate / Charge	Total	Nature and Quantity of Goods(incl. Dimensions or Volume)

Prepaid	Weight Charge	Collect	Other Charges
	Valuation Charge		
	Tax		
	Total Other Charges Due Agent		Shipper certifies that the particulars on the face hereof are correct and that insofar as any part of the consignment contains dangerous goods, such part is properly described by name and is in proper condition for carriage by air according to the applicable Dangerous Goods Regulations.
	Total Other Charges Due Carrier		Signature of Shipper or his Agent
Total Prepaid		Total Collect	
Currency Conversion Rates		CC Charges in Dest Currency	Executed on (Date) at (Place) Signature of Issuing Carrier or its Agent

Air Waybill Number
Kerry EAS– 03519670

COPY

● 实训任务评价

编　　号	评 价 点	评价细节	得分情况
1	成果	是否准时完成（10分）	
2	成果	单证是否正确（80分）	
3	成果	单证是否美观（10分）	

思考与练习

一、单项选择题

1．国际海运的主提单是指由（　　）签发的提单。

A．船代公司　　B．货代公司

C．船公司　　D．发货人

2．海运提单中记载“TO ORDER”时，以下正确的是（　　）。

A．不可记载　　B．可记载

C．B/L签发后有效　　D．货装船后有效

3．有权签发提单的人不包括（　　）。

A．委托人　　B．船长

C．承运人　　D．经承运人授权的代理人

4．货物装船时外表状态良好，没有不良批注的提单是（　　）。

A．顺签提单　　B．收货待运提单

C．简式提单　　D．清洁提单

5．House Bill of Lading 通常是指由（　　）签发的单证。

A．班轮公司　　B．无船承运人

C．买方的代理人　　D．卖方的代理人

二、多项选择题

1．海运提单是（　　）。

A．运输合同证明　　B．货物收据

C．交货凭证　　D．物权凭证

2．根据收货人抬头的不同，提单分为（　　）。

A．不记名提单　　B．指示提单

C．记名提单　　D．清洁提单

3．集装箱的交接地点包括（　　）。

A．CY—CY　　B．DR—DR

C．CY—CFS　　D．CY—DR

4．银行议付时，接受（　　）。

A．不清洁提单　　B．清洁提单

C．指示提单　　D．装船待运提单

5．提单遗失或晚到会导致收货方要求（　　）。

A．无单放货　　B．重签提单

C．倒签提单　　D．预借提单

三、判断题

1．航空货运主运单的发货人栏和收货人栏列明的是真正的托运人和收货人。（　　）

2．缮制海运提单时托运人可选择是否注明“不可转让”字样。（　　）

3．对于在航空货运单上所填货物的项目和声明的正确性，承运人应负责任。（　　）

4．提单作为货物收据的法律效力，在不同的当事人之间不尽相同。（　　）

5．过期提单是收货人在船舶到港后才收到的提单。（　　）

四、简答题

1．简述海运提单的作用。

2．简述海运提单的种类。

3．简述航空货运单的作用。

4．试述集装箱运输下 HB/L 与 MB/L 的区别。

5．《海牙规则》、《维斯比规则》、《汉堡规则》和《鹿特丹规则》对承运人赔偿责任及赔偿责任限制各有哪些规定？

五、案例分析题

中国 A 公司与英国 B 公司签订了一份国际货物买卖合同，约定由 A 公司向 B 公司销售一批电视机，B 公司以信用证方式付款。合同订立后，B 公司依约开立了信用证，该信用证要求 A 公司提供全套已装船清洁提单。A 公司按照合同规定交付了货物，并按信用证要求制作了所有单据。A 公司向银行提交全套单据，银行审单后拒绝付款，理由是 A 公司提交的提单上没有货物的装运日期，该提单是备运提单而非信用证要求的已装船提单。A 公司去电解释，其提交的提单上盖有“已装船”（SHIPPED ON BOARD）字样的印记，证明货物已装船，提单的签发日就是装运日期。银行回电称，A 公司提交的提单所做的“装船批注”不符合《UCP600》的规定，由于存在单证不符的情况，银行拒绝付款。

思考：

1．什么是备运提单和已装船提单？

2．银行是否可以拒绝付款？为什么？

第 5 章

报关岗——国际货代报关与报检

学习目标

1. 了解国际货代报关与报检基础知识；
2. 掌握国际货代报关与报检的程序；
3. 掌握国际货代报关与报检单证的填制。

引导案例

小林到厦门中外运物流公司上班，接到客户泉州安踏鞋业公司的查询电话。安踏鞋业有 20 箱、共 200kg 的货物要空运往德国法兰克福，选择的路线为厦门—北京—法兰克福，已经预订的一程航班本周五晚 20:00 从厦门飞往北京，二程航班本周六上午 11:00 从北京飞往法兰克福（FRA[①]）。

思考题：

1.（客户在电话中询问）货物在生产线上赶工，最迟什么时候报关？

2. 可不可以先报关，货物迟些时候到？

3. 这批货物在泉州海关报关可以吗？

---

① FRA 是法兰克福的三字代码。

5.1　进出口报关与报检基础知识

5.1.1　进出口报关

1．报关概述

（1）报关的概念

报关是指进出境运输工具的负责人、进出口货物的收发货人及他们的代理人，还有进出境物品的所有人，向海关办理运输工具、货物、物品的进出境手续及海关相关事务的过程。

《中华人民共和国海关法》（以下简称《海关法》）第 8 条规定“进出境运输工具、货物、物品必须通过设立海关的地点进境或出境”，规定了由设关地进出境的运输工具、货物、物品需办理海关进出境手续的报关基本原则。报检、报验手续必须先于报关手续办理，即“先报检、报验，后报关”。

（2）报关的范围

1）进出境运输工具。《海关法》明确界定，进出境运输工具指的是用以载运人员、货物、物品进出境，在国际间运营的各种境内外船舶、车辆、航空器和驮畜。

2）进出境货物。进出境货物具体包括一般贸易货物（进口和出口）、保税货物、暂时（准）进出口货物、特定减免税货物、过境、转运和通运货物、补偿贸易货物及来（进）料加工贸易货物等。

3）进出境物品。进出境物品主要包括进出境的行李物品、邮递物品和其他物品。以进出境人员携带、托运等方式进出境的物品为行李物品；以邮递方式进出境的物品为邮递物品；其他物品主要包括货币及有价证券，托人携带的物品、黄金首饰，享受外交特权和豁免权的外国使领馆及办事机构的公务人员的公务用品或自用品。

（3）报关的分类

1）按照报关的对象不同，可分为进出境运输工具的报关、进出境物品的报关和进出境货物的报关三类。

① 进出境运输工具作为货物、人员及其携带物品的进出境载体，其报关主要是向海关直接交验随附的符合国际商业运输惯例，能反映运输工具进出境合法性及其所承运货物、物品情况的合法证件、清单和其他运输单证，其报关手续较为简单。

② 进出境物品由于其自身的非贸易性质，且一般限于自用、合理数量，其报关手续也很简单。

③ 进出境货物的报关就较为复杂，为此，海关根据对进出境货物的监管要求，制定了一系列报关管理规范，并要求必须由具备一定专业知识和技能且经海关注册的专业人员代表报关单位专门办理。

2）按照报关的目的不同，可分为进境报关和出境报关。由于海关对运输工具、货物、物品的进境和出境有不同的管理要求，运输工具、货物和物品根据进境或出境的目的分别形成了一套进境报关手续和出境报关手续。另外，由于运输或其他方面的需要，有些海关监管货物需要办理从一个设关地点运至另一个设关地点的海关手续，在实践中产生了“转关”的需要，转关货物也需办理相关的报关手续。

3）按照报关活动的实施者不同，可分为自理报关和代理报关。

① 自理报关。进出口货物收发货人自行办理报关业务称为自理报关。根据我国海关目前的规定，自理报关单位必须具有对外贸易经营权和报关权。

② 代理报关。代理报关是指接受进出口货物收发货人的委托，代理其办理报关业务的行为。我国《海关法》把有权接受他人委托办理报关业务的企业称为报关企业。报关企业必须依法取得报关企业注册登记许可，并向海关注册登记后方能从事代理报关业务。

相关链接

不同类型报关单位的业务及报关范围

报关类别	报关单位	主营业务	报关范围
自理报关	自理报关单位（进出口货物收发货人）	对外贸易经营	办理自营进出口货物的报关手续
代理报关	专业报关企业	报关纳税服务	受各进出口收发货人的委托办理报关手续
	代理报关企业	国际货物运输代理或国际运输工具代理	在本企业承揽的承运范围内受各进出口收发货人的委托办理报关手续

根据代理报关法律行为的责任承担不同，代理报关又分为直接代理报关和间接代理报关。直接代理报关是指报关企业接受委托人（进出口货物收发货人）的委托，以委托人的名义办理报关业务的行为。间接代理报关是指企业接受委托人的委托，以报关企业自身的名义向海关办理报关业务的行为。在直接代理报关中，代理人代理行为的法律后果直接作用于被代理人；而在间接代理报关中，报关企业应当承担的法律责任与进出口货物收发货人自己报关时所应当承担的相同。

直接代理报关和间接代理报关的区别如表 5-1 所示。

表 5-1　直接代理报关和间接代理报关的区别

报关类别	行为方式	法律责任
直接代理	接受委托人（进出口货物收发货人）的委托，以委托人的名义办理报关手续	法律后直接作用于被代理人；报关企业承担相应的法律责任
间接代理	接受委托人的委托，以报关企业自身的名义向海关办理报关手续	法律后果直接作用于代理人，即报关企业；报关企业承担进出口货物收发货人自己报关时所应承担的相同的法律责任

2. 海关概述

海关是国家主权的象征，体现着国家的权力和意志。《海关法》第 2 条规定：“中华人民共和国海关是国家的进出关境监督管理机关。海关依照本法和其他有关法律、行政法规，监管进出境的运输工具、货物、行李、物品、邮递物品和其他物品，征收关税和其他税费，查缉走私，并编制海关统计和办理其他海关业务。”《海关法》以立法的形式明确表述了中国海关的性质和任务。

（1）海关的性质

海关是国家的行政机关。海关从属于国家行政管理体制，是国务院的直属机构。海关对内、对外代表国家依法独立行使行政管理权，海关的权力授自国家。

海关是国家行政监督管理机关。海关实施监督管理的范围是进出关境及与之有关的活动，对象是所有进出关境的运输工具、货物和物品。

海关的监督管理是保证国家有关法律、法规实施的行政执法活动，执法的依据是《海关法》和其他有关法律、行政法规。《海关法》是管理海关事务的基本法律规范。

值得注意的是，地方政府制定的法律规范是不能作为海关执法依据的。海关事务的立法者为全国人民代表大会及其常务委员会及国家最高权力机关的最高执行机关——国务院。海关总署可以根据法律和国务院的法规、决定、命令制定制度规章，作为执法依据的补充。省、自治区、直辖市人民代表大会和人民政府不得制定海关法律规范，其制定的地方法规、地方规章也不是海关执法的依据。

（2）海关的任务

海关有四项基本任务：监管进出境的运输工具、货物、行李物品、邮递物品和其他物品（监管）；征收关税和其他税费（征税）；查缉走私；编制海关统计。

1）监管。海关监管不是海关监督管理的简称。海关监管是一项国家职能，其目的在于保证一切进出境活动符合国家政策和法律的规范，维护国家主权和利益。

根据监管对象的不同，海关监管分为货物监管、物品监管和运输工具监管三大体系。

2）征税。关税是国家财政收入的重要来源，也是国家宏观经济调控的重要工具。关税的征收主体是国家，《海关法》明确将征收关税的权力授予海关，由海关代表国家行使征收关税职能。海关征税工作的基本法律依据是《海关法》及《中华人民共和国进出口关税条例》（以下简称《进出口关税条例》）。

3）查缉走私。查缉走私是海关为保证顺利完成监管和征税等任务而采取的保障措施。查缉走私是指海关依照法律赋予的权力，在海关监管场所和海关附近的沿海沿边规定地区，为发现、制止、打击、综合治理走私活动而进行的一种调查和惩处活动。

4）编制海关统计。海关统计以实际进出口货物作为统计和分析的对象，通过收集、整理、加工处理进出口货物报关单或经海关核准的其他申报单证，对进出口货物的品种、数（重）量、价格、国别（地区）、经营单位、境内目的地、境内货源地、贸易方式、运输方式、关别等项目分别进行统计和综合分析，全面准确地反映对外贸易的运行态势，及时提供统计信息和咨询服务，实施有效的统计监督，开展国际贸易统计的交流与合作，促进对外贸易的发展。

（3）海关机构的设置

海关机构分为海关总署、直属海关和隶属海关三级。隶属海关由直属海关领导，向直属海关负责；直属海关由海关总署领导，向海关总署负责。

海关的领导与组织结构如图 5-1 所示。

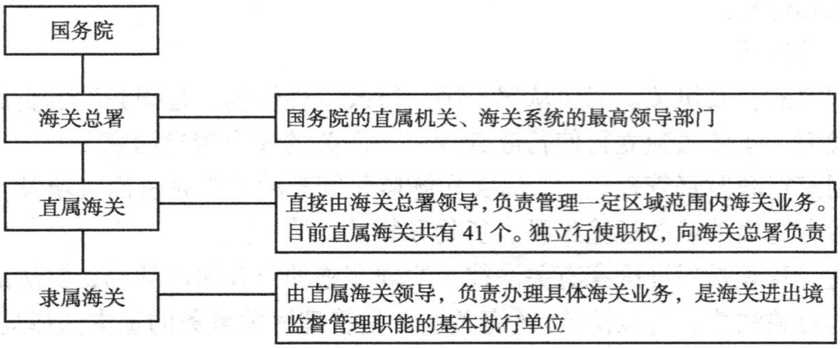

图 5-1　海关的领导与组织结构

1）海关总署。海关总署是国务院的直属机构，在国务院领导下统一管理全国海关机构人员编制、经费物资和各项海关业务，是海关系统的最高领导部门。海关总署下设广东分署，作为其派出机构，协助其管理广东省内的海关。海关总署的基本任务是在国务院领导下，领导和组织全国海关正确贯彻实施《海关法》和国家的有关政策、行政法规，积极发挥依法行政、为国把关的职能，促进和保护社会主义现代化建设。其主要职责如下。

① 研究并拟订海关各项业务工作的方针、政策、法律、法规、规章，并检查、督促全国海关贯彻执行。

② 参与制定和修订关税条例、进出口税则，并组织相关单位贯彻实施。

③ 领导全国海关依法监管进出境运输工具、货物和物品，严密制度、简化手续，加强后续管理。

④ 统一管理关税征收的减免事项。

⑤ 组织领导全国海关的缉私工作。

⑥ 审议有关纳税争议和对海关处罚决定的复议申请。

⑦ 编制全国海关统计，开展统计分析和咨询服务。

⑧ 组织研制、引进和开发、应用海关技术设施。

⑨ 管理全国海关组织机构、人员编制、工资福利、专业培训、专业职务评定、署管干部任免。

⑩ 组织领导全国海关的思想政治工作，推动社会主义精神文明建设。

⑪ 管理全国海关经费、财务、车船、科技、固定资产和基本建设，并进行审计监督。

⑫ 监督、检查全国海关工作人员执法、守法情况，查处违纪案件。

⑬ 拟订或参与拟订有关海关问题的国际条约和协定草案。

⑭ 开展同有关国家（地区）海关、国际海关组织及有关国际机构的联系、交往和合作。

2）直属海关。直属海关是指直接由海关总署领导，负责管理一定区域范围内海关业务的海关。目前直属海关共有 41 个，除香港、澳门、台湾地区外，分布在全国的 31 个省、自治区、直辖市。直属海关就本关区内的海关事务独立行使职责，向海关总署负责。直属海关承担着在关区内组织开展海关各项业务和关区集中审单作业，全面有效地贯彻执行海关各项政策、法律、法规、管理制度和作业规范的重要职责，在海关三级业务职能管理中发挥着承上启下的作用。其主要职责如下。

① 对关区通关作业实施运行管理，包括执行海关总署业务参数、建立并维护审单辅助决策参数、对电子审单通道判别进行动态维护和管理、对关区通关数据和相关业务数据进行有效监控和综合分析。

② 实施关区集中审单，组织和指导隶属海关开展接单审核、征收税费、查验、放行等通关作业。

③ 组织实施对各类海关监管场所、进出境货物和运输工具的实际监控。

④ 组织实施贸易管制措施、税收征管、保税和加工贸易海关监管、企业分类管理和知识产权进出境保护。

⑤ 组织开展关区贸易统计、业务统计和统计分析工作。

⑥ 组织开展关区调查、稽查和侦查业务。

⑦ 按规定程序及权限办理各项业务审核、审批、转报和注册备案手续。

⑧ 开展对外执法协调和行政纠纷、争议的处理。

⑨ 开展对关区各项业务的执法检查、监督和评估。

3）隶属海关。隶属海关是指由直属海关领导，负责具体海关业务的海关，是海关进出境监管职能的基本执行单位，一般都设在口岸和海关业务集中的地点。隶属海关根据海关业务情况设立若干业务科室，其人员从十几人到二三百人不等。

隶属海关的职责如下。

① 开展接单审核、征收税费、验估、查验、放行等通关作业。

② 对辖区内加工贸易实施海关监管。

③ 对进出境运输工具及其燃料、物料、备件等实施海关监管，征收船舶吨税。

④ 对各类海关监管场所实施实际监控。

⑤ 对通关、转关及保税货物的存放、移动、放行或其他处置实施实际监控。

⑥ 开展对运输工具、进出口货物、监管场所的风险分析，执行各项风险处置措施。

⑦ 办理辖区内报关单位通关注册备案业务。

⑧ 受理辖区内设立海关监管场所、承运海关监管货物业务的申请。

⑨ 对辖区内特定减免税货物实施海关后续管理。

3. 报关单位

（1）报关单位的概念

报关单位是指在海关注册登记或经海关批准，向海关办理进出口货物报关纳税等海关事务的境内法人或其他组织。进出口货物收发货人和报关企业都是报关单位。

1）进出口货物收发货人。进出口货物收发货人是指货物的进口人或出口人，即《中华人民共和国对外贸易法》（以下简称《对外贸易法》）所规定的对外贸易经营者。对外贸易经营者是指依法办理工商登记或其他执业手续，依照《对外贸易法》和其他有关法律、行政法规规定从事对外贸易经营活动的法人、其他组织或个人。

进出口货物收发货人经海关注册登记，取得报关资格后，只能为本单位报关。

2）报关企业。报关企业是指经海关批准，取得报关经营许可的专业报关企业和代理报关企业。

专业报关企业是指依照海关规定的程序设立，并经海关批准，接受进出口货物经营单位的委托，办理进出口货物报关、纳税等事宜的境内法人。专业报关企业又称报关公司或报关行。

代理报关企业是经营国际货物运输代理、国际运输工具代理等业务，并接受委托代办进出口货物、国际运输工具的报关、纳税等事宜，依照有关规定履行代理报关注册手续的境内法人。

（2）报关单位的法律责任

报关单位在办理报关业务时，应遵循国家有关法律、行政法规和海关的各项规定，并对所申报货物、物品的品名、规格、价格、数量等的真实性、合法性负责，承担相应的法律责任。

1）报关单位法律责任的原则性规定。

① 报关单位有违反《海关法》及有关法律、行政法规、海关规章或海关规定程序、手续，尚未构成走私行为的，海关按《中华人民共和国海关行政处罚实施条例》（以下简称《海关行政处罚实施条例》）的有关规定处理。

② 报关单位违反《海关法》及有关法律、行政法规，逃避海关监管、偷逃应纳税款、逃避国家有关进出境的禁止性或者限制性管理，非法运输、携带、邮寄国家禁止、限制进出口或者依法应当缴纳税款的货物，擅自将保税货物、特定减免税货物及其他海关监管货物、物品、进境的境外运输工具在境内销售，尚不构成犯罪的，由海关没收走私货物、物品及违法所得，可以并处罚款；对于专门或多次用于掩护走私的货物、物品，专门或多次用于走私的运输工具，海关将予以没收；对于藏匿走私货物、物品的特制设备，海关将责令拆毁或者没收。

③ 报关单位违反《中华人民共和国刑法》、海关法律法规，逃避海关监管、偷逃应纳税款、逃避国家有关进出境的禁止性或者限制性管理，情节严重、数额较大、构成犯罪的，依法追究刑事责任。

2）报关单位在办理报关业务的过程中，进出口货物的品名、税则号列、数量、规格、价格、贸易方式、原产地、启运地、运抵地、最终目的地或者其他应当申报的项目未申报或者申报不实的，分别依照下列规定予以处罚，有违法所得的，没收违法所得：① 影响海关统计准确性的，予以警告或处 1 000 元以上 1 万元以下的罚款。② 影响海关监管秩序的，予以警告或处 1 000 元以上 3 万元以下的罚款。③ 影响国家许可证件管理的，处货物价值 5%以上 30%以下的罚款。④ 影响国家税款征收的，处漏缴税款 30%以上 2 倍以下的罚款。⑤ 影响国家外汇、出口退税管理的，处申报价格 10%以上 50%以下的罚款。

在代理报关业务中，因进出口货物收发货人未按照规定向报关企业提供所委托报关事项的真实情况，致使发生上述情形的，有关法律责任由委托人承担；因报关企业对委托人所提供情况的真实性未进行合理审查，或者因工作疏忽致使发生上述情形的，可以对报关企业处以货物价值 10%以下的罚款，6 个月内暂停其从事报关业务；情节严重的，撤销其报关注册登记。

3）报关企业有下列情形之一的，责令改正、给予警告，可以在 6 个月以内暂停其报关业务：① 拖欠税款或者不履行纳税义务的。② 报关企业出让其名义供他人办理进出口货物报关纳税事宜的。③ 有需要暂停其从事报关业务的其他违法行为的。

4）报关企业有下列情形之一的，海关可以撤销其注册登记：① 报关企业构成走私犯罪或者 1 年内有 2 次以上走私行为的。② 所属报关员 1 年内 3 人次以上被海关暂停执业的。③ 被海关暂停从事报关业务，恢复从事报关业务后 1 年内再次发生上述规定情形的。④ 有需要撤销其注册登记的其他违法行为的。

5）报关企业非法代理他人报关或者超出海关准予的从业范围进行报关活动的，责令改正，处 5 万元以下罚款，6 个月以内暂停其从事报关业务；情节严重的，撤销其报关注册登记。

6）进出口货物收发货人、报关企业向海关工作人员行贿的，撤销其报关注册登记，并处 10 万元以下罚款；构成犯罪的，依法追究刑事责任，并不得重新注册登记为报关企业。

7）未经海关注册登记从事报关业务的，予以取缔，没收违法所得，可以并处 10 万元以下罚款。

8）提供虚假资料骗取海关注册登记的，撤销其注册登记，并处 30 万元以下罚款。

9）报关单位有下列情形之一的，海关予以警告，责令其改正，并可以处 1 000 元以上 5 000 元以下罚款：① 报关企业取得变更注册登记许可后或者进出口货物收发货人单位名称、企业性质、企业住所、法定代表人（负责人）等海关注册登记的内容发生变更，未按照规定向海关办理变更手续的。② 未向海关备案，擅自变更或者启用“报关专用章”的。③ 所属报关员离职，未按照规定向海关报告并办理相关手续的。

4．报关员

（1）报关员的概念

报关员是依法在海关注册，代表所属企业（单位）向海关办理进出口货物报关纳税等海关事务的人员。报关员必须具备一定的学识水平和实际业务能力，必须熟悉货物进出口有关的法律、对外贸易、商品知识，必须精通海关法律、法规、规章，并具备办理海关手续的技能。

（2）报关员的管理

报关员资格全国统一考试制度实施以来，对报关员整体素质和执业水平的提高，奠定了良好的基础。2013 年 10 月，根据国务院简政放权、转变职能，进一步减少资质资格类许可和认定的有关要求，海关总署发布 2013 年第 54 号公告，决定改革现行报关从业人员资质资格管理制度，取消报关员资格核准审批，对报关人员从业不再设置门槛和准入条件，自 2014 年起不再组织报关员资格全国统一考试。

取消报关员资格考试后，报关人员由企业自主聘用，由报关协会实行行业自律管理。海关按照由企及人的管理理念，通过指导、督促报关单位加强内部管理，进而实现对报关人员的管理。

现阶段，海关对报关员的管理主要体现在报关单位向海关的报备、报关单位与报关员法律关系的确认和法律责任的承担 3 个方面。

1）《报关单位注册登记管理规定》明确规定：报关单位对其所属报关人员的报关行为应当承担相应的法律责任。

2）报关单位与所属报关员的劳动合同关系的真实性和有效性由报关单位负责，在“报关员情况登记表”中注明并加盖公章确认。

3）《报关单位注册登记管理规定》明确由报关单位为所属报关员办理海关有关手续。报关单位所属人员从事报关业务的，报关单位应当到海关办理备案手续，海关予以核发证明。

相关链接　海关对报关员的管理

1）只有在海关注册登记的报关单位才能够向海关申请为其所属的报关从业人员办理备案手续。海关不接受以个人名义提出的备案申请。

2）报关员只能受聘于一家报关单位。

3）报关单位所属人员从事报关业务到海关备案的，海关收取“报关单位情况登记表”（所属报关人员），并验核拟备案报关人员有效身份证件原件后，核发“报关人员备案证明”，如图 5-2 所示。

报关人员备案证明

（报关单位名称）：

你单位（海关注册编码：__________）所属报关人员__________（(身份证证件类型）号码：__________）

已完成海关备案，备案编号：__________，备案日期：__________。

海关

（注册登记印章）

年　月　日

图 5-2　报关人员备案证明

（3）报关员的权利与义务

报关员的权利与义务如表 5-2 和表 5-3 所示。

表 5-2　报关员的权利

权　　利	具体内容
1. 报关权	（1）如实申报进出口货物的商品编码、商品名称、规格型号、实际成交价格、原产地及相应优惠贸易协定代码等报关单有关项目，并办理填制报关单、提交报关单证等与申报有关的事项 （2）申请办理缴纳税费和退税、补税事宜 （3）申请办理加工贸易合同备案（变更）、深加工结转、外发加工、内销、放弃核准、余料结转、核销及保税监管等事宜。 （4）申请办理进出口货物减税、免税等事宜。 （5）协助海关办理进出口货物的查验、结关
2. 监督权	报关员有权对违反国家规定，逃避海关监管的行为进行举报，有权对海关及其工作人员违法、违纪行为进行控告、检举
3. 查询权	报关员有权向海关查询其办理的报关业务情况

表 5-3　报关员的义务

义　务	具体内容
1. 依法报关	报关员应当遵守海关法律法规和规章，依法办理报关业务
2. 合理审查	报关员应该熟悉所申报货物的基本情况，对申报内容和有关材料的真实性、完整性进行合理审查，提交齐全、正确、有效的单证，准确、清楚、完整地填制报关单证
3. 配合执法	具体包括：海关查验进出口货物时，报关员应配合海关查验；配合海关稽查和对涉嫌走私违规案件的查处；协助落实海关对报关单位管理的具体措施
4. 协助工作	报关员需配合所属报关单位完整保存各种原始报关单证、票据、函电等资料，协助报关单位办理有关事项

5.1.2　进出口报检

1．报检的概念

报检是进出口商品收货人或其代理人向商检机构申报，接受商检机构对进出口商品检验的行为。出入境检验检疫机构对出入境检验检疫报检实行报检员凭证报检制度。报检单位或代理报检单位在向出入境检验检疫机构进行备案或注册登记时指派的报检人员，必须通过中华人民共和国国家质量监督检验检疫总局（以下简称国家质检总局）统一考试。

出入境商品检验检疫的报检单位分为自理报检单位和代理报检单位。代理报检单位在代理报检和配合商检机构检验检疫工作范围内，既享有一定的权利，又必须承担相应的义务。

相关链接　报检员与报关员的区别和联系

报关员是指经海关批准注册，代表所属报关企业向海关办理进出口货物报关、纳税等业务并以此为职业的人员，主要负责在进出口贸易中办理海关及其他进出口贸易手续。

报检员是负责本企业的进出口货物或者接受委托人的委托向国家质检总局申请办理商品检验、动植物检验、卫生检验等报检手续的人员，也是报检单位与检验检疫机构联系的桥梁。报检员素质的高低直接影响检验检疫工作的效率和质量。

报关员在货物进出境时向海关办理货物报关、纳税等海关事务。若货物中有部分商品是法定商检的，则由报检员向检验检疫局报检，取得货物进出口通关单、重量证、健康证书等单证。然后报检员将这些单证交给报关员，由报关员连同其他单证一起向海关申报。

二者的区别表现在：报检员代表本企业或受委托人的委托向检验检疫机构办理货物检验检疫的手续，而报关员代表本企业或受委托人的委托向海关办理货物合法进出境的手续。二者的联系表现在：都对进出境的货物向国家相关部门办理规定的手续，缴纳相关费用；二者同属于目前最紧缺的岗位，也是最被市场看好的岗位；报关员和报检员可以是同一个人，所以报关员或报检员最好有两个证，即报关员证和报检员证。

2. 出入境检验检疫的主管机关

国家质检总局是我国出入境检验检疫的主管机关，主管全国质量、计量、出入境商品检验、出入境卫生检疫、出入境动植物检疫、进出口食品安全和认证认可、标准化等工作。

为履行出入境检验检疫职能，国家质检总局在全国 31 个省（自治区、直辖市）设有 35 个直属出入境检验检疫局，在海陆空口岸货物集散地设有近 300 个分支局和 200 多个办事处，共有检验检疫人员 3 万余人。

3. 出入境检验检疫的主要内容

2005 年 12 月 1 日起施行的《中华人民共和国进出口商品检验法实施条例》规定，出入境检验检疫机构对进出口商品实施检验的内容，包括确定是否符合安全、卫生、健康、环境保护、防止欺诈等要求，以及相关的品质、数量、重量等项目。出入境检验检疫的内容具体如下。

（1）法定检验检疫（以下简称法检）

1）实施目录管理。《出入境检验检疫机构实施检验检疫的进出境商品目录》（以下简称《法检目录》）由五项构成：商品编码、商品名称及备注、计量单位、海关监管条件、检验检疫类别。前三项根据海关商品编码编制。海关监管条件有 A、B、D 三类：A 类为进境检验检疫；B 类为出境检验检疫；D 类为商检与海关联管。检验检疫类别有 M、N、P、Q、R、S、L 七类：M 类为进口商检；N 类为出口商检；P 类为进境动植物检疫；Q 类为出境动植物检疫；R 类为进口食品卫生检验检疫；S 类为出口食品卫生检验检疫；L 类为民用品入境验证。

2）对成套设备实施“A/M”管理。属于进口法检商品的，不论其拆成零件还是成套，都属于主动报检范围。

3）除了法检商品、成套设备外，法检范围还包括废旧物品、外商投资财产鉴定、出口纺织品、援外物资等。

（2）进出口商检

除了上述商品外，其他商品实施抽检。对于合格商品，可以给予检验检疫标志或封识。

（3）动植物检疫

进、出、过境的动植物及其产品，容器、包装物、铺垫物，来自疫区的运输工具，进境拆解的运输工具均实施检疫。

（4）卫生检疫与处理

1）对染疫（鼠疫、霍乱、黄热病）人员采取隔离、留验、就地诊验措施。

2）对运输工具及其排放物、包装物、货物、物品等实施消毒、除鼠、除虫处理。

3）对于艾滋病、性病、麻风病、精神病、开放性肺结核病人，直接阻止入境。

（5）进口废物原料、旧机电产品在装运前检验，到货后法检

我国对于废物原料的进口实行许可制度，签订合同前必须取得《进口废物批准证书》；合同中订明“装运前检验”条款，到货后施检（法检）。

进口旧机电产品，签订合同前应到国家质检总局或直属检验检疫局进行备案，必要时装运前预检，到货后施检（法检）。

（6）进口商品认证管理

国家对涉及人类健康和动植物生命和健康，以及环境保护和公共安全的产品实行强制性认证制度。凡列入《中华人民共和国实施强制性产品认证的产品目录》内的商品，必须经过指定认证机构认证合格，取得指定认证机构颁发的认证证书，并加施认证标志后方可进口。此目录内的商品在进口时，检验检疫机构按规定实施验证，查验单证，核对货证是否一致。

（7）出口商品质量许可和卫生注册管理

我国对重要出口商品实行质量许可制度，并对其出口实行验证管理（出口商品质量许可证）。我国对食品相关产业实行卫生注册登记制度。

（8）出口危险货物运输包装检验

出口危险货物运输包装检验主要包括性能鉴定和使用鉴定。生产危险货物出口包装容器的企业，必须向检验检疫机构申请危险货物包装容器的性能鉴定。生产出口危险货物的企业，必须向检验检疫机构申请危险货物包装容器的使用鉴定。危险货物包装容器经检验检疫机构鉴定合格的，方可包装危险货物出口。

5.2 进出口货物报关的一般程序

5.2.1 进出口货物的报关程序

报关程序是指进出口货物收发货人、运输工具负责人、物品所有人或其代理人按照海关规定，办理货物、运输工具、物品进出境及相关海关事务的手续和步骤。

进出口货物报关程序根据一般进出口货物与非一般进出口货物的属性不同，分别有前期报关、进出境报关与后续报关。一般进出口货物的所有手续，在进出境报关程序中得以解决；而非一般进出口货物（保税加工货物、特定减免税货物、暂准进出口货物等）必须经过前期报关、进出境报关及后续报关这三个阶段。

（1）前期报关阶段

根据海关的监管要求，进出口收发货人或其代理人在非一般进出口货物进出口之前，必须向海关办理货物合同、许可证件等备案手续，包括：① 保税加工合同审核、合同备案、保证金台账开设（必要时）、加工贸易登记手册的申领。② 企业的减免税备案登记、特定减免税进口货物的减免税申请、征免税证明的申领。③ 暂准进出口货物的报批、备案（如展览品）、担保申请。

前期报关阶段的适用范围是保税货物、特定减免税货物、暂准进出口货物等。

（2）进出境报关阶段

进出境报关阶段，是指根据海关对进出境货物的监管制度，进出口货物收发货人或其代理人在进口货物进境时、出口货物出境时，向海关办理进出口申报、配合查验、缴纳税费、提取或装运货物手续的过程。具体包括：① 货物进出口申报。② 配合查验。③ 缴纳税费（或减交、免交、缓交税费或提供担保）。④ 提取或装运货物（进口提货凭证或出口装货凭证）。

进出境报关阶段的适用范围是一般进出口货物及非一般进出口货物（保税加工货物、特定减免税货物、暂准进出口货物等）。

（3）后续报关阶段

后续报关阶段是指在前期报关阶段经过报批、备案，申领登记手册和征免税证明的货物进出境后，根据海关对保税加工货物、特定减免税货物、暂准进出口货物等的监管要求，进出口货物收发货人或其代理人在货物进出境储存、加工、装配、使用后，按规定的期限和要求，向海关报告使用情况、最终用途和去向，申请核销、销案或解除海关监管。具体包括：① 保税加工合同报核。② 特定减免税货物申请解除海关监管。③ 暂准进出口货物担保销案申请。

后续报关阶段的适用范围是保税加工货物、特定减免税货物、暂准进出口货物等。

5.2.2 一般进出口货物的报关程序

一般进出口货物报关是进出口报关中最常见的类型。一般进出口货物，是指在进出境环节缴纳了进出口税费并办结了所有必要的海关手续，海关验放后不再进行监管的货物。“一般进出口”指的是海关的一种监管制度，以区别于“保税”等类别的海关监管制度。

一般进出口货物报关的基本程序如下。

1．申报

（1）申报期限

进口货物的申报期限为自装载货物的运输工具申报进境之日起 14 日内。申报期限的最后一天是法定节假日或休息日的，顺延至法定节假日或休息日后的第一个工作日。

出口货物的申报期限为货物运抵海关监管区后，装货的 24 小时以前。

进口货物的收货人未按规定期限向海关申报的，由海关按《海关法》的规定征收滞报金。进口货物自装载货物的运输工具申报进境之日起超过 3 个月仍未向海关申报的，货物由海关依照《海关法》的规定提取变卖处理。对不宜长期保存的货物，海关可以根据实际情况提前处理。

（2）申报地点

一般情况下， 进口货物的收货人或其代理人应当在货物的进境地向海关申报；出口货物的发货人或其代理人应当在货物的出境地向海关申报。

经收发货人申请，海关同意，进口货物的收货人或其代理人可以在设有海关的货物指运地申报，出口货物的发货人或其代理人可以在设有海关的货物起运地申报[①]。

（3）申报单证

1）报关单。报关单是由报关员按照海关规定格式填制的申报单。报关单是主要单证，其他为随附单证。如果是由报关企业代理报关的，还需要提供一份报关委托协议书，进出口收发货人自理报关的则不需要。

2）基本单证。基本单证是指进出口货物的货运单据和商业单据，主要有装箱清单、商业发票、销售合同、进口提货单据、出口装货单据等。

3）特殊单证。特殊单证不是所有货物都需要的，是指特定货物报关时需要的单证，

---

① 起运地不一定是出境地，起运地是福州口岸，有可能在厦门口岸才离境；指运地是指进口货物运往境内的最终目的地，跟进境地也经常不一样。

主要有检验检疫通关单、加工贸易登记手册、进出口许可证、特定减免税证明、产地证等。

（4）申报方式

申报采用电子数据报关单申报形式和纸质报关单申报形式。电子数据报关单和纸质报关单均具有法律效力。在一般情况下，进出口货物收发货人或其代理人按先后顺序，先以电子数据报关单形式（终端录入方式、委托 EDI 方式、自行 EDI 方式或网上申报方式）向海关申报，后提交纸质报关单做现场审核。 目前，全国海关的全部通关业务现场正积极开展试点通关作业无纸化申报。。

2. 海关查验

海关查验，是指海关根据《海关法》为确定进出境货物的性质、价格、数量、原产地、货物状况等是否与报关单上已申报的内容相符，对货物进行实际检查的行政执法行为。

1）查验地点。查验地点一般在海关监管区内。

2）查验时间。查验时间一般约定在海关正常工作时间内。

3）查验通知。海关发出查验通知后，进出口货物的收发货人或其代理人应当向海关的查验部门办理确定查验的地点和时间的相关手续。

4）查验方式。查验方式主要有以下三种：① 彻底查验。对货物逐件开箱、开包查验。② 抽查。按一定的比例，对货物有选择地开箱、开包查验。③ 外形查验。对货物的包装、唛头（商标）等进行核查、核验。

3. 缴税

进出口货物收发货人或其代理人将报关单及随附单证提交给货物进出境地指定海关，海关对报关单进行审核，对需要查验的货物先由海关查验，然后核对计算机计算的税费，开具税款缴款书和收费票据。进出口货物收发货人或其代理人在规定时间内，持缴款书或收费票据向指定银行办理税费交付手续；在试行中国电子口岸网上缴税或付费的海关，进出口货物收发货人或其代理人可以通过电子口岸接收海关发出的税款缴款书和收费票据，在网上向指定银行电子支付税费。一旦收到银行缴款成功的信息，即可报请海关办理货物放行手续。

4. 放行

（1）海关放行与货物结关

1）海关放行是指海关接受进出口货物的申报、审核电子数据报关单和纸质报关单及随附单证、查验货物、征收税费或接受担保以后，对进出口货物做出结束海关进出境现场监管决定，允许进出口货物离开海关监管现场的工作环节。

海关放行一般是在进口货物提货凭证或出口货物装货凭证上签盖“海关放行章”，进出口货物收发货人或其代理人签收进口提货凭证或出口装货凭证，凭以提取进口货物或将出口货物装运到运输工具上离境。

在试行“无纸通关”申报方式的海关，海关做出放行决定时，通过计算机将“海关放行”报文发送给进出口货物收发货人或其代理人和海关监管货物保管人。进出口货物收发货人或其代理人从计算机上自行打印海关通知放行的凭证，凭以提取进口货物或将出口货物装运到运输工具上离境。

2）货物结关是“办结海关手续”的简称，是指进出口货物收发货人或其代理人向海关办完了进出口货物通关的所有手续，履行了法律规定的与进出口有关的义务。有关货物一旦办结海关手续，海关就不再进行监督。

3）海关放行有两种情况。一种情况是货物已经结关，对于一般进出口货物来说，进出口货物收发货人或其代理人已经办理了所有海关手续，因此，海关放行即等于结关。另一种情况是货物尚未结关，对于保税加工货物、特定减免税货物、暂准进出口货物等来说，放行时出口货物的收发货人或其代理人并未全部办完所有的海关手续，海关在一定期限内还需进行后续管理，所以，该类货物的海关放行不等于结关。

（2）提取货物或装运货物

提取货物指的是进口环节，进口货物收货人或其代理人签收海关加盖“海关放行章”的进口提货凭证。这些凭证根据运输工具的不同，名称也不一样，一般有提单、运单、提货单等，凭以到货物进境地的港区、机场、车站、邮局等地的海关监管仓库提取进口货物。

装运货物指的是出口环节，出口货物发货人或其代理人签收海关加盖“海关放行章”的出口装货凭证（这些凭证一般有运单、装货单、场站收据等），凭以到货物出境地的港区、机场、车站、邮局等地的海关监管仓库办理将货物装运上运输工具运离关境的手续。

（3）申请签发货物进出口证明

进出口货物收发货人或其代理人办理完提取进口货物或装运出口货物的手续后，由于涉及货物进出口后需办理其他相关手续事宜，需要海关签发的进出口证明作为必要依据，因而向海关提出要求签发有关货物进出口证明的申请。常见的证明主要有以下几种。

1）进口付汇证明。对于需要在银行或国家外汇管理部门办理进口付汇核销的进口货物，报关员应当向海关申请要求签发《进口货物报关单（付汇证明联）》。海关经审核，对符合条件的货物，即在《进口货物报关单》上签名，加盖“海关验讫章”，作为进口付汇证明联签发给报关员。同时，通过海关电子通关系统向银行和国家外汇管理部门发送证明联电子数据。

2）出口收汇证明。对于需要在银行或国家外汇管理部门办理出口收汇核销的出口货物，报关员应当向海关申请要求签发《出口货物报关单（收汇证明联）》。海关经审核，对符合条件的货物，即在《出口货物报关单》上签名，加盖“海关验讫章”，作为出口收汇证明联签发给报关员。同时，通过海关电子通关系统向银行和国家外汇管理部门发送证明联电子数据。

3）出口退税证明。对于需要在国家税务机构办理出口退税的出口货物，报关员应当向海关申请要求签发《出口货物报关单（出口退税证明联）》。海关经审核，对符合条件的货物，即在《出口货物报关单》上签名，加盖“海关验讫章”，作为出口退税证明联签发给报关员。同时，通过海关电子通关系统向国家税务机构发送证明联电子数据。

4）进口货物证明书。对于进口汽车、摩托车等，报关员应当向海关申请要求签发《进口货物证明书》，进口货物收货人凭以向国家交通管理部门办理汽车、摩托车的牌照申请手续。海关放行汽车、摩托车后，向报关员签发《进口货物证明书》。同时，将《进口货物证明书》上的内容通过计算机发送给海关总署，再传输给国家交通管理部门。

5.3　出入境货物报检的一般程序

5.3.1　出境货物的报检

1．出境货物报检的时间要求

出境货物应在出境前向指定检验检疫机构办理手续，具体时间要求如表 5-4 所示。

表 5-4　出境货物报检时间要求

出境货物种类	报检时间需求
一般出境货物	报关或出境装运前 10 天，向检验检疫机构申请报检
出境动物	报关或出境装运前 60 天预报检，隔离前 7 天报检
出境的运输工具	报关或出境装运前向口岸检验检疫机关报检或申报

2．出境货物报检的地点要求

出境货物报检地点因出境对象的不同而异。具体报检地点要求如表 5-5 所示。

表 5-5　出境货物报检地点要求

出境对象	报检地点要求
一般出境货物	在货物所在地检疫机构办理报检
由内地运往口岸分批、并批的货物	在产地办理预检，合格后方可运往口岸办理出境货物的查验换证手续
由内地运往口岸后，由于改变国别或地区而产生不同检疫要求的，超过检验检疫有效期的，批次混乱、货证不符的，或经口岸查验不合格的	在口岸重新报检

3．出境货物检验检疫流程

出境货物检验检疫流程主要包括报检、检验检疫、检验检疫处理、签证放行等主要步骤。

1）报检。出境货物应当在出境前向出入境检验检疫机关报检，报检时应填写报检单，并随附贸易合同或协议、信用证、发票、装箱单、生产企业检验报告或当地检疫部门出具的产地证等。有特殊检疫要求的，要在报检单上注明。

经检验检疫合格的出境货物，有下列情况之一者，应当重新报检：更改输入国家或地区，更改后输入国家或地区有不同检验检疫要求的；改换包装或原来未拼装后来拼装的；超过检验检疫规定有效期的。

2）检验检疫。检验检疫是对出境应检对象通过感官的、物理的、化学的、微生物的方法进行检验检疫，以判定所检对象的各项指标是否符合合同及买方所在国官方机构的有关规定。

3）检验检疫处理。经检验检疫发现不符合出境检验检疫规定的货物，由出入境检验检疫机关签发通知单，通知货主或其代理人分别做加工整理、除害处理，经复检合格后方可出境；对于检验检疫不合格又无有效方法除害处理的，不准出境。

4）签证放行。对检验检疫合格或经除害处理合格的出境货物，准予出境。出境货物经检验检疫后，才能签证放行通关，可分两种情况：① 口岸即产地，施检合格直接发放出境货物通关单。② 口岸非产地，产地施检，合格后签发出境货物换证凭单/条，并发送电子数据给口岸商检部门，口岸验证后，再签发出境货物通关单。

4．出境货物报检的手续要求

（1）备案登记制及报检员证制

报检单位首次报检时须先办理备案登记手续，取得报检单位代码。其报检人员取得报检员证，凭证报检。报检员在报检时应该出示报检员证。无报检员证而需办理报检业务的，应委托代理报检单位及其代理报检员办理。代理报检的，须向检验检疫机构提供委托书。委托书由委托人按检验检疫机构规定的格式填写。

（2）随附单据

报检时应附以下单据：合同、信用证、厂检单或检验检疫机构出具的换证凭单正本、包装性能合格单、发票、装箱单等。随附单据必须真实、合法、有效。随附单据为复印件的，应加盖货主单位的公章或报检专用章。法定商品检验（检验检疫类别为“N”或“S”）的出境货物，应由生产单位或货主检验（或验收）合格，并出具有效的厂检合格证或验收单。

（3）特殊情况下需提供的相应文件

1）实施卫生注册及质量许可证管理的货物，应提供出入境检验检疫机构签发的卫生注册/质量许可证副本，并在检验单上注明卫生注册证号或质量许可证号，同时提供厂检合格证。

2）法定商品检验的出境货物，其运输包装属于国家明确规定的 15 类（钢桶、铝桶、镀锌桶、钢塑复合桶、纸板桶、塑料桶、纸箱、集装袋、塑料编织袋、麻袋、纸塑复合袋、钙塑瓦楞箱、木箱、胶合板箱/桶、纤维板箱/桶）和塑料筐、泡沫箱的，应提交与实际包装容器（包括类型、规格、包装编号）相符合的包装性能检验结果单。

3）出境货物须经生产者或经营者检验合格并附加检验合格证或检测报告。申请重量鉴定的，应附加重量明细单或磅码单。

4）凭样品成交的货物，应提供经买卖双方确认的样品。

5）生产出境危险货物包装容器的企业，必须向检验检疫机构申请包装容器的性能鉴定。生产出境危险货物的企业，必须向检验检疫机构申请危险货物包装容器的使用鉴定。

6）报检出境危险货物时，必须提供危险货物包装容器性能鉴定结果单和使用鉴定结果单。

7）申请产地证和普惠制产地证的，应提供商业发票资料。

8）出境特殊物品的，应根据法律法规规定提供有关的文件。

9）经预检的货物，在向检验检疫机构办理换证放行手续时，应提供该检验检疫机构签发的出境货物换证凭单正本。

10）产地与报关地不一致的出境货物，在向报关地检验检疫机构申请出境货物通关单时，应提交产地检验检疫机构签发的出境货物换证凭单正本。

5．几种特殊货物的出境报检要求

（1）出口电池的报检

1）出口电池的报检要求。

① 国家对出口电池产品实行备案制度，出口电池产品必须经过审核，取得进出口电池产品备案书后方可报检。

② 国家对出口电池产品实行汞含量专项检测制度，对含汞的及必须通过检测才能确定其是否含汞的电池产品，须进行汞含量专项检测，汞含量不合格的电池产品不准出口。

③ 未列入《法检目录》的不含汞的出口电池产品可凭进出口电池产品备案书（正本）或复印件申报放行，不实施检验；含汞电池产品实施汞含量和其他项目的检验。

2）出口电池报检时应提供的随附单据如下。

① 出境货物报检单。

② 合同或销售确认书、发票、装箱单等相关外贸单证。

③ 出境货物运输包装性能检验结果单正本。

④ 进出口电池产品备案书正本或其复印件。进出口电池产品备案书有效期为 1 年。

（2）出口小家电产品的报检

小家电产品是指需要外接电源的家庭日常生活使用或有类似用途，具有独立功能的并与人身有直接或间接的接触，将电能转化为功能或热能，涉及人身安全、卫生、健康的小型电器产品。我国自 2000 年起，对出口小家电产品实施法定检验。

1）国家对出口小家电产品的报检有如下要求。

① 出口小家电产品生产企业要进行登记。应提交出口小家电生产企业登记表和相应的出口产品质量技术文件，如产品企业标准、国内外认证证书、出口质量许可证书、型式试验报告及其他有关产品获证文件，办理登记。

② 检验检疫机构对其质量保证体系进行书面审核和现场验证，审查重点是企业是否具备必需的安全项目（如抗电强度、接地电池、绝缘电阻、泄漏电流及特定产品特殊项目）的检测仪和相应资格的检测人员。

③ 小家电产品要取得型式试验报告。首次登记的企业，由当地的检验检疫机构派员从生产批中随机抽取并封存样品，由企业送至国家质检总局指定的实验室进行型式试验。凡型式试验不合格的产品，一律不准出口。合格产品的型式试验报告有效期为 1 年，逾期需重新进行型式试验。

2）出口小家电产品报检时应提供的随附单据如下。

① 按规定填写的出境货物报检单。

② 合同或销售确认书、发票、装箱单等相关外贸单证。

③ 国家质检总局指定实验室出具的检验检疫机构签发的产品合格的有效型式试验报告正本。

④ 列入强制产品认证的，还应提供强制认证证书和认证标志。

（3）出口食品的报检

1）出口食品的报检范围。食品是指各种供人食用或饮用的成品和原料，以及按照传统既是食品又是药品的物品，但是不包括以治疗为目的的物品。所有出口食品（包括各种供人食用、饮用的成品和原料，以及按照传统习惯加入药物的食品），包括用于出口食品的食品添加剂等都要进行报检。食品添加剂是指为改善食品品质和色、香、味，以及为防腐和加工工艺的需要而加入食品中的化学合成或天然的物质。

2）国家对出口食品的报检有如下要求。

① 国家对出口食品的生产、加工、储存企业，实施卫生注册和登记制度。货主或其代理人向检验检疫机构报检的出口食品，须产自或储存于经卫生注册或登记的企业或仓库；未经卫生注册或登记，企业和仓库所生产或储存的出口食品，报检时将不予受理。

② 出口预包装食品的经营者或其代理人，在出口食品前应当向指定的检验检疫机构提出食品标签审核申请。

3）出口食品报检时应提供以下单据。

① 报检人按规定填写的出境货物报检单。

② 提供合同、发票、装箱单等相关外贸单证。

③ 出口食品须提供生产企业（包括加工厂、冷库、仓库）的卫生注册或登记号码。

④ 预包装食品应提供进出口食品标签审核证书或标签审核受理证明。

（4）出口化妆品的报检

化妆品是和人体直接接触的物质，对安全和卫生要求很高。国际上许多国家对化妆品进行立法管理，1990 年起，我国对进出口化妆品实施法定商品检验。

1）出口化妆品的报检要求如下。

① 出口化妆品必须经过标签审核，取得进出口化妆品标签审核证书或标签审核受理证明方可报检。但自 2006 年 4 月 1 日起，国家质检总局取消了出口化妆品标签预审环节，标签审核将作为检疫的一个正常步骤，也不再收取标签审核费，出口化妆品的标签审核与出口化妆品检验检疫结合进行。

② 检验检疫机构对出口化妆品的标签、数量、重量、规格、包装、标记及品质卫生等项目实施检验。经检验合格的，由检验检疫机构出具合格证书；其中安全卫生指标不合格的，在检验检疫机构监督下销毁；其他项目不合格的，在检验检疫机构监督下进行技术处理，经重新检验合格后方可出口；不能进行技术处理或者经技术处理后重新检验仍不合格的，不准出口。

③ 化妆品包装容器必须符合产品的性能及安全卫生的要求。

2）出口化妆品报检时应提供如下单据。

① 按规定填写的出境货物报检单。

② 合同或销售确认书、发票、装箱单等相关外贸单证。

③ 进出口化妆品标签审核证书原件或复印件和标签审核受理证明。

④ 首次出口的化妆品必须提供生产、卫生许可证，安全性评价资料和产品成分表（包括特殊化妆品），以供检验检疫机构备案。

（5）出口玩具的报检

1）出口玩具的报检要求。玩具是促进儿童增长知识、发展智力的益智产品。我国对出口玩具实施法定商品检验。出口玩具报检有如下要求。

① 我国对出口玩具及其生产企业实行质量许可制度，生产出口玩具的企业必须按《出

口玩具质量许可证管理办法

② 申请出口玩具质量许可证

则》试验合格；出口玩具的生产企业按

评审表建立质量体系；在资料审查、型式试验

局统一颁发出口玩具质量许可证，证书有效期为

2）出口玩具的发货人应在货物装运前 7 天向检验检

实施检验，检验不合格的不准出口。

3）出口玩具报检时应提供的单据如下。

① 按规定填写的出境货物报检单。

② 合同或销售确认书、发票、装箱单等相关外贸单证。

③ 出口玩具质量许可证。

（6）打火机、点火枪类商品的出境报检

打火机、点火枪类商品是涉及运输及消费者人身安全的危险品，美国、加拿大及欧盟等国家和地区已陆续对该类产品强制性地执行国际安全质量标准。自 2001 年 6 月 1 日起，我国对出口打火机、点火枪类商品实施法定商品检验。

1）打火机、点火枪类商品出境报检的要求如下。

① 各直属检验检疫机构对出口打火机、点火枪类商品的企业实施登记管理制度，经审查合格的企业，由各直属检验检疫机构颁发出口打火机、点火枪类商品生产企业登记证及代码和批次号。

② 企业应当按照联合国危险货物建议书规章范本和有关法律法规的规定，进行出口打火机、点火枪类商品的生产、包装、储存。

③ 出口打火机、点火枪类商品应当严格按照国家法律法规规定的标准进行检验，对于进口国标准高于我国法律法规规定标准的，按进口国标准进行检验。对于我国与进口国政府间有危险品检验备忘录或协议的，应该符合备忘录或协议的要求。

④ 出口打火机、点火枪类商品上应注有检验检疫机构颁发的登记证代码，其外包装上须印有登记证代码和批次，在外包装的明显部位上要贴有检验检疫机构的验讫标志，否则不予放行。

2）打火机、点火枪类商品出境报检时应提供的单据如下。

① 按规定填写的出境货物报检单。

② 合同或销售确认书、发票、装箱单等相关外贸单证。

③ 出口打火机、点火枪类商品生产企业自我声明。

④ 出口打火机、点火枪类商品生产企业登记证。

⑤ 出口打火机、点火枪类商品的型式试验报告。

（7）出口纺织品标识报检

为履行我国与纺织品进口设限国签订的双边纺织品贸易协议，防止纺织品非法转口，国家有关部门发布了关于禁止纺织品非法转口的规定，并指定由检验检疫机构对原外经贸部公布的目录内的纺织品进行标签、吊牌和包装的产地标识的查验。

1）出口纺织品标识报检的要求如下。

对出口纺织品的包装唛头内容和标签、吊牌进行核查，经查核属于禁止非法转口的规定范围内的，如产地与报关地一致，检验检疫机构出具出境货物通关单，并在通关单上注明纺织品标识查验合格；如产地与报关地不一致，检验检疫机构出具出境货物换证凭单，并注明纺织品标识查验合格。

② 报检时间与报检纺织品的品质检验的时间相同。

2）出口纺织品标识报检时提供的单据如下。

① 出境货物报检单。

② 合同或销售确认书、发票、装箱单等相关外贸单证。

③ 纺织品的全套标签、吊牌等实物和包装唛头内容。

5.3.2 入境货物的报检

1. 入境货物报检的时间与地点要求

入境货物报检的时间与地点要求如表5-6和表5-7所示。

表5-6 入境货物报检的时间要求

入境货物种类	报检时间要求
微生物，人体组织，生物制品，血液及其制品，种畜、禽及其精液、胚胎、受精卵	入境前30天报检
其他动物	入境前15天报检
植物、种子、种苗及其他繁殖材料	入境前7天报检
入境货物需对外索赔出证	索赔有效期前20天内向到货口岸或货物到达地的检验检疫机构报检

表5-7 入境货物报检的地点要求

入境对象	报检地点要求
审批、许可证等有关政府批文中规定了检验检疫地点的商品	在规定检验检疫地点报检
大宗散装商品，易腐烂变质品，废旧物品，卸货时发现包装破损、重量短缺的商品	在卸货口岸检验检疫机构报检
需结合安装调试进行检验的成套设备、机电仪器及在口岸开件后难以恢复包装的商品	在收货人所在地检验检疫机构报检
其他入境货物	在报关地检验检疫机构报检
入境运输工具、人员	在入境口岸检验检疫机构报检

2. 入境货物报检的方式

1）进境一般报检。进境一般报检指法定检验检疫入境货物的货主或其代理人持有关证单向卸货口岸检验检疫机构申请取得入境货物通关单，并对货物进行检验检疫的报验。对进境一般报检业务而言，签发入境货物通关单和对货物的检验检疫都由口岸检验检疫机构完成，货主或其代理人在办理完通关手续后，应主动与货物目的地检验检疫机构联系落实检验检疫工作。总之，进境一般报检在口岸报检、签证通关，在口岸施检。

2）进境流向报检。进境流向报检亦称口岸清关转异地进行检验检疫的报验，是指法定检验检疫入境货物的收货人或其代理人持有关证单在卸货口岸向口岸检验检疫机构报检，获取入境货物通关单并通关后，由进境口岸检验检疫机构进行必要的检验检疫处理，货物调往目的地后，再由目的地检验检疫机构进行检验检疫监管。申请进境流向报检货物的通关地与目的地属于不同辖区。

3）异地施检报检。异地施检报检是指已在口岸完成进境流向报检，货物到达目的地后，该批进境货物的货主或其代理人在规定的时间内，向目的地检验检疫机构申请进行检验检疫的报检。

3．入境货物报检的特殊规定及注意事项

（1）入境货物报检的特殊规定

1）列入《法检目录》的进口商品的收货人，在办理进口报检时，应当提供进口许可制度相关的证明文件。

2）列入《实施安全质量许可制度的进口商品目录》的货物，必须取得国家检验检疫部门颁发的质量许可证并加贴安全标志方可申请报检。列入强制性产品认证目录内的货物，应取得证书并加贴“CCC”标志。

3）列入《重点旧机电产品进口目录》的进口二手设备，在办理报检时，除按规定提供相关单据外，还应提供机电产品进口证明。

4）报检入境货物品质检验的，应提供国外品质证书或质量保证书、产品使用说明及有关标准和技术资料；凭样成交的，须附加成交样品。

5）报检入境废旧物品，报检人应提供进口废物批准证书（第一联正本供审核，并将第四联及第一联的核销复印留存）、企业废物利用风险报告书、经国家质检总局认可的检验机构签发的装运前检验合格证书等。

6）报检入境化妆品、预包装食品，须提供由国家质检总局颁发的标签审核证书。

7）报检入境保健食品，应提供卫生主管部门核发的进口保健产品批准证书。

8）报检入境动植物及其产品，应附加输出国或地区的官方检疫证书、产地证；须办理进口审批手续的，还必须提供必要的检验审批单、接种证明等。

9）报检进口电池产品，收货人在报检时，应提供进出口电池产品备案书。

10）报检通过国内渠道购买的进口汽车，应提供口岸检验检疫机构签发的进口机动车辆随车检验单和海关出具的进口货物证明的正本及复印件。

11）报检入境微生物、菌、毒株，须提供微生物、菌、毒株的学名、株名、来源、特性、用途、批号、数量及国家级鉴定书。

12）报检人体组织、器官，凡用于人体移植的，须出示有关捐献者的健康状况和无传染病（包括艾滋病检验阴性）的证明。

13）报检血液及其制品，应提供用途及实验室检验证书。

14）报检生物制品，应提供该制品的成分、生产工艺、使用说明、批号、有效期及检验证明。

（2）入境货物报检的注意事项

下列入境货物须经国家检验检疫部门审批后方可报检。

1）来自疫区的动植物、动植物产品和其他检疫物。

2）国家禁止进境的须特许审批的检疫物。

3）进境后不在入境口岸检验检疫机构管辖范围内进行加工、使用、销售的，或者仅由入境口岸动植物检疫机构进行现场检疫和外包装消毒后，再运往目的地口岸检验检疫机构进行进一步检疫监管的动物、动物产品。

4）进境猪的产品等。

4．入境货物检验检疫流程

入境货物检验检疫的流程一般是报检后先放行通关，然后再进行检验检疫，即报检→报检并计费→必要的检疫消毒与卫生处理→签发入境货物通关单→通关→检验检疫→签发入境货物检验检疫证明和/或检验检疫证书（索赔用）→准予销售使用。

检疫如不合格，则发有关通知书；如果入境货物异地施检，则在口岸报检通关，在目的地检验检疫。

5.4 报关与报检实务

5.4.1 进出口关税

1．进口税

进口关税是指国家海关以进境货物和物品为征税对象所征收的关税，在我国根据计征标准的不同可以将进口关税分为从价税、从量税、复合税。

（1）从价税

以货物的价格作为计税标准，以应征税额占货物价格的百分比为税率，税额和税率成正比例关系，即：

从价税应征税额=货物的完税价格×从价税税率

（2）从量税

以货物的计量单位如重量、数量、容量等作为计税标准，即：

从量税应征税额=货物数量×单位税额

（3）复合税

一个税目中的商品同时使用从价、从量两种标准计税，即：

复合税应征税额=货物的完税价格×从价税税率+货物数量×单位税额

此外，进口税还有正税和附加税之分，正税即按税则法定进口税率征收的关税，进口附加税是由于特定需要对进口货物除征收正税外另行征收的一种进口税，世贸组织一般不准其成员方随意征收进口附加税，只有在符合世贸组织反倾销、反补贴条例规定的情况下才可征收相应的反倾销税、反补贴税、特别关税（报复性关税）。

2．出口关税

出口关税是海关以出境货物和物品为征税对象所征收的关税，一般不征收出口关税或仅对少数商品征收。征税的目的主要是限制、调控某些商品的过激、无序出口，特别是防止本国一些重要自然资源和原材料的出口。我国目前征收的出口关税都是从价税，即：

应征出口关税税额=出口货物完税价格 × 出口关税税率

3．进出口货物完税价格的确定

我国海关对大多数进出口货物和物品征收的都是从价税，所以必须确定货物应缴纳税款的价格，即经海关依法审定的完税价格，是凭以计征进出口货物关税及进口环节税的基础。征收进出口关税的法律依据是《海关法》、《进出口关税条例）和《审定进出口货物完税价格办法》的相关规定。

《海关法》第十五条规定："进出口货物的完税价格，由海关以该货物的成交价格为基础审查确定，成交价格不能确定时，完税价格由海关依法估定。"通过以上规定可知，审定进出口货物完税价格应首先使用成交价格估价方法。

（1）进口货物完税价格的确定

进口货物的完税价格，由海关以该货物的成交价格为基础审查确定，并应当包括货物运抵境内输入地点起卸前的运输及其相关费用、保险费。海关确定进口货物完税价格有六种估价方法：成交价格方法、相同货物成交价格方法、类似货物成交价格方法、倒扣价格方法、计算价格方法和合理方法。通常情况下六种方法依次使用。

实践操作层面，我国对进口货物完税价格以 CIF 价格为基础审核确定，如进口货物价格采用其他术语成交，须视情况将其他术语转换为 CIF 术语价格。

例如：

1）FOB 贸易术语下成交货物，确定完税价格时需将货物运至我国关境起卸前发生的运输及相关费用、保险费计入，即 CIF 价格=FOB+起卸前发生的运输及相关费用+保险费。

2）CFR 贸易术语下，确定完税价格时需将货物运至我国关境起卸前发生的保险费用计入，即 CIF 价格=CFR+起卸前发生的保险费用。

（2）出口货物完税价格审定办法

我国仅对涉及资源、原料性物资征收出口关税，范围较少，但核定出口货物价格也是报关人员必备的技能。

实践操作层面，我国出口货物完税价格以 FOB 价格为基础审核确定，如出口货物采用其他术语成交，均须视情况将其他术语转换 FOB 术语价格。出口货物以其他贸易术语成交，应进行适当转换。

1）CIF 术语下：出口货物 FOB 价格=CIF−国际运输及相关费用、保险费。

2）CFR 术语下：出口货物 FOB 价格=CFR−国际运输及相关费用。

4．进出口税费的计算

海关征收的关税、进出口环节税等一律以人民币计征。进出口货物的成交价格及相关费用以外币计价的，海关计征有关税费时，采用当月适用的中国人民银行公布的基准汇率：以基准汇率以外的外币计价的，为同一时间公布的现汇买入价和现汇卖出价的中间值。

计算税款前要将审定的完税价格折算成人民币，完税价格计算至元，元以下的四舍五入；税额计算到分，分以下四舍五入。税款的起征点为人民币 50 元。

（1）进出口关税税款的计算

计算程序：

1）按照归类原则确定税则归类，将应税货物归入恰当的税目税号。

2）根据原产地规则或相关规定，确定应税货物所适用的税率。

3）根据完税价格审定办法和规定，确定应税货物的完税价格。

4）根据汇率使用原则，将外币折算成人民币。

5）按照计算公式正确计算应征税款。计算公式如下：

进口关税税额=完税价格×进口关税税率

实践案例 5-1

某公司从德国进口豪华宝马小轿车 6 辆（排气量超 3 000 毫升），税则归类，排气量超 3 000CC 的小轿车（应归入税目 87032430），进口税率 50%，其成交价格为每辆 CIF 上海 80 000 美元，假设当期外汇中间价 100 美元=650 元人民币，请计算该批进口汽车的进口关税税款是多少？（消费税、增值税另计）

【解题示范】

（1）税则归类与税率查找省略项，已知税率为 50%。

（2）计算完税价格：

完税价格=80 000 美元×6.5×6 辆=3 120 000 元人民币

（3）计算关税税款：

关税税款：3 120 000 元×50%=1 560 000 元人民币

（2）消费税的计算

消费税的征收范围，仅限于少数消费品，可以分为四种类型：

1）一些过度消费会对人的身体因素、社会秩序、生态环境等方面造成危害的特殊消费品，如烟、酒、酒精、鞭炮、烟火等。

2）奢侈品、非生活必需品，如贵重金属及珠宝玉石、化妆品及护肤护发品等。

3）高能耗的高档消费品，如小轿车、摩托车、汽车轮胎等。

4）不可再生和替代的资源类消费品，如汽油、柴油等。

消费税的税额计算程序与进出口关税的计算程序相同。计算公式如下：

1）实行从价征收的消费税是按照组成计税价格计算的，公式为：

消费税应纳税额=组成计税价格×消费税税率

消费税组成计税价格=（关税完税价格+关税税额）÷（1−消费税税率）

2）实行从量定额征收的消费税的计算公式为：

应纳税额=应征消费税消费品数量×单位税额

3）同时实行定额从量、从价定率征收的消费税是上述两种征税方法的综合。

应纳税额=应征消费税消费品数量×单位税额+组成计税价格×消费税税率

实践案例 5-2

某公司从德国进口豪华宝马小轿车 6 辆（排气量超 3 000 毫升），税则归类，排气量超 3 000CC 的小轿车（应归入税目 87032430），进口税率 50%，消费税税率 8%，增值税税率 17%，

其成交价格为每辆 CIF 上海港 80 000 美元，假设当期外汇中间价 100 美元=650 元人民币，请计算该批进口汽车的进口环节消费税是多少？（增值税另计）

【解题示范】

（1）计算完税价格：

完税价格=80 000 × 6.5 × 6=3 120 000（元人民币）

（2）计算关税税款：

关税税款：3 120 000 元 × 50%=1 560 000 元

（3）组成计税价格

组成计税价格=（3 120 000+1 560 000）÷（1–8%）=5 086 956.52（元）

（4）消费税

消费税=5 086 956.52 元×8%=406 956.52 元

（3）增值税的计算

在我国境内销售货物（销售不动产或免征的除外）、进口货物和提供加工、修理修配劳务的，都要缴纳增值税。增值税计算公式为：

应纳增值税税额=（关税完税价格+关税税额+消费税税额）× 增值税税率

实践案例 5-3

某公司从德国进口豪华宝马小轿车 6 辆（排气量超 3 000 毫升），税则归类，排气量超 3 000CC 的小轿车（应归入税目 87032430），进口税率 50%，消费税税率 8%，增值税税率 17%，其成交价格为每辆 CIF 上海港 80 000 美元，假设当期外汇中间价 100 美元=650 元人民币，请计算该批进口汽车的进口环节增值税是多少？

【解题示范】

（1）计算完税价格：

完税价格=80 000 × 6.5 × 6=3 120 000（元人民币）

（2）计算关税税款：

关税税款：3 120 000 × 50%=1 560 000（元）

（3）组成计税价格

组成计税价格=（3 120 000+1 560 000）÷（1–8%）=5 086 956.52（元）

（4）消费税

消费税=5 086 956.52×8%=406 956.52（元）

（5）计算增值税：

增值税税额=（完税价格+关税税额+消费税税额）× 增值税税率

=（3 120 000+1 560 000+406 956.52）×17%=864 782.61（元）

【模拟练习】

厦门某进口贸易公司进口德国产奥迪越野车一批共 8 辆，经海关审核其成交价格为 CIF 厦门 60 000 美元一辆，其关税税率为 30%，消费税为 8%，增值税 17%，假定当期外汇汇率为 100 美元=600 元人民币，请计算该公司应缴纳的海关关税及代征税费。

1. 进口关税？
2. 进口环节消费税？
3. 进口环节增值税？

5.4.2 进出口货物报关单的填制

1. 进出口货物报关单各联的用途

纸质进口货物报关单一式五联，分别是海关作业联、海关留存联、企业留存联、海关核销联、进口付汇证明联；纸质出口货物报关单一式六联，分别是海关作业联、海关留存联、企业留存联、海关核销联、出口收汇证明联、出口退税证明联。

（1）进出口货物报关单海关作业联、海关留存联和企业留存联

进出口货物报关单海关作业联、海关留存联和企业留存联是报关员配合海关查验、缴纳税费、提取或装运货物的重要单据，也是海关查验货物、征收税费、编制海关统计及处理其他海关事务的重要凭证。

（2）进口货物报关单进口付汇证明联和出口货物报关单出口收汇证明联

进口货物报关单进口付汇证明联和出口货物报关单出口收汇证明联，是海关对已实际进出境的货物所签发的证明文件，是银行和国家外汇管理部门办理付汇、收汇及核销手续的重要依据之一。

对需办理进口付汇核销或出口收汇核销的货物，进出口货物的收、发货人或其代理人应当在海关放行货物或结关以后，向海关申领进口货物报关单进口付汇证明联或出口货物报关单出口收汇证明联。

（3）进出口货物报关单海关核销联

进出口货物报关单海关核销联，是口岸海关对已实际申报进口或出口的货物所签发的证明文件，是海关办理加工贸易合同核销、结案手续的重要凭证。

加工贸易的货物进出口后，申报人应向海关领取进出口货物报关单海关核销联，并凭以向主管海关办理加工贸易合同核销手续。

（4）出口货物报关单出口退税证明联

出口货物报关单出口退税证明联，是海关对已实际申报出口并已装运离境的货物所签发的证明文件，是国家税务部门办理出口货物退税手续的重要凭证之一。

对可办理出口退税的货物，出口货物发货人或其代理人应当在载运货物的运输工具实际离境，海关收到载货清单（俗称清洁舱单）、办理结关手续后，向海关申领出口货物报关单出口退税证明联。对于不属于退税范围的货物，海关不予签发该联。

2. 进出口货物报关单填制的基本要求

1）进出口货物的收发货人或其代理人应按照《中华人民共和国海关进出口货物申报管理规定》、《中华人民共和国海关进出口货物报关单填制规范》、《中华人民共和国海关统计商品目录》、《中华人民共和国海关进出口商品规范申报目录》等有关规定的要求向海关申报，并对申报内容的真实性、准确性、完整性和规范性承担相应的法律责任。

2）报关单的填报应做到“两个相符”：一是单证相符，即所填报关单各栏目的内容必须与合同、发票、装箱单、提单及批文等随附单据相符；二是单货相符，即所填报关单各栏目的内容必须与实际进出口货物的情况相符，不得伪报、瞒报和虚报。

3）不同运输工具、不同航次、不同提运单、不同贸易方式、不同备案号、不同征免性质的货物，均应分单填报。

4）一份报关单所申报的货物，须分项填报的情况主要有如下几种：商品编号不同、

商品名称不同、计量单位不同、原产国（地区）/最终目的国（地区）不同、币制不同、征免不同。

3．进出口货物报关单填制的具体项目与要求

进出口货物报关单样单如表 5-8 和表 5-9 所示。

表 5-8 进口货物报关单样单

中华人民共和国海关进口货物报关单

预录入编号： 海关编号：

进口口岸	备案号		进口日期	申报日期
经营单位	运输方式	运输工具名称	提运单号	
收货单位	贸易方式		征免性质	征税比例
许可证号	起运国（地区）	装货港	境内目的地	
批准文号	成交方式	运费	保险费	杂费
合同协议号	件数	包装种类	毛重（千克）	净重（千克）
集装箱号	随附单据		用途	
标记唛码及备注				
项号 商品编号 商品名称及规格型号 数量及单位 原产国（地区） 单价 总价 币制 征免				
税费征收情况				
录入员 录入单位	兹证明以上申报无讹并承担法律责任		海关审单批注放行日期（签章）	
报关员			审单 审价	
单位地址	申报单位（签注）		征税 统计	
			查验 放行	
邮编 电话	填制日期			

表 5-9 出口货物报关单样单

中华人民共和国海关出口货物报关单

预录入编号： 海关编号：

出口口岸	备案号	出口日期	申报日期
经营单位	运输方式	运输工具名称	提运单号
发货单位	贸易方式	征免性质	结汇方式
许可证号	运抵国（地区）	指运港	境内货源地

续表

批准文号	成交方式	运费	保险费	杂费
合同协议号	件数	包装种类	毛重（千克）	净重（千克）
集装箱号	随附单据			生产厂家
标记唛码及备注				
项号　商品编号　商品名称及规格型号　数量及单位　最终目的国（地区）　单价　总价　币制　征免				
税费征收情况				
录入员　录入单位	兹证明以上申报无讹并承担法律责任		海关审单批注放行日期（签章）	
报关员			审单　　审价	
单位地址		申报单位（签注）	征税　　统计	
邮编　　电话		填制日期	查验　　放行	

（1）预录入编号

预录入编号是指预录入单位预录入报关单（指预录入单位录入、打印，由申报单位向海关申报的报关单）的编号，用于申报单位与海关之间引用其申报后尚未批准放行的报关单。预录入报关单及 EDI 报关单的预录入编号由接受申报的海关决定编号规则，计算机自动打印。

（2）海关编号

海关编号是指海关接受申报时给予报关单的编号，为 18 位，其中第 1～4 位为接受申报海关的编号，第 5～8 位为海关接受申报的公历年份，第 9 位为进出口标志，后 9 位为顺序编号。

（3）进口口岸/出口口岸

进口口岸/出口口岸指货物实际进（出）我国关境口岸海关的名称。加工贸易合同项下货物必须在海关核发的登记手册（分册，下同）限定或指定的口岸海关办理报关手续，登记手册限定或指定的口岸与货物实际进出境口岸不符的，应向合同备案主管海关办理登记手册的变更手续后填报。

进口转关运输货物应填报货物进境地海关名称及代码，出口转关运输货物应填报货物出境地海关名称及代码。按转关运输方式监管的跨关区深加工结转货物，出口报关单填报转出地海关名称及代码，进口报关单填报转入地海关名称及代码。

（4）备案号

本栏填写加工贸易登记手册（《进料加工进出口货物登记手册》、《加工装配和中小型补偿贸易进出口货物登记手册》、《外商投资企业履行产品出口合同进口料件及加工出口成品登记手册》）、《进出口货物征免税证明》（以下简称《征免税证明》）或其他有关备案审批文件的编号。

（5）进口日期/出口日期

进口日期是指运载所需申报货物的运输工具申报进境的日期。本栏目填报的日期必须与相应的运输工具进境日期一致。出口日期是指运载所需申报货物的运输工具办结出境手续的日期。本栏目供海关打印报关单证明联用，预录入报关单及 EDI 报关单均免予填报。

无实际进出境的报关单填报办理申报手续的日期。

本栏目为 8 位数，顺序为年（4 位）、月（2 位）、日（2 位），如 2013 年 3 月 18 日填为 2013-03-18。

（6）申报日期

申报日期是指海关接受进（出）口货物的收发货人或其代理人申请办理货物进（出）口手续的日期。本栏目为 8 位数，顺序为年（4 位）、月（2 位）、日（2 位）。

提示

预录入时不需输入申报日期。计算机对数据规范性的审核通过后，系统正式接受申报的日期就作为申报日期。

进出口日期与申报日期的关系涉及滞报金、税率和汇率的正确应用。一般情况下，进口申报日期不能早于进口日期，出口申报日期不能晚于出口日期。

（7）经营单位

本栏目填报经营单位名称及经营单位编码。经营单位应符合以下条件：① 对外签订并执行合同的进出口贸易公司。② 中国境内法人。③ 应在海关注册登记，获得海关给予的 10 位数企业代码。

（8）运输方式

根据实际运输方式，按《运输方式代码表》选择填报相应的运输方式（见表 5-10）。

表 5-10 运输方式代码表

代　码	运输方式名称	释　义
0	非保税区	非保税区运入保税区和保税区退区货物
1	监管仓库	境内存入出口监管仓库和出口监管仓库退仓货物
2	江海运输	—
3	铁路运输	—
4	汽车运输	—
5	航空运输	—
6	邮件运输	—
7	保 税 区	保税区运往非保税区货物

续表

代　码	运输方式名称	释　义
8	保税仓库	保税仓库转内销货物
9	其他运输	1. 利用人扛、驮畜、输油管道、输水管道和输电网等方式运输 2. 同一出口加工区或不同出口加工区的企业互相结转（调拨）货物
Z	出口加工	出口加工区与区外之间进出的货物

（9）运输工具名称

运输工具名称是指载运货物进出境的运输工具的名称或运输工具编号。一份报关单只允许填报一个运输工具名称。具体填报要求如下。

1）实际进出境，直接在进出境地办理报关手续的货物，填报格式如下。

① 水路运输。填报船舶英文名称或船舶编号+"/"+航次号。

② 公路运输。填报跨境运输车辆的国内行驶车牌号+"/"+进出境日期［8位数字，顺序为年（4位）、月（2位）、日（2位），下同］。

③ 铁路运输。填报车厢编号或交接单号+"/"+进出境日期。

④ 航空运输。填报航班号。

⑤ 邮件运输。填报邮政包裹单号+"/"+进出境日期。

⑥ 其他运输。填报具体运输方式名称，如管道、驮畜等。

2）进出口转关运输。填报"@"+转关运输申报编号。

3）非实际进出境货物。本栏免予填报。

4）采用集中申报方式办理报关手续。填报"集中申报"四个字。

（10）提运单号

提运单号是指进出口货物提单或运单的编号。本栏所填报的运输单证编号，主要包括海运提单号、海运单号、铁路运单号、航空货运单号。提运单号必须与舱单数据一致。

一份报关单只允许填报一个提单或运单号，一票货物对应多个提单或运单时，应分单填报。具体填报规则如下。

1）实际进出境，直接在进出境地报关或采用"属地申报，口岸验放"通关模式办理报关手续的，本栏填报规则如下。

① 水路运输。填报进出口提单号。如有分提单的，填报进出口提单号+"*"+分提单号。

② 公路运输。免予填报。

③ 铁路运输。填报运单号。

④ 航空运输。填报总运单号+"_"+分运单号，无分运单的，填报总运单号。

⑤ 邮件运输。填报邮运包裹单号。

2）非实际进出境货物。本栏免予填报。

3）采用集中申报通关方式办理报关手续。填报归并的集中申报清单的进出口起止日期［年（4位）、月（2位）、日（2位）］。

（11）收货单位/发货单位

收货单位是指已知的进口货物在境内的最终消费、使用单位，包括自行从境外进口货物的单位、委托进出口企业进口货物的单位等。发货单位是指出口货物在境内的生产和销售单位，包括自行出口货物的单位、委托进出口企业出口货物的单位等。填报要求如下。

1）有海关注册编码或加工企业编码的收发货单位，本栏填报其中文名称及编码；没有编码的，填报其中文名称。

2）加工贸易报关单的收发货单位，应与加工贸易登记手册的“经营企业”或“加工企业”一致。

3）减免税货物报关单的收发货单位，应与《征免税证明》中的“申请单位”一致。

（12）贸易方式（监管方式）

进出口货物报关单上所列的贸易方式专指以国际贸易中进出口货物的交易方式为基础，结合海关对进出口货物的监督管理，综合设定的对进出口货物的管理方式，即海关监管方式。

本栏根据实际情况，并按海关规定的《贸易方式代码表》（见表 5-11）选择填报相应的贸易方式简称或代码。一份报关单只允许填报一种贸易方式。

表 5-11　贸易方式代码表（部分）

代　码	名　称	代　码	名　称	代　码	名　称
0110	一般贸易	0214	来料加工	0615	进料加工

（13）征免性质

征免性质指海关对进出口货物实施征、减、免税管理的性质类别。本栏应按照海关核发的《征免税证明》中批注的征免性质填报，或根据实际情况按海关规定的《征免性质代码表》（见表 5-12）选择填报相应的征免性质简称或代码。一份报关单只允许填报一种征免性质。

表 5-12　征免性质代码表（部分）

代　码	名　称	代　码	名　称
101	一般征税	501	加工设备
299	其他法定	502	来料加工
401	科教用品	503	进料加工

（14）征税比例/结汇方式

征税比例用于原“进料非对口”贸易方式下的进口报关单，现征税比例政策已取消，进口报关单本栏免予填报。

结汇方式是指出口货物的发货人或其代理人收结外汇的方式。出口报关单应按照海关规定的《结汇方式代码表》（见表 5-13）选择填报相应的结汇方式名称或代码。本栏不得为空，出口货物不需结汇的，填报“其他”。

表 5-13　结汇方式代码表（部分）

代　码	名　称	代　码	名　称
1	信汇（M/T）	2	电汇（T/T）
3	票汇（D/D）	6	信用证（L/C）

（15）许可证号

许可证号是指中华人民共和国商务部配额许可证事务局、驻各地特派员办事处及各省、自治区、直辖市、计划单列市及商务部授权的其他省会城市商务厅（局）、外经贸委（厅、局）签发的进出口许可证编号。

应申领进（出）口许可证的货物，申报时应将相关证件的编号填报在报关单本栏中。非许可证管理商品，本栏为空。一份报关单只允许填报一个许可证号，一份报关单对应多个许可证号必须分单申报。

（16）起运国（地区）/运抵国（地区）

起运国（地区）指进口货物起始发出的国家（地区）。运抵国（地区）指出口货物直接运抵的国家（地区）。

对于发生运输中转的货物，如中转地未发生任何商业性交易，则起运国（地区）/运抵国（地区）不变，如中转地发生商业性交易，则以中转地作为起运国（地区）/运抵国（地区），填写其中文名称或代码。

本栏应按海关规定的《国别（地区）代码表》选择填报相应的起运国（地区）或运抵国（地区）中文名称或代码。

（17）装货港/指运港

装货港指进口货物在运抵我国关境前最后一个境外装运港。指运港指出口货物运往境外的最终目的港。出口货物最终目的港不可预知的，指运港按尽可能预知的目的港填报。

本栏应根据实际情况按海关规定的《港口航线代码表》选择填报相应的港口中文名称或代码。装货港/指运港在《港口航线代码表》中无中文名称及代码的，可选择填报相应的国家（地区）中文名称或代码。

（18）境内目的地/境内货源地

境内目的地是指进口货物在国内的消费、使用地或最终运抵地。境内货源地是指出口货物在国内的产地或原始发货地。

本栏应根据进口货物收货单位、出口货物生产厂家或发货单位所属国内地区，并按海关规定的《国内地区代码表》选择填报相应的国内地区名称或代码。

（19）批准文号

进口货物报关单本栏免予填报。

出口货物报关单本栏用于填报实行出口收汇核销管理的出口收汇核销单上的编号，出口不需要使用出口收汇核销单贸易方式的货物，本栏无须填报。一份报关单允许填报一个出口收汇核销单编号。

（20）成交方式

本栏应根据实际成交价格条款按海关规定的“成交方式代码表”（见表5-14）选择填报相应的成交方式代码。无实际成交进出境的，进口填报CIF价，出口填报FOB价。

表 5-14 成交方式代码表

成交方式代码	成交方式名称	成交方式代码	成交方式名称
1	CIF	4	C&I
2	CFR	5	市场价
3	FOB	6	垫仓

（21）运费

运费是指进出口货物从始发地运至目的地的国际运输所需要的各种费用。

本栏用于成交价格中不包含运费的进口货物（FOB 进口）或成交价格中含有运费的出口货物填报国际运输费用（CIF、CFR 出口）。

运费可按单价、总价或运费率三种方式之一填报，同时注明运费标记并按海关规定的《货币代码表》选择填报相应的币种代码。

运保费合并计算的，运保费填报在本栏。

运费标记“1”代表运费率，“2”代表每吨货物的运费单价，“3”代表运费总价。

运费栏的三种填报格式如下。

1）运费率填报格式。直接填报运费率数值，如 5%的运费率就填报为 5。

2）运费单价填报格式。填报运费币种代码+“/”+运费单价数值+“/”+运费单价标记，如 30 美元的运费单价填报为“502/30/2”。

3）运费总价填报格式。填报运费币种代码+“/”+运费总价数值+“/”+运费总价标记，如 5 000 美元的运费总价填报为“502/5000/3”。

（22）保险费

保险费指被保险人允予承保某种损失、风险而支付给保险人的对价或报酬。

本栏用于成交价格中不包含保险费的进口货物（CFR、FOB 进口）或成交价格中含有保险费的出口货物（CIF 出口）。

本栏可按保险费总价或保险费率两种方式之一填报，同时注明保险费标记，并按海关规定的《货币代码表》选择填报相应的币种代码。

运保费合并计算的，运保费填报在运费栏中。保险费标记“1”表示保险费率；“3”表示保险费总价。

保险费栏的两种填报格式如下。

1）保险费总价。填报保险费币种代码+“/”+保险费总价数值+“/”+保险费总价标记，如 5 000 美元保险费总价填报为“502/5000/3”。

2）保险费率。填报保险费率的数值，如 3‰的保险费率填报为 0.3。

（23）杂费

杂费是指成交价格以外的应计入完税价格或应从完税价格中扣除的费用，如手续费、佣金、回扣等。本栏可按杂费总价或杂费率两种方式之一填报，同时注明杂费标记，并按海关规定的《货币代码表》选择填报相应的币种代码。

应计入完税价格的杂费填报为正值或正率，应从完税价格中扣除的杂费填报为负值或负率。

杂费标记“1”表示杂费率；“3”表示杂费总价。

运费、保险费、杂费填报格式如表 5-15 所示。

表 5-15　运费、保险费、杂费填报格式举例

项　目	费 率 1	单 价 2	总 价 3
运费	5% →5/1	USD50/MT→502/50/2	HKD5 000 →110/5 000/3
保险费	0.27% →0.27/1	—	EUR5 000 →300/5 000/3
杂费（计入）	1% →1/1	—	GBP5 000 →303/5 000/3
杂费（扣除）	1% → -1/1	—	JPY5 000 →116/-5 000/3

（24）合同协议号

合同协议号是指在进出口贸易中，买卖双方或数方当事人根据国际贸易惯例或国家有关法律、法规，自愿按照一定条件买卖某种商品而签订的合同（包括协议或订单）的编号。

本栏填报进（出）口货物合同（包括协议或订单）的全部字头和号码。在原始单据上，合同号一般表示为“Contract No.：××××××”，此处的“××××××”即本栏所应填报内容。

（25）件数

件数是指有外包装的单件进出口货物的实际件数，货物可以单独计数的一个包装称为一件。

报关单件数栏不得为空，件数应大于或等于 1，不得填报“0”。

舱单件数为集装箱的，填报集装箱个数；舱单件数为托盘的，填报托盘数。

散装、裸装货物填报“1”。

（26）包装种类

报关单所列的“包装种类”栏是指进出口货物在运输过程中外表所呈现的状态，包括包装材料、包装方式等。一般情况下，应以装箱单或提运单据所反映的货物处于运输状态时的最外层包装（运输包装）作为“包装种类”向海关申报，并相应计算件数。

本栏应根据进出口货物的实际外包装种类选择填报相应的包装种类，如木箱、纸箱、铁桶、散装、裸装、托盘、包、捆、袋等。例如，“TOTAL PACKED IN 200 CARTONS”表明共有 200 个纸箱，件数填报为“200”，包装种类填报为“纸箱”。

（27）毛重

毛重是指商品重量加上商品的外包装物料的重量。

本栏填报进出口货物及其包装材料的重量之和，不得为空。毛重的计量单位为千克，毛重应大于或等于 1，不足 1 千克的填报为“1”。应以合同、发票、提运单、装箱单等有关单证中“GROSS WEIGHT（G.W.）”栏所显示的重量确定进出口货物的毛重。

（28）净重

净重是指货物的毛重扣除外包装材料后的重量，即商品本身的实际重量。部分商品的净重还包括直接接触商品的销售包装物料的重量（如罐装食品等）。

本栏填报进出口货物实际净重，不得为空。净重的计量单位为千克，净重应大于或等于 1，不足 1 千克的填报为“1”。

商品的净重一般都在合同、发票、装箱单或提运单据的“Net Weight（N.W.）”栏体现。合同、发票等有关单证不能确定净重的货物，可以估重填报。

（29）集装箱号

集装箱号是在每个集装箱箱体两侧标示的全球唯一的编号。其组成规则是：箱主代号（3 位字母）+设备识别号“U”+顺序号（6 位数字）+校验码（1 位数字）。例如，CRCU5682365。

进出口报关单所列的集装箱号是指装载进出口货物（包括拼箱货物）的集装箱的箱体信息，包括集装箱箱体上标示的全球唯一编号、集装箱的规格和自重。

填报时涉及多个集装箱的，第一个集装箱号填报在“集装箱号”栏中，其余的依次填报在“标记唛码及备注”栏中。非集装箱货物，填报为“0”。

填报格式为：集装箱号+“/”+规格+“/”+自重。例如，TEXU3605231/20/2275，表明这是一个 20 英尺集装箱，箱号为 TEXU3605231，自重为 2 275 千克。

（30）随附单据

随附单据是指随进（出）口货物报关单一并向海关递交的单证或文件。合同、发票、装箱单、许可证等必备的随附单证不在本栏填报。

本栏应按海关规定的《监管证件名称代码表》选择填报相应证件的代码，并填报每种证件的编号（编号打印在备注栏下半部分）。

（31）用途/生产厂家

进口货物填报用途，应根据进口货物的实际用途按海关规定的“用途代码表”（见表 5-16）选择填报相应的用途代码。出口货物填报生产厂家，即境内生产企业。

表 5-16　用途代码表

代　码	名　称	代　码	名　称	代　码	名　称
01	外贸自营内销	02	特区内销	03	其他内销
04	企业自用	05	加工返销	06	借用
07	收保证金	08	免费提供	09	作价提供
10	货样，广告品	11	其他		

（32）标记唛码及备注

本栏用于填报标记唛码、备注说明和集装箱号等与进出口货物有关的文字或数字。

1）标记唛码项。标记唛码是运输标志的俗称。进出口货物报关单上的标记唛码专指货物的运输标志。货物标记唛码中除图形以外的所有文字和数字，填报在本栏“标记唛码”项。

标记唛码英文表示为 Marks、Marking、MKS、Marks & No.、Shipping Marks 等，通常由一个简单的几何图形和一些字母、数字及简单的文字组成，包含收货人代号、合同号和发票号、目的地、原产国（地区）、最终目的国（地区）、目的港或中转港和件数号码等内容。标记唛码的填报样例如表 5-17 所示。

表 5-17　标记唛码的填报样例

填报格式	中文释义
Marks & No.	唛头
HAMBURG	中转港：汉堡
IN TRANSIT TO ZURICH SWITZERLAND	目的国/港：瑞士/苏黎世
C/NO. 1~1533	件数：1 533 件
MADE IN CHINA	原产地：中国

2）备注项。备注是指除了按报关单固定栏目申报进出口货物有关情况外，还需要补充或特别说明的事项，包括关联备案号、关联报关单号，以及其他需要补充或特别说明的事项。

（33）项号

项号是指所申报货物在报关单中的商品排列序号及该项商品在加工贸易登记手册、《征免税证明》等备案单证中的顺序编号。

一份报关单表体共有 20 栏，每项商品占据表体的一栏，超过 20 项商品，须分单填报。一张纸质报关单表体分为 5 栏，每项商品占据表体的一栏，最多可填写（打印）5 项商品。

纸质报关单中的一项商品分两行填报：第一行填报该项商品在报关单中的商品排列序号；第二行专用于加工贸易、减免税和实行产地证联网管理等已备案、审批的货物，填报该项商品在加工贸易登记手册中的备案项号、《征免税证明》备案项号或产地证上的对应商品项号。

（34）商品编码

商品编码是指在《商品名称及编码协调制度》的基础上，按商品归类规则确定的进出口货物的海关监管商品代码。商品编码由 10 位数字组成，前 8 位为《中华人民共和国海关进出口税则》中的税则号列和《中华人民共和国海关统计商品目录》确定的商品编码，后 2 位数为海关附加编码。进出口货物应填报 10 位海关商品编码。

（35）商品名称及规格型号

商品名称是指国际贸易缔约双方同意买卖的商品名称。报关单中的商品名称是指进出口货物规范的中文名称。

规格型号是指反映商品性能、品质和规格的一系列指标，如品牌、等级、成分、含量、纯度、尺寸等。

本栏分两行填报。第一行填报进出口货物规范的中文名称。如果发票中的商品名称为非中文名称，则需翻译成规范的中文名称填报，必要时加注原文。第二行填报规格型号。商品名称及规格型号的填报样例如表 5-18 所示。

表 5-18　商品名称及规格型号填报样例

商品名称及规格型号	释　义
童拖鞋（PVC 底）	第一行，规范的中文名称
28-35#	第二行，规格型号

（36）数量及单位

本栏分三行填报，具体填报要求如下。

1）第一行填报法定第一计量单位及数量。

2）第二行填报法定第二计量单位及数量。海关法定计量单位中列明无第二计量单位的，第二行为空。

3）第三行填报成交计量单位。如果成交计量单位与海关法定计量单位一致，则第三行为空。

例如，5 台进口发电机组，每台输出功率为 100kW。数量及单位栏第一行填“5 台”，第二行填“500kW”，第三行为空。

（37）原产国（地区）/最终目的国（地区）

原产国（地区）是指进口货物的生产、开采或加工制造的国家或地区。最终目的国（地区）是指已知的出口货物最后交付的国家或地区，也即最终实际消费、使用或做进一步加工制造的国家或地区。

进口报关单“原产国（地区）”栏按《国别（地区）代码表》选择填报相应的国家（地区）名称或代码，出口报关单“最终目的国（地区）”栏按《国别（地区）代码表》选择填报相应的国家（地区）名称或代码。

（38）单价、总价、币制

单价是指进出口货物实际成交的商品单位价格的金额部分。总价是指进出口货物实际成交的商品总价的金额部分。币制是指进出口货物实际成交价格的计价货币的名称。填报要求如下。

1）“单价”栏填报同一项号下进出口货物实际成交的商品单位价格的数字部分。无实际成交价格的，填报单位货值。

2）“总价”栏填报同一项号下进出口货物实际成交的商品总价的数字部分。无实际成交价格的，填报货值。

3）“币制”栏根据实际成交情况按海关规定的“货币代码表”（见表 5-19）选择填报相应的货币名称或代码。如“货币代码表”中无实际成交币种，则需将实际成交币种按照申报日外汇折算率折算成“货币代码表”中列明的货币填报。

表 5-19　货币代码表（部分）

货币代码	货币符号	货币名称
110	HKD	港元
116	JPY	日本元
121	MOP	澳门元
129	PHP	菲律宾比索
132	SGD	新加坡元
136	THB	泰国铢
142	CNY	人民币
300	EUR	欧元

续表

货币代码	货币符号	货币名称
302	DKK	丹麦克朗
303	GBP	英镑
326	NOK	挪威克朗
330	SEK	瑞典克朗
331	CHF	瑞士法郎
501	CAD	加拿大元
502	USD	美元
601	AUD	澳大利亚元
609	NZD	新西兰元

（39）征免

征免是指海关依照《海关法》、《进出口关税条例》及其他法律、行政法规，对进出口货物进行征税、减税、免税或特案处理的实际操作方式。同一份报关单上可以填报不同的征减免税方式。

1）照章征税。照章征税指对进出口货物依照法定税率计征各类税、费。

2）折半征税。折半征税指依照主管海关签发的征免税证明或海关总署的通知，对进出口货物依照法定税率折半计征关税和增值税，但照章征收消费税。

3）全免。全免指依照主管海关签发的征免税证明或海关总署的通知，对进出口货物免征关税和增值税，但消费税是否免征应按有关批文的规定办理。

4）特案减免。特案减免指依照主管海关签发的征免税证明或海关总署的通知规定的税率或完税价格计征各类税、费。

5）随征免性质。随征免性质指对某些特定监管方式下进出口的货物按照征免性质规定的特殊计税公式或税率计征税、费。

6）保证金。保证金指经海关批准具保放行的货物由担保人向海关缴纳现金的一种担保形式。

7）保函。保函指担保人根据海关的要求向海关提交的订有明确权利义务的一种担保形式。

本栏应按照海关签发的征免税证明或有关政策规定，对报关单所列每项商品选择填报海关规定的“征减免税方式代码表”（见表 5-20）中相应的征减免税方式的名称。

表 5-20　征减免税方式代码表

代　码	名　称	代　码	名　称
1	照章征税	5	随征免性质
2	折半征税	6	保证金
3	全免	7	保函
4	特案减免		

（40）申报单位

申报单位是指对申报内容的真实性直接向海关负责的企业或单位。自理报关的，应填报进（出）口货物的经营单位名称及代码；委托代理报关的，应填报经海关批准的专业或代理报关企业名称及代码。本栏指报关单左下方用于填报申报单位有关情况的总栏目。

4．进出口货物报关单填制的其他注意事项

1）报关单中填报的项目要准确、齐全。报关单所列各栏要逐项详细填写，内容无误；要求尽可能打字填报，如用笔写，字迹要清楚、整洁、端正，不可用铅笔（或红色复写纸）填报；填报项目若有更改，必须在更改项目上加盖校对章。

2）一张报关单上如有多种不同商品，应分别填报清楚，但一张报关单上一般最多不能超过五项海关统计商品编号的货物。

3）进料加工、来料加工的料、件进口后经批准转内销或作为以产顶进，也应填写进口货物报关单，如是批准内销或以产顶进的半成品，则仍应填报相关的进口料、件。

4）因实行报关自动化的需要，申报单位除填写报关单上的有关项目外，还应填上有关项目的代码。

5）计算机预录入的报关单，其内容必须与原始报关单完全一致。报关员应认真核对，防止录错，一旦发现有异，应及时提请录入人员重新录入。

6）向海关申报的进出口货物报关单，事后由于各种原因，出现原来填报的内容与实际进出口货物不一致的情况，需立即向海关办理更正手续，填写报关单更正单，对原来填报项目的内容进行更改。更改内容必须清楚，一般情况下错什么改什么；但是，如果更改的内容涉及货物件数的变化，则除应对货物的件数进行更改外，与件数有关的项目，如货物的数量、重量、金额等也应做出相应的更改。如果一张报关单上有两种以上的不同货物，更正单上应具体列明是哪些货物做了更改。

7）对于海关接受申报并放行后的出口货物，由于运输工具配载等原因，全部货物或部分货物未能装载上原申报的运输工具的，出口货物发货人应向海关递交《出口货物报关单更改申请》。

5．进出口货物报关单填制范例

进出口货物报关单填制范例如表 5-21 所示。

5.4.3　出入境货物报检单的填制

1．出入境货物报检单填制的基本要求

1）出入境货物报检单必须按照所申报的货物内容填写，必须与所附单据相符，填写必须完整、准确、真实，不得涂改。

2）报检日期按检验检疫机构受理报检的日期填写。

3）填制完毕的报检单必须加盖报检单位公章或已经向检验检疫机构备案的报检专用章，报检人应在签名栏手签，要求必须本人手签，不得代签。

4）原则上一批货物填写一份报检单。一批货物是指同一合同、同一类货物、同一运输工具、运往同一地点。特殊情况除外。

表 5-21　进出口货物报关单填制范例

中华人民共和国海关进口货物报关单

预录人编号:108012543　　　　海关编号:

进口口岸	备案号	进口日期	申报日期
上海海关 2200		2013.03.19	2013.03.30

经营单位	运输方式	运输工具名称	提运单号
上海五矿浦东公司 3122210095	江海运输	SKY TREASURE/D13	YS-001

收货单位	贸易方式	征免性质	征税比例
上海通惠－开利空调设备有限公司	一般贸易(110)	一般征税(101)	

许可证号	起运国(地区)	装货港	境内目的地
	日　本	横　滨	上海浦东新区

批准文号	成交方式	运费	保险费	杂费
	FOB	502/19/2	0.25	

合同协议号	件数	包装种类	毛重(千克)	净重(千克)
7EOW48250124JP	57	件	100884	96210

集装箱号	随附单据	用途
TEXU3621232 * 5(5)	特定商品进口登记说明	其他内销

标记唛码及备注
7EOW48250124JP
SHANGHAI　TTLU8508674　TRLU3617056
TRLU3569596　TTLU8508658

项号	商品编码	商品名称及规格型号	数量及单位	原产国(地区)	单价	总价	币制	征免
01	72101100	镀锌板 PLAIN GAVANIZED STEEL SHEETS	86210 千克	日本	USD627.501/MT	60371.78	USD	

税费征收情况

录入员录入单位	兹声明以上申报无讹并承担法律责任	海关审单批注及放行日期(签章)
报关员 申报单位(签章) 单位地址 邮编　电话　填制日期		审单　审价 征税　统计 查验　放行

2．出入境货物报检单填制的具体内容及要求

出入境货物报检单的样本如表 5-22 所示。

表 5-22　出入境货物报检单

报检单位（加盖公章）：　　　　　　　　　　　　　　　　*编　　号：

报检单位登记号：　　　　联系人：　　　　电话：　　　　报检日期：　　年　　月　　日

发货人	（中文）
	（外文）
收货人	（中文）
	（外文）

货物名称（中/外文）	HS 编码	原产国（地区）	数量/重量	货物总值	包装种类及数量
运输工具名称号码		贸易方式		货物存放地点	
合同号		信用证号		用途	
发货日期	输往国家（地区）		许可证/审批号		
起运地	到达口岸		生产单位注册号		
集装箱规格、数量及号码					

合同、信用证订立的检验检疫条款或特殊要求	标记及号码	随附单据（画“√”或补填）	
		□合同	□包装性能结果单
		□信用证	□许可/审批文件
		□发票	□
		□换证凭单	□
		□装箱单	□
		□厂检单	□

需要证单名称（画“√”或补填）		检验检疫费	
□品质证书　__正__副	□植物检疫证书　__正__副	总金额（人民币元）	
□重量证书　__正__副	□熏蒸/消费证书　__正__副		
□数量证书　__正__副	□出境货物换证凭单	计费人	
□兽医卫生证书　__正__副	□通关单		
□健康证书　__正__副	□		
□卫生证书　__正__副	□	收费人	
□动物卫生证书　__正__副	□		

报检人郑重声明：	领取证单	
1. 本人被授权报检。	日期	
2. 上列填写内容正确属实，货物无伪造或冒用他人的厂名、标志、认证标志，并承担货物质量责任。		
签名：________	签名	

注：“*”号栏由出入境检验检疫机关填写。　　　　　　　　国家出入境检验检疫局制

出入境货物报检单所列各栏必须填写完整、准确、清晰，没有内容填写的栏目应以“/”表示，不得留空，具体内容及要求如下。

1）报检单位。报检单位是向检验检疫机构申报检验检疫、鉴定业务，并已在检验检疫机构登记注册的单位。本栏一般应填写报检单位全称并加盖公章，并准确填写报检员证号。

2）编号。本栏由出入境检验检疫机构人员填写。前 6 位为检验检疫机构代码，第 7 位为报检类代码，第 8、第 9 位为年代码，第 10～15 位为流水号。

3）报检单位登记号。本栏填写报检单位在检验检疫机构的登记号或注册号。

4）联系人。本栏填写报检员或代理报检员。

5）电话。本栏填写报检员或代理报检员电话。

6）报检日期。本栏填写检验检疫机构实际受理报检的日期。

7）发货人。本栏填写本批出境货物的贸易合同中卖方名称或信用证中的受益人的名称，如需要出具英文证书的，填写中英文。

8）收货人。本栏填写本批出境货物的贸易合同中或信用证中的买方名称，如需要出具英文证书的，填写中英文。

9）货物名称（中/外文）。本栏按贸易合同或发票所列货物名称所对应国家检验检疫机构制定公布的检验检疫商品目录所列的货物名称填写。

10）HS 编码。HS 编码是货物对应的海关《商品分类及编码协调制度》中的代码，填写 8 位数或 10 位数。

11）原产国（地区）。本栏填写货物生产或加工的省（自治区、直辖市）及地区（市）名称。

12）数量/重量。本栏填写报检货物的数量/重量，重量一般以净重填写，如填写毛重，或以毛重作净重，则需特别注明。

13）货物总值。本栏按本批货物合同或发票上所列的总值填写。如用同一张报检单报检多批货物，需列明每批货物的总值（如申报货物总值与国内、国际市场价格有较大差异，检验检疫机构保留核价权力）。

14）包装种类及数量。本栏填写本批货物运输包装的种类及件数，按实际包装类别和数量填写，并应注明材质，如木质包装。

15）运输工具名称号码。本栏填写货物实际装载的运输工具类别名称（船、飞机、货柜车、火车等）及运输工具编号（船名、飞机航班号、车牌号码、火车车次）。报检时，未能确定运输工具编号的，可只填写运输工具类别。

16）贸易方式。本栏填写货物实际贸易方式，如一般贸易、三来一补、边境贸易、进料加工及其他贸易。

17）货物存放地点。本栏填写本批货物实际存放的地点位置。

18）合同号。本栏填写贸易双方就本批货物出境而签订的贸易合同编号。出口报检时填写贸易合同号，预报检时填写国内购销合同号，也有时填形式发票号码。

19）信用证号。本栏填写本批货物所对应的信用证编号。出口报检时，以信用证结汇的，填本批货物的信用证号；非信用证结汇及预报检时，填“/”。

20）用途。本栏填写本批货物出境用途，如种用、食用、奶用、观赏或演艺、伴侣、实验等。

21）发货日期。本栏按本批货物信用证或合同所列的出境日期填写。

22）输往国家（地区）或起运国家（地区）。输往国家（地区）指贸易合同中买方（进口方）所在国家或地区。起运国家（地区）指装载本批货物的运输工具开始出发的国家（地区）。

23）许可证/审批号。对于国家出入境检验检疫局已实施《出口商品质量许可证制度目录》下的出口货物和其他已实行许可制度、审批制度管理的货物，报检时填写安全质量许可证编号或审批单编号。

24）起运地。本栏填写装运本批货物离境的交通工具的起运口岸或地区城市名称。

25）到达口岸。本栏填写装运本批货物的交通工具最终抵达目的地停靠的口岸的名称。

26）生产单位注册号。本栏填写生产或加工本批货物的单位在检验检疫机构的注册登记编号。

27）集装箱规格、数量及号码。本栏填写装载本批货物的集装箱规格（如 40 英尺、20 英尺等）以及分别对应的数量和集装箱号码全称。若集装箱太多，可用附单形式填报。

28）合同、信用证订立的检验检疫条款或特殊要求。本栏填写贸易合同或信用证中贸易双方对本批货物特别约定而订立的质量、卫生等条款，以及报检单位对本批出境货物的检验检疫的其他特别要求。

29）标记及号码。本栏按出入境货物实际运输包装标记填写。裸装、散装货物应填“N/M”；如没有标记，则填写“N/M”；标记填写不下时可用附页填报。

30）随附单据。本栏按照实际向检验检疫机构提供的单据，在对应的“□”里画“√”，未列出的，在空白处填加。

31）需要证单名称。本栏按照需要检验检疫机构出具的证单，在对应的“□”里画“√”，并应注明所需证单的正副本的数量。

32）检验检疫费。本栏由检验检疫机构有关工作人员填写。

33）报检人郑重声明。本栏必须由报检员或代理报检员手签。

34）领取证单。本栏由领证人填写实际领证日期并签名。

3．报检单填制填制范例（见表 5-23）

出境货物报检单填制范例如表 5-23 所示。

表 5-23　出境货物报检单

报检单位　（加盖公章）：　　　　　　　　　　　　　　*编　　号

报检单位登记号：　　　　联系人：　　　电话：　　　　报检日期：　　　年　月　日

发货人	（中文）	江苏东星进出口公司			
	（外文）	JIANGSU EASTAR IMPORT & EXPORT CORPORATION			
收货人	（中文）				
	（外文）	J.L.Colebrook ,NEW YORK ,U.S.A			
货物名称（中/外文）	H.S.编码	产地	数/重量	货物总值	包装种类及数量
男士羽绒夹克 MENS NYLON DOWN JACKETS	6201931000	中国南通	1800 件	USD39024.00	150 箱

续表

运输工具名称号码	SUHONG V.025	贸易方式	一般贸易	货物存放地点	南通
合同号	09DGU208	信用证号	X150374	用途	其他
发货日期	2009.5.30	输往国家	美国	许可证／审批号	
启运地	南京	到达口岸	纽约	生产单位注册号	
集装箱规格、数量及号码	2*40'/APLU2911652, APLU8874832				

合同、信用证订立的检验检疫条款或特殊要求	标 记 及 号 码	随附单据（画“✓”或补填）	
	G-Ⅲ NEW YORK	☑ 合同 ☑ 信用证 ☑ 发票 ☐ 换证凭单 ☑ 装箱单 ☐ 厂检单	☐包装性能结果单 ☐许可/审批文件 ☐ ☐ ☐ ☐

需要证单名称（画“✓”或补填）		*检验检疫费	
☐品质证书 __正__副	☐植物检疫证书 __正__副	总金额（人民币元）	
☐重量证书 __正__副	☐熏蒸/消毒证书 __正__副		
☐数量证书 __正__副	☐出境货物换证凭单 __正__副	计费人	
☐兽医卫生证书 __正__副	☐	收费人	
☐健康证书 __正__副	☐		
☐卫生证书 __正__副	☐		
☐动物卫生证书 __正__副	☐		

报检人郑重声明：	领 取 证 单	
1. 本人被授权报检。 2. 上列填写内容正确属实，货物无伪造或冒用他人的厂名、标志、认证标志，并承担货物质量责任。 签名：________	日期	
	签名	

注：有“*”号栏由出入境检验检疫机关填写。　　◆国家出入境检验检疫局制

[1-2 （2000.1.1）]

5.5 岗位技能实践模拟

5.5.1 岗位技能实训项目一：填制出口货物报关单

● **工作情境**

浙江某公司与英国某公司签订了一份货物销售合同，这批货物安排走海运。请根据销售合同及其他材料完成一份出口货物报关单。具体材料如下。

材料一

销 售 合 同

SALES　CONTRACT

S/C NO.:BDY666

Date：AUG.20,2012

TO：SUNNY IMP AND EXP CO.,LTD

NO.555,A.C STREET,LONDON,BRITISH

Dear sirs,

We hereby confirm having sold to you the folling goods on terms and conditions as specified bellows：

Name of commodity	Quantity	Unit price	Total amount
Men's pull-ever（套头衫） STYLE 768 STYLE 769	 1000PCS 500PCS	FOB18.00 USD18.00/PC USD12.00/PC	NINGBO USD18000.00 USD6000.00
TOTAL:	1500PCS		USD24000.00
TOTAL AMOUNT（IN WORDS）: SAY U.S.DOLLARS TWENTY FOUR THOUSAND ONLY			

Port of loading: Ningbo,China

Port of destination: London,British

Latest date of shipment: Nov.30,2012

Insurance: to be effected by buyer

Payment: 20% T/T in advance 80% T/T after shipment

Confirmed by:

The seller:

YANI KNITTED GARMENT

CO.,LTD

王军（SIGNATURE）

GENERAL MANAGER

The buyer:

SUNNY IMP AND EXP

CO.,LTD

TONNY（SINAGTURE）

GENERAL MANAGER

材料二

1. 发票号：YN06001
2. 包装情况：50PCS TO ONE CARTON

   G.W./N.W.：@30/25KGS /CARTON

   MEASUREMENT：@60 CM ×50 CM ×40CM/CARTON
3. 装船情况：HAIDA V999

   ON BOARD DATE：Nov.22,2012

   B/L NO：COSCO20056789
4. 提单签发人：China Ocean Shipping （Group） Co.,Ltd
5. HS CODE：6110120019
6. 柜号：CSCU0613531，运费：USD400，保费：USD24

● **实训任务**

根据给定的内容完成出口货物报关单的填制。

中华人民共和国海关出口货物报关单

<table>
<tr><td>出口口岸</td><td colspan="2">备案号</td><td>出口日期</td><td>申报日期</td></tr>
<tr><td>经营单位</td><td>运输方式</td><td colspan="2">运输工具名称</td><td>提运单号</td></tr>
<tr><td>发货单位</td><td colspan="2">贸易方式</td><td>征免性质</td><td>结汇方式</td></tr>
<tr><td>许可证号</td><td>运抵国（地区）</td><td colspan="2">指运港</td><td>境内货源地</td></tr>
<tr><td>批准文号</td><td>成交方式</td><td>运费</td><td>保险费</td><td>杂费</td></tr>
<tr><td>合同协议号</td><td>件数</td><td>包装种类</td><td>毛重（千克）</td><td>净重（千克）</td></tr>
<tr><td>集装箱号</td><td colspan="3">随附单据</td><td>生产厂家</td></tr>
<tr><td colspan="5">标记唛码及备注</td></tr>
<tr><td colspan="5">项号　商品编号　商品名称及规格型号　数量及单位　最终目的国（地区）　单价　总价　币制　征免</td></tr>
<tr><td colspan="5"></td></tr>
<tr><td colspan="5"></td></tr>
<tr><td colspan="5"></td></tr>
<tr><td colspan="5"></td></tr>
<tr><td colspan="5"></td></tr>
<tr><td colspan="5">税费征收情况</td></tr>
<tr><td>录入员　录入单位</td><td colspan="3">兹证明以上申报无讹并承担法律责任</td><td rowspan="2">海关审单批注放行日期（签章）
审单　审价</td></tr>
<tr><td colspan="4" rowspan="3">报关员
单位地址　申报单位（签注）
邮编　电话　填制日期</td></tr>
<tr><td>征税　统计</td></tr>
<tr><td>查验　放行</td></tr>
</table>

● **实训教学建议**

1. 教学方法

多媒体演示教学+实践操作。

2. 教学课时

实践学时：2 课时。

3. 教学过程

上课时先由教师介绍任务背景，进行任务描述，提出完成任务的目标和要求，而后学生独立完成情境式工作任务。建议：这部分课程可以选择在机房让学生在计算机上完成出口货物报关单的填制，也可以复印空白出口货物报关单在教室完成工作任务。

● **实训成果**

出口货物报关单。

● **实训任务评价**

编 号	评 价 点	评价细节	得分情况
1	成果	是否准时完成（30 分）	
2	成果	单证是否正确（60 分）	
3	成果	单证是否美观（10 分）	

5.5.2 岗位技能实训项目二：填制出境货物报检单

● **工作情境**

福建某公司与德国某公司签订了一份货物销售合同，这批货物安排走海运。请根据销售合同及其他材料完成一份出境货物报检单。具体材料如下。

材料一

福建华福进出口贸易有限公司

FUJAIN HUAFU IMPORT AND EXPORT CO. .LTD.

INVOICE

L/C NO.: MA-5283　　INVOICE NO.: FH65613

S/C NO.: TL65615　　DATE: DEC. 25, 2012

MESSERS: MAETER GARMENT CO., LTD.

ADDRESS: 21 TESTI CIAO-AU FIAICMART, GERMANY

DATE OF DEPARTURE: DEC. 25, 2012

FROM: FUZHOU　　TO: HAMBERG

PACKAGE	DESCRIPTION	QUANTITY	UNIPRICE	AMOUNT
50CTNS	MAN'S JACKET	30PCS × 50/1500PCS	USD20/PC CIF HAMBURG	USD30000.00

材料二

1. 集装箱号码：MSCU0305156
2. 商品编码：6302.3115
3. 货物存放地点：福州马尾
4. 用途：衣物
5. 报检人：陈先生
6. 报检日期：2012 年 12 月 18 日
7. 产地：福州
8. 随附单证：信用证、合同、发票、装箱单
9. 需要的证书：品质证书 1 正 1 副、卫生检验证书 1 正 1 副、出境货物换证凭单 1 正 2 副

● **实训任务**

根据给定的内容填制入境货物报检单。

中华人民共和国出入境检验检疫 **入境货物报检单**					
报检单位（加盖公章）：				*编号 ________	
报检单位登记号：		联系人：	电话：	报检日期：___年__月__日	
发 货 人	（中文）				
	（外文）				
收 货 人	（中文）				
	（外文）				
货物名称(中/外文)	H. S. 编码	产地	数/重量	货物总值	包装种类及数量
运输工具名称号码			合同号		
贸易方式		贸易国别		提单/运单号	
到货日期		启运国家（地区）		许可证/审批号	
卸毕日期		启运口岸		入境口岸	
索赔有效期至		经停口岸		目的地	
集装箱规格、数量及号码					
合同、信用证订立的检验检疫条款或特殊要求				货物存放地点	
				用途	
随附单据（画“✓”或补填）		标记及号码		*外商投资财产（画“✓”）	□是 □否
□合同 □发票 □提/运单 □兽医卫生证书 □植物检疫证书 □动物检疫证书 □卫生证书 □原产地证 □许可/审批文件	□到货通知 □装箱单 □质保书 □理货清单 □磅码单 □验收报告 □ □			*检验检疫费	
				总金额（人民币元）	
				计费人	
				收费人	
报检人郑重声明： 1. 本人被授权报检。 2. 上列填写内容正确属实。 签名：________				领 取 证 单	
				日期	
				签名	

注：有“*”号栏由出入境检验检疫机关填写。 ◆国家出入境检验检疫局制

● **实训教学建议**

1. 教学方法：

多媒体演示教学+实践操作。

2. 教学课时：

实践学时：2 课时。

3. 教学过程

上课时先由教师介绍任务背景，进行任务描述，提出完成任务的目标和要求，而后学生独立完成情境式工作任务。建议：这部分课程可以选择在机房让学生在计算机上完成出境货物报检单的填制，也可以复印空白出境货物报检单在教室完成工作任务。

● **实训成果**

出境货物报检单。

● **实训任务评价**

编 号	评 价 点	评价细节	得分情况
1	成果	是否准时完成（30 分）	
2	成果	单证是否正确（60 分）	
3	成果	单证是否美观（10 分）	

思考与练习

一、单项选择题

1．进口货物的申报期限为运输工具申报进境之日起（　　）以内。

A．5 日　　B．7 日　　C．10 日　　D．14 日

2．代理报检是以下（　　）去检验机构报检。

A．出口企业　　B．进口企业

C．代理报检企业　　D．商检局

3．在口岸货物检验合格后，检验检疫局发（　　），海关才准予放行。

A．《出境货物通关单》　　B．《出境货物换证凭单》

C．品质证书　　D．数量证书

4．下列关于报关企业与进出口货物收发货人报关范围的表述，正确的是（　　）。

A．两者均可在关境内各海关报关

B．两者均只能在注册地海关辖区内各海关报关

C．报关企业可以在关境内各海关报关；进出口货物收发货人只能在注册地海关辖区内各海关报关

D．报关企业只能在注册地海关辖区内各海关报关；进出口货物收发货人可以在关境内各海关报关

二、多项选择题

1．根据监管对象的不同，海关监管分为（　　）。

A．货物监管　　B．物品监管
C．运输工具监管　　D．进出境人员监管

2．进出口货物报关的一般程序包括（　　）。
A．托运阶段　　B．前期阶段
C．进出境阶段　　D．后续阶段

3．下列正确的海关任务是（　　）。
A．监督管理　　B．征税
C．查缉走私　　D．编制海关统计

4．报关单按表现形式可以分为（　　）。
A．预录入报关单　　B．报关单证明联
C．纸质报关单　　D．电子报关单

5．报关单中，备案号这一栏可以填写的是（　　）。
A．进口许可证号　　B．加工贸易手册号
C．征免税证明号　　D．外汇核销单号

三、判断题

1．代理报检，一般是专门从事报关报检的公司及货代公司以出口企业的名义帮出口企业报检，它们之间是委托与被委托关系。（　　）

2．各个国家外贸管制的一个共同特点是以进口管制为重点。（　　）

3．入境货物通关单的监管证件代码是B。（　　）

4．报关单中集装箱号码栏填报为MAEU3605231×2（4），说明这批货物是两个40英尺的大柜。（　　）

5．报关时，运费栏所填的如果是502/7000/3，那么这批货物的总运费是7 000元人民币。（　　）

四、简答题

1．简述进出口报关的分类。

2．简述一般进出口货物的报关程序。

3．我国的检验检疫制度是由哪三部分组成的？

4．简述出境货物检验检疫流程。

5．简述进出口报关单填制的基本要求。

五、案例分析题

1．2013年10月，泉州七匹狼公司有一批50箱的全棉衬衫出口欧洲，委托飞翔物流公司在厦门进行报关。

思考：本批货物出口报关需要准备哪些单证？报关需要经过哪些流程？

2．北京伟业有限公司是一家1994年成立的外商独资企业，2004年5月该公司因生产的需要，从美国进口两台生产用的机器。

思考：该公司在报关时需要办理哪些手续？

第6章

客服岗——国际货代的客户服务

学习目标

1. 理解国际货代客服岗位的岗位职责及素质与技能要求；
2. 掌握国际货代客服岗位的查询、投诉及异常处理等实务；
3. 掌握国际货代费用确认单的制作。

引导案例

福州轻工公司委托基业公司出口1个40英尺高柜，从福州运到英国南安普敦，拖车与报关工作均委托基业公司代办，同时福州轻工公司要求采用电放方式来通知目的港放货。货物顺利报关放行后，基业公司的工作人员制作了一份运费明细对账单传真给福州轻工公司，核对无误后，财务开票收款。

思考题：

1. 国际海运业务除了海运费，还会产生哪些相关的费用项目？其收费标准如何？
2. 在国际货代企业里，运费明细对账单通常由什么岗位的工作人员来制作？为什么？
3. 货物报关放行交接后，还有哪些后续的工作？

6.1 国际货代客服基础知识

6.1.1 国际货代客户服务的概念

国际货运代理行业是服务行业，服务的精神必须贯穿企业的所有运作环节。规模较大的国际货代企业分工较细，会把客户服务这一职能单设独立部门，其部门工作人员称为客服人员或客服代表。国际货代企业的客户服务部并非单纯为服务客户而设立，有的也是操作部与业务部之间的桥梁，也称内部揽货（Inside Sales）。不过，规模较小的公司就可能不通过客户服务部，而由业务员接单后直接下工作流程单给操作员。在有的国际货代企业中，客户服务部也被视为服务客户的监控管理部门。

总之，国际货代客户服务是指为满足客户需求和管理客户所提供的各种服务，具体包括回答客户的查询、处理客户投诉、处理异常状况、进行费用对账、进行国际货代客户关系管理等。

国际货代客户服务的内容一般可分为如下两种。

1）处理客户对国际货代企业各服务产品的咨询与查询。例如，告知客户航班情况，以及国际货代企业的收费项目和服务种类等。

2）对具体业务提供售后服务。例如，货物跟踪、处理异常状况、处理客户投诉、进行费用对账和单证核退、进行客户关系管理等，均为售后服务。

6.1.2 国际货代客服岗位的岗位职责及素质与技能要求

1. 岗位职责

1）接受客户在航班情况、收费项目、服务种类等方面的咨询，及时准确地回复客户。

2）根据客户的业务委托，了解各业务环节的操作状况，与客户保持密切沟通，及时反馈操作现状，并及时解决运输的异常状况及各种突发事件。

3）了解国际货代各操作环节可能发生的各类费用，负责具体业务应付款项的请款申请。

4）负责填制国际货代应收明细账单，与客户确认各项费用无误后转财务开票，与财务配合做好客户各种报关单据的核退工作。

5）负责客户关系的维护与管理，管理公司客户资源。

6）负责报价的对外发布、跟踪和核实，整理 VIP 客户的报价。

7）协调公司业务部与操作部之间的衔接；协调船公司、拖车公司、报关公司等外部关系。

8）接受海外代理咨询，负责海外代理业务的操作、查询，以及额外费用和账单的确认。

2. 素质与技能要求

（1）综合素质要求

1）具备良好的表达与沟通能力，具有很强的团队合作精神。

2）善于识别问题、分析解决问题；善于引导客户，共同寻求解决问题的方法。

3）拥有敏捷的思维、高度的客户服务意识及一定的超前意识。

4）能够换位思考，勇于承担自己的责任。

5）具备较强的抗压能力，能够承受较大的工作压力。

6）具备本行业丰富的专业知识，可以为客户提供高质量的查询及咨询服务。

7）熟悉国际货运运价体系，具备良好的风险控制与财务核算意识。

（2）技能要求

1）掌握国际货运流程各业务环节及操作要求。

2）掌握各国基本口岸知识及各大船公司操作流程。

3）掌握进出口报关业务的各项流程和相关的海关政策法规。

4）掌握商品检验、检疫知识及报检业务的各项流程和相关的政策法规。

5）掌握国际货运各航线的运价情况及其他费用明细。

6）掌握相关单证核退流程与注意事项。

6.2　国际货代客服岗位实务

6.2.1　查询、投诉及异常处理

1．查询业务

国际货代行业常见价格、航线、运输方式、交货时间、货物在途状况及其仓储、报关报检、拖车服务等情况的查询。

（1）处理查询的步骤

1）接听客户来电时，先根据客户所提供的信息在计算机查询系统中查找。客户所提供的信息包括托运单号、目的地、收货人、托运人、件数、重量、发货日期等。根据以上两条或两条以上信息进行查询，即可在系统中查询到此票货物。

2）如果由于特殊原因计算机中没有保存数据（如开单员、请单员疏忽），可以根据大票清单、外发登记本来进行查询。

3）根据不同的排货方式进行电话查询。如外发可向外发点查询，大票可查询起运港，确认所查货物是否正常出港。

4）如正常出港，对方仍未提到货的话，可以向目的港查询（自提时）或向送货人查询（合票时）货物是否正常进港。

5）如果目的港确实缺少货物，而起运港也确已装货，在这种情况下，就可查询目的港是否有不正常（少货）报告至起运港，接着，在双方场站及码头进行查找（可让送货人给予协助）。如果确实查找不到货物，则让客户（自提时）或送货人（合票时）向目的港索要正规的事故签证。

6）在经过查找后确定货物丢失（或破损）后，可将事故签证及相关材料递交办公室，进行客户索赔事项的交接。向办公室提供的材料有丢货或破损的情况说明书、相应的单号、提货清单、事故签证等。

（2）查询注意事项

客服人员应该告诉客户本企业所能提供的服务项目，只承诺能为客户做到的服务，切不可夸大。承诺的泛滥与夸大会造成企业提供的服务与客户要求之间产生差距，从而留下投诉隐患和客户对企业的信任危机。不能马上回答的问题，要对方留下回复电话和姓名，把问题弄清楚后尽快回复对方。没有权限回答的问题要转接相关人员，尽量给对方满意的答案。优质的客户服务应处处为客户的便利着想。

国际货代企业可以把常见问题及答案归纳放在网站上，供客户随时查看，以减少客服

人员的工作量，而特殊的问题则通过电话和互联网在线或离线答疑。

国际货代企业应该建立和完善追踪货物的信息工作制度。最初的货物追踪（Cargo Tracking）主要是为企业内部服务的。货物追踪实际上是电子通信技术在国际货代行业中的应用，也就是国际货代行业中信息流的管理。许多国际货代企业已经意识到货物追踪的重要性，充分利用互联网技术为其客户提供实时动态货物追踪服务。客户登录货物跟踪系统后可以非常方便地查看货物在途运输情况和各环节的各种数据。

2. 客户投诉管理

（1）客户投诉的原因分析

1）操作方面的原因。这类原因如下：计费重量确认有误；货物包装破损；单据制作不合格；报关/报检出现失误；运输时间延误；结关单据未及时返回；舱位无法保障；运输过程中货物丢失或损坏等。

2）销售方面的原因。这类原因如下：结算价格与所报价格有差别；提供的服务与承诺的服务不符；对货物运输过程监控不利；与客户沟通不够；有意欺骗客户等。

3）外包供应商操作方面的原因。这类原因如下：运输过程中货物丢失或损坏；送（提）货时不能按客户要求操作；承运工具未按预定时间起飞（航）等。

4）海外代理方面的原因。这类原因如下：在目的港对收货方的服务达不到对方要求，使收货方向发货方投诉进而影响公司与发货方的合作关系等。

5）客户自身方面的原因。这类原因如下：客户方的业务员自身操作失误，但为免予处罚而将失误转嫁给货代公司；客户方的业务员有自己的物流渠道，由于上司的压力或指定货而被迫合作，但在合作中有意刁难等。

6）不可抗力原因。这类原因包括因天气、战争、罢工、事故等所造成的延误、损失等。

以上情况都会导致客户投诉，国际货代企业对客户投诉处理的不同结果，会使企业与客户的业务关系发生变化。

（2）处理客户投诉的一般流程

1）记录投诉内容。根据客户的陈述详细地记录具体内容，如投诉人、投诉时间、被投诉对象、投诉的具体事项、投诉的缘由等。

2）判断投诉是否成立。在了解客户投诉的内容后，要确定客户投诉的理由是否充分，投诉要求是否合理。如果投诉并不成立，则需要耐心向客户做好解释，以取得客户的谅解，消除误会。

3）查明具体原因。依据客户投诉的内容，具体分析确定出现问题的原因，如判断是货物方面的问题，还是单证方面的问题等。

4）提出合理的处理方案。依据实际情况，参照客户的投诉要求提出合理的解决方案，如更改航线、重新报关、赔偿等。

5）提交主管领导批示。对于客户投诉的问题或初步的处理意见，应及时呈交主管领导审核批示。根据实际情况，采取一切可能的措施，尽力挽回已经出现的损失。

6）及时总结完善。及时对投诉进行总结与综合评价，吸取经验教训，以避免类似情况再次发生；并提出改善对策，不断提高客户服务质量、服务水平及客户满意度，降低投诉率。

（3）处理客户投诉的四大技巧

1）虚心接受客户投诉，耐心倾听对方诉说。客户只有在利益受到损害时才会投诉，客服人员要专心倾听，对客户表示理解，并做好记录。待客户叙述完后，复述其主要内容并征询客户意见，对于较小的投诉，自己能解决的应马上答复客户。对于当时无法解答的，要做出时间承诺。在处理过程中无论进展如何，到承诺的时间一定要给客户答复，直至问题解决。

2）避免正面冲突。如果货物没有及时送到，收货人又急着要货，双方常常会有冲突。客服人员面对客户情绪化的投诉，特别在面对无理取闹式的投诉时，要把注意力集中在所涉及的问题及事实上，尽量减少情绪上的反应，不要让自己失控。此时最能体现客服人员的素质，因为受气的时候，客服人员说脏话或态度不好，会激化矛盾，招致更严重的投诉，使问题升级，这并不是双方想要的结果。我们应该首先来想一想为什么客户会有这么激烈的反应，站在客户的立场将心比心，决不可与客户吵起来。

3）设身处地，换位思考。当接到客户投诉时，首先要有换位思考的意识。如果是本方的失误，先要代表公司表示歉意，并站在客户的立场上为其设计解决方案。问题也许有 3～4 套解决方案，可将自己认为最佳的一套方案提供给客户，如果客户提出异议，可再换另一套，待客户确认后再实施。当问题解决后，至少还要征求客户对该问题的处理意见 1～2 次，争取下一次的合作机会。

4）面带微笑，积极争取。当客户的利益受到损失时，着急是不可避免的，以致会有一些过分的要求。客服人员此时应能承受压力，面对客户始终面带微笑，并用专业的知识、积极的态度解决问题。不回避客户的问题与要求，让他了解每步进程，从长期合作、共赢的理念出发，争取事情圆满解决，并使最终结果超出客户的预期，从而在解决投诉的同时抓住下一次商机。

（4）处理客户投诉的注意事项

1）完整记录客户的投诉。认真倾听客户的陈述，做好详细的记录，记下客户的姓名及联系方式，以及客户所反映的服务质量问题。不要打断客户。

2）始终保持热情和友好的声音。音高适中、语调平和、不卑不亢。

3）避免用凌驾于客户之上的语气说话或向客户发火、责备客户。不要这样说：“你已经是今天反映这个问题的第 *N* 个客户……你们不懂流程才会犯如此傻的错误。”

4）避免推诿责任或人为增加客户投诉难度。不要这样说：“你打错了号码……这不是我的过错……这件事情不是我处理的……能不能把你的情况写成书面材料传给我们。”

5）平和处理无理投诉。有些客户会故意刁难，特别是知道本公司弱点的同行客户。此时客服人员要以良好的心态来应对，有时甚至要忍气吞声或自我催眠。

6）在了解全部事实之前避免主动承担责任或匆忙下结论，回答客户之前要考虑好。最好做一次深呼吸，让自己尽量平静下来。对客户表示同情但不失原则，如果判断是自己企业的错误，则向客户真诚道歉。对于情况不明的问题永远不要急于找借口，如果你对客户承诺了什么（如回呼、解决问题的时间、解决方案等），要尽快兑现承诺。

处理客户投诉是一系列环节的结合，涉及倾听客户的抱怨、记录客户问题、提出解决方法、博取客户的同情、通知客户处理结果、找到解决方法、挽留将要流失的客户等。在处理客户投诉的过程中，沟通的用语、语气等都是有讲究的。

3．异常处理

货物在国际运输过程中会出现各种异常状况，如提单丢失、货物损坏及保险理赔、货物退运等，客服人员在异常状况发生后，要以客户利益为先，按照相关法律法规及公司规定的流程进行处理。

（1）提单丢失处理

海运提单丢失往往造成收货人在目的港无法凭正本提单提货，若提单被第三人取得，出口商将面临钱货两空的结局。根据 2000 年国际贸易术语解释通则，在 CIF、CFR 和 FOB 条件下，单据丢失的风险一般应由卖方承担。

提单丢失的处理措施如下。

1）将提单丢失的情况及时通知有关船公司及其代理。在此种情况下，船公司及其代理负有谨慎处理的义务，不能再仅凭提单持有人持有正本提单即放行货物，而应要求提货人提供充分的证据，证明其取得提单是善意的。

2）及时向法院申请公示催告。这样做，一方面可以确保提单项下权益不受侵犯；另一方面则可以解决保证金长期滞压的问题。因为一旦法院决定受理公示催告，那么在此期间转让票据权利的行为均属无效。

（2）货物损坏及保险理赔处理

海运中存在着诸多风险，如战争、水渍、自然灾害等。为了降低货物损害造成的损失，海运货物保险在海运业务中有着重要的作用。一般情况下，客服人员会根据客户的货物种类及需求建议客户是否投保其出口的货物。遇到货物损坏时，具体操作如下。

1）当发现货物受损时，要第一时间与船公司或代理取得联系，将货损信息第一时间通知它们。要求船公司对货损做出书面的证实，此证明对日后向船公司索赔和向保险公司索赔都是一个非常重要的证据。

2）发现货物受损，马上通知保险公司，让其来检验货物受损情况，之后保险公司会根据货损情况填写定损单。对于受损明显的货物，要尽可能地保留现场，并取得承运人或港务理货部门的证明；受损不明显的货物，收货人应聘请公证机构进行检验并出具检验证明。

3）要求客人暂时不要提货，船公司会安排验箱、验货。不要未通知船公司与码头就将集装箱托运回工厂，并将集装箱返回堆场，因为这会使以后的调查工作很难进行，并增加不必要的费用。

4）备齐索赔所需的单据。具体单据如下：① 提单正本。提单的货物收据作用表明了承运人所收货物的外表状况和数量，交付货物时不能按其提交这一事实本身就说明了货损或货差的存在。② 卸货港理货单或货物溢短单、残损单等卸货单证。这些单证是证明货损或货差发生在船舶运输过程中的重要单证。如果这些卸货单证注明了货损或货差情况，并经船舶大副签字确认，而在收货单上又未做出同样的批注，就证明了这些货损或货差是发生在运输途中的。③ 重理单。船方对所卸货物件数或数量有疑问时，一般要求复查或重新理货，并在证明货物溢短的单证上做出“复查”或“重理”的批注。在这种情况下，索赔时，必须同时提供复查结果的证明文件或理货人签发的重理单，并以此为依据证明货物有没有短缺。④ 货物残损检验报告。在货物受损的原因不明显或不易区别，以及无法判定货物受损程度时，可以申请具有公证资格的检验人对货物进行检验。在这种情况下，索赔时必须提供检验人检验后出具的货物残损检验证书（Inspection Certificate for Damage and Shortage）。⑤ 商业发票。⑥ 装箱单。⑦ 修理单。修理单表明了被损坏的仪器设备、机械等货物的修理所花费的费用。⑧ 证明索赔的起因和计算索赔数目的相关文件。此外，若有能证明货运事故的原因、损失程度、索赔金额、责任所在等的其他单证，则都应提供。索赔单证必须齐全、准确，内容衔接、一致，不能自相矛盾。

（3）货物退运处理

在出口贸易中，货物退运一般发生在目的港。客户在收货时发现出口货物质量不符合当初签订买卖合同时的规定，则有权要求将此票出口货物退回原工厂或重新生产后再出口。退运的另一种情况是由于目的港清关问题而受到限制，导致货物不能正常清关，交予收货人。货物退运处理的措施如下。

1）若退运货物已收汇、已核销，则由出口商向外汇管理局书面申请并填制《出口核销退运情况申请表》，经外汇管理局盖“收汇核销证明”章后，由原发货人或代理人向海关办理出口退运货物进口报关。海关凭外汇管理局出具的《出口收汇核销退运情况申请表》办理相应手续，并向出口商出具盖有海关验讫章的出口退运货物进口报关单。

2）若在出口收汇期间发生货物全部退运进境，则由出口商凭原出口报关单（收汇联）向海关办理出口退运货物进口申报手续。原出口报关单收汇联由海关留存，同时签发出口退运货物进口报关单（备注栏内注明原出口报关单编号）。出口商凭海关签发的出口退运货物进口报关单、原出口报关单复印件，向外汇管理局办理外汇核销手续。

3）若部分退运出口货物，出口商凭原出口报关单向海关办理退运货物进口申报手续，海关在原出口报关单上批注实际退运数量、金额后退回出口商，同时签发出口退运货物进口报关单（备注栏内注明原出口报关单编号），出口商凭海关签发的出口退运货物进口报关单、原出口报关单向外汇管理局办理外汇核销手续。

在退运过程中，国际货代企业客服人员需要提醒客户备齐相关退运资料，并与客户沟通确认退运价格后安排合适船期将货物运返起运港。在货物到港时，向当地海关提交相关材料以便清关。清关完毕后，客服人员需向客户收回办理货物退运进口运输及报关所需费用（如海运费、报关费、港口港杂费、换单费等）后，方可将货物放货给客户。

6.2.2　客户关系管理

客户资源对国际货代企业来说是至关重要的，客户关系管理是防止客户流失和增加客户忠诚度的有效方式。客户关系管理（Customer Relationship Management，CRM）于 20 世纪 80 年代在美国率先提出，今天已成为企业资源管理系统（ERP）的一部分。客户关系管理是国际货代企业整合所有资源，如客户、员工、供货商等，整合各种技术来加强销售、客户服务、企业资源规划等，以获得、保持、增加客户，并增加收入和利润的重要手段。

1. 客户的分类

国际货代业务中所涉及的客户可以分成如下两类。

1）狭义客户。狭义客户指国际货代企业的委托人，即国际贸易货物的收发货人、通知人。

2）广义客户。广义客户指国际货代业务的所有关系人。这些关系人包括承运人、仓库、堆场、货运站、码头、港口代理、机场、车站、保险公司、报关行、快递公司、拖车行、租箱公司、银行等相关企业，以及海关、出入境检验检疫局、税务局、外汇管理局、港务局等政府部门。

2. 客户信息与服务档案

在客户关系管理中，客户信息与服务档案的建立与完善有着重要作用，其主要内容如下。

1）客户的基本资料信息。客户的基本资料信息包括客户名称、主营范围、规模、联系人等。客户基本资料信息中的很多内容是需要保持即时更新的，最关键的是联系人的变化。通常对国际货代企业来说，客户信息与服务档案中应该记载三个层次的联系人资料：一是高层管理人员；二是国际物流业务部门的管理人员；三是国际物流业务的主要经办人员。第一层次的联系人信息客服人员使用较少，变更也较少，第二、第三层次的联系人则是客服人员主要需要接洽的。大多数时候，客服人员与第三层次人员的联络最多，因为主要的业务协商、对方的业务需求、意见的提出及争议、异常的处理都是以这部分人员为核心来交流的。

2）和企业合作的业务信息。这类信息主要需要客服人员记录，包括与客户合作的基本情况，如服务项目、服务合同、资信额度、结算方式、汇率设置、投诉管理、数期、历史报价、欠收欠付、实收实付、毛利、发票、对账单、余额表等；每个托运人所对应的多个收货人、多个通知人、多个供应商及装货地点；特殊要求等。

3）企业在客户服务中遇到的异常情况或争议的处理信息。其中最多的部分是客户投诉档案。现在越来越多的企业开始建立客户投诉档案。

异常情况或争议处理信息档案通常会由一张事件调查表或投诉单引领，而后由一系列关联或调查文件组成，一般包括事件说明、初步分析、调查过程及佐证材料、调查结论及处理建议、处理结果审批，有时候再加上后续反馈或调查文件。通常来说，要把该类信息进行分级管理，如分成一般性投诉和重大投诉，因为这样更便于有针对性地分析和管理资源。

4）客户的意见和建议等反馈信息。客户的意见和建议等反馈信息主要包括企业与客户合作过程中客户对企业服务的主动反馈，或者企业为了更好地把握和引导与客户之间的关系，而主动采取一些调查或访谈，留下电话调查记录或拜访记录等。该类信息的内容有些时候会和前三项内容结合起来体现，有些企业干脆把它们融合在一起进行归类和管理，这并无不可。但从档案的管理原则上来说，将该类信息单独管理会更有利于我们的使用，这是因为：首先，客户的意见和建议等虽然很多时候是在企业对客户的服务过程中出现的，但并不绝对如此，客户有时候会因为自身的需要或调整而主动与企业进行接洽，正式或非正式地探讨双方合作调整或进一步深化的可能。在这种情况下，甚至会有很多非业务的信息产生。因此，将客户的意见和建议与服务过程信息结合管理，会造成一定程度的信息漏失。此外，档案分类管理的原则决定了一类档案只会存在一个主索引条目，如客户、项目名称、时间或其他，将客户的意见和建议信息融入服务过程信息管理，就很难在需要的时候及时找到并使用。

其次，客户的意见和建议等信息，很大程度上是反映客户主观意愿的第一手材料，这和服务过程信息的客观记录不同，它能更直接地用于客户的主观意愿分析，以更好地让企业动态把握客户的变化。因此，有很多企业会设定专门的岗位来对该类信息进行全程监控和专业分析。将该类信息独立管理，更有利于企业服务差异化竞争策略的实施。

客户的意见和建议信息的建立，通常仍然会以企业或项目为分类主体，以时间序列来组织。和其他档案一样，在归档的时候，企业通常会设定一些初步的标准对其进行分级管理，并对一些评估为重要的信息进行归档评价，以便突出部分关键信息的地位。但是，该类信息的分级管理更多是建议性的，某些信息的分级更高，并不代表其他信息不重要。事实证明，客户的有效需求往往会隐藏在过往一些看似不重要的信息交流中。

5）企业对客户的评价信息。如果说前面的信息更多的是企业收集的客户的客观资料，和企业记录的与客户合作过程的信息，包括部分客户的主观反馈等，那么这一部分信息则主要是企业对客户的相对主观的总结和评价，是根据企业自身评估标准来进行的评价，经过企业的内部审核流程确认之后，往往会作为企业对客户评估的结果来使用。企业通过对客户的评价，可以更好地找出更重要的客户，也能更快地知道客户下一步的需求，从而使国际货代企业在与客户的合作中更为主动和有效。国际货代企业对客户的评价信息通常会放在整体客户服务档案最前或最后的部分，它会作为对客户的定性判断的资料，来指导企业对客户服务反馈行为的整体基调。当然，当客户自身或者和企业的合作发生重大的变化时，企业也要主动地对它进行调整和变更。

3. 客户关系管理系统

客户关系管理系统是用软件来实现企业客户服务管理思路与模式的完善与优化，其本质是面向客户、关心客户，一切以客户为中心来运作。

客户数据的管理是客户关系管理系统的核心，影响到与客户交互作用的所有过程。通常来说，一套客户关系管理系统大都具备市场管理、销售管理、销售支持与服务，以及记录与分析竞争对象的能力。利用它，企业就可以记录在整个市场与销售的过程中和客户发生的各种活动，跟踪各类活动的状态，建立各类数据的统计模型，用于后期的分析和决策支持，从而达到提高客户满意程度、提高销售额、降低市场销售成本、增加利润率的目的。常用的客户关系管理系统一般有以下一些功能。

1）客户管理功能。主要功能包括：① 记录客户及其联系人基本信息。② 记录与此客户相关的基本活动和活动历史。③ 输入和跟踪订单。④ 生成建议书和销售合同。⑤ 跟踪同客户的联系，并可以把相关的文件作为附件。⑥ 记录客户的内部机构的设置概况。

2）时间管理功能。主要功能包括：① 提供日历。② 设计约会、活动计划。③ 进行事件安排。④ 提供备忘录。⑤ 进行团队事件安排。⑥ 把事件的安排通知相关人。⑦ 提供任务表。⑧ 提供预告或提示。⑨ 提供记事本。⑩ 提供电子邮件。⑪ 提供传真。

3）潜在客户管理、项目管理、销售管理功能。主要功能包括：① 业务线索的记录、升级和分配。② 销售机会的升级和分配。③ 潜在客户的跟踪。④ 各销售业务的阶段报告。⑤ 对销售业务给出战术、策略上的支持。⑥ 对地域进行维护，把销售员归入某一地域并授权。⑦ 地域的重新设置。⑧ 定制关于将要进行的活动、业务等方面的报告。⑨ 销售秘诀和销售技能的共享。⑩ 销售费用管理。⑪ 销售佣金管理。

4）电话营销和电话销售功能。主要功能包括：① 提供电话本。② 生成电话列表，并把它们与客户、联系人和业务建立关联。③ 把电话号码分配到销售员。④ 记录电话细节，并安排回电。⑤ 提供电话营销内容草稿。⑥ 进行电话录音，同时给出书写器，用户可做记录。⑦ 提供电话统计和报告。⑧ 自动拨号。

5）营销管理功能。主要功能包括：① 提供产品和价格配置器。② 提供营销百科全书。③ 提供营销公告板，可张贴、查找、更新营销资料。④ 跟踪特定事件。⑤ 安排新事件。⑥ 信函书写、批量邮件。⑦ 邮件合并。⑧ 生成标签和信封。

6）客户服务功能。主要功能包括：① 服务项目的快速录入。② 服务项目的安排、调度和重新分配。③ 事件的升级。④ 搜索和跟踪与某一业务相关的事件。⑤ 生成事件报告。⑥ 服务协议和合同签订。⑦ 订单管理和跟踪。⑧ 提供问题及其解决方法的数据库。

7）呼叫中心功能。主要功能包括：① 呼入呼出电话处理。② 互联网回呼。③ 呼叫中心运行管理。④ 软电话。⑤ 电话转移。⑥ 路由选择。⑦ 通过传真、E-mail 等自动进行资料发送。⑧ 呼入呼出调度管理。⑨ 报表统计分析。⑩ 管理分析工具。

8）合作伙伴关系管理功能。主要功能包括：① 与合作伙伴共享客户信息、产品和价格信息、公司数据库、与市场活动相关的文档、销售机会信息、销售管理工具和销售机会管理工具等，并提供合作伙伴预定义的和自定义的报告。② 提供产品和价格配置器。

9）商业智能功能。主要功能包括：① 预定义和用户定制查询和报告。② 提供报表工具。③ 提供系统运行状态监视器。

10）电子商务功能。主要功能包括：① 提供个性化界面、服务。② 网站内容管理。③ 店面管理。④ 订单和业务处理。⑤ 销售空间拓展。⑥ 客户自助服务。⑦ 提供网站运行情况的分析和报告。

此外，根据客户的需求，客户关系管理系统还可以增加预警、结算、辅助决策、需求定制等多项功能。

6.2.3 费用对账及单证核退

1．费用对账

因为国际货代业务的复杂性，财务人员往往很难准确把握一个具体业务发生过程中的所有费用，所以在实践中，多数国际货代企业把费用对账的工作交给客服人员来完成。当然也有可能由客服人员将各费用金额录入系统后由财务人员与客户对账，但一旦客户对项目或费用产生异议或争议，财务人员往往无法解答，最终还是回到客服人员或者操作人员那里来解决。但不管采用的是哪种方式，在这个环节都存在与客户进行费用项目、具体金额对账的工作。

对账工作针对的是整个国际货代流程中产生的所有费用，实际上还可以分为应付部分的对账与应收部分的对账两个部分。应付部分指的是需要支付给外包供应商的费用，如支付给船公司的海运费、提单费、订舱费等，支付给港口的集装箱码头处理费，支付给拖车公司的拖车费，支付给报关行的报关费等，在这部分，如果金额较大，国际货代企业一般会要求经办的客服人员填写费用支付申请单。应收部分指的是应该向客户收取的费用，包括运费与各种杂项费用。

相关链接

常见海运费及港杂费如下：海运费、订舱费、报关费、操作费、港杂费、电放费、海关查验费、仓储费、改单费、拖车费、码头作业费、边检费、熏蒸贴标费。

常见空运费及杂费如下：空运费、签单费、燃油附加费、安全附加费、货站处理费、报关费、陆路运输费。

客服人员常填制的两种单据为付款申请单和费用确认单。

1）付款申请单。客服人员需要根据业务交接表对各个外包供应商确认的成本进行核对，如船公司的海运费、拖车公司的拖车费，以及报关行的报关费等，并最终交予业务员签字确认后向财务部申请付款。

付款申请单如表 6-1 所示。

表 6-1　付款申请单

付款申请单

申请日期：　　年　月　日　　　　　　　　　　　工作号：

收款单位			
收款方账号		开户行	
大写金额		小写金额	
用途说明		发票号	
付款方式		提单号	
备注			

经办人：　　　　　　会计审核：　　　　　　部门经理：

2）费用确认单。国际货代企业通常会根据客户的公司规模、货量大小、信誉等设定客户的付款期限，在实践中以票结和月结这两种期限最为常见。所谓票结，就是在单票业务结束后，客服人员需根据单票业务所产生的费用制定一份费用确认单传真给客户，客户确认无误后，再由财务人员根据此金额开具发票给客户，客户安排付款并在款项到账后方能领取相应的提单等单证。所谓月结，就是客户与国际货代企业签订月结协议，以月为付款期限。针对月结客户，为了避免日后出现款项争议，同样需要针对每票业务做费用确认。另外，客服人员还需在每月初统计该客户在上个月所有业务产生的费用，制作月结费用确认单与客户确认，客户在确认后按照与国际货代企业签订的月结协议上所规定的时间进行付款。以上两种对账方式，客服人员都需将制作好的费用确认单与业务员确认后发给客户，之后按照客户确认无异议的费用在计算机系统中提交确认，通知财务人员开发票，最后确认收款并核销费用。

相关链接

费用确认注意事项包括以下几点。

1）费用确认单上应注明要求客户回传确认金额及发票抬头、明细、寄单地址。

2）客服人员需审核费用付款单位与委托人是否一致；付款单位与委托人不一致时，必须要求客户在费用确认单上注明付款发票抬头全称。

3）月结客户确认时需注意，费用确认单上的盖章印鉴要与签订月结协议时预留的印鉴一致，同时需注明承诺的付款期限。

费用确认单如表6-2所示。

表6-2　费用确认单

基业国际货运(中国)有限公司福州分公司

ATTN:　　　　　　　　　TEL:　　　　　　　　　FAX:

海运费及港前费用催缴通知单

贵司委托我司代理出口的如下货物（货柜），其海运费、港前杂费尚未缴纳

提单号：	柜量/柜型：
船名/航次：	开航期：
装运港：	目的港：

费用明细		备注
海运费	USD:	
单证费	RMB:	
操作费	RMB:	
订舱费	RMB:	
边检费	RMB:	
码头作业费	RMB:	
拖车费	RMB:	
报关费	RMB:	
其他费用	RMB:	
合计：	USD:	
	RMB：	

请核对以上费用并回传，并将上述费用汇入我司账户。汇款时请在银行进账单上注明船名、航次及提单号，并将银行回单传真我司。我司将在收到回单传真后签发提单。

请填写发票抬头及寄件地址：

谢谢合作！

我司银行账户信息：

户名：

人民币账号：

开户行：

美元账号：

开户行：

2．单证核退

主要核退的单证有海运提单正本、航空货运单正本（信用证成交方式下银行议付需要用到）、报关单退税联、报关单结汇联等。单证核退工作要点如下。

1）客户领取提单或有关核退单证前，应先确认此客户的费用是否都已到账，是否需要扣单。

2）核退的单证需要客户确认后签字核收，需要用快件寄单证给客户时也需要做好签收的手续，可以附上一份单证签收单。

3）单证退还的客户必须与委托人一致，除非委托人另有书面授权。

3．费用确认单的填制

费用确认单是国际货代企业客服人员针对进出口的货物在操作流程中所产生的费用明细所制作的一份明细表。该表作为与客户对账的重要依据，必须准确无误地将所产生的费用明细体现。具体内容的填制范例如表 6-3 所示。

表 6-3　费用确认单填制范例

基业国际货运(中国)有限公司福州分公司

① ATTN:福州轻工/吴小姐　　TEL: 591-87520638　　FAX: 591-87520649

海运费及港前费用催缴通知单

贵司委托我司代理出口的如下货物（货柜），其海运费、港前杂费尚未缴纳

②提单号：APLU050430628			③柜量/柜型：1X40' GP
④船名/航次：MIN FENG V.638E			⑤开航期：13.JUL.2013
⑥装运港：FUZHOU			⑦目的港：SOUTHAMPTON
⑧费用明细			⑨备注
海运费	USD:	2 900.00	
单证费	RMB:	400.00	
操作费	RMB:	350.00	
订舱费	RMB:	256.00	
边检费	RMB:	10.00	
码头作业费	RMB:	1 100.00	
拖车费	RMB:	1 350.00	
报关费	RMB:	200.00	
电放费	RMB:	400.00	
其他费用	RMB:	0.00	
合计：	USD:	2 900.00	
	RMB:	4 066.00	

请核对以上费用并回传，并将上述费用汇入我司账户。汇款时请在银行进账单上注明船名航次及提单号，并将银行回单传真我司。我司将在收到回单传真后签发提单。

⑩请填写发票抬头及寄件地址：
谢谢合作！

⑪我司银行账户信息：
户名：
人民币账号：
开户行：
美元账号：
开户行：

1）客户资料。填写客户公司相关联系人和联系方式。

2）提单号。填写此票货物出口对应的提单号。

3）柜量/柜型。填写实际出口的集装箱箱型及数量。

4）船名/航次。填写此票货物对应的船名和航次。

5）开航期。填写出口日期。

6）装运港。填写出口口岸。

7）目的港。填写最终出口目的地。

8）费用明细。填写此票货物出口产生的所有相关费用的明细。

9）备注。备注此票出口业务中产生的额外费用及费用标准。

10）发票抬头及寄件地址。需要客户在确认费用无误后，填上要求国际货代企业开具发票的抬头及发票的寄件地址。

11）银行账户信息。填写国际货代企业在银行的户名、账号等资料，以便客户付款。

6.3 岗位技能实践模拟

岗位技能实训项目：填制付款申请单及费用对账单

● **工作情境**

福州金时利进出口有限公司的吴小姐委托万全公司出口 3×40'HQ 货物到西班牙的巴塞罗那，在货物放行后，吴小姐即向万全公司索取正本提单及相关退税凭证。此时，万全公司的操作员 LINDA 应告知并指引客户吴小姐完成付款步骤以便领取相关单证。相关资料如下。

1. 客户资料

福州金时利进出口有限公司

TEL：0591-87806452；FAX：0591-87806324

联系人：吴小姐

2. 船期信息

LOADING PORT：FUZHOU,CHINA

DESTINATION：BARCELONA,SPAIN

B/L NO.：FOCBAR8650243

V/V：DONG PENG V.135S

ETD FOC：14.JUL.2013

3. 报价（S/R：SELLING RATE）

（1）海运运费。USD3050/40'HQ，此票货物应付海运运费总计 USD3050×3=USD9150，运费预付。

（2）起运港港杂费。

THC：RMB1150/40'HQ

DOC：RMB400/BL

BOOKING FEE：RMB256/40'HQ

TURCKING FEE：RMB1600/40'HQ

CUSTOMS FEE：RMB200/SET

4. 成本/底价（COST）

（1）海运运费。USD2900/40'HQ，此票货物海运运费成本共计 USD2900×3=USD8700，收款单位为马士基中国有限公司福州分公司，运费预付。

（2）起运港港杂费。

THC：RMB1150/40'HQ（收款单位为福州新港集装箱码头有限公司）

DOC：RMB400/BL（收款单位为马士基中国有限公司福州分公司）

BOOKING FEE：RMB256/40'HQ（收款单位为马士基中国有限公司福州分公司）

TURCKING FEE：RMB1400/40'HQ（收款单位为万全拖车公司）

CUSTOMS FEE：RMB150/SET（收款单位为福州顺通报关行有限公司）

● **相关知识准备**

1）国际海运运费及杂费市场行情。

2）各船公司、码头、拖车公司收费标准。

3）国际海运运费及当地港杂费明细。

4）国际海运运费及杂费结算知识。

● **实训任务**

1. 完成规定情境的国际海运付款申请单

收款单位			
收款方账号		开户行	
大写金额		小写金额	
用途说明		发票号	
付款方式		提单号	
备注			
经办人：	会计审核：	部门经理：	

2. 完成规定情境的国际海运费用确认单

基业国际货运(中国)有限公司福州分公司

ATTN:　　　　TEL:　　　　FAX:

海运费及港前费用催缴通知单

贵司委托我司代理出口的如下货物（货柜），其海运费、港前杂费尚未缴纳

<table>
<tr><td colspan="2">提单号：</td><td>柜量/柜型：</td></tr>
<tr><td colspan="2">船名/航次：</td><td>开航期：</td></tr>
<tr><td colspan="2">装运港：</td><td>目的港：</td></tr>
<tr><td colspan="2">费用明细</td><td>备注</td></tr>
<tr><td>海运费
单证费
操作费
订舱费
边检费
码头作业费
拖车费
报关费
其他费用</td><td>USD:
RMB:
RMB:
RMB:
RMB:
RMB:
RMB:
RMB:
RMB:</td><td rowspan="3"></td></tr>
<tr><td rowspan="2">合计：</td><td>USD:</td></tr>
<tr><td>RMB：</td></tr>
</table>

请核对以上费用并回传，并将上述费用汇入我司账户。汇款时请在银行进账单上注明船名、航次及提单号，并将银行回单传真我司。我司将在收到回单传真后签发提单。

请填写发票抬头及寄件地址：

谢谢合作！
我司银行账户信息：
户名：
人民币账号：
开户行：
美元账号：
开户行：

● 实训教学建议

1. 教学方法

多媒体演示+上机实践操作。

2. 教学课时

授课学时：2 课时。

实践学时：2 课时。

3. 教学过程

前面 2 课时首先由教师介绍任务情境，进行任务描述，提出完成任务的目标和要求，然后课堂讲解要完成本任务需要具备的相关知识，如运费体系、运费对账费用表注意事项及单证核退注意事项等。后面 2 课时学生自己在机房或教室完成上述规定情境的付款申请单及费用确认单。

● **实训成果**

1）国际海运付款申请单。

2）国际海运费用确认单。

● **实训任务评价**

编　号	评 价 点	评价细节	得分情况
1	成果	是否准时完成（30 分）	
2	成果	单证是否正确（60 分）	
3	成果	单证是否美观（10 分）	

思考与练习

一、单项选择题

1．国际货代企业通常由（　　）部门处理客户咨询及投诉。

A．操作　　　　B．销售

C．单证　　　　D．客服

2．客户关系管理系统的英文简称是（　　）。

A．CAM　　　　B．CAD

C．CRM　　　　D．MRP

3．下列不属于国际货代客户服务的是（　　）。

A．货物跟踪　　　　B．处理异常状况

C．航班查询　　　　D．处理客户投诉

二、多项选择题

1．国际货代企业为货主提供服务时，应当遵循的经营方针是（　　）。

A．安全　　　　B．迅速

C．准确　　　　D．方便

2．客户关系管理的内容包含（　　）。

A．基础资料　　　　B．业务资料

C．统计分析　　　　D．应付投诉

3．国际货代企业的客户信息与服务档案主要包括（　　）。

A．基本资料　　　　B．合作信息

C．异常信息　　　　D．意见与建议

三、判断题

1．处理客户投诉的技巧之一是避免正面冲突。（　　）

2．耐心倾听客户的抱怨就是倾听对方无限制地抱怨，直到对方结束为止。（　　）

3．客户关系管理是防止客户流失和增加客户忠诚度的有效方式。（　　）

四、简答题

1．简述处理客户投诉的一般流程。

2．国际货代企业客户常见咨询问题及处理注意事项有哪些?

五、案例分析题

某公司有一批木制工艺品，体积为20CBM，毛重为17.8吨，从厦门运往欧洲某港口，托运人要求选择卸货Rotterdam或Hamburg。Rotterdam或Hamburg都是基本港，基本运费率为USD80/运费吨，两个以内选卸港的附加费费率为USD3.0/运费吨。计算标准：W/M。

思考：

1．该托运人应支付多少运费?

2．如果改用集装箱运输，海运运费的基本费率为USD1100/TEU，货币贬值附加费10%，燃油附加费10%。改用集装箱运输时，该托运人应支付多少运费（以美元计）?

3．若不计杂货运输和集装箱运输两种方式的其他费用，托运人从节省海运运费考虑，是否应选择改用集装箱运输?

第7章

其他岗（一）——国际铁路联运代理

学习目标

1. 了解国际铁路联运基础知识；
2. 了解国际铁路联运公约与协定；
3. 掌握国际铁路联运的单证及业务流程；
4. 掌握国际铁路联运运费的计核。

引导案例

厦门直达欧洲班列，较海运至少缩短一半时间

2015年8月16日，起点设在厦门海沧的中欧（厦蓉欧）班列开始它的首次旅途，满载着“厦门造”乃至“中国造”产品直达欧洲。这是全国四大自贸试验区开出的首条直达欧洲班列，也是厦门首条直达欧洲的班列。

厦蓉欧班列从福建自贸试验区厦门片区海沧港区出发，经成都到新疆阿拉山口出境，途经哈萨克斯坦、俄罗斯、白俄罗斯等国直达欧洲的运输枢纽城市——波兰罗兹站，再快速分拨至欧洲任何地方，全长1万多公里，运行时间15天。

以往货物通过厦门口岸走海运到欧洲，通常需要30～45天，而通过厦蓉欧班列，15天即可到达，供货时间大大缩短，减少了资金成本。与空运相比，铁路运费仅为其1/5，优势同样明显。

据业内人士预计，厦蓉欧班列开通后，每年铁路运输货值可达400亿元，将给厦门创造每年约100亿元的营业额，带来每年约3亿元的财税，创造逾1 000人的就业机会。

厦蓉欧班列正式开通后，厦门辖区内ABB、林德叉车、戴尔、福耀玻璃等企业将成为

享受此项检验检疫优惠政策的首批“乘客”。与此同时，将有包括欧洲牛羊肉、液体奶、啤酒、葡萄酒等同样享受检验检疫优惠政策的“返程客”通过厦蓉欧班列直达厦门。

思考题：

1. 什么是国际铁路联运？
2. 国际铁路联运有哪些优势？
3. 国际铁路联运的业务流程？

7.1 国际铁路联运概述

7.1.1 国际铁路联运的概念及特点

国际铁路联运是指在两个及两个以上国家铁路的货物运送过程中，使用一份运送票据，只使用铁路一种运送方式，并以参加运送国连带责任办理的运送方式。

国际铁路联运具有以下特点。

（1）仅使用铁路一种运输方式

国际铁路联运不涉及其他运输方式的参与，因而在具备铁路运输一般特点的基础上，该种运输形式在国际运输的连贯性、持续性等方面有其特有的优势，货物甚至可以不经换装就可实现长距离的陆上跨国运输而运抵目的地。

（2）货物必须由两个及以上的国家铁路参加运送

由于各参加国铁路的设备条件、运输组织方式和相关的法规制度不尽相同，有关国际联运的规章条款繁多复杂，从而决定了该项业务具有较大的复杂性，在办理国际铁路货物联运时，所涉及的运输票据、货物、车辆及有关单证都必须符合有关规定和一些国家的正当要求。

（3）使用一份铁路联运票据

在国际铁路联运中，参加联运的铁路作为统一的承运人使用一份运输票据办理从一国铁路始运站至另一国铁路终点站的全程运输。即使在由一国铁路向另一国铁路移交货物时，其交接工作也纯属参与国铁路之间的内部作业。

（4）参加国铁路承担连带责任

参与国铁路系共同承运人，应对发货人或收货人承担连带运输责任，从而可以更加有效地保护发货人与收货人的利益。

7.1.2 国际铁路联运设施、通道

1. 铁路车辆

1）敞车（C）：可装运不怕湿的货物，如装货后苫盖篷布也可装运怕湿货物（见图 7-1）。

图 7-1　敞车

2）棚车（P）：用于装运贵重怕湿货物（见图 7-2）。

图 7-2　棚车

3）平车（N）：主要用于装运钢轨、汽车、拖拉机、军用物资及长大、笨重货物（见图 7-3）。

图 7-3　平车

4）冷藏车（B）：主要用于装运易腐货物（见图 7-4）。

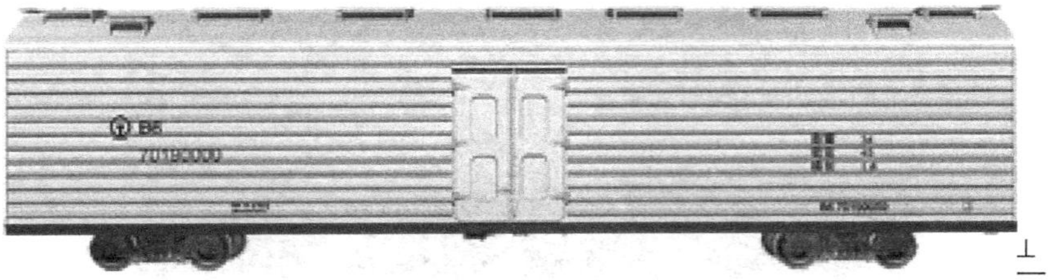

图 7-4　冷藏车

5）家畜车（J）：用于装运牛、猪等家禽（见图 7-5）。

图 7-5　家畜车

2. 铁路集装箱

（1）铁路集装箱分类

按箱型分：1 吨箱、5 吨箱、10 吨箱、20 英尺箱、40 英尺箱。

按类型分：通用集装箱、专用集装箱。通用箱适用多种普通件杂货的运输，专用箱适用各种状态或特殊性质货物的运输。

按所有人分：铁路集装箱、自备集装箱。

（2）集装箱适用货物

通用集装箱以装运贵重、易碎和怕湿货物为主，如家电、仪器、仪表、小型机械、玻璃陶瓷、建材、工艺品、文化体育用品、医药、卷烟、酒、食品、日用品、化工产品、针纺织品、小五金和其他适合集装箱运输的货物。

专用集装箱分别用于特殊性质的液体、汽车或需要通风、冷藏等货物运输。

相关链接　不能使用集装箱运输的货物

1）易于污染和腐蚀箱体的货物。

2）易于损坏箱体的货物。

3）鲜活货物。

4）危险货物。

3. 铁路口岸

铁路口岸是供人员、货物、物品和交通工具直接出入国境（关境、边境）的铁路跨境通道场所。铁路口岸通常设有口岸联检大楼、海关监管仓库、停车场及集装箱堆场及其他服务设施。

在铁路口岸中，除郑州、哈尔滨、佛山等内陆口岸外，还包括国境站，即办理由一国铁路向另一国铁路移交或按收货物和机车车辆作业的车站，主要有满洲里、绥芬河、珲春、二连、阿拉山口、丹东、图们、集安、凭祥等，它们分别与俄罗斯、蒙古国、哈萨克斯坦、朝鲜和越南等国家铁路相连通，开办国际铁路货物联运，并通过上述国家实现与中亚和欧洲其他国家的货物联运。

表 7-1 显示了我国与邻国的边境铁路车站的站名以及邻接的轨距大小。

表 7-1　我国与邻国的边境铁路车站站名及临接轨距

国界	我国国境站的站名	邻国国境站的站名	中国轨距（mm）	邻国轨距（mm）
中俄	满洲里	后贝加尔斯克	1 435	1 520
	绥芬河	格罗迭科夫	1 435	1 520
	珲春	卡梅绍娃亚	1 435	1 520
中蒙	二连浩特	扎门乌德	1 435	1 524
中哈	阿拉山口	德鲁日巴	1 435	1 520
南阳	丹东	新义州	1 435	1 435
	集安	满浦	1 435	1 435
	图们	南阳	1 435	1 435
中越	凭祥	同登	1 435	1 435/1 000
	山腰	新铺	1 000	1 000

4．国际铁路联运通道

目前，我国铁路对外运输的通道主要集中在以下五个出境口岸。

（1）经满洲里口岸到俄罗斯的路线

满洲里车站是滨州线的终点站，与我国满洲里边境口岸相邻的是俄罗斯的后贝加尔斯克。经满洲里站到俄罗斯后贝加尔斯克国境站，再上行连接西伯利亚铁路网络至俄罗斯各地及欧洲内陆。由于两国铁路轨道宽度不同，进出口货物需要在国境站换装后才能运送。我国出口货物在后贝加尔斯克车站换装，进口货物则在满洲里车站换装。

（2）经我国阿拉山口口岸出运至中亚五国的路线

阿拉山口岸是我国仅次于满洲里的第二大陆路口岸，是我国对哈萨克斯坦等独联体国家经济贸易的重要口岸，也是欧亚大陆桥上重要的交通运输枢纽。

与阿拉山口口岸相邻是哈萨克斯坦的多斯特克车站。经北疆线终点阿拉山口站到哈萨克斯坦国境站多斯特克站，进而可连接中亚国家运输网络。中哈轨距不同，我国出口货物在多斯特克站换装，进口则在阿拉山口站换装。

（3）经我国二连浩特口岸出运至蒙古共和国的路线

二连浩特车站是集二线的终点站， 经集二线终点二连浩特站可直达蒙古国，进而到达俄罗斯、欧洲地区。它是我国通往蒙古国的重要铁路干线，也是我国通往俄罗斯、欧洲地区的铁路路径。从北京经由二连浩特到莫斯科比经由满洲里可缩短 1 141 公里的路程。

但由于目前俄蒙边境口岸通行能力不足等原因，从中国至俄罗斯的货物大多仍是经满洲里口岸出运。

（4）经我国丹东口岸出运至朝鲜的路线

丹东车站是沈丹线的终点站，相邻的是朝鲜的新义州车站。中朝两国铁路轨距相同，车辆可原车过轨，货物无须在目境站换装。

（5）经我国凭祥口岸出运至越南的路线

凭祥车站是我国铁路对越南货物运输的国境交接站，与凭祥相邻的是越南国境站同登车站。越南与我国凭祥连接的铁路，为通用标准轨道和米轨（1 000 毫米轨距）混合轨，车辆可以直接运轨，所以货物无须换装即可运送。

7.1.3 国际铁路联运公约及规章

1. 国际公约

目前，国际铁路货物运输公约主要有两个，一个是由奥地利、法国、德国、比利时等西欧国家签订的《国际货约》；另一个是由苏联、波兰、捷克斯洛伐克、匈牙利、罗马尼亚等国家签订的《国际货协》。

（1）《国际货约》

《国际货约》（Convention Concerning International Carriage of Goods by Rail），国外通常简称为 CIM 公约（CIM Convention），是在 1890 年制定的《国际铁路货物运送规则》（以下简称《国际货约》，也称《伯尔尼公约》）基础上发展起来的。1961 年 2 月 25 日由奥地利、法国、联邦、德国、比利时等国在瑞士伯尔尼签订，又于 1970 年 2 月 7 日修订，修订后的《国际货约》于 1975 年 1 月 1 日生效，1980 年对该公约又进行了修订（通常称此版本为 COTIF 公约）。

《国际货约》分六部分，共 70 条和四个附件，其主要内容包括：第 1 部分是公约的目的和适用范围；第 2 部分是运输合同；第 3 部分是责任和法律诉讼；第 4 部分是各种规定；第 5 部分是特殊规定；第 6 部分是最终规定。四个附件为《危险物品铁路运输国际规章》、《国际铁路运输中央事务局规章》、《修订委员会和专家委员规则》、《仲裁规则》。

目前参加该公约的国家主要有：德国、奥地利、瑞士、法国、 意大利、比利时、荷兰、西班牙、葡萄牙、土耳其、芬兰、瑞典、挪威、丹麦、匈牙利、波兰、保加利亚、罗马尼亚、捷克、斯洛伐克等。

（2）《国际货协》

《国际铁路货运协定》（Agreement Concerning International Carriage of Goods by Rail，以下简称《国际货协》）是关于国际铁路联运的多边条约，1951 年由苏联、罗马尼亚、匈牙利、波兰等 8 个东欧国家签订。中国、朝鲜、蒙古国于 1953 年 7 月加入该协定。后来，越南和古巴也加入该协定。《国际货协》自签订以后至 1971 年先后经过多次修改和补充。现行的是 1971 年 4 月经铁路合作组织核准，并从 1974 年 7 月 1 日起生效的文本。《国际货协》分 8 章，共 40 条和若干个附件，其主要内容包括第 1 章总则；第 2 章运输合同的缔结；第 3 章运输合同的履行；第 4 章运输合同的变更；第 5 章铁路的责任；第 6 章赔偿请求、诉讼、赔偿请求时效；第 7 章各铁路间的清算；第 8 章一般规定。

《国际货协》的附件主要有：《危险货物运送规则》、《敞车类货车货物装载和加固规则》、《铁路集装箱运送规则》、《国际铁路联运易腐货物运送规则》、《国际铁路联运托盘货物运送规则》、《不属于铁路车辆运送规则》。此外，还有各种轨距铁路的装载限界、运单格式、表示牌和标记样式等。

目前，《国际货协》签约国有中国、俄罗斯、白俄罗斯、保加利亚、阿塞拜疆、阿尔巴尼亚、越南、格鲁吉亚、伊朗、哈萨克斯坦、朝鲜、吉尔吉斯斯坦、拉脱维亚，立陶宛、摩尔多瓦、蒙古国、波兰、塔吉克斯坦、土库曼斯坦、乌兹别克斯坦、乌克兰和爱沙尼亚等。

2. 其他相关协定

（1）《统一过境运价规程》

《统一过境运价规程》（以下简称《统一货价》）规定了参加《统一货价》的铁路，按照《国际货协》的条件，利用铁路运送过境货物时，办理货物运送的手续、过境运送费用的计算、货物品名分等表、过境里程表和货物运费计算表等内容，对铁路和发货人与收货人都适用。新的《统一货价》于 1991 年 7 月 1 日起实施，它是在原《国际货协》统一货价的基础上修改补充而成的。

（2）《国境铁路协定》

它是两个相邻国家铁路部门签订的，规定了办理联运货物交接的国境站、车站及货物的交接条件和方法，交接列车和机车运行办法及服务方法等。我国分别与朝鲜、越南、蒙古国等国签订有国际铁路协定。

3. 国内相关规章与法律适用

（1）国内相关规章

我国颁布的相关规章主要有：《铁路危险货物运输规则》、《铁路鲜活货物运输规则》、《铁路超限货物运输规则》、《铁路货物装载加固规则》、《铁路货物运输计划管理办法》、《铁路集装箱运输规则》、《铁路货物保价运输办法》、《铁路货物运输杂费管理办法》，有关的文件有《国际铁路货物联运办法》。

（2）法律适用

在法律适用上，凡《国际货协》有规定而国内规章也有规定时，不论两者是否相同，应适用《国际货协》的规定。但在两邻国铁路间有特殊规定时，应按其规定的条件办理。《国际货协》中没有规定的事项，适用国内铁路规章。

7.2　国际铁路联运实务

7.2.1　国际铁路联运单证

1. 国际铁路联运运单的种类与选择

国际铁路联运运单包括国际货约运单和国际货协运单两种运单。这两种运单分别适用于国际货约国和国际货协国。根据组织联运运输方法的不同，国际铁路联运的范围可以分成如下三类，因而有时也会同时使用这两种单证。

（1）我国与《国际货协》国之间的铁路货物联运

我国与其他《国际货协》国，是用始发站的一份《国际货协》运送票据，由铁路负责直接或通过第三国铁路运往最终到站交付收货人。

（2）我国与未参加《国际货协》国之间的铁路货物联运

我国向未参加《国际货协》的国家出口货物时，一般是采用《国际货协》运单办理至参加《国际货协》国的最后一个过境出口国境站，然后由国境站站长或由发货人在该站委托的代理人根据运送票据上的有关记载，以发货人的全权代理人的身份，负责填制《国际货约》运单（如果后续区段为《国际货约》国的话）或其他货运单证（如果后续区段非为《国际货约》国，应使用该国铁路认可的单据）并附原运单，将货物发送至最终到达站。

由未参加《国际货协》国家的铁路向我国进口货物时，与上述办理程序相反。

（3）通过参加《国际货协》国的港口向其他国家运送货物

如系我国通过波兰或德国等国港口向芬兰等国发货。此种运输方式为铁/海联运，称为欧洲流向。方法是发货人采用《国际货协》运单运送至过境铁路港口，然后由发货人委托在港口站的代理人办理海运至最终目的地。

如系邻国利用我国港口向日本、东南亚等国发货。此种运输方式为海/铁联运，称为东南亚流向。方法是发货人委托在过境铁路港口站的代理人，以发货人的全权代理人的身份，负责填制《国际货协》运单，将货物发送至最终到达站。

2. 国际货协运单及其使用

（1）国际货协运单的功能与流转

国际货协运单，是在《国际货协》参加国之间开展联运时采用《国际货协》统一格式制作的、用以证明承托双方的运输合同和承运人收到货物的凭证。显然，国际货协运单具有运输合同证明和货物收据的功能，但与海运提单不同，它并不具有物权凭证的功能，不具有流通性。因此，国际货协运单中的收货人一栏必须是记名的。

国际货协运单由5联组成。表7-2显示了国际货协运单的构成、各联功能及流转程序。

表7-2 国际货协运单构成、功能及流转程序

联别与名称	主要用途	票据周转程序
1. 运单正本	运输合同凭证	发货人→发站→到站→收货人
2. 运行报单	各承运人间交接、划分责任等证明	发货人→发站→到站→到达铁路
3. 运单副本	承运人接收货的证明。发货人凭此结汇等	发货人→发站→发货人
4. 货物交付单	承运人合同履行的证明	发货人→发站→到站→到达铁路
5. 货物到达通知单	收货人存查	发货人→发站→到站→收货人

7.2.2 国际铁路联运代理业务流程

1. 国际铁路联运代理出口流程

（1）接受委托并确定运输线路和托运类别

国际货运代理人接受委托书应仔细审核委托书内容，明确委托事项，判断整车、零担等托运类别，并确定运输线路，尤其是发送路、过境路和到达路。

相关链接　国际铁路联运的托运类别

托运类别即国际铁路运输方式，根据托运货物数量、性质、体积和状态等的不同划分为整车运输、零担运输和大吨位集装箱货物运输，整车适于运输大宗货物；零担适于运输小批量的零星货物；集装箱适于运输精密、贵重、易损的货物。按运输速度划分为慢运、快运和整车货物随旅客列车挂运。

（1）整车货物运输

整车货物是指一份运单托运的货物．按其体积、重量或是种类需要单独使用一辆及以上火车车辆装载的货物，还包括用 5 吨集装箱运送的货物。整车货物运费较低、速度较快，便于运力分配计划，且运量大，一般一辆火车车辆的装载量为 60 吨左右。

（2）零担货物运输

零担货物是指一份运单托运的货物，其重量不超过 5 000 千克，按其体积或种类不需要单独车辆运输的货物，还包括用铁路专用 1 吨集装箱运送的货物。一批货物重量超过 5 000 千克或是单件重量不足 10 千克、体积不足 0.01 立方米的货物不能按零担办理。

（3）大吨位集装箱货物运输

货主自备大吨位集装箱一般为符合国际标准的 20 尺、40 尺集装箱，每个重集装箱都按一张运单办理，空集装箱免费办理返回运输。目前我国铁路与俄罗斯、哈萨克斯坦铁路之间签订了大吨位集装箱相互使用的协议，出口货物可利用返还的集装箱办理运输。货主可向中铁集装箱运输中心申请提空箱。铁路运输同一车内不允许装载不同铁路到站的两个 20 尺集装箱，或一重一空两个 20 尺集装箱。

（4）快运、慢运、随旅客列车挂运

国际铁路联运货物，按运送速度可分为慢运和快运，而整车货物可随旅客列车挂运。

（2）确定运费

随后，国际货运代理人应向铁路部门和国外代理分别询问国内运输段、过境段及国外运输段的运价，与客户明确各项费用，必要时还要签订委托代理协议；国际铁路联运运费由发送路、到达路、过境路运送费用三部分构成。

（3）托运装箱

具体的托运事项应从制订集装和装车方案开始，国际铁路联运一般使用铁路部门统一提供的集装箱。 托运人如需租用集装箱须在提箱前 3 天提出用箱申请，获得提箱单后，托运人可凭提箱单到指定铁路车站提空箱到站外货主处装箱，或安排货主送货至指定车站装箱，装箱后应及时将箱号通知铁路部门，以便装车出境。按规定，铁路部门给予一定的集装箱免费使用期限，如出口免费使用 2 天，超期按天计收延期使用费。一般而言，出口发货从提空箱日到返重箱日（出口），进口到货按车站保持天数计为集装箱使用时间。此外，托运人也可自备集装箱。

（4）填制国际货协运单

国际货运代理人在落实装车计划后要填写国际铁路联运运单，并交给客户确认。国际货协签约国使用的铁路联运运单是统一格式的国际货协运单，它是承运人与托运人之间缔结的运输契约，是货物收据，但不具有物权凭证的功能，不能转让，一般由5张组成：

1）运单正本（货物运输契约，随同货物至到站，并连同第5张和货物一起交给收货人）。

2）运行报单（各承运人间交接、划分责任的证明，随同货物至到站，并留存到达路）。

3）运单副本（交给发货人，证明货物已由承运人承运，发货人可凭以向收货人结算货款，向承运人提出变更和/或索赔要求）。

4）货物交付单（承运人合同履行的证明，随同货物至到站，并留存到达路）。

5）货物到达通知单（收货人留存，随同货物至到站，并连同第1张和货物一起交给收货人）。

《国际货协》规定，国际货协运单分为快运和慢运两种，在运单左侧有标注，两种运单格式相同，均用白纸印制，快运运单带有红边以示区别。挂运旅客列车的货物用快运运单托运。国际货协运单一般使用发送国文字并附俄文、德文翻译，往越南民主共和国、中华人民共和国、朝鲜民主主义人民共和国、蒙古人民共和国及相反方向，以及过境中华人民共和国铁路发送货物时，运单和运单副本中所记载的事项只译成俄文。实践中，中朝、中越之间的运单可只用本国文字填写，我国经满洲里、绥芬河发往俄罗斯的运单可只用中文填写。

（5）代理报关

国际铁路联运的出口报关可以在发货地申报，通关后将报关单、发票、装箱单、合同、关封等单据与国际铁路联运运单一起随车到国境站；若时间紧急或不方便，也可将报关资料快递给国境站代理公司，在国境站口岸办理报关。

若在口岸报关，需办理主管地海关的注册证书编号在口岸海关进行海关异地备案核转注册手续，口岸报关所需文件需在发运前10个工作日准备好，包括：装箱单、发票、正本合同、出口退税核销单、出口货物明细单、检验检疫出境货物通关单或换证凭单、相关批文、原产地证等，必须单单一致、项项一致、单货一致。假设一批货物从北京站始发经满洲里过境运往俄罗斯，可以在北京或满洲里报关。以在满洲里报关为例，作业流程如下：

1）先将北京海关报关权办理异地备案到满洲里。

2）缮制每一批货物的中俄文对照的装箱单、发票、合同。

3）将合同、装箱单、发票、出口退税核销单及相应的检验检疫证一并寄给报关地（满洲里口岸）的代理。

4）货物到达或发运前，凭所有寄到的报关单据向海关申报。

5）报关完毕出境后，及时从报关地海关取出已报关后退给进出口经营商的黄色、白色报关单各一份和出口退税核销单用于核销退税。

（6）货交车站装车发运

国际货运代理人应将货物妥善装箱并交到起始站指定堆场，等待货物通关后，由铁路部门负责装车发运和货到过境站的换装事宜。传递信息给国境站及目的站代理或联系单位。

（7）发运后事项

国际货运代理人在发运后对此单业务进行归档登记，并将运输信息通知给客户、国境站代理和国外代理，与客户、国内外代理结算费用。最后将报关单的核销联、客户交来的核销单退还给客户，以便其办理核销退税。

2．国际铁路联运代理进口流程

（1）接受货主委托

国际货运代理人接受货主委托，与收货人沟通运输线路、方式、货物性质等细节，收货人应提出确切的到达站的车站名称和到达路局的名称，并注明货物经由的国境站。

（2）明确费用、编制唛头

国际货运代理人应及时向铁路部门和国外代理询问相关费用并与客户沟通，必要时还要与客户签订代理协议。按照我国联运进口货物的规定，应在订货工作开始前，由国家统一编制向国外订货的代号，作为收货人的唛头，进口商必须按照统一规定的收货人唛头对外签订合同。

（3）办理报关

国际货运代理人应及时将发票、装箱单、合同、核销单等报关单据寄送国境站代理，委托国境站代理办理报关、换装、运输等事宜。

（4）到货交接

货到目的站后安排提货并交付给客户，并与客户、国境站代理结算费用。

7.2.3　国际铁路联运运费计核

国际铁路联运运费包括货物运费、押运人乘车费、杂费和其他费用。国际铁路联运运费的计算和核收，必须遵循《国际货协》《国际铁路货物联运统一过境运价规程》（以下简称《统一货价》）和中华人民共和国铁道部《铁路货物运价规则》的规定。

1．国际铁路联运国内段运费的计算

根据《国际货协》的规定，我国通过国际铁路联运的进出口货物，其国内段运费的核收应按照我国《铁路货物运价规则》进行计算。运费计算的程序如下。

第一，根据货物运价里程表确定从发站至到站的国内段运价里程。

第二，根据运单上填写的货物品名查找货物品名检查表，确定适用的运价号。

第三，根据运价里程和运价号，在货物运价率表中查出相应的运价率。

第四，按《铁路货物运价规则》确定计费重量与该批货物适用的运价率相乘，算出该批货物的运费。

运费计算公式如下：

整车货物每吨运价（运价率）=发到基价+运行基价×运价公里

运费=运价率×计费重量

重量以吨为单位，吨以下四舍五入。

实践案例 7-1

某公司从大连经二连浩特到蒙古共和国扎门乌德站出口一批货物，由一辆铁路棚车装运，载重 40 吨，该货物的品名分类代码为“04”，经查该商品的运价号为“4”，大连到二连浩特站全程 3 200 公里，试根据如表 7-3 所示的运价表核算该票货物的国内段运费。

表 7-3　铁路货物运价率表

办理类别	运价号	发到基价		运行基价	
		单　位	标　准	单　位	标　准
整车	1	元/吨	5.60	元/吨公里	0.030 8
	2	元/吨	6.30	元/吨公里	0.034 9
	3	元/吨	7.40	元/吨公里	0.040 5
	4	元/吨	9.30	元/吨公里	0.045 4
	5	元/吨	10.20	元/吨公里	0.051 1
	6	元/吨	14.60	元/吨公里	0.072 4
	7			元/吨公里	0.226 5
	加冰冷藏车	元/吨	9.20	元/吨公里	0.052 6
	机械冷藏车	元/吨	11.20	元/吨公里	0.075
零担	21	元/10 千克	0.115	元/10 千克公里	0.000 52
	22	元/10 千克	0.165	元/10 千克公里	0.000 72
集装箱	1 吨箱	元/箱	10.00	元/箱公里	0.034 8
	10 吨车	元/箱	118.50	元/箱公里	0.440 2
	20 英尺箱	元/箱	215.00	元/箱公里	0.967 4
	40 英尺箱	元/箱	423.00	元/箱公里	1.518 4

【解题示范】

第一步，根据商品的运价号为“4”，从表 7-3 可以确定该批货物的发到基价为 9.30 元/吨，货物的运行基价为 0.045 4 元/吨公里。

第二步，该批货物整车货物每吨运价=发到基价+运行基价×运价公里=9.30 +0.0454×3 200=154.58（元/吨）。

第三步：总运费=运价率×计费重量=154.58 元／吨×40 吨=6 183.20 元。

该票货物的国内段运费为 6 183.20 元。

2．国际铁路联运的过境费用

过境运费按《统一货价》规定计算，其计算程序是：

1）据运单上载明的运输路线，在过境里程表中，查出各通过国的过境里程。

2）确定运价等级和货物计费重量：

① 零担货物计费重量单位　百公斤数；整车货物计费重量单位　吨；（注：无论零担或整车计费重量最小化整 100 公斤）；集装箱货物计费重量单位　箱。

② 整车货物用四轴车装运时，其车辆装最低计费重量标准为：1 等货物 20 吨，2 等货物 30 吨。

③ 一张运单中只有单一货物，则直接查询运价等级和统计计费重量。但一张运单运送准许混装的名称不同的货物（合装货物）时，运价等级按以下确定：

- 整车货物。首先按照这批合装货物的总重量和按这批货物中最大重量货物的运价等级计算，但不得少于该等级的装车计费重量标准。如果有两种或数种相同最大重量的货物时，应按照其中最高运价等级的货物计算。对整车合装货物，发货人必须在运单中记载每种货物名称的重量。属于同一运价等级的不同名称的货物，作为同一品种的货物；为了确定最大重量，应将这些货物的实际重量加总计算。

其次如未记载合装货物中每种货物的重量时，应按照该批货物最高等级和按该批的总重量（但不得少于该运价等级的计费重量标准）计算运费。

- 运价等级不同的零担货物。首先如果分别注明每种货物的重量，而且货物又是分别包装时，根据每种货物则按货品名查找运价等级，最后将各等级的运费相加。

其次如果仅注明总重量或者这些货物包装为一件时，根据货物的实际总重量，按照定有最高运价等级的货物的费率。

3）在慢运货物运费计算表中，根据货物运价等级和总的过境里程查出适用的运费率。

4）基本运费额=货物运费率×计费重量

5）运费总额=基本运费额×（1+加成率）

加成率系指运费总额应按托运类别在基本运费额基础上所增加的百分比。慢运零担货物加成率为 50%；快运货物运费加成率为 100%，快运零担货加成率为 150%。随旅客列车挂运整车加成率为 200%。

实践案例 7-2

福建省某贸易公司经手一票我国运往阿塞拜疆合装快运整车货盘，该票货从满洲里过境俄罗斯，经阿塞拜疆亚拉马运至货物到站，所装货物品名、数量和运价等级如表 7-4 和表 7-5、表 7-6 所示，试计算该票货物在俄罗斯的过境运费。

表 7-4　货盘明细

货物品名	运价等级	重量（t）
缓冲器	2	3
轴承	2	5
传送带	1	7
绳	1	6.5

表 7-5　中俄铁路过境里程表（部分）

俄罗斯至周边国境站 / 中俄国境站	芬铁：瓦伊尼卡拉 俄铁：布斯洛夫斯克	芬铁：伊马特兰科斯基 俄铁：斯韦托戈尔斯克	芬铁：尼拉拉 俄铁：维亚尔特西利亚	芬铁：瓦尔季乌斯 俄铁：基维亚尔维	芬铁：甘维季谢 俄铁：阿洛季耶	芬铁：亚拉马 俄铁：萨穆尔
俄铁：后贝加尔 中铁：满洲里	7 140	7 143	7 201	7 627	7 642	7 532

表 7-6　整车慢运的运费计算表（部分）

里程（公里）	每吨运费（单位：瑞士法郎）		
	等　级		
	1	2	3
7 001～7 200	327.20	163.70	350.46
7 201～7 400	336.50	168.20	360.35
7 401～7 600	345.60	172.80	370.22
760～17 800	354.90	177.30	380.07
7 801～8 000	364.10	182.10	389.96

【解题示范】

1）查询《统一货价》中从满洲里过境俄罗斯至阿塞拜疆亚拉马过境里程（见表 7-5）为 7 532 公里。

2）确定运输货运运价等级和计费重量。经计算该车 1 等运价货重量 7+6.5=13.5（t），大于 2 等货物的重量为 3+5=8（t），运价等级按重量最大货物的运价等级 1 等确定。

由于该车货物总重量为 21.5t，大于 1 等运价货最低计费重量标准 20 吨，计费重量为 21.5t。

3）确定过境运费率。在表 7-6 的慢运货物运费计算表查询到过境里程为 7 532km 时，1 等货物的基本运费率为 345.60 瑞士法郎。

4）计算基本运费。该车基本运费=345.60×21.5=7 430.40（瑞士法郎）

5）计算总运费。由于是快车因此在原运费基础上加成 100%，所以该车总运费=7 434.40×（1+100%）=14 860.80（瑞士法郎）。

实践案例 7-3

福建省某贸易公司经手一票经我国运往朝鲜的零担慢运合装货盘，该票货从蒙古国铁路发运经中铁二连经集安过境中国运抵朝铁。所装货物品名、数量和运价等级如表 7-7 和表 7-8、表 7-9 所示，试计算该票货物在我国的过境运费。

表 7-7　货盘明细

运价等级	货物品名	重量（kg）
1	铁制桶	700
1	铁制槽	893
2	扁钢锭	1 800

表 7-8　中国铁路过境里程表（部分）

中朝国境站 / 中蒙国境站	朝铁：新义州 中铁：丹东	朝铁：满蒲 中铁：集安	朝铁：南阳 中铁：图们
中铁：二连 蒙铁：扎门乌德	1 854	1 873	2 117

表 7-9　零担慢运的运费计算表（部分）

里程（公里）	每百公斤运费（瑞士法郎）	
	等　级	
	1	2
1 550～1 649	11.07	5.54
1 650～1 749	11.75	5.88
1 750～1 849	12.47	6.21
1 850～1 949	13.14	6.60
1 950～2 049	13.85	6.93

【解题示范】

1）查询《统一货价》蒙古国经中铁二连—集安过境中国运抵朝铁过境里程（详见表 7-8）为 1 873 公里。

2）确定运输货运运价等级和计费重量。经计算该票 1 等运价货重量 7（百公斤）+9（百公斤）=16（百公斤），2 等货物的重量为 18（百公斤）。

3）确定过境运费率。在慢运货物运费计算表 7-9 查询到该票货物过境里程为 1 873km 时，1 等货物的基本运费率为每百公斤 13.14 瑞士法郎，2 等货物的基本运费率为每百公斤 6.60 瑞士法郎。

4）计算基本运费。该票货基本运费=13.14×16+6.6×18=329.04（瑞士法郎）。

5）计算总运费。由于是零担货，因此在原运费基础上加成 50%，所以该车总运费=329.04×（1+50%）=493.56（瑞士法郎）。

7.3　岗位技能实践模拟

7.3.1　岗位技能实训项目一：国际铁路联运过境运费计算

● **工作情境**

有下列两批快运整车合装货物（其品名、数量和运价等级如表 7-10、7-11 所示），经天津港进入我国铁路后运至阿拉山口国境站，再继续运往哈铁。

表 7-10　货盘 1 明细

运价等级	货物品名	重量（t）
2	编织制品	5
2	席子	4.8
1	软木	3
2	木门框	6
1	塑料门框	5

表 7-11　货盘 2 明细

运价等级	货物品名	重量（t）
1	抛光皮革	3
1	皮运动手套	2.8
1	软木	5
2	木门框	6
1	塑料门框	8

● 实训任务

根据表 7-12、表 7-13 计算这两批货物在中铁的过境运费？教师讲解完国际铁路过境运费计算理论知识后，由学生自行计算，并记录下完整的计算过程。

表 7-12　中国铁路过境里程表（部分）

中　　铁							
中国—俄罗斯 中国—朝鲜 中国—越南 中国—蒙古国 之间的各起讫国境站和海港站	中国海港站						
	中铁：大连北（大连港）	中铁：新港（天津港）	中铁：青岛（青岛港）	中铁：中云（连云港）	中铁：何家湾（上海军公路港）	中铁：下元（黄埔新港）	中铁：湛江（湛江港）
	公　　里						
中铁：阿拉山口 哈铁：多斯特克	5 033	3 974	4 342	4 071	4 529	4 951	5 151

表 7-13　慢运货物运费计算表（部分）

里程（公里）	每吨运费（瑞士法郎）		
	等　　级		
2 050 ~ 4 549	1	2	3
3 550 ~ 3 649	165.90	83.10	177.71
3 650 ~ 3 749	170.60	85.40	182.64
3 750 ~ 3 849	175.10	87.60	187.56
3 850 ~ 3 949	179.90	89.90	192.51
3 950 ~ 4 049	184.40	92.30	197.45
4 050 ~ 4 149	188.90	94.50	202.40
4 150 ~ 4 249	193.50	96.80	207.32
4 250 ~ 4 349	198.00	99.00	212.25
4 350 ~ 4 449	202.80	101.30	217.20
4 450 ~ 4 549	207.30	103.80	222.12

● **实训教学建议**

1. 教学方法

知识讲授+实践操作。

2. 教学课时

实践学时：2 课时

● **实训成果**

国际铁路过境运费计算。

思考与练习

一、单项选择题

1. 我国与哈萨克斯坦边境铁路线的国内过境站是（　　）。

A. 满洲里　　B. 阿拉山口

C. 集安　　D. 二连浩特

2. 国际铁路联运出口货运中，下列（　　）表明铁路承运人接受承运。

A. 车站在运单上登记货物装车日期时

B. 货物进入车站时

C. 货物装上车时

D. 车站在货物运单上加盖承运戳记时

3. 国际铁路联运运单具有（　　）功能。

A. 运输合同证明和物权凭证　　B. 运输合同证明和货物收据

C. 货物收据和货物凭证　　D. 货物收据和流通性

二、多项选择题

1. 现有铁路分别与俄罗斯、蒙古国、哈萨克斯坦、朝鲜和越南等国际铁路相通，开办国际铁路货物联运。下列我国（　　）国境站与俄罗斯铁路相连通。

A. 满洲里　　B. 阿拉山口

C. 珲春　　D. 图们

2. 国际铁路联运具有以下（　　）特点。

A. 货物必须由两个及以上的国家铁路参加运送

B. 两种以上运输方式

C. 使用一份铁路联运票据

D. 参加国铁路承担连带责任

3. 我国铁路对外运输的通道主要包括以下路线：（　　）。

A. 经满洲里口岸到俄罗斯的路线

B. 经我国阿拉山口口岸出运至中亚五国的路线

C. 经我国丹东口岸出运至朝鲜的路线

D. 经我国凭祥口岸出运至越南的路线

三、简答题

1. 简述国际铁路联运的概念与特点。
2. 简述国际铁路联运的托运类别。
3. 简述国际铁路联运代理出口的流程。
4. 简述国际铁路联运代理进口的流程。

第8章

其他岗（二）——国际多式联运及保税物流

学习目标

1. 了解国际多式联运基础知识；
2. 掌握国际多式联运代理业务流程；
3. 了解保税物流基础知识；
4. 熟悉典型保税物流区域。

引导案例

2005年厦门市决定建设厦门现代物流园区，该园区由象屿保税区、保税物流园区、东渡港区、航空港工业与物流园区等部分组成，面积约9平方公里，由保税区管委会管理。该园区依托靠近厦门东渡港、高崎国际航空港的便利条件及保税区、保税物流园区的特殊政策优势，实现海陆空联动，发展保税与非保税物流、国际物流与区域物流互动的现代物流产业。该园区以进口配送和出口集拼为主的国际物流产业已具备相当规模，成为我国东南沿海重要的国际物流中心，不仅是厦门乃至福建现代物流产业发展的龙头和标兵，也是全国保税区拓展保税物流的典型。

厦门现代物流园区开发建设的简要情况如下。

1）象屿保税区。1992年10月15日国务院批准设立象屿保税区，面积0.63平方公里，累计设立企业1 100家，引进外资8亿美元，实现进出口贸易总额超200亿美元，地方财政收入15亿元。区内企业主要从事保税仓储、分拨、配送和国际贸易、转口贸易业务，保税物流的业务量始终占象屿保税区业务总量的90%以上，其比重居全国15个保税区之首。

2）保税物流园区。2004 年 8 月，国务院批准厦门设立保税物流园区，面积为 0.7 平方公里，一期 0.3 平方公里于 2005 年 12 月 21 日验收，2006 年 3 月正式运营。保税物流园区与东渡港区联动运作，可开展国际采购、国际配送、国际贸易、国际中转等业务，实行境外货物“入区保税”、国内货物“入区退税”政策。目前已有全球物流、中外运、裕利、YCH、以星、东方海外、越海等数十家企业入区运作，进出区货值达 80 亿美元。

3）东渡港区。东渡港区海岸线长约 5 公里，目前有生产性深水泊位 22 个，正兴建的 5 万吨级深水泊位 3 个。2007 年集装箱吞吐量达 241 万标箱，货物吞吐量 2 868 万吨，是中国东南沿海的主力港口和海峡两岸直航口岸之一。

4）象屿保税区二期工程。该工程面积 1.55 平方公里，系填海造地而成，2007 年年底，市政、通信等基础设施，仓库、堆场及国贸码头 21 号泊位等经营设施竣工投入使用，产生了良好的经济效益和社会效益。现代码头、港务码头、闽台中心渔港于 2008 年建成投入使用。象屿保税区二期工程主要开展非保税物流、城市物流配送，以及对中国台湾地区农、水产品仓储、交易等业务。

5）航空港工业与物流园区。该园区位于厦门岛北端，南依厦门机场，北面隔海与集美区相望，东、西两侧分别为集美大桥和厦门大桥、杏林大桥。总规划面积约为 1.17 平方公里，分为保税物流区、非保税物流区、航空工业区、商业配套区、行政办公区等几大功能区域。该园区将发展城市配送、高附加值产品的国内外中转、国际物流、冷链物流、空港保税、航空产品生产及维修等业务。

思考题：

1. 什么是保税物流？
2. 我国保税物流区域的类型有哪些？
3. 保税物流在企业实践中有什么样的应用价值？

8.1 国际多式联运

8.1.1 国际多式联运基础知识

1. 国际多式联运及其经营人的概念

根据 1980 年《联合国国际货物多式联运公约》（以下简称《多式联运公约》）及 1997 年我国原交通部和铁道部共同颁布的《国际集装箱多式联运管理规则》的定义，国际多式联运是指“按照多式联运合同，以至少两种不同的运输方式，由多式联运经营人将货物从一国境内接管货物的地点运至另一国境内指定地点交付的货物运输”。国际多式联运通常以集装箱为运输单元，货主可以通过一次托运、一次计费、一份单证、一次保险，实现货物门到门的运输方式。

多式联运经营人是多式联运合同的当事人和多式联运提单的签发人，其职责是负责完成全程运输，可以拥有运输工具承担某个运输区段的实际运输，也可以不拥有运输工具而仅负责全程运输的组织工作。对于货主而言，多式联运经营人是契约承运人，承担从接受货物之时起到交付货物之时止的全程运输责任；对于各运输区段的实际承运人而言，多式联运经营人又是货主。

2. 国际多式联运的特征

1）必须具有一份多式联运合同。该合同是多式联运经营人与托运人之间权利、义务、责任与豁免的合同关系和运输性质的确定，也是区别多式联运与一般货物运输方式的主要依据。

2）必须使用一份全程多式联运单证。该单证应满足不同运输方式的需要，并按单一运费率计收全程运费。

3）必须是至少两种不同运输方式的连续运输。

4）必须是国际上的货物运输。这不仅区别于国内货物运输，主要还涉及国际运输法规的适用问题。

5）必须由一个多式联运经营人对货物运输的全程负责。该多式联运经营人不仅是订立多式联运合同的当事人，也是多式联运单证的签发人。当然，在多式联运经营人履行多式联运合同所规定的运输责任的同时，可将全部或部分运输委托他人（分承运人）完成，并订立分运合同。但分运合同的承运人与托运人之间不存在任何合同关系。

由此可见，国际多式联运的主要特点是：由多式联运经营人与托运人签订一份运输合同，统一组织全程运输，实行运输全程一次托运、一单到底、一次收费、统一理赔和全程负责。

3. 国际多式联运的经营方式

国际运输的各种方式，如海运、空运、铁路运输、公路运输、内河运输和管道运输的任意两种或两种以上方式均可组成联运。以下介绍几种常见的经营方式及其线路和运作流程。

（1）海陆联运

海陆联运是门到门多式联运的最主要组织方式，远东（含中国）与欧洲之间以及我国与日韩、澳洲、非洲等地之间均有海陆联运线路。我国出口货物的海陆联运主要是经公路或铁路运输到沿海港口，海运至国外海港，再转公路或铁路，运输到国外内陆目的地。实践中比较常用的线路，如从我国内地至我国港口再至德国或比利时港口转到西欧内地，从我国内地至我国港口再至日本港口转到日本内地，从我国港口至肯尼亚港口转到乌干达内地，从我国港口至日本港口再至澳大利亚港口转到澳大利亚内地等。

实践中，由多式联运经营人组织的我国内陆货物出口公海联运已经非常普遍（以成交条件 CIP 为例）。这种联运以海运为主要环节，以公路运输实现内地到港口的接驳，签发集装箱多式联运提单。

相对于集装箱公海联运，我国铁海联运的发展空间还很大。近几年，随着我国铁路集装箱运输能力的发展，铁海联运发展迅速。青岛、上海、深圳、天津等大型港口相继开通了通往我国腹地的“五定班列”，即定点、定线、定车次、定时、定价的快运货物列车，与港区内的“铁路港站”相对接，减少了港区外铁路站点与码头之间的集卡运输，相对于公海联运而言，对我国内陆地区经济发展的贡献更大。另外，铁海联运的铁路运输段常常离不开大陆桥的支持，通过大陆桥运输线实现国际货物的过境转运。

（2）陆桥运输

陆桥运输也称大陆桥运输，是指以横贯大陆的铁路、公路运输系统作为中间桥梁，将大陆两端的集装箱海运航线相连接的运输方式，可以实现海陆海联运。目前主要的大陆桥运输线有以下三条。

1）西伯利亚大陆桥。西伯利亚大陆桥也称亚欧第一大陆桥，其主干线为西伯利亚铁路，东起俄罗斯的东部港口海参崴，西至莫斯科，目前东段又延伸到俄罗斯的东方港、纳霍德卡港。俄罗斯东部三大港可通过海陆联运连通俄罗斯与中国、日本、朝鲜、韩国，也可通过铁路干线连通俄罗斯与中国。该大陆桥西端从莫斯科可通过铁路干线到达北欧（赫尔辛基、斯德哥尔摩、奥斯陆）、西欧（华沙、柏林、科隆、布鲁塞尔、巴黎）。西伯利亚大陆桥大大缩短了远东到西欧的运输距离，比经苏伊士运河的运输距离缩短近 1/3。

我国出口货物或从我国过境去往俄罗斯、欧洲的货物运输常见线路是从我国沿海港口海运至俄罗斯东部的东方港或纳霍德卡港，或通过满洲里、二连浩特、阿拉山口等陆运口岸进入俄罗斯，经铁路运至俄罗斯西部边境，再继续通过海运、铁路或公路运输到达北欧、西欧、东欧、中近东、巴尔干地区等地。

2）新亚欧大陆桥。新亚欧大陆桥也称亚欧第二大陆桥，它东起中国江苏连云港和山东日照，西到荷兰鹿特丹、比利时安特卫普，途经江苏、山东、河南、安徽、陕西、甘肃、山西、四川、宁夏、青海、新疆 11 个省、自治区，到中哈（哈萨克斯坦）边界的阿拉山口出国境。出国境后可经北、中、南三条线路抵达荷兰的鹿特丹港，其中北线由哈萨克斯坦北上，可与西伯利亚铁路接轨，中线由哈萨克斯坦往俄罗斯、乌克兰、匈牙利、奥地利、瑞士、德国、法国，可至英吉利海峡港口转海运，南线由土库曼斯坦向南到伊朗、土耳其、保加利亚至中欧、南欧。

新亚欧大陆桥将中国与俄罗斯、中亚五国、伊朗、罗马尼亚、保加利亚、匈牙利、捷克斯洛伐克、波兰、德国、奥地利、比利时、法国、瑞士、意大利、英国紧密相连，到西欧的运输时间可节省 60%左右，且比西伯利亚大陆桥陆上运输距离更短，到中亚、西亚各国的运输优势更为突出。

近年来，过境我国经新亚欧大陆桥运输的货物量增长迅猛，连云港承担了其中货物运输量的 90%，多为海运入境转集装箱铁路专列上大陆桥，经我国阿拉山口边境站进入哈萨克斯坦，再运至中亚、东欧、西欧等地。大连、天津等港口也于近年开通了经满洲里往俄罗斯的过境集装箱班列，成为新亚欧大陆桥的新桥头堡。

3）北美大陆桥。北美大陆桥是指利用北美大铁路连接远东和欧洲的海铁海联运，包括美国大陆桥和加拿大大陆桥。其线路与运输过程基本相似，其中美国大陆桥的作用更为突出。

① 美国大陆桥和加拿大大陆桥。美国大陆桥运输始于 1967 年，它包括两条路线，一条是连接太平洋与大西洋的路线，另一条是连接太平洋与墨西哥湾的路线。加拿大大陆桥运输于 1979 年开通使用，与美国大陆桥是平行的。随着巴拿马运河的开通和海上运输成本的下调，加之美国东部港口和铁路过于拥挤，美国大陆桥运输的优越性难以体现，业务量逐渐萎缩。目前北美大陆桥运输中应用较广的是美国小陆桥与微型陆桥运输和 OCP 运输。

② 美国小陆桥与微型陆桥运输。除了横贯东西的美国大陆桥运输，美国在大陆桥运输

的运用过程中，还派生并形成了小陆桥和微型陆桥运输方式。

所谓小陆桥运输，也就是比大陆桥的海陆海形式缩短一段海上运输，成为海陆或陆海形式。例如，远东至美国东部大西洋口岸或美国南部墨西哥湾口岸的货运，由原来全程海运，改为由远东装船运至美国西部太平洋口岸，转装铁路（公路）专用车运至东部大西洋口岸或南部墨西哥湾口岸，以陆上铁路（公路）作为桥梁，把美国西海岸同东海岸和墨西哥湾连起来。

所谓微型陆桥运输，也就是比小陆桥更短一段。由于其没有通过整条陆桥，而只利用了部分陆桥，故又称半陆桥运输，是指海运加一段从海港到内陆城乡的陆上运输或相反方向的运输形式。微型陆桥运输近年来发展非常迅速。

③ 美国的 OCP 运输。“OCP” 是 Overland Common Points 的简写，即 “内陆公共点地区”，简称 “内陆地区”。其含义是：根据美国费率规定，以美国西部九个州为界，也就是以落基山脉为界，其以东地区，均为内陆地区范围，这个范围很广，约占美国全国面积的 2/3。按 OCP 运输条款规定，凡经过美国西海岸港口转往上述内陆地区的货物，可享受比一般直达西海岸港口更为低廉的优惠内陆运输费率，一般低 3% ~ 5%。相反方向，凡从美国内陆地区起运经西海岸港口装船出口的货物同样可按 OCP 运输条款办理。同时，按 OCP 运输条款，尚可享受比一般正常运输更低的优惠海运运费，每吨低 3 ~ 5 美元。

采用 OCP 运输条款时必须满足以下条件。

a. 货物最终目的地必须属于 OCP 地区范围内，这是签订运输条款的前提。

b. 货物必须经由美国西海岸港口中转。因此，在签订贸易合同时，有关货物的目的港应规定为美国西海岸港口，即 CFR 或 CIF 美国西海岸港口条件。

c. 在提单备注栏内及货物唛头上应注明最终目的地。

8.1.2　国际多式联运的业务流程

国际多式联运经营人在从事多式联运业务时，其主要业务流程如下。

1．接受托运申请，订立多式联运合同

多式联运经营人根据货主提出的托运申请和自己的运输线路等情况，判断是否接受该托运申请。如果能够接受，则双方议定有关事项后，在交给发货人或其代理人的场站收据（空白）副本上签章（必须是海关能够接受的），以证明接受委托申请。此时，多式联运合同已经订立并开始执行。

发货人或其代理人根据双方就货物交接方式、时间、地点、付费方式等达成的协议填写场站收据（货物情况可暂空），并将其送至多式联运经营人处编号，多式联运经营人编号后留下货物托运联，将其他联交还给发货人或其代理人。

2．发放、提取及运送空箱

多式联运中使用的集装箱一般由多式联运经营人提供。这些集装箱的来源可能有三种：一种是多式联运经营人自己购置使用的集装箱；一种是向租箱公司租用的集装箱，这类集装箱一般在货物起运地附近提箱而在货物交付地附近还箱；还有一种由全程运输中的某一分运人提供，这类集装箱一般需要在多式联运经营人为完成合同运输而与该分运人（一般是海上区段承运人）订立分运合同后才获得使用权。

如果双方协议由发货人自行装箱，则多式联运经营人应签发提箱单，或者租箱公司或分运人签发提箱单交给发货人或其代理人，由他们在规定日期到指定的堆场提箱并自行将空箱托运到货物装箱地点，准备装货。如果发货人委托，也可由多式联运经营人办理从堆场到装箱地点的空箱拖运（这种情况需加收空箱拖运费）。

如果是拼箱货（或整箱货但发货人无装箱条件不能自装时），则由多式联运经营人将所有空箱调运至接受货物的集装箱货运站，做好装箱准备。

3. 出口报关

若多式联运从港口开始，则在港口报关；若从内陆地区开始，则应在附近的内陆地区海关办理报关。出口报关事宜一般由发货人或其代理人办理，也可委托多式联运经营人代为办理（这种情况需加收报关手续费，并由发货人负责海关派员所产生的全部费用）。

报关时应提供场站收据、装箱单、出口许可证等有关单据和文件。

4. 货物装箱及接受货物

若发货人自行装箱，发货人或其代理人提取空箱后在自己的工厂和仓库组织装箱，则装箱工作一般要在报关后进行，并请海关派员到装箱地点监装和办理加封事宜。如需理货，还应请理货人员现场理货并与其共同制作装箱单。如果是拼箱货，发货人应负责将货物运至指定的集装箱货运站，由货运站按多式联运经营人的指示装箱。

无论装箱工作由谁负责，装箱人均需制作装箱单，并办理海关监装与加封事宜。

对于由货主自行装箱的整箱货物，发货人应负责将货物运至双方协议规定的地点，多式联运经营人或其代表（包括委托的堆场业务员）在指定地点接受货物；如果是拼箱货，则由多式联运经营人在指定的货运站接受货物，验收货物后，代表多式联运经营人接受货物的人应在场站收据正本上签章并将其交给发货人或其代理人。

5. 订舱及安排货物运送

多式联运经营人在合同订立后，应立即制订该合同涉及的集装箱货物的运输计划。该计划应包括货物的运输路线、区段划分、各区段实际承运人的选择确定及各区段间衔接地点的到达、起运时间等内容。

这里所说的订舱，泛指多式联运经营人要按照运输计划安排洽定各区段的运输工具，以及与选定的各实际承运人订立各区段的分运合同。这些合同的订立由多式联运经营人本人（派出机构或代表）或委托的代理人（各转接地代理人）办理，也可请前一区段的实际承运人作为代表向后一区段的实际承运人订舱。

货物运输计划的安排必须科学并留有余地。工作中各承运人应相互联系，根据实际情况调整计划，避免彼此脱节。

6. 办理保险

在发货人方面，应投保货物运输保险。该保险由发货人自行办理，或由发货人承担费用由多式联运经营人代为办理。货物运输保险可以是全程投保，也可以是分段投保。在多式联运经营人方面，应投保货物责任险和集装箱保险，由多式联运经营人或其代理人向保险公司或以其他形式办理。

7．签发多式联运提单，组织完成货物的全程运输

多式联运经营人的代表收取货物后，多式联运经营人应向发货人签发多式联运提单。在把提单交给发货人之前，应注意按双方议定的付费方式及内容、数量向发货人收取全部应付费用。

多式联运经营人有完成和组织完成全程运输的责任和义务。在接受货物后，要组织各区段实际承运人、各派出机构及代表人共同协调工作，完成全程中各区段的运输、各区段之间的衔接工作，运输过程中所涉及的各种服务性工作和运输单据、文件及有关信息等组织和协调工作。

8．办理运输过程中的海关业务

按惯例，国际多式联运的全程运输（包括进口国内陆段运输）均应视为国际货物运输。因此，该环节工作主要包括办理货物及集装箱在进口国的通关手续、办理进口国内陆段保税（海关监管）运输手续及结关等内容。如果陆上运输要通过其他国家海关和内陆运输线路时，还应包括这些海关的通关及保税运输手续。

这些涉及海关的手续一般由多式联运经营人的派出机构或代理人办理，也可由各区段的实际承运人作为多式联运经营人的代表代为办理。由此产生的费用应由发货人或收货人负担。

如果货物在目的港交付，则结关应在港口所在地海关进行。如果在内陆地区交货，则应在口岸办理保税（海关监管）运输手续，海关加封后方可运往内陆目的地，然后在内陆海关办理结关手续。

9．交付货物

当货物运往目的地后，由目的地代理通知收货人提货。收货人需凭多式联运提单提货，多式联运经营人或其代理人需按合同规定，收取收货人应付的全部费用，收回提单签发提货单（交货记录），提货人凭提货单到指定堆场和地点（CFS 方式下）提取货物。

如果是整箱提货，则收货人要负责至掏箱地点的运输，并在货物掏出后将集装箱运回指定的堆场，此时，运输合同终止。

10．处理货运事故

如果全程运输中发生了货物灭失、损害和运输延误，无论是否能确定损害发生的区段，发（收）货人均可向多式联运经营人提出索赔。多式联运经营人根据提单条款及双方协议确定责任并做出赔偿。如果能确定事故发生的区段和实际责任者，可向其进一步索赔。如果不能确定事故发生的区段，一般按在海运段发生处理。如果已对货物及责任投保，则存在要求保险公司赔偿和向保险公司进一步追索问题。如果受损人和责任人之间不能取得一致，则需要通过在诉讼时效内提起诉讼和仲裁来解决。

8.1.3　国际多式联运单据

1．国际多式联运单据的定义与作用

《联合国国际货物多式联运公约》对国际多式联运单据（Multimodal Transport Document 或 Combined Transport Document）的定义是："国际多式联运单据是指证明国际多式联运合同，以及多式联运经营人接管货物并负责按照国际多式联运合同条款交付货物的单据。"

因此，国际多式联运单据不是运输合同，而是运输合同的证明；国际多式联运单据是多式联运经营人收到货物的收据和凭以交付货物的凭证。

在国际多式联运过程中，虽然一票货物有多种运输方式，由几个分承运人共同完成运输，但使用的却是同一张货运单据，即国际多式联运单据。而且，货物在由一种运输方式转换至另一种运输方式时，不必再经过重新分类、核对、检查、开箱、装箱等过程，起到了统一化、简单化及方便货主的作用。

2. 国际多式联运单据的主要内容

国际多式联运单据是当事人之间进行国际多式联运业务活动的凭证。因此，要求单据的内容必须正确、清楚、完整。国际多式联运单据的主要内容如下。

1）货物的外表状况、数量、名称、包装、标志等。

2）多式联运经营人的名称和主要营业场所。

3）发货人、收货人的名称、地址。

4）多式联运经营人接管货物的日期、地点。

5）经双方明确议定的交付货物的时间、地点。

6）表示国际多式联运单据可转让或不可转让的声明。

7）国际多式联运单据的签发时间、地点。

8）多式联运经营人或其授权人的签字。

9）有关运费支付的说明。

10）有关运输方式、运输路线、运输要求的说明等。

3. 国际多式联运单据的签发

多式联运经营人在接收托运的货物时，必须与接货单位（集装箱货运站或码头堆场）出具的货物收据进行核对，无误后方可签发国际多式联运单据。国际多式联运单据由多式联运经营人或其授权人签发，在不违背国际多式联运单据签发国法律规定的情况下，国际多式联运单据可以是手签、手签笔迹复印、打透花字、盖章或用任何其他机械或电子仪器打印的。

多式联运经营人凭接货单位签收的货物收据，根据发货人或货物托运人的要求，签发可转让或不可转让的国际多式联运单据。

签发可转让的国际多式联运单据应：① 列明按指示交付，或向持单人交付。② 如列明按指示交付，需经背书转让。③ 如列明向持单人交付，无须背书即可转让。④ 如签发一套一份以上的正本单据，则应注明正本份数。⑤ 对于所签发的任何副本，应在每份副本上注明“不可转让”的字样。

在实际业务中，对国际多式联运单据的正本和副本的份数规定不一，主要视发货人的要求而定。在交付货物时，多式联运经营人只要按其中一份正本交付货物，便已履行向收货人交付的义务，其余各份正本自动失效。

如果货物托运人要求多式联运经营人签发不可转让的国际多式联运单据，多式联运经营人或其他授权人则应在国际多式联运单据的收货人一栏内，载明收货人的具体名称，并打上“不可转让”的字样，货物在运抵目的地后，多式联运人只能向国际多式联运单据中载明的收货人交付货物。

如果国际多式联运单据中载明的收货人以书面形式通知多式联运经营人将国际多式联运单据中所记载的货物交给其在通知中指定的其他收货人，而在事实上多式联运经营人也这样做了，则可认为该多式联运经营人已履行了交货的义务。

为了适应信用证下的多式联运的结汇需要，《UCP600》对国际多式联运单据做了规定。如果信用证要求包括至少两种不同形式的运输，除非信用证另有规定，否则银行将接受下列单据：① 表面上看来标有多式联运经营人的名字或其代理人名字的单据。② 用文字、印戳或其他方式表明货物已接管的单据。③ 即使信用证禁止转运，银行也将接受表明可能转运或将转运的国际多式联运单据，但以同一单据包括全程运输为条件。

4．填制国际多式联运单据时的补充事项

国际多式联运单据除按规定的内容、要求填写外，还可根据双方的实际需要，在不违背单据签发国法律的情况下加注其他项目，如关于特种货物运输的说明、所运输货物批注的说明、不同运输方式下承运人之间的临时洽商批注等。

国际多式联运单据所记载的内容通常由货物托运人填写，或由多式联运经营人或其代表根据托运人提供的有关托运文件制成。多式联运经营人一旦接管货物，就被认为货物托运人或发货人已向多式联运经营人保证，其在国际多式联运单据中所提供的货物品类、标志、件数、尺码、数量等情况准确无误。

如果货物的灭失、损坏由发货人或货物托运人在国际多式联运单据中所提供的内容不准确或不当所造成，发货人就应对多式联运经营人负责，即使在国际多式联运单据已转让的情况下也不例外。当然，如果货物的灭失、损坏由多式联运经营人在国际多式联运单据中列入不实资料，或漏列有关内容所致，该多式联运经营人则无权享受赔偿责任限制，而应按货物的实际损害负责赔偿。

8.1.4　国际多式联运合同

1．国际多式联运合同的概念

国际多式联运合同，又称混合运输合同，是指用两种以上不同的运输方式将旅客或货物运抵目的地，旅客和托运人支付运输费用的合同。国际多式联运合同是确定多式联运经营人与托运人之间权利、义务、责任与豁免的合同关系的书面材料，也是区别国际多式联运与一般货物运输方式的主要依据。

2．国际多式联运合同的特点

国际多式联运合同与一般运输合同相比具有以下特点。

1）国际多式联运合同是双务合同。国际多式联运合同的承运人一般为两人以上。虽然国际多式联运合同涉及多个承运人，但托运人或旅客只需与多式联运经营人签订运输合同。其他承运人根据多式联运经营人代理自己与托运人或旅客订立的联运合同，在自己的运输区段内完成运输任务。

国际多式联运合同的双方均负有义务，享有权利。例如，多式联运经营人有完成货物全程运输的义务，并有收取运费的权利，而发货人有支付运费的义务，也有完好收取货物，如果出现货物损害可向多式联运经营人索赔的权利。

2）国际多式联运合同是有偿合同。多式联运经营人以完成全程运输为代价取得收取运费的权利，而发货人或收货人在目的地收取货物的权利是以支付运费为代价的。

3）国际多式联运合同是非要式合同。国际多式联运合同是以国际多式联运单据来证明的，但单据本身不是运输合同，这与航空、铁路、公路运单是运输合同是根本不同的。因此，国际多式联运合同不像其他运输合同那样，可以以运单形式（书面形式）体现出来。

4）国际多式联运合同有约束第三者的性质。国际多式联运合同的双方是多式联运经营人与发货人，而收货人有时并没有参加合同签订。但多式联运经营人应向作为第三者的收货人交付货物，收货人可直接取得合同规定的利益，并自动受合同的约束。

5）国际多式联运合同由旅客或托运人一次性交费并使用同一凭证。旅客或货物由一承运人转至另一承运人时，不需另行交费或办理有关手续。

国际多式联运的第一承运人在合同法上称为多式联运的承运人，其他承运人在合同法上称为各区段承运人。

无论是从合同涉及的运输使用的运输方式，还是从合同的具体体现形式来看，国际多式联运合同与单一方式下的运输合同都有较大区别，是一种新的运输合同。尽管运输全程分为多个运输区段，各区段又由不同的承运人来完成，但国际多式联运合同也不能被分为几个单一运输合同，必须与单一方式下的运输合同区别对待。

3．订立国际多式联运合同的注意事项

国际多式联运合同的订立是处于平等法律地位的多式联运经营人与发货人双方的民事法律行为，只有在双方表示一致时才能成立。该合同与其他合同一样，是双方的协议，其订立过程是双方协商的过程。

国际多式联运经营人为了揽取货物运输，要对自己的企业（包括办事机构地点等）、经营范围（包括联运线路、交接货物地域范围、运价、双方责任、权利、义务等）做广告宣传，并用运价本、提单条款等形式公开说明。发货人或其代理人向多式联运经营人或代理人申请货物运输时，通常要提出货物运输申请（或填写订舱单），说明货物的品种、数量、起运地、目的地、运输期限要求等内容。多式联运经营人根据申请的内容，并结合自己的营业路线、所能使用的运输工具及其班期等情况，决定是否接受托运。如果认为可以接受，则在双方商定运费率及支付形式，货物交接方式、形态、时间，集装箱提取地点、时间等情况后，由多式联运经营人在交给发货人（或代理人）的场站收据副本联上签章，以证明接受委托。这时国际多式联运合同即告成立，发货人与多式联运经营人的合同关系已确定并开始执行。

发货人或其代理人在订立国际多式联运合同时，应认真了解多式联运经营人的提单条款（应是事先印制而且公开的）。如有不能接受之处，应与多式联运经营人达成书面协议解决，否则将被视为接受所有条款，接受其关于双方责任、权利和义务的说明。

8.2 保税物流业务

8.2.1 保税物流基础知识

1．保税物流货物的含义

保税物流货物是指经海关批准未办理纳税手续进境，在境内进行分拨、配送或储存后复运出境的货物，也称保税仓储货物。

2. 保税物流货物的特征

1）进境时暂缓缴纳进口关税及进口环节海关代征税，复运出境免税，内销应当缴纳进口关税和进口环节海关代征税，不征收缓税利息。

2）进出境时除国家另有规定外，免予交验进出口许可证件。

3）进境海关现场放行不是结关，进境后必须进入海关保税监管场所或特殊监管区域，运离这些场所或区域必须办理结关手续。

3. 保税物流业务的范围

可办理保税物流业务的货物包括以下几种。

1）进境经海关批准进入海关保税监管场所或特殊监管区域，保税储存后转口境外的货物。

2）已经办理出口报关手续，尚未离境，经海关批准进入海关保税监管场所或特殊监管区域储存的货物。

3）经海关批准进入海关保税监管场所或特殊监管区域保税储存的加工贸易货物，供应国际航行船舶和航空器的油料、物料和维修用零部件，供维修外国产品所进口寄售的零配件，外商进境暂存货物。

4）经海关批准进入海关保税监管场所或特殊监管区域保税的其他未办结海关手续的进境货物。

4. 海关对保税物流货物的管理

海关对保税物流货物的监管模式有两大类：一类是非物理围网的监管模式，包括保税仓库、出口监管仓库；另一类是物理围网的监管模式，包括保税物流中心、保税物流园区、保税区、保税港区、综合保税区。

对各种监管模式的保税物流货物的管理，主要可以归纳为以下五点。

（1）设立审批

保税物流货物必须存放在经过法定程序审批设立的保税监管场所或特殊监管区域。保税仓库、出口监管仓库、保税物流中心，要经过海关审批，并核发批准证书，凭批准证书设立及存放保税物流货物；保税物流园区、保税区、保税港区要经过国务院审批，凭国务院同意设立的批复设立，并经海关等部门验收合格才能进行保税物流货物的运作。未经法定程序审批同意设立的任何场所或区域都不得存放保税物流货物。

（2）准入保税

保税物流货物通过准予进入保税监管场所或特殊监管区域来实现保税。海关对保税物流货物的监管，通过对保税监管场所和特殊监管区域的监管来实现。海关应当依法监管这些场所或区域，按批准存放范围准予货物进入这些场所或区域，不符合规定存放范围的货物不准进入。

（3）纳税暂缓

凡进境进入保税物流监管场所或特殊监管区域的保税物流货物在进境时都可以暂不办理进口纳税手续，等到运离海关保税监管场所或特殊监管区域时才办理纳税手续，或者征税，或者免税。在这一点上，保税物流监管制度与保税加工监管制度是一致的，但是保税物流货物在运离海关保税监管场所或特殊监管区域征税时不需同时征收缓税利息，而保税加工货物（特殊监管区域内的加工贸易货物和边角料除外）内销征税时要征收缓税利息。

（4）监管延伸

1）监管地点延伸。进境货物从进境地海关监管现场，已办结海关出口手续尚未离境的货物从出口申报地海关现场，分别延伸到保税监管场所或特殊监管区域。

2）监管时间延伸。

① 保税仓库存放保税物流货物的时间是 1 年，可以申请延长，最长可延长 1 年；特殊情况下，延期后货物存储期超过 2 年的，由直属海关审批。

② 出口监管仓库存放保税物流货物的时间是 6 个月，可以申请延长，最长可延长 6 个月。

③ 保税物流中心存放保税物流货物的时间是 2 年，可以申请延长，无特殊情形最长可延长 1 年。

④ 保税物流园区、保税区、保税港区存放保税物流货物的时间没有限制。

（5）运离结关

除暂准运离（维修、测试、展览等）需要继续监管以外，每批货物运离保税监管场所或特殊监管区域，都必须根据货物的实际流向办结海关手续。

8.2.2 典型的保税物流区域

1．保税仓库

（1）保税仓库的含义与分类

保税仓库是指经海关批准设立的专门存放保税货物及其他未办结海关手续货物的仓库。我国的保税仓库根据使用对象分为公用型和自用型两种。

1）公用型保税仓库。公用型保税仓库由主营仓储业务的中国境内独立企业法人经营，专门向社会提供保税仓储服务。

2）自用型保税仓库。自用型保税仓库由特定的中国境内独立企业法人经营，仅存储供本企业自用的保税货物。

（2）保税仓库的功能

保税仓库的功能单一，就是仓储，而且只能存放进境货物。经海关批准可以存入保税仓库的进境货物有下面几种：① 加工贸易进口货物。② 转口货物。③ 供应国际航行船舶和航空器的油料、物料和维修用零部件。④ 供维修外国产品所进口寄售的零配件。⑤ 外商进境暂存货物。⑥ 未办结海关手续的一般贸易进口货物。⑦ 经海关批准的其他未办结海关手续的进境货物。

保税仓库不得存放国家禁止进境货物，不得存放未经批准的影响公共安全、公共卫生或健康、公共道德或秩序的国家限制进境货物及其他不得存入保税仓库的货物。

2．保税物流中心

（1）保税物流中心的含义

保税物流中心是指经海关总署批准，由中国境内一家企业法人经营、多家企业进入并从事保税仓储物流业务的海关集中监管场所。

（2）保税物流中心的功能

保税物流中心的功能是保税仓库和出口监管仓库功能的叠加，既可以存放进口货物，也可以存放出口货物，还可以开展多项增值服务。

1）保税物流中心存放货物的范围。保税物流中心存放货物的范围如下：① 国内出口货物。② 转口货物和国际中转货物。③ 外商暂存货物。④ 加工贸易进出口货物。⑤ 供应国际航行船舶和航空器的物料、维修用零部件。⑥ 供维修外国产品所进口寄售的零配件。⑦ 未办结海关手续的一般贸易进口货物。⑧ 经海关批准的其他未办结海关手续的货物。

2）保税物流中心的业务范围。保税物流中心可以开展以下业务：① 保税存储进出口货物及其他未办结海关手续的货物。② 对所存货物开展流通性简单加工和增值服务。③ 全球采购和国际分拨、配送。④ 转口贸易和国际中转业务。⑤ 经海关批准的其他国际物流业务。

3. 保税物流园区

1）保税物流园区的含义。保税物流园区是指经国务院批准，在保税区规划面积内或毗邻保税区的特定港区内设立的、专门发展现代国际物流的海关特殊监管区域。

2）保税物流园区的业务范围。保税物流园区的主要功能是保税物流，可以开展以下保税物流业务：① 存储进出口货物及其他未办结海关手续的货物。② 对所存货物开展流通性简单加工和增值服务，如分级分类、分拆分拣、分装、计量、组合包装、打膜、印刷运输标志、改换包装、拼装等具有商业增值性的辅助性服务。③ 国际转口贸易。④ 国际采购、分销和配送。⑤ 国际中转。⑥ 检测、维修。⑦ 商品展示。⑧ 经海关批准的其他国际物流业务。

3）保税物流园区的管理。保税物流园区是海关监管的特定区域。保税物流园区与境内其他地区之间应当设置符合海关监管要求的卡口、围网隔离设施、视频监控系统及其他海关监管所需的设施。海关在保税物流园区派驻机构，参照有关法律、行政法规，对进出园区的货物、运输工具、个人携带物品及园区内相关场所实行 24 小时监管。

4. 保税港区

1）保税港区的含义。保税港区是指经国务院批准，设立在国家对外开放的口岸港区和与之相连的特定区域内，具有口岸、物流、加工等功能的海关特殊监管区域。

2）保税港区的业务范围。保税港区可以开展下列业务：① 存储进出口货物和其他未办结海关手续的货物。② 国际转口贸易。③ 国际采购、分销和配送。④ 国际中转。⑤ 检测和售后服务维修。⑥ 商品展示。⑦ 研发、加工、制造。⑧ 港口作业。⑨ 经海关批准的其他业务。

3）保税港区的管理。保税港区实行封闭式管理。保税港区与我国关境内的其他地区之间设置符合海关监管要求的卡口、围网、视频监控系统及海关监管所需的其他设施。

保税港区的税收和外汇管理政策为：① 国外货物入保税港区保税。② 货物出保税港区进入国内销售按货物进口的有关规定办理报关手续，并按货物实际状态征税。③ 国内货物入保税港区视同出口，实行退税；保税港区内企业之间的货物交易不征增值税和消费税。

相关链接

上海外高桥保税物流园区是国务院批准的首家区港联动试点项目，是上海市“十五”期间重点规划的现代物流园区，享受保税区和出口开发区的相关政策。2004年4月15日经海关总署联合验收小组验收通过，封关运作面积1.03平方公里。该保税物流园区于2006年年底建成，总投资33亿元人民币。

8.2.3 保税物流业务实例

1．替代“香港一日游”

在上海松江出口加工区，功成公司和云达电子公司是两家普通的消费电子产品厂商。前者是一家液晶面板生产厂商，后者则是一家电子组装厂商。它们同属于一条供应链，在加工区内比邻而居。不过，近在咫尺的两家公司要进行贸易，长久以来却必须绕道关境外才能进行。

我国一直鼓励加工贸易的发展，明确规定用于出口的成品，其所用料件可以事先不缴关税和增值税。而享受税收优惠政策的代价，是必须进入海关严格而繁复的监管程序，以便与不享受优惠政策的内贸相区分。在上下游厂商进行“深加工结转”时，如选择最便捷的货物直送，两家公司的交易会被认定是内贸交易，因此，功成公司产品的料件会被要求一一补税。而下家云达电子公司，会因进料来自国内，而被事先征税，待货物出口才能把税退还，从而给企业带来额外的资金占压。

于是，和其他公司一样，从生产线运转的第一天开始，云达电子公司就搭上了“香港一日游”的班车。香港是一个自由贸易港，对货物的出入港及在港内的销售，都不征收关税和增值税，仅征收16.5%的公司所得税。如果把上游厂商的产品先出口运送到香港，再由香港进口到下游厂商，上游厂商就可以享受出口退税的优惠政策，下游厂商也可以以“进料加工”或“来料加工”的名义向海关申请保税，为企业带来税收利益。但这也是一种无奈的做法，拉着货物到香港中转一趟，一个集装箱的货物运费少则五六千元，多则上万元。事实上，两家厂商可被视为一家“两头在外”的大工厂，只因为一道物流工序，就不能享受保税优惠政策，的确有些冤！

上海外高桥保税物流园区开始运营后，对于功成公司和云达电子公司来说，“香港一日游”不再是最好的选择。它们完全可以在上海外高桥保税物流园区内注册公司，设立仓库。在上游，货物进区就视同出口，可以立即退税。而下游厂商只需在园区进口货物，拿到发票，向海关以“进料加工”理由申报，就能享受进口料件免缴关税、增值税的待遇。而放宽的外汇管理制度，让区内企业无须办理收、付汇的核销手续，不缴纳增值税、消费税。

2．“跨国采购中心”

株式会社大创产业是一家总部设在日本广岛的著名商业零售业的跨国采购零售商，主要经营百元商店、商场等。其店铺网络遍布日本，并以很快的速度发展海外网络。株式会社大创产业本着均一价的经营理念，为消费者提供低价位、高品质的购物乐趣，具有大规模、小批量、多品种的营运特征。选择上海外高桥保税物流园区作为亚太中心采购总部是株式会社大创产业在我国各区域多方面考察后的最优选择，也是其加快海外网络发展、构建全球采购网络体系的重要组成部分。

双方的合作分两阶段进行。首先，株式会社大创产业租赁上海外高桥保税物流园区B-2 仓库，租赁面积 13 427 平方米。随后，将购买上海外高桥物流中心有限公司为其定制的 2.5 万平方米专用仓库。2007 年上半年完成签约，下半年开工建设，2009 年下半年完工。

上海外高桥物流中心有限公司与株式会社大创产业的项目合作是上海外高桥保税物流园区功能开发的有益尝试，也是跨国采购巨头在园区的首家落地项目。随着上海外高桥保税物流园区实现采购功能的突破，越来越多的采购商、零售商将云集园区，提升整个区域的品牌效应。

利用保税物流园区入区视同出口、享受出口退税的政策优势，可以构建“跨国采购中心”。跨国采购业务大多由供应商直接从最近的口岸分散出口至国外，国内的采购网点越多，采购成本就越高。现在各供应商集中把货物运至保税物流园区，即可实现货权的转移并取得退税凭证。保税物流园区的运作平台大大降低了采购成本和货损率。

3. 新“出口转内销”业务

保税物流园区不仅方便了半成品的深加工结转，也让另一种成品出口转内销的贸易开始流行，而这个流程通常由跨国企业直接主导。

例如，森华暗桥厂是一家中外合资企业，一直享受着外资企业所得税“两免三减半”的优厚待遇。森华保证产品达到 70%外销的底线后，鼓励出口的政策允许它只付 10%的所得税，比起内贸企业 33%的税率，简直是天壤之别。作为一家网络庞大的跨国公司，森华有办法在保证优惠的情况下拿到市场。它从总公司接到订单后，不管客户在哪里，都统一把产品发往保税物流园区，产品“就地出口”，再在物流公司的协助下，或者内销，或者装船发往国外。一些国内买家对此也拍手称快，因为自己的项目是国家重点工程，在进口设备时享有一定的免税政策，这让购置进口机器的性价比大大提高。

咨询人士分析认为，国际经济一体化已初具规模，那些知名的跨国公司拥有在全球布局产业链的能力，一个地方可能既是产地，又是市场。如果让产品直接就近流转，虽然节约了物流成本，但必然打乱跨国公司的全球布局。借助保税物流园区理清产销脉络、实现统收统支是企业的需求，加上还可以享受所得税优惠，跨国公司自然乐意。据统计，在上海外高桥保税物流园区，最初较多的是深加工结转的“一日游”业务，不过，随着时间的推移，从事电子、IT 等产业的公司率先按捺不住，开始尝试出口转内销业务。这种形式的业务量已渐渐比前者更多。

4. 供应商管理库存业务

供应商管理库存是指由供应商对下游企业的库存进行统一管理与控制的一种库存管理策略，在这种模式下，供应商不是被动地发货和补货，而是根据对下游企业需求的实时把握，主动安排补货，实现双赢。保税物流园区便利的海关管理有利于境外供应商在园区内存放货物。海关对于境外进入保税物流园区的货物不实行严格的申报管理，采取备案制的管理方式，而且园区货物进入境内，可以采取“分批出区、集中报关”的快速通关模式。保税物流园区内企业需要多批次进出货物时，经海关批准可以办理集中申报手续。

例如，DELL 公司让其境外供应商将产品存放于保税物流园区内物流公司的仓库并自己管理库存，DELL 公司将终端销售数据适当对供应商开放。根据销售需求，供应商委托物流公司将货物分批出区送到 DELL 公司，每周集中报关一次、缴纳关税。这种运作方式通过保税物流园区，既保证了 DELL 公司的到货率和质量，又实现了上游保税，遇到需要退换的货物，也不必为已经交了关税而苦恼。这种做法正在成为保税物流园区最受欢迎的业务形式，一些跨国制造企业如 SONY 公司、飞利浦公司都开始把配送中心设在保税物流园区。

5. 进口商品展览业务

一些进口贸易商在开展进口业务时，如果提前把货物从境外进口到境内，就需要大量的资金，不仅需要支付货款，还需要提前支付高额的进口关税。进口贸易商苦于资金不足，所以一般只是先进口一部分商品，其他的可能只是给客户看图片等。利用境外商品进入保税物流园区可以不用缴纳进口税的便利，进口贸易商可以在保税物流园区内开设进口商品展厅，从境外以集装箱海运方式进口货物到国内。由于运费是很便宜的，这样完全可以实现进口商品实物化及品种多样化，等客户看满意了再下订单，此时进口贸易商才开始报关、缴纳进口关税。然后客户把货物从保税物流园区提走，或者客户需求量大，就大批量进口。

6. 跨国质检与维修业务

国内公司进口一些技术要求高的设备时，如果办完进口手续后发现货物存在问题，再去办理退关或退运，是一件非常麻烦的事情。可以充分利用保税物流园区“境内关外”的优势，把设备等先运到保税物流园区，在园区内进行质检，确认货物合格后再进行“二线报关”办理进口手续，缴纳进口关税等。

厂家出口一批产品后如因包装及质量问题退运，国内厂家一时无法向海关申请到质量不符退运的批文，就可以将货物由港口码头直接转入保税物流园区，派工人到仓库改换包装及维修，完毕后装箱直接再发给国外客户。

相关链接

国务院 2008 年 6 月 5 日同意设立厦门海沧保税港区。厦门海沧保税港区的获批，对做强做大海峡西岸港口群，将厦门港建设成国际枢纽港，推动对台先行区建设具有重要意义。

海沧保税港区核定规划面积 9.45 平方公里，分为 A、B、C 三个区。A 区包括嵩屿港区、海沧港区 1#～8#泊位，以及物流园区用地；B 区包括已建海沧出口加工区；C 区包括 14#～19#泊位港区用地。这三个地块将以全封闭高架道路（地道）连接，形成封闭的统一监管区域。

新设立的海沧保税港区，将比照执行上海洋山保税港区的功能及优惠政策，具有国际中转、配送、采购、转口贸易和出口加工等功能，并享受国外货物入港区保税；国内货物入港区视同出口，实行退税；港区内企业之间的货物交易不征增值税和消费税等政策。

海沧保税港区总体规划，已通过厦门港口管理局和规划局联合审查，项目总投资约 50 亿元。继上海洋山保税港区及天津、深圳、宁波、大连等地的保税港区建设之后，厦门海沧保税港区是全国第七个获批的保税港区，成为中国目前开放度最高的特殊监管区域之一。

8.3　岗位技能实践模拟

8.3.1　岗位技能实训项目一：国际多式联运的责任划分

● 工作情境

以下是一份国际多式联运合同。

国际多式联运合同

甲方：（托运人）	乙方：（承运人）
法定代表人：	法定代表人：
法定地址：	法定地址：
邮编：	邮编：
经办人：	经办人：
联系电话：	联系电话：
传真：	传真：
银行账户：	银行账户：

甲乙双方经过友好协商，就办理甲方货物多式联运事宜达成如下条款：

1. 甲方应保证如实提供货物名称、种类、包装、件数、重量、尺码等货物状况，由于甲方虚报给乙方或第三方造成损失的，甲方应承担损失。

2. 甲方应按双方商定的费率在交付货物____天之内将运费和相关费用付至乙方账户。甲方若未按约定支付费用，乙方有权滞留提单或留置货物，进而依法处理货物以补偿损失。

3. 托运货物为特种货或危险货时，甲方有义务向乙方做详细说明。未做说明或说明不清的，由此造成乙方的损失由甲方承担。

4. 乙方应按约定将甲方委托的货物承运到指定地点，并应甲方的要求签发联运提单。

5. 乙方自接货开始至交货为止，负责全程运输，对全程运输中乙方及其代理人或区段承运人的故意或过失行为而给甲方造成的损失负赔偿责任。

6. 乙方对下列原因所造成的货物灭失和损坏不负责任。

（1）货物由甲方或其代理人装箱、计数或封箱，或者装于甲方的自备箱中。

（2）货物的自然特性和固有缺陷。

（3）海关、商检、承运人行使检查权所引起的货物损耗。

（4）天灾，包括自然灾害，例如雷电、台风、地震、洪水事故等，但不限于火灾、爆炸、由于偶然因素造成的运输工具的碰撞等。

（5）战争或武装冲突。

（6）抢劫、盗窃等人为因素造成的货物灭失或损坏。

（7）由甲方的过失而造成的货物灭失或损坏。

（8）罢工、停工或乙方雇用的工人劳动受到限制。

（9）检疫限制或司法扣押。

（10）非由于乙方或乙方的受雇人、代理人的过失造成的其他原因导致的货物灭失或损坏，对于第

续表

（7）项免除责任以外的原因，乙方不负举证责任。

7. 货物的灭失或损坏发生于多式联运的某一区段，乙方的责任和赔偿限额，应该适用该区段的法律规定。如果不能确定损坏发生区段的，应当使用调整海运区段的法律规定，不论根据国际公约还是根据国内法。

8. 对于逾期支付的款项，甲方应按每日 0.5‰的比例向乙方支付违约金。

9. 由于甲方的原因（如未及时付清运费及其他费用而被乙方留置货物、滞留单据或提供单据迟延而造成货物运输延迟）所产生的损失由甲方自行承担。

10. 合同双方可以依据《中华人民共和国合同法》的有关规定解除合同。

11. 乙方在运输甲方货物的过程中应尽心尽责，对于因乙方的过失而导致甲方遭受的损失和发生的费用承担责任，以上损失不包括货物因延迟等原因造成的经济损失。在任何情况下，乙方的赔偿责任都不应超出每件____元（人民币）或每千克____元（人民币）的责任限额，两者以较低的限额为准。

12. 本合同项下发生的任何纠纷或争议，应提交中国海事仲裁委员会，根据该会的仲裁规则进行仲裁。仲裁裁决是终局的，对双方都有约束力。本合同的订立、效力、解释、履行、争议的解决均适用中华人民共和国法律。

13. 本合同从甲乙双方签字盖章之日起生效，合同有效期为____天，合同期满之日前，甲乙双方可以协商将合同延长____天。合同期满前，如果双方中任何一方欲终止合同，应提前____天以书面的形式通知另一方。

14. 本合同经双方协商一致可以进行修改和补充，修改及补充的内容经双方签字盖章后，视为本合同的一部分。本合同正本一式____份。

甲方（盖章）：　　　　乙方（盖章）：
法定代表人（签字）：　　　　法定代表人（签字）：
年　月　日　　　　年　月　日
签订地点：　　　　签订地点：

● **实训任务**

根据以上国际多式联运合同讨论多式联运承运人及托运人应该承担的责任。

● **实训教学建议**

1. 教学方法

多媒体演示教学+实践操作。

2. 教学课时

实践学时：2 课时。

● **实训成果**

讨论意见。

● **实训任务评价**

编　号	评 价 点	评价细节	得分情况
1	成果	内容完整性与准确性（70 分）	
2	成果	形式及表达（30 分）	

8.3.2　岗位技能实训项目二：保税物流园区的通关手续

● 工作情境

来自福州海关的统计数字显示，福州保税物流园区封关运作 1 年左右，已累计完成进出口业务 1 万多票，进出货物 34 万件，货运量近 9 万吨，货值逾 16 亿美元，成为海峡西岸现代化物流又一条“黄金通道”。

福州保税物流园区的政策功能优势初步显现，园区的业务辐射面不断加大。据透露，福州海关还将进一步试行区港联动通关模式，发挥保税物流园区国际采购、配送的功能优势，逐步推动出口集拼和集中申报业务的开展，推进福州保税物流园区与福州新港的一体化进程，促进以港口为依托、以临港工业和物流园区为核心的现代化物流综合服务体系的形成，打造具有国际竞争力的规模化、专业化、信息化的福州保税港。

从福州保税物流园区立项、报批、建设直至正式封关运作以来，福州海关充分发挥保税物流园区的政策优势，为企业量身定制个性化服务：推行“以核代验”监管模式；采取实时监控、定期核查和随机抽查相结合的方式对企业仓库进行重点监管；加快园区企业为下游厂商配送生产料件的速度；缓解企业车辆调配压力；降低企业的运输成本。据估算，该模式 1 年可为企业节省运输成本 120 多万元人民币。

● 实训任务

讨论货物进出保税物流园区该怎么办理海关监管手续，并填写完成表 8-1 的空白部分。

表 8-1　保税物流园区货物海关监管手续

进出方向	监管手续
从境外运到园区	
从园区运到境外	
从园区运往境内区外	
从境内区外运到园区	

● 实训教学建议

1. 教学方法

讨论+实践操作。

2. 教学课时

实践学时：2 课时。

● 实训成果

讨论意见。

● 实训任务评价

编　　号	评 价 点	评价细节	得分情况
1	成果	内容完整性与准确性（70 分）	
2	成果	形式及表达（30 分）	

思考与练习

一、单项选择题

1．以横贯大陆的铁路、公路运输系统作为中间桥梁，将大陆两端的集装箱海运航线相连接的运输方式，是指（　　）。

A．大陆桥运输　　B．内陆地点多式联运

C．内陆公共点地区运输　　D．陆海多式联运

2．OCP运输是（　　）。

A．大陆桥运输　　B．内陆地点多式联运

C．内陆公共点地区运输　　D．小陆桥运输

3．一般情况下，保税仓库允许存放保税物流货物的时间是（　　）。

A．半年　　B．1年

C．2年　　D．4年

4．一般情况下，保税物流园区允许存放保税物流货物的时间是（　　）。

A．1年　　B．2年

C．4年　　D．没有限制

5．经国务院批准，在保税区规划面积内或毗邻保税区的特定港区内设立的、专门发展现代国际物流的海关特殊监管区域，是指（　　）。

A．保税区　　B．保税物流中心

C．保税物流园区　　D．保税港区

二、多项选择题

1．国际多式联运合同的特征包括（　　）。

A．双务合同　　B．要式合同

C．有偿合同　　D．非要式合同

2．保税物流的特征包括（　　）。

A．暂缓纳税　　B．海关放行即结关

C．可免进出口许可证　　D．不免进出口许可证

3．保税物流园区的功能包括（　　）。

A．国际中转　　B．国际采购

C．转口贸易　　D．国际分销与配送

三、判断题

1．国际多式联运需要一份全程多式联运单证。（　　）

2．大陆桥运输是门到门多式联运的最主要组织方式。（　　）

3．保税物流园区可以归类于海关监管模式中的物理围网监管模式。（　　）

四、简答题

1．简述国际多式联运业务的基本流程。

2．保税港区可以开展哪些业务？

五、案例分析题

2010年10月，匈牙利A公司作为买方与温州B进出口公司签订一份售货合同，购买一批童装，数量500箱，总价为68 180美元。

2011年2月11日，温州B进出口公司以托运人身份将该批童装装于一个40英尺标箱内，交由香港富天船务有限公司承运。富天公司加封铅，箱号为SCXU5028957，铅封号为11021，并签发了号码为RS-95040的一式三份正本全程多式联运提单，厦门外轮代理公司以代理身份盖了章。该份清洁记名提单载明：交货地厦门、装货港香港、目的港科波尔、卸货地布达佩斯，收货人为A公司。提单正面管辖权条款载明：提单项下的纠纷应适用香港法律并由香港法院裁决。

2月23日，货抵香港后，富天公司将其转至以星公司所属“海发”轮承运。以星公司在香港的代理新兴行船务公司签发了号码为166376的提单，CY—CY，并加号码为4488593的箱封。富天公司收执的提单上载明副本不得流转，并载明装货港香港、目的港科波尔、最后目的地布达佩斯；托运人为富天公司，收货人为富天公司签发的正本提单持有人及本份正本提单持有人，通知人为A公司，并注明该箱从厦门运至布达佩斯，途经香港。3月22日，以星公司海外代理福切斯公司传真A公司，告知集装箱预计于3月28日抵斯洛文尼亚的科波尔港，用铁路运至目的地布达佩斯。目的地有两个堆场，让其择一。A公司明确选择马哈特为集装箱终点站。

3月29日，以星公司将集装箱运抵科波尔港，铁路运输公司出具运单，该运单载明的箱号、铅封号以及集装箱货物与以星公司代理新兴行船务公司出具给富天公司的提单内容相同。4月12日，福切斯公司依照A公司指示，将集装箱经铁路运至目的地布达佩斯马哈特集装箱终点站。4月15日，A公司向福切斯公司提交富天公司签发的一份正本提单并在背面盖章。6月6日A公司提货时，打开箱子发现是空的。同日，匈牙利铁路公司、布达佩斯港口出具证明，集装箱铅封及门锁在4月15日箱抵布达佩斯时已被替换。

11月28日，A公司第一次传真福切斯公司索赔灭失的货物。2012年1月2日，福切斯公司复函称，已接马哈特集装箱终点站通知货物被盗之事。在此之前，以星公司两家代理福切斯公司和香港新兴行船务公司来往函电中也明确货物被盗，并函复富天公司厦门办事处及托运人温州B进出口公司。

思考：

1．什么是国际多式联运提单？

2．国际多式联运是什么样的运输方式？

3．这个事件中涉及的运输方式有几种？

4．国际多式联运必须具备的基本条件是什么？

5．富天公司和以星公司都签发了提单，它们有什么不同？一份货物签两份提单合理吗？

6．A公司该向谁提出索赔？为什么？

第 9 章

综合岗——国际货代的风险控制及事故处理

学习目标

1. 了解国际货代业务风险的具体表现及特点；
2. 掌握国际货代业务风险的防范对策；
3. 了解国际货代事故的原因与责任划分；
4. 掌握国际货代事故的处理与保险理赔。

引导案例

某国际货代企业在上海港自己的货运站拼箱仓库（CFS）将分别属于 10 个不同发货人的拼箱货装入一个 20 英尺的集装箱，然后向某船公司托运。该集装箱装船后，船公司签发给该国际货代企业 CY—CY 交接的 FCL 条款下的 MASTER B/L 一套。然后国际货代企业向不同的发货人分别签发了 CFS—CFS 交接的 LCL 条款下的 HOUSE B/L 共 10 套，所有的提单都是清洁提单。20 天后，载货船舶抵达提单上记载的卸货港。第二天，国际货代企业从卸货港码头的堆场（CY）提取了外表状况良好且铅封完整的集装箱（货物），并在卸货港自己的 CFS 拆箱，拆箱时发现两件货物损坏。之后收货人凭无船承运人签发的提单前来提货，发现了货物损坏。

思考题：

1. 收货人向国际货代企业提出货物损坏赔偿时，国际货代企业是否要承担赔偿责任？
2. 国际货代企业向船公司提出货物损坏赔偿时，船公司是否要承担赔偿责任？
3. 国际货代企业有哪些办法防范这种风险？

9.1　国际货代业务风险的防范

9.1.1　国际货代业务风险的具体表现及特点

1. 国际货代业务风险的具体表现

1）托运与订舱环节。这一环节的风险主要表现为：订舱业务不规范，很少签订书面合同；货主未如实申报品名、未妥善包装；承运人擅自更改航线和甩柜；空运货物误收危险品或隐瞒申报等。

2）提单环节。这一环节的风险主要表现为：单证员制单出现差错；提单批注不合理；客户签发提单的要求不合理；改单或补单带来风险等。

3）码头场站环节。这一环节的风险主要表现为：选箱不当；监装不力；码头或场站经营人未核实提单或无单放货等。

4）财务款项环节。这一环节的风险主要表现为：托运人拖欠运费、拒付运费；运费欺诈；保函使用不当等。

2. 国际货代业务风险的特点

（1）海运业务风险的特点

1）涉及的部门多。国际海运物流业务通常会涉及船公司，船舶代理，港口装卸、外轮理货部门，场站，陆运与空运承运人、托运人、收货人，货运代理，引航、船检、轮驳、监管查验部门（一关三检、港监、边检部门），银行，保险部门等。这些部门之间不仅信息交换十分频繁，而且涉及从贸易合同签订开始，到发货地装运货物出口、目的地进口卸货，直到收货人提货的整个过程。每个环节都必须实施有效的控制，以便有效降低其风险。

2）中间环节多。海运业务中间商较多，包括船舶代理、货运代理、租船经纪人、无船承运人等，而中间环节越多，产生风险的机会也就越多。

3）单证操作风险大。在海运业务操作中，既有涉及诸如托运、箱管及交付等环节的业务单证，更有区别于其他运输方式的、具有物权凭证功能的海运提单，因而大量的风险都由单证操作不当所致。

4）易产生货损、货差风险。海上运输的货物具有种类多、数量大等特点，加之海上运输受天气等不良情况的影响较大，因而易产生货损、货差风险。

5）人员失误风险较多。海运是国际贸易运输的主要方式，国际贸易货物的 80%是通过海运进行的。海运从业人员具有数量多、构成复杂、业务水平参差不齐等特点，因而与人员失误有关的风险也较为常见。

6）责任风险防范与处理的特殊性。国际海运涉及较多的国际海运公约与法规，并且在载运工具适航、责任基础、责任期间、责任限额、诉讼时效等方面有别于其他运输方式的规定，因而承运人责任风险防范与处理有其特殊性。

7）方便旗船盛行导致海事欺诈增多。很多国家对船舶实行开放式登记，许多不适航船也就能够参与海上运输，加之海运方式下的国际贸易大部分以银行跟单信用证的方式结汇，从而使伪造的提单也可能顺利结汇。可以说，正是信用证制度和船舶登记制度使诈骗者钻了空子，使海事欺诈的风险增大。

（2）空运业务风险的特点

1）延迟风险易发生。航空运输的承运对象主要是一些容易受损、货价较高的货物，如海鲜、服装、鲜花、精密仪器、邮件等，因而对时间要求较为严格。而航空运输受天气环境等方面的影响较大，因而货物延误现象发生的概率较高。

2）存在危险品误报风险。航空危险品运输有严格的限制，托运人或货运代理时常因误报、瞒报而招致退舱，甚至罚款。

3）违规风险加大。因受飞机机型、载重量及货物种类等方面的限制，与其他运输方式相比，航空运输行业对承运货物的种类、价值、重量和尺寸、运费支付方式、舱位预订、包装、运输单证制作与签发、运费计算与收取等制定了较为严格的规定。如果违反了这些规定，不仅无法托运这些货物，还需要承担相应的责任。

4）因盗窃而使货物灭失的风险增加。由于航空货物具有价值高、体积小、重量轻的特点，因而更易诱发盗窃事件。

5）集中托运业务带来复杂性风险。在实际业务中，许多空运代理公司开展集中托运业务，这不仅使空运代理公司承担了从收取货物开始至交付货物为止的全程运输责任，而且因增加了诸如海外代理介入、航空分运单的制作与签发等环节，使其操作复杂化，风险加大。

9.1.2 国际货代业务风险的原因分析

1．企业自身方面的原因

1）人员素质方面的原因。例如，员工操作不规范、发生违法行为（员工内部欺诈、内外勾结）和越权行为、泄露公司商业秘密、跳槽、业务骨干流失等。

2）设施设备方面的原因。主要指因国际货代企业拥有的设施设备出现问题而带来风险，包括运输车辆、装卸搬运工具及计算机系统等方面的问题。

3）制度与流程方面的原因。主要指管理制度不健全、岗位设置不合理、内部流程不健全、流程执行随意、控制和报告不力、文件或服务合同存在缺陷、抵押担保管理不当、服务产品存在缺陷、服务质量不规范等。

4）代理人角色定位方面的原因。很多国际货运代理人在开展业务的过程中，开始自行经营或以自己的名义为货主提供仓储、内陆运输、场站服务等，以赚取这些增值服务的利润。这时国际货运代理人兼有代理人和物流经营人（当事人的一种体现）的身份，向货主收取仓储费、内陆运费等，除需承担代理人的法律责任外，还需承担物流经营人的法律责任。

实践中，有国际货代企业因超越代理权限或未尽代理职责而产生风险，如有些国际货代企业出于舱位、成本或时间等考虑，可能超出委托权限行事，如在货主不知情的情况下垫付额外费用、签发各类保函、拼装混装货物、更改托运资料等。也有些国际货代企业未尽到合理谨慎义务，如对集装箱未尽检查义务，对特殊货物（如危险品、冷藏冷冻品、易碎货物等）未采取必要的特别防护和照料等。

2．企业外部方面的原因

1）托运人方面的原因。托运人（货主）方面可能给国际货代企业带来的常见风险，包括货主为偷逃关税假报进出口货物名称或虚报数量；货主在自装集装箱情况下偷运违禁货物；货主虚假出口或虚开增值税发票骗取退税等。《中华人民共和国民法通则》规定：“代理人知道被委托代理的事项违法而仍然进行代理活动的，或者被代理人知道代理人的代理行为违法而不表示反对的，由被代理人和代理人负连带责任。”货主违法或欺诈行为一经海关发现，作为其国际运输，尤其是报关业务的代理人，国际货代企业首当其冲地会遭受调查和处罚。

此外，托运人拖欠运费带来的坏账风险也非常显著，实践中很多协议客户会找各种借口延长付款周期。

2）转包方方面的原因。由于国际货代企业资源有限，它有时并不直接完成客户的所有委托事项，而是将客户委托事项的部分或全部转包（转委托），如将代报关业务转包给专业报关行，将内陆运输业务转包给专业运输公司，租用其他公司的仓库或将订舱事宜转委托给另外一家更具优势的国际货代企业。

关于转委托的责任，《中华人民共和国合同法》关于委托代理合同的章节有明确规定：“经委托人同意，受托人可以转委托。转委托经同意的，委托人可以就委托事务直接指示所委托的第三人，受托人仅就第三人的选任及其对第三人的指示承担责任。转委托未经同意的，受托人应当对转委托的第三人的行为承担责任，但在紧急情况下受托人为维护委托人的利益需要转委托的除外。”实践中，很多时候国际货代企业是以自己的名义转包的，而客户并不知道这层关系，这时国际货代企业即便在选择转包方时已经恪尽职守，也必须就转包方的行为或疏忽给客户带来的损失承担责任。

9.1.3　国际货代业务风险的防范对策

1．制度方面的防范对策

在制度方面，主要通过完善内部制度、制定详细的操作风险管理细则来防范国际货代业务风险。除员工风险意识低外，管理制度的不完善也是容易造成风险事故的关键因素。因而规范操作流程，在报价、订舱、放单等关键环节加强监控，能够有效防范内部原因引起的风险。信息化是规范化、标准化操作流程的一个重要手段，目前多数中型以上国际货代企业已推行信息化管理。

2．员工方面的防范对策

各个职能部门日常工作中的很多操作都可能带来风险事故，比较突出的如销售部门可能因报价或协议签订中的疏忽错误造成利润损失或错误指示操作；操作部门可能因单据填写错误造成额外改单费用甚至延迟运输；财务部门可能因对应收账款监控不力造成财务周转风险等。应该通过内部培训和各种宣传手段让员工树立与提高风险意识，让员工认识到风险管理不仅是管理层和客户服务部门的问题，清楚自己的哪些操作可能造成风险事故。

还要培养员工共同的价值观，增强其操作风险意识和防范的自觉性；通过知识和技能的培训，使管理层和业务执行层环节的每个员工都清晰明白该业务可能产生的风险点、企业内部的风险控制措施、对风险的容忍度及违规可能造成的成本，从而增加操作风险控制行为的针对性。

3．风险控制方面的防范对策

在风险控制方面，可设计完善的风险控制程序，包括风险识别、评估、分析、控制、监督和报告等环节。在每个环节，都有必要判定具体的实施程序和步骤，以增强流程的可操作性。例如，关于风险的监督，要建立一套操作风险的监控程序，尤其要为操作风险建立衡量标准，以确保重大风险事件的相关信息被传递至适当的管理层。

4. 具体业务管理方面的防范对策

在具体业务管理方面，可以采取以下两种措施。

1）完善委托代理服务协议。国际货代企业需要完善与客户签订的委托代理服务协议。谨慎审核协议条款内容是防范客户方风险和自身责任风险的一个重要手段。例如，明确提供的服务项目和收取的费用明细、在协议后附详细的报价表或费用明细、明确甲乙双方权利义务，可防范因甲方不作为、过失或信用低而带来的风险；完善付款条款，明确付款周期、付款条件、拖延付款责任等，可防范客户拖欠运杂费的风险；完善免责条款，明确免责事项、赔偿限额等，可降低货代事故承担责任的风险等。

2）加强对转包方的管理和考核。国际货代企业的转包方包括转委托的同行企业、船公司的代理、报关行、集装箱车队或运输企业、租用的仓库等。防范转包方带来的风险，应从事前选择、协作过程、考核评价三个阶段谨慎作为。事前选择时应谨慎调查转包方资质，签订规范的合作协议；协作过程中应注意规范和留存往来业务文本，正确指示并加强沟通；考核评价时应建立考核体系并明确考核指标，定期考评。

5. 风险转移方面的防范对策

在风险转移方面，购买保险是一个有效手段。目前国内保险公司可以承保针对仓储货物或运输货物货损、货差的保险，这属于财产险的范畴，而针对国际货代企业或第三方物流经营人的责任保险尚未成熟；像欧美国家这样保险业和国际物流业较为成熟的区域已经广泛应用国际货代企业责任保险，承保因国际货代企业本身的过失或其分包方过失带来的风险，具体包括以下内容：① 迟延报关或报关单内容缮制有误。② 发运到错误的目的地。③ 选择运输工具有误。④ 选择承运人有误。⑤ 仓库保管中的疏忽（包括国际货代企业自己拥有的仓库或租用、委托暂存其他单位的仓库、场地）。⑥ 监卸、监装和储存保管工作中代运的疏忽过失。⑦ 在与港口储运部门或内地收货单位各方交接货物时发生的数量短少、残损等由国际货代企业承担的责任。⑧ 延迟发运。⑨ 港口提货不及时。⑩ 未及时通知收货人提货。⑪ 违反指示交货或未经授权发货等。

目前，中国人民财产保险股份有限公司、中国太平洋财产保险股份有限公司、中国平安财产保险股份有限公司等国内大型保险公司推出“协会条款”，承保国际货运代理人责任险和提单责任险。国际货代企业还可以投保国外保险公司相关险种，或通过加入国际性行业组织，如世界货运联盟（World Cargo Alliance，WCA），投保其向会员提供的代理人责任险（Freight Services Liability Insurance, FSL）。

6. 团队精神方面的防范对策

有效的操作风险管理取决于风险管理部门、业务部门、内部审计部门等团队的良好协作关系。在团队精神方面可以采取的防范对策，一是风险管理部门从营运环境中提取必要的风险信息；二是各业务部门各司其职，负责执行政策、管理风险；三是内部审计部门定期审核，以建立有效的横向制约机制，确保操作风险管理过程的统一性，并且确保按适当的控制程序进行。

9.2　国际货代事故的处理

9.2.1　国际货代事故的概念及分类

国际货代事故是指在国际货运的运输、仓储、交接或中转等各环节发生的、影响货主（托运人、收货人）正常履行国际贸易合同或违反其与承运人之间国际运输契约的事故，包括货物灭失或损坏（货损、货差）、延迟或错误交付、运输单据错误、额外费用支出等。

国际货代事故可以根据货物损失程度、事故性质和事故产生的责任人等来划分。按照货物损失程度不同，可分为全部损失和部分损失；按照事故性质不同，可分为货损和货差；按照事故产生的责任人，可分为承运人的责任事故、托运人的责任事故、第三者的责任事故（如港方的责任、集装箱货运站的责任等）、不可抗力造成的事故。

货损、货差是最常见的事故。货损是指被运输的货物在运输过程中受到了某种程度的损害，以至于不能保持其原状或失去某些功能乃至不能被利用，即货物丧失了部分或全部价值；货差是指所运输的货物在不同的交接环节上出现了数量上的不一致，主要是交接的货物数量少于贸易合同或提单上注明的数量。

9.2.2　国际货代事故的原因与责任划分

1. 国际货代事故的原因分析

导致国际货代事故的原因很多，可能是自然灾害、意外事故、政治风险等非人为原因，如海上暴风巨浪、船舶触礁搁浅、失火、战争、海盗、盗窃等；也可能是人员操作不当或工作差错等人为原因，如积载不当、包装不充分、标志不清导致错误装卸操作、保管不当等。国际货代事故的主要原因如表 9-1 所示。

表 9-1　国际货代事故的主要原因

事故种类			主要原因
货差			标志不清、误装误卸、理货差错、中转处理错误等
货损	全部损失		载货船舶的沉没、触礁、火灾、抛货、政府法令禁运和没收、盗窃、海盗行为、船舶被拘捕及扣留和货物被扣留、战争行为等
	部分损失	灭失	盗窃、抛货、遗失、落海等
		内容短缺	包装不良或破损、盗窃、泄漏、蒸发等
		货物的破损	积载不当（超高或积载地点不当）导致船舶航行中发生货物移动、倒垛，包装脆弱、装卸操作不当造成货物碰撞及坠毁等
		水湿	雨、雪中装卸，驳运过程中河水浸湿，消防救火过程中水湿等
		海水湿	海上风暴、驳载过程中舱内海水管系故障、船体破损等导致海水浸入等
		污染	不适当的混载，衬垫、隔离不充分等
		虫蛀、鼠咬	驱虫、灭鼠不充分，舱内清扫、消毒不充分，对货物检查不严致使虫、鼠被带入舱内等
		锈蚀	潮湿、海水溅湿、不适当的混载等

续表

事故种类			主要原因
货损	部分损失	腐烂、变质	易腐货物未按要求积载的位置装载，未按要求控制舱内温度，温、湿度过高，换气通风不充分，冷藏装置故障等
		混票	标志不清、隔票不充分、倒垛、积载不当等
		焦损	自燃、火灾、漏电等
		烧损	温度过高、货物本身的性质等

国际货代行业从业人员应该了解货代事故产生的主要原因，并根据这些原因采取相应的措施，以达到防止或减少事故发生的目的。另外，国际货代企业了解造成货代事故产生的主要原因，可以在发生货代事故时，根据具体情况采取相应措施以减少损失；还可以在货代事故发生后，了解原因、明确责任，以便及时、正确地解决争议。

2. 国际货代事故的责任划分

（1）托运人责任

1）正确提供货运资料。《海牙规则》和《华沙公约》均对托运人正确提供货运资料的责任做出了明确规定，具体规定如下。

①《海牙规则》第3条第5款规定："托运人应被视为已在货物装船时就他所提供的标志、包件数、数量和重量的正确性，向承运人做出保证，而且托运人应对由于其提供的此种情况的不正确所引起或造成的一切灭失、损害或费用，向承运人进行赔偿。"

②《海牙规则》第4条第5款规定："如托运人在提单中故意谎报货物性质或价值，则在任何情况下，承运人或船舶对货物或与货物有关的灭失或损害概不负责任。"

③《华沙公约》规定："对于在航空货运单上所填货物的项目和声明的正确性，托运人应负责任。""托运人应提供各种必需的资料，并将必需的单证附在航空货运单后面，以便在货物交付收货人以前完成海关、税务或公安手续。"

2）充分包装货物。《海牙规则》和我国《海商法》均对托运人充分包装货物的责任做了明确规定。具体规定如下。

①《海牙规则》第4条第2款有关规定表明，因包装不充分、标志不充分或不当引起或造成的货物灭失或损坏，承运人免除赔偿责任。

② 我国《海商法》第4章第3节"托运人的责任"中除了也有类似的规定外，还规定托运人需及时、完备、正确地办理货物运输所需的各项手续并向承运人提供相关单证，向承运人进行危险品申报，需对由托运人或其受雇人、代理人过失造成的承运人损失负赔偿责任。这些与《海牙规则》的相关规定基本一致。

3）向承运人支付运费等必要费用。我国《海商法》规定："托运人应当向承运人支付运费、共同海损分摊、滞期费和承运人为货物垫付的必要费用，以及应当向承运人支付的其他费用。没有付清或没有提供适当担保的，承运人可以在合理的限度内留置其货物。"

（2）承运人责任

1）承运人在其责任期间内对货损负责。《华沙公约》及我国《海商法》均对承运人在运输责任期间的货损责任做出规定，具体规定如下。

① 我国《海商法》规定，承运人的责任期间是指“货物处于承运人掌管下的全部期间”。对于集装箱货物，即从装货港接收时起至卸货港交付时止；对于非集装箱货物，即从货物装上船时起至卸下船时止。

② 《华沙公约》规定，造成货物损失的事故发生在航空运输期间的，承运人应负责任。这里所说的航空运输期间是指货物在承运人保管的期间，包括在机场内、飞机上或在其他任何降停地点，还包括为了履行航空运输合同（如装货、交货或转运）发生的在机场外的任何运输期间。

陆路运输的相关国内法和国际公约也有类似的规定。

2）承运人应保证运输工具正常适航适用。我国《海商法》规定：“承运人在船舶开航前和开航当时，应当谨慎处理，使船舶处于适航状态，妥善配备船员、装备船舶和配备供应品，并使货舱、冷藏舱、冷气舱和其他载货处所适于并能安全收受、载运和保管货物。”

3）承运人应当妥善处理货物。在各种运输方式下，承运人都应对货物的妥善处理负责。我国《海商法》明确规定：“承运人应当妥善地、谨慎地装载、搬移、积载、运输、保管、照料和卸载所运货物。”

4）承运人应当合理、快速地运输货物，并对延迟交付负责。《华沙公约》和我国《海商法》均对承运人延迟交付的责任做了规定，具体规定如下。

① 我国《海商法》规定，除为了海上施救等合理绕航外，应按约定或习惯航线航行；还规定承运人应对因延迟交付引起的货损或经济损失负责。

②《华沙公约》也规定，承运人应对货物在航空运输过程中因延误而造成的损失负责。

相关链接　关于承运人免责与赔偿限额的规定

1. 针对海运承运人的相关规定

《海牙规则》和我国《海商法》都规定了海运承运人的免责与赔偿限额。《海商法》规定，在责任期间货物发生的灭失或者损坏是由于下列原因之一造成的，承运人不负赔偿责任。

1）船长、船员、引航员或承运人的其他受雇人在驾驶船舶或管理船舶中的过失。

2）火灾，但是由于承运人本人的过失所造成的除外。

3）天灾，海上或其他可航水域的危险或意外事故。

4）战争或武装冲突。

5）政府或主管部门的行为、检疫限制或司法扣押。

6）罢工、停工或劳动受到限制。

7）在海上救助或企图救助人命或财产。

8）托运人、货物所有人或他们的代理人的行为。

9）货物的自然特性或固有缺陷。

10）货物包装不良或标志欠缺、不清。

11）经谨慎处理仍未发现的船舶潜在缺陷。

12）非由于承运人或承运人的受雇人、代理人的过失造成的其他原因。

《海牙规则》规定，承运人对货物的灭失或者损坏的赔偿限额，按照货物件数或其他货运单位数计算，每件或每个其他货运单位为 666.67 计算单位（特别提款权 SDR），或者按照货物毛重计算，每千克为 2 计算单位（特别提款权 SDR），以二者中赔偿限额较高的为准。承运人对货物因迟延交付而造成经济损失的赔偿限额为所迟延交付的货物的运费数额。

货物用集装箱、货盘或类似装运器具集装的，提单中载明装在此类装运器具中的货物件数或其他货运单位数，视为前款所指的货物件数或其他货运单位数；未载明的，每装运器具视为一件或一个单位。装运器具不属于承运人所有或非由承运人提供的，装运器具本身应当视为一件或一个单位。

从上述规定来看，海运承运人可以免责的 12 种情况，除 1）、11）、12）条外，其余均可理解为不可抗力或托运人原因。但两种情况下海运承运人不能使用赔偿限额：一种是经证明，货物的灭失、损坏或迟延交付是由于承运人或其受雇人、代理人的故意或明知可能造成损失而轻率地作为或不作为造成的；另一种是托运人已经申报了货物性质和价值并办理了相关手续，或者承运人与托运人已经另行约定高于本条规定的赔偿限额。

2. 针对空运承运人的相关规定

《华沙公约》和《中华人民共和国民用航空法》也规定了空运承运人的免责和赔偿限额。根据《蒙特利尔公约》对《华沙公约》的修订，由下述原因造成的，承运人可不承担责任。

1）货物的固有缺陷、质量或瑕疵。

2）承运人或其受雇人、代理人以外的人包装货物的，货物包装不良。

3）战争行为或武装冲突。

4）公共当局实施的与货物入境、出境或过境有关的行为。

同时还规定，承运人对货物损失承担每千克 17 特别提款权（SDR，实践中大约相当于 20 美元）的责任限额，除非托运人在交运包件时特别声明其交付利益，并支付附加费。

（3）第三方的责任

如果事故是由第三方的过失引起的，承托双方在划清责任后，可向第三方追究或索赔。国际货代事故的第三方责任人通常有国际货运代理人、港口、机场、车站、装卸公司、理货公司、拖车公司、集装箱场站和各类仓库、国内运输段承运人等单位。例如，装卸公司工人操作不当损坏货物或包装，装卸公司是第三方责任人；理货公司计量失误造成溢短装，理货公司是第三方责任人；拖车公司在运输过程中发生交通事故导致货损，拖车公司是第三方责任人。

如果第三方责任人是国际货代企业，责任认定因其在国际货运中的法律地位不同而分以下两种情况。

1）国际货代企业作为纯粹代理人时。在这种情况下，国际货运代理人与货主之间是委托代理关系，有关责任认定一般适用《中华人民共和国合同法》中有关委托合同、《中华人民共和国民法通则》中有关代理的相关规定。国际上，FIATA 在 1996 年通过了《FIATA

货运代理业服务示范条例》，作为货运代理与客户之间订立合同的标准条款，并向世界各国推荐使用。根据 GB/T 22153—2008《国际货运代理通用交易条件》的规定，国际货代企业作为代理人的表现及其应承担的责任如下。

① 当国际货代企业作为代理人时，有权代表客户以客户或自己的名义与第三方订立合同，该合同直接约束客户与第三方。

② 除非国际货代企业在履行代理职责时由于自身疏忽而造成客户损失，否则无须承担赔偿责任。

③ 国际货代企业作为代理人时，对第三方的行为或疏忽所产生的损失不承担责任，包括但不限于承运人、仓库保管员、港口装卸公司、铁路局、卡车公司等，除非国际货代企业在选择、指示及监督第三方时未能恪尽职守。

2）国际货代企业以当事人的身份出现时。根据 GB/T 22153—2008《国际货运代理通用交易条件》的规定，国际货代企业在下列情况下为当事人。

① 国际货代企业自身或其雇员对货物进行实际运输、搬运或储存，并且货物处于国际货代企业的实际掌管或控制之下，国际货代企业对其实际运输、搬运或存储的任务为当事人。

② 在货物交付国际货代企业掌管前，货主书面要求国际货代企业提供承担全程或部分运输任务的承运人名称，国际货代企业在收到该书面要求后 28 天内没有提供的。

③ 国际货代企业以书面形式明确表示同意作为当事人。

④ 法院判决或仲裁机构裁定国际货代企业为当事人。

国际货代企业作为当事人时的责任主要包括如下几项。

① 国际货代企业在使用自己的运输工具进行运输、以承运人身份签订协议或签发运输单证时，应当承担当事人责任。

② 国际货代企业作为多式联运经营人时，责任期间自接收货物时起至交付货物时止。国际货代企业责任的判定，应依据“网状责任制”原则，具体适用调整该运输区段的法律法规。

③ 如果客户接受了国际货代企业以外的其他人签发的运输单证，并且在合理时间里没有主张国际货代企业承担当事人责任，则国际货代企业不再承担当事人责任。

④ 国际货代企业作为当事人，将对其所雇用的第三方在完成运输合同或其他服务时的行为和疏忽承担责任，如同该行为是其自己造成的一样。

⑤ 前款有关国际货代企业作为当事人的特别约定，并不排除国际货代企业依照法律和 GB/T 22153—2008《国际货运代理通用交易条件》享有免责条款及限制责任条款的权利。

可见，国际货代企业作为无船承运人或多式联运经营人时，如提供拼箱混装（或航空集中托运）、多式联运服务，签发货代提单（或航空分运单）、多式联运提单，即应向托运人承担如同承运人的全部责任。

9.2.3　国际货代事故的索赔与保险理赔

1. 国际货代事故的索赔

货物运输中发生了货损、货差后，受到损害的一方向责任方索赔和责任方处理受损方提出的赔偿要求是事故处理的主要工作。货主对因货代事故造成的损失向承运人等责任人提出赔偿要求的行为称为索赔。承运人等处理货主提出的赔偿要求的行为称为理赔。

（1）索赔必须具备的条件

一项合理的索赔必须具备以下四个基本条件。

1）索赔人具有索赔权。提出索赔的人原则上是货物所有人，或提单上记载的收货人或合法的提单持有人。但是，根据收货人提出的“权益转让书”（Letter of Subrogation），也可以由有代位求偿权的货物保险人或其他有关当事人提出索赔。货运代理人受货主的委托，也可以办理货代事故的索赔事宜。

在实践中，我国的某些部门和单位还通过委托关系，作为索赔人的代理人进行索赔。如在CIF或CFR价格条件下，港口的外轮代理公司就可以受货主委托成为向国外航运公司提出货代事故赔偿的索赔人。

2）责任方必须具有实际赔偿责任。收货人作为索赔方提出的索赔应属于承运人责任范围内，或属于保险人承保责任内，或属于买卖合同规定由卖方承担责任的货损、货差。

3）赔偿的金额必须合理。合理的赔偿金额应以货损实际程度为基础。要注意，在实际中责任人经常受到赔偿责任限额规定的保护。

4）在规定的期限内提出索赔。索赔必须在规定的期限，即“索赔时效”内提出。

（2）索赔的一般程序

1）在索赔时效内发出索赔通知。在国际海上货物运输中，我国《海商法》和有关的国际公约，如《海牙规则》、《维斯比规则》、《汉堡规则》及各承运人的提单条款，一般都规定货损事故发生后，根据运输合同或提单有权提货的人应在承运人或承运人的代理人、雇用人交付货物当时或规定的时间内，向承运人或其代理人提出书面通知，声明保留索赔的权利，否则承运人可免除责任。

关于发出索赔通知的时限，我国《海商法》第81条第1款规定：“承运人向收货人交付货物当时，收货人未将货物灭失或损坏的情况书面通知承运人的，此项交付视为承运人已经按照运输单证的记载交付及货物状态良好的初步证据。”该条的第2款又规定：“货物灭失或损坏的情况非显而易见的，在货物交付的次日起连续7日内，集装箱货物交付的次日起15日内，收货人未提交书面通知的，适用前款规定。”

《海牙规则》则规定：“根据运输契约有权收货的人，除非在卸货港将货物灭失和损害的一般情况于货物被移交他监督之前或当时（如果灭失或损害不明显，则在3日内）已用书面通知承运人或其代理人，否则这种移交便应作为承运人已经按照提单规定交付货物的证据。”

在国际航空运输中，《海牙议定书》第26条规定：“关于损坏事件，收件人应于发现损坏后立即向承运人提出异议。如系行李，最迟应在收到行李后7日内，如系货物，最迟应在收到货物后14日内提出。关于延误事件，最迟应在行李或货物交付收件人自由处置之日起21日内提出异议。”

2）提交索赔申请书或索赔清单。索赔申请书或索赔清单（Statement of Claims）是索赔人向承运人正式要求赔偿的书面文件。索赔函的提出意味着索赔人正式向承运人提出了索赔要求。因此，如果索赔方仅仅提出货损通知，而没有递交索赔申请书或索赔清单，或出具有关的货运单证，则可解释为没有提出正式索赔要求，承运人不会受理货损、货差的索赔，即承运人不会进行理赔。

3）提起诉讼或仲裁。因发生货代事故而产生的索赔可以通过当事人双方之间的协调、协商，或通过非法律机关的第三人的调停予以解决。但是，这种协商、调停工作并不能保证出现可预见的解决问题的结果。这样，双方最终可能只有通过法律手段解决争议，也就是要进入司法程序，提起诉讼。另外，双方还可以通过仲裁解决争议。

法律对涉及索赔的诉讼案件规定了诉讼时效。因此，无论向货损事故的责任人提出了索赔与否，在没有希望解决问题的前提下，索赔人应在规定的诉讼时效届满之前提起诉讼，否则就失去了起诉的权利，往往也失去了索赔的权利和经济利益。

《海牙规则》和《维斯比规则》关于诉讼时效的规定期限为 1 年。我国《海商法》第 257 条规定："就海上货物运输向承运人要求赔偿的请求权，时效期为 1 年，自承运人交付或应当交付货物之日起计算。"

（3）索赔中需要提供的单证

索赔人具有证明其收到的货物并不是在提单或运单所记载的货物状态下接受的举证责任。作为举证的手段，索赔人要出具货运单证、检验证书、商业票据和有关记录等，以便证明货损的原因、种类、损失规模及程度，以及货损的责任。

1）海运中主要的索赔单证。

① 提单正本。提单既是承运人接受货物的证据，也是交付货物给收货人的交货凭证，还是确定承运人与收货人之间责任的证明，是收货人提出索赔依据的主要单证。提单作为运输合同（证明），规定了承运人的权利、义务、赔偿责任和免责项目，是处理承运人和货主之间争议的主要依据。

② 卸货港理货单或货物溢短单、残损单等卸货单证。这些单证是证明货损或货差发生在船舶运输过程中的重要单证。如果这些卸货单证上批注了货损或货差情况，并经船舶大副签字确认，而在收货单上又未做出同样的批注，就证明了这些货损或货差是发生在运输途中的。

③ 重新理货单。船方对所卸货物件数或数量有疑问时，一般要求复查或重新理货，并在证明货物溢短的单证上做出"复查"或"重理"的批注。在这种情况下，索赔时必须同时提供复查结果的证明文件或理货人签发的重理单，并以此为依据证明货物有无短缺。

④ 货物残损检验报告。在货物受损的原因不明显或不易区别，或无法判定货物的受损程度时，可以申请具有公证资格的检验人对货物进行检验。在这种情况下，索赔时必须提供检验人检验后出具的"货物残损检验证书"（Inspection Certificate for Damage & Shortage）。

⑤ 商业发票。商业发票是贸易中由卖方开出的一般商业票据，是计算索赔金额的主要依据。

⑥ 装箱单。装箱单也是一种商业票据，列明了每箱内所装货物的名称、件数、规格等，用以确定损失程度。

⑦ 修理费单据。修理费单据用来表明被损坏的仪器设备、机械等成套货物的修理所花费的费用。

⑧ 其他相关文件。其他相关文件用来证明索赔的起因，并且可作为索赔数目的计算依据。

⑨ 权益转让书。所谓权益转让，就是收货人根据货物保险合同从保险公司得到赔偿后，将自己的索赔权利转让给保险公司，由保险公司出面向事故责任人或其代理人提出索赔的行为。权益转让的证明文件就是“权益转让书”，它表明收货人已将索赔权益转让给保险公司。

2）空运中主要的索赔单证。国际航空货运办理索赔时，索赔人也要提供能够证明货代事故的原因、损失程度、索赔金额、责任所在，以及索赔人具有索赔权利的单证，这些单证主要是：① 索赔函。② 航空货运单正本或副本。③ 货物商业发票、装箱单和其他必要资料。④ 货物舱单（由航空公司复印）。⑤ 货物运输事故签证（描述货物损失的客观详细情况）。

2. 国际货代事故的保险理赔

货运代理人经常会代理或协助货主向保险人提出索赔，或处理货运保险合同项下的保险理赔。因此，了解货运保险的基本知识和理赔程序十分必要。

（1）保险合同

保险人与被保险人之间的保险合同，习惯上是以保险单形式来体现的。保险单具有法律效力，对双方当事人均有约束力。一份有效的保险单必须载明这样一些基本内容：① 当事人的名称和地址。② 保险标的。③ 保险风险和事故的种类。④ 保险金额。⑤ 保险费。⑥ 保险责任开始的日期、时间和保险期限。⑦ 订立合同的日期。

除上述事项外，其他事项可由保险人和被保险人协商后加注在保险单上。

（2）保险索赔

如果货物的灭失或损害系发生在保险单规定的责任范围内，被保险人可向保险人提出赔偿要求。被保险人在提出保险索赔时，应做好下列工作。

1）通知损害。被保险人得知保险的货物已发生损害，应立即通知保险人。保险人在接到损害通知后，应采取相应的措施，如对货物损害的程度进行检验、提出施救办法、确定保险责任、追查第三方责任等。检验完毕后应取得检验报告，作为保险人日后进行追偿的重要凭证。

2）向承运人等有关方提出索赔。被保险人或其代理人在提货时发现货损，除向保险人报损外，还应立即通知承运人、海关、港务部门等有关方，并索取有关货损的证明。在规定的期限内，被保险人或其代理人应及时向责任方提出索赔，同时保留追偿权利，以确保索赔时效。

3）采取合理的施救措施。被保险的货物一旦发生货损事故，被保险人就应对货物采取必要的施救措施，以防止损失进一步扩大。为抢救、阻止或减少货损的措施而支付的合理费用，可由保险人负责，但以不超过该批被救货物的保险金额为限。

4）备妥必要的索赔单证。被保险的货物经过检验，确定损失后，被保险人应立即向保险人或其代理人提出赔偿要求。在提出索赔时，通常提供下列单证：① 保险单或保险凭证正本。② 运输合同，包括海运提单或航空货运单。③ 货物的商业发票。④ 检验报告、海事报告记录。⑤ 有关货损、货差的证明。⑥ 索赔清单等。

（3）保险损害赔偿的确定

保险合同是保险人对承保责任范围内的保险标的发生损害时负责赔偿的合同。根据保险合同确定损害赔偿的基本原则如下。

1）被保险人对保险标的必须具有保险权益，否则不能依据保险合同提出赔偿。

2）保险合同内的标的必须具有损害发生事实，而且所发生的损害与运输风险有关。

3）赔偿不是保险标的的归还，而是在经济上给予补偿。

在保险理赔中，很多货损事故索赔均涉及第三方的责任，此种索赔应遵循以下原则。

1）由发货人的过失所致的损害，如货物残损、数量短缺、包装不牢等，由收货人直接申请检验出证，并及时将商检证书和有关单证备妥，在规定的期限内向发货人提出索赔。

2）如货物的损害由承运人过失所致，则由收货人根据承运人的签证，申请检验出证，连同有关货运单据交卸货口岸的保险公司或船公司代理。

3）涉及国内装卸和运输部门责任的货损事故，收货人应立即向有关责任方取得货运记录，直接向其提出索赔，或向保险人提出索赔。

4）在国内中转的货物由于运输安排过失而造成货损、货差事故，收货人应向责任方提出索赔，保险人不负责任。

（4）损害赔偿保险责任的范围

损害赔偿保险责任的范围主要根据保险人与被保险人订立的保险合同中的条款来确定，一般有以下三种责任范围。

1）平安险的责任范围。

① 被保险的货物在运输途中因恶劣气候、雷电、海啸、地震、洪水等自然灾害造成全部损失或推定全损。

② 由于运输工具遭受搁浅、触礁、沉没、碰撞、火灾爆炸等意外事故造成货物全部或部分损失。

③ 在货物装卸或转运时由于一件或数件货物落海造成的全部或部分损失。

④ 被保险人在承保责任内的货物遭受危险时采取抢救措施，或采取防止或减少货损的措施而支付的合理费用，但以不超过该批货物的保险金额为限。

⑤ 运输工具遇难后在避难港由于卸货所引起的损失，以及在中途港、避难港由于卸货、储存、运送所产生的特殊费用。

⑥ 共同海损分摊和救助费用。

⑦ 运输合同或提单上订有“船舶互碰责任条款”，根据该条款应由货方偿还船方的损失。

2）水渍险的责任范围。除包括上述平安险的各项责任外，还负责被保险货物由于恶劣气候、雷电、海啸、地震、洪水等自然灾害造成的部分损失。

3）一切险的责任范围。除包括上述平安险、水渍险的各项责任外，还负责被保险货物在运输途中由于外来原因所致的全部或部分损失。

对由于下列原因造成的货损，保险人不予赔偿：① 被保险人的故意行为或过失造成货损。② 属于发货人的过失责任。③ 在保险责任开始前，被保险货物已存在品质不良或货物数量短缺。④ 被保险货物的自然损耗、自然特性、内在缺陷、市价跌落、运输延误等引起的损失或费用。⑤ 附加险条款规定的责任范围和除外责任。

9.3 岗位技能实践模拟

9.3.1 岗位技能实训项目一：完善国际货运代理协议

● 工作情境

以下是某国际货代企业制定的国际货运代理协议（见表 9-2）。许多员工反映公司现有的代理协议内容过于简单，一旦出现索赔或争议，就难以保护公司利益。公司管理层就此开会讨论，认为完善国际货运代理协议是防范风险的一个重要手段，尤其是免责条款和付款条款。免责条款的制定虽然没有专门的国内立法可依，但是必须依据相关法律法规且参照国际公约和行业标准；付款条款目前制定得不够细致，在处理客户拖欠费用时可操作性较差。公司决定重点完善国际货运代理协议的这两个条款。

表 9-2　国际货运代理协议

国际货运代理协议

甲方：

乙方：

一、运输标的物描述

二、甲方义务

1. 甲方接受乙方委托办理乙方货物进口代理、运输、清关、商检手续，将货物运至乙方指定地点。
2. 甲方需在运载货物运出之前通知乙方有关运输信息，包括提单号码、航班信息、航次及相关单据等。
3. 甲方将运输中一切情况随时通知乙方。
4. 甲方在办理运输的过程中应该遵守中华人民共和国及相关国家有关法律的规定。
5. 甲方负责向乙方提供相关原始单据及发票等。

三、乙方义务

1. 乙方需提前提供有关货物的情况，包括件数、重量、包装、尺寸及发货人的地址、联系人、联系方式等，并向发货人发出指令，将货物交给甲方指定的接货人或代理人，以便甲方顺利接货。
2. 发货前尽早通知甲方，以便甲方预订航班。
3. 乙方应向甲方提供合法并符合海关规定的清关单据，以便甲方顺利向海关申报。
4. 乙方应按照商定的时间向甲方支付运费和其他费用。
5. 乙方在货物运输过程中所提供的情况、发出的指令及所提供的单据应是真实、合法的，应该遵守中华人民共和国和相关国家有关法律的规定。

四、付款月结

五、其他

1. 本协议自签字盖章之日起生效。
2. 本协议一式两份，双方各保留一份。
3. 关于本协议的任何争议，双方应友好协商解决，若不能达成一致，双方将提交北京中国国际经济贸

易仲裁委员会进行仲裁，并使用该仲裁委员会现行有效的仲裁规则。仲裁裁决是终局的，对双方均有约束力。 甲方　　　　　　　　　　　　　　　　　乙方 年　月　日　　　　　　　　　　　　　　年　月　日

● **实训任务**

如果你是该公司的员工或管理层，你认为最应该添加什么样的条款内容？请起草几条。

● **实训教学建议**

1. 教学方法

分组讨论.

2. 教学课时

实践学时：2 课时。

● **实训成果**

讨论意见。

● **实训任务评价**

编　号	评 价 点	评价细节	得分情况
1	成果	内容的完整性与准确性（70 分）	
2	成果	形式及表达（30 分）	

9.3.2　岗位技能实训项目二：国际货代财务风险防范

● **工作情境**

2013 年 10 月下旬，一名自称为马晓钢的人，以上海风帆货运有限公司淮阴分公司的名义，就国际货代业务与青岛 A 货代公司联系。A 公司与其合作了两笔业务，成交价格均高于市场价格，利润丰厚。鉴于此，A 公司同意马晓钢提出的费用月结的申请，并派人前往其公司进行实地考察。2013 年 11 月 17 日，A 公司与对方签订了月结协议书，协议规定结算期为 30 天。协议签订后，马晓钢提供的货量大幅上升，A 公司代垫的海运费随之增加，至 2013 年 11 月底，马晓钢以上海风帆货运有限公司淮阴分公司的名义，在 A 公司共产生运费人民币 140 余万元。在业务操作过程中，因垫付金额较大，A 公司业务人员不断催促马晓钢还款，马晓钢也先后向 A 公司支付了少量运费，但其一笔金额为 20 万元的电汇水单经事后查证是伪造的。A 公司遂向公安机关报案。A 公司后来调查得知，上海风帆货运有限公司根本未设立或授权他人设立淮阴分公司，马晓钢以上海风帆货运有限公司淮阴分公司的名义进行诈骗。经法院审理，马晓钢因犯诈骗罪被判处 10 年有期徒刑，而 A 公司因马晓钢的诈骗，蒙受损失高达 120 万元。

● **实训任务**

结合本案，讨论如何防范国际货代的财务风险。

● **实训教学建议**

1. 教学方法

分组讨论。

2. 教学课时

实践学时：2课时。

● **实训成果**

讨论意见。

● **实训任务评价**

编　　号	评 价 点	评价细节	得分情况
1	成果	内容的完整性与准确性（70分）	
2	成果	形式及表达（30分）	

思考与练习

一、单项选择题

1.（　　）是对货物运输、装卸过程中货物残损所做的实际记录，受损方依据责任方签署的货物残损单提出索赔。

A．货物残损检验证书　　B．货物溢短单

C．过驳清单　　D．货物残损单

2．国际货代事故发生后，最简便易行的解决方法是（　　）。

A．协商索赔　　B．调解

C．仲裁　　D．诉讼

3.（　　）是对货物件数或其他有疑问时，承运人要求复查而做的单证，是复查结果的证明文件。

A．检验报告　　B．卸货记录

C．残损记录　　D．重理单

二、多项选择题

1．货代事故按照其性质的不同可分为（　　）。

A．全部损失　　B．部分损失

C．货损　　D．货差

2．货损、货差中，确定或证明责任方负有赔偿责任的文件通常有（　　）。

A. 提货单　　B．检验报告

C．交货记录　　D．场站收据

3．在保险理赔处理中，审核索赔方提出的索赔内容是一项仔细且重要的工作，归纳起来，应审核的主要内容包括（　　）。

A．索赔单证、证书、文件是否齐全

B．单证上的内容记载是否相符

C．货损是否发生在承保责任范围内

D．提单上有无批注

三、判断题

1. 货损、货差是最常见的一种国际货代事故。(　　)

2. 被保险的货物一旦发生货损事故，被保险人应对货物采取必要的施救措施，以防止损失进一步扩大。(　　)

3. 海运业务的风险具有涉及的部门多、中间环节多等特点。(　　)

四、简答题

1. 简述国际货代业务风险的具体表现。

2. 简述国际货代业务风险的防范对策。

3. 简述国际货代事故的主要类型与发生原因。

五、案例分析题

2013 年 7 月，我国 A 公司以 FOB 价向美国 D 公司出口一批纺织品货物，由 D 公司负责向 S 船务公司租船运输，起运港为厦门港，目的港为纽约港。同年 8 月中旬，该批纺织品货物在厦门港装船时，船舶大副发现 19 箱纺织品货物外表有不同程度的破损，即在大副收据上做出批注："该批货物有 19 箱外表破损。"A 公司为了银行结汇的需要，要求 S 船务公司在签发提单时不要转批大副批注，并出具保函："收货人因货物包装破损而向承运人索赔时，由 A 公司承担责任。"S 船务公司据此签发已装船清洁提单。但货到目的港后，美国 D 公司收货时，即以货物与清洁提单不符为由向承运人提出索赔，但承运人拿出 A 公司出具的保函让收货人直接找托运人 A 公司交涉。

思考：

1. 什么是清洁提单？

2. D 公司有权向 S 船务公司索赔吗？

3. A 公司需要负赔偿责任吗？

参考文献

[1] 中国国际货运代理协会. 国际海上货运代理理论与实务[M]. 北京：中国商务出版社，2010.
[2] 中国国际货运代理协会. 国际航空货运代理理论与实务[M]. 北京：中国商务出版社，2010.
[3] 陈言国. 福建国际物流货代企业的发展路径创新[J]. 宁德师范学院学报，2013（1）：29-32.
[4] 马洁. 国际货运代理实务[M]. 北京：中国物资出版社，2010.
[5] 李秀华. 国际物流单证实务[M]. 北京：清华大学出版社，2011.
[6] 姚大伟. 国际货代实务与操作[M]. 北京：清华大学出版社，2012.
[7] 孙家庆. 国际物流操作风险防范：技巧·案例分析[M]. 北京：中国海关出版社，2009.
[8] 杨鹏强. 国际货运代理实务（第2版）[M]. 北京：电子工业出版社，2012.
[9] 朱岩，王贵斌. 国际货运代理理论与实务操作[M]. 杭州：浙江工商大学出版社，2012.
[10] 赵加平，张鸿琨. 国际货运及代理实务[M]. 北京：中国海关出版社，2014.
[11] 孙明. 国际货运代理实务[M]. 上海：同济大学出版社，2009.
[12] 陈言国. 保税物流园区的应用模式研究[J]. 经营管理者，2013（6）：51-52.
[13] 金焕. 报检实务[M]. 北京：电子工业出版社，2007.
[14] 仇荣国. 报关实务[M]. 北京：电子工业出版社，2007.
[15] 海关总署报关员资格考试教材编写委员会. 报关员资格全国统一考试教材[M]. 北京：中国海关出版社，2012.
[16] 余根深. 报关原理与实务[M]. 上海：同济大学出版社，2006.
[17] 张敏，周敢飞. 国际货运代理实务（第2版）[M]. 北京：北京理工大学出版社，2011.
[18] 曹晓发. 集装箱运输实务[M]. 北京：北京理工大学出版社，2010.
[19] 张良卫，朱强. 国际物流实务[M]. 北京：电子工业出版社，2008.
[20] 顾永才，王斌义. 国际物流实务[M]. 北京：首都经贸大学出版社，2014.
[21] 中国国际货运代理协会. 国际货运代理理论与实务[M]. 北京：中国商务出版社，2012.
[22] 陈言国. 国际物流实务[M]. 北京：清华大学出版社，2016.